Apulien

Jacqueline Christoph

DUMONT

Reise-Taschenbuch

Reiseinfos, Adressen, Websites

Panorama – Daten, Essays, Hintergründe

Unterwegs in Apulien

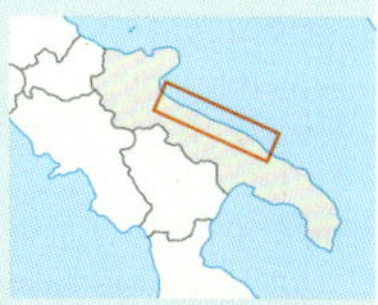

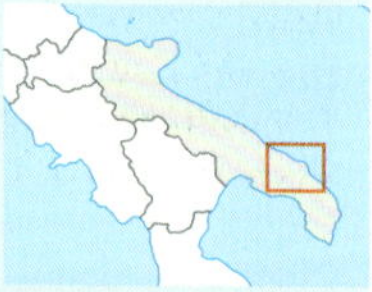

Auf Entdeckungstour

Karten und Pläne

▶ Dieses Symbol im Buch verweist auf die Extra-Reisekarte Apulien

Schnellüberblick

Gargano und Isole Trémiti
Der Sporn des Stiefels lockt mit einer atemberaubend schönen Küste und uralten Wäldern. Sowohl der Erzengel Michael als auch Padre Pio haben hier ihre Heimat und machen sich gegenseitig Konkurrenz. Geradezu paradiesisch ist es auf der Insel San Dómino. S. 78

Die alte Capitanata
Früher nannte man den Norden Apuliens La Capitanata. Hier erstreckt sich der Tavoliere, die Kornkammer Italiens, die heute als Weinanbaugebiet von sich reden macht. Auf den Hügeln und am Meer liegen wichtige Ziele für Stauferfans. Im Subappennino Dauno erwarten den Besucher herrliche Wälder, fantastische Aussichten und kulinarische Entdeckungen. S. 108

Costa di Bari
Da liegen sie, aufgereiht am Meer, Apuliens altehrwürdige Städte, eine jede mit einem herrlichen Hafenrund und einer bildschönen Kathedrale. In jedem dieser Orte möchte man verweilen. Sie erzählen Geschichten von Kreuzfahrern, Pilgern und Märtyrern und doch sind sie alle in der Moderne angekommen. S. 130

Terra di Bari und Valle d'Itria
Im Norden thront das rätselhafte Castel del Monte, in Ruvo di Puglia waren Schatzsucher unterwegs, in Altamura kann man leckeres Brot probieren und weiter östlich lockt das zauberhafte Valle d'Itria mit Alberobello, der Hauptstadt des Trulli-Tals. Nicht zu vergessen die von Oliven-, Mandel- und Feigenbäumen geprägten Landschaften. S. 166

Provincia di Bríndisi
Das geschichtsträchtige Bríndisi ist eine quirlige Hafenstadt zwischen Orient und Okzident. Die nördlich verlaufende Küste besitzt einige der schönsten Dünenstrände an der Adria und im Hinterland schwebt die ›weiße Stadt‹ Ostuni über dem Meer. Vor allem bei Radfahrern erfreut sich die Provinz mit ihren endlosen Olivengärten großer Beliebtheit. S. 218

Lecce und der Salento
Die Küstenlinie der Halbinsel ist spektakulär – Buchten mit unterschiedlichem Charakter, Grotten, Naturschutzgebiete und Taucherparadiese faszinieren hier besonders. Dazwischen liegen die wahrhaft schönen Hafenstädte Ótranto und Gallípoli. Im Landesinneren locken das lebendige Lecce mit seinen originellen Barockbauten sowie Galatina, das seine Reize erst bei näherem Hinsehen offenbart. S. 236

Táranto und die Murgia Tarantina
Von dem einstigen Reichtum des sagenhaften Taras künden die Schätze im Archäologischen Museum von Táranto, einer Stadt, die erst allmählich vom Tourismus entdeckt wird. In der Murgia Tarantina liegen die schönsten Schluchtenstädte Apuliens, Castellaneta, Móttola, Massafra und Grottáglie. Hier kann man herrlich wandern und Höhlenkirchen oder Keramikwerkstätten besuchen. Auch die lokale Küche verspricht Entdeckungen, vor allem in puncto Fisch und Meeresfrüchte. In der Region wird zudem der ausgezeichnete Wein Primitivo gekeltert. S. 194

Mit Jacqueline Christoph unterwegs
Es war zunächst die Sprache, die sie nach Italien lockte. Aus dem Studienaufenthalt vor gut 20 Jahren erwuchs dann eine Leidenschaft für den ›italienischen Stiefel‹ – insbesondere Apulien –, die bis heute anhält. Es sind die immer wieder interessanten Begegnungen mit den Menschen, ihrer Lebensart, Kultur und Geschichte sowie die grandiosen Landschaften, die ihre Neugier stets aufs Neue wecken, sodass Jacqueline Christoph jedes Jahr mehrere Monate reisend und wandernd in Italien verbringt, alleine, mit Freunden oder auch als Leiterin von Wanderreisen.

Die Autorin

Land unter der Sonne

Apulien – das sind rund 300 Sonnentage im Jahr, eine 800 km lange, abwechslungsreiche Küste, prächtige Kirchen und nicht zuletzt die Spuren Friedrichs II., des Stauferkaisers. Und dennoch wurde die Region, wie der gesamte Süden Italiens, erst in den 1990er-Jahren von ausländischen Touristen als eigenständiges Reiseziel entdeckt. Die Italiener selbst wussten Apuliens Vorzüge – allen voran Sonne und Meer zu akzeptablen Preisen – schon sehr viel früher zu schätzen.

Vielerorts in Apulien erlebt man herzliche Gastfreundschaft und man kommt schnell mit den Menschen ins Gespräch. Dem knurrigen Gebaren der Pugliesen, von dem der Reiseschriftsteller Eckart Peterich noch in den 1960er-Jahren zu berichten wusste, begegnet man nur noch selten. Überhaupt hat Apulien einen Wandlungsprozess durchlebt. Nachdem die Industrialisierung mehr oder weniger scheiterte, setzt man heute wieder auf die natürlichen Ressourcen des Landes. Von dem Engagement der Umweltinitiativen, dem Bemühen um saubere Strände und eine gute Wasserqualität sowie dem Oliven- und Weinanbau in großem und kleinem Stil profitiert auch der Tourismus. In jüngster Zeit konnten sich zudem attraktive Angebote für Aktivurlaub und Ferien auf dem Land etablieren. Auch die Unterkünfte haben qualitativ sehr zugelegt. So ist es kein Wunder, dass die Branche boomt.

Licht und Farben

Die Ebenen des Tavoliere oder die hügelige Landschaft der Murge mit ihren Getreidefeldern, Weingärten und unterschiedlichen Baumkulturen sind zu jeder Jahreszeit reizvoll. Wenn Wolken über das Land hinwegschweben oder -fegen und sich ihre Schatten auf Felder und Wiesen malen, bekommt die weite Landschaft noch einmal eine andere Note. Das Gesicht Apuliens wird auch von dem weißen Kalkstein an den Küsten geprägt, der das Sonnenlicht reflektiert und im Sommer die gleißende

Apulischer Küstencharme: Santa Cesárea Terme an der Adria

Helligkeit verstärkt. Das Meer mit seinen Blautönen bildet dazu einen faszinierenden Kontrast. Besonders die marine Farbpalette rund um die Trémiti-Inseln zieht Reisende in ihren Bann. Betörend schön ist die Küste des Gargano zwischen Péschici und Mattinata. Dort trifft man am Meeresufer auf die *trabucchi,* bizarre Holzkonstruktionen für den Fischfang, die schon so oft von der Salzgischt besprüht wurden, dass sie fast so weiß sind wie der Stein ringsum. Idyllisch präsentiert sich auch die Küste des Salento mit Buchten in Blau-Weiß. Im Landesinneren bilden das Grün der Bäume, das Rot der Erde und das Weiß des Kalksteins herrliche Gegensätze.

Vieler Herren Land

Vor allem Griechen, Römer, Normannen und Staufer haben Apulien ihren Stempel aufgedrückt. Die Kathedralen aus normannischer Zeit und die Kastelle des Stauferkaisers bezeugen noch heute eine mittelalterliche Blütezeit. Hier trafen sich Orient und Okzident und von hier begaben sich viele Kreuzfahrer auf ihren Weg ins Heilige Land, nicht ohne vorher dem Erzengel Michael am Monte Sant'Angelo oder dem hl. Nikolaus in Bari zu huldigen.

Die Verehrung und Wertschätzung der Pugliesen für Friedrich II. verwundert nicht. In Apulien hielt er sich von allen Regionen am liebsten auf und entfaltete hier eine rege Bautätigkeit. Eine ähnliche Prachtentfaltung erlebte Apulien erst wieder in der Zeit des Barock, der vor allem in Lecce eine ganz eigene Ausprägung fand.

Lebendige kulturelle Traditionen

Apuliens heutige Bewohner sind sich ihrer Geschichte ebenso bewusst wie ihrer überlieferten Bräuche, unter denen die Osterprozessionen und der Tarantismus besonders bemerkenswert sind. Außerdem werden natürlich die Heiligen in jedem Ort an ihrem Ehrentag ausgelassen gefeiert. Auch wenn sich Apulien heute modern präsentiert, so wird man bei solchen Festen gewahr, dass die Traditionen nach wie vor sehr lebendig sind. Nicht zuletzt bestehen sie in der Küche fort, die ursprünglich und unverfälscht ist und sich mit einem der kräftigen apulischen Weine am besten genießen lässt.

Einfach nur sitzen und schauen – Hafenidyll in Trani, S. 138

Genuss hoch drei – Gelateria und Pasticceria Natale in Lecce, S. 240

Lieblingsorte!

Reise in eine versunkene Welt – Museo Archeologico in Táranto, S. 209

Mekka für Seeigelliebhaber – Marina di Ostuni, S. 234

Liebe auf den ersten Blick – Spiaggia di Vignanotica, S. 90

Die wunderbare Welt des Peppe Zullo bei Orsara di Puglia, S. 122

Das Schöne am Reisen ist das Entdecken, das Staunen über das Neue und das Andere. Ich mag es, mit Muße unterwegs zu sein, um so den Genuss des Reisens noch mehr auszukosten. Dabei gibt es einige Orte auf meiner Apulien-Landkarte, die ich immer wieder besonders gern besuche, weil das Essen – der Fisch, das Brot, das Eis oder die Dolci – dort so köstlich ist oder weil mich die Atmosphäre in ihren Bann zieht, wie am Hafen von Trani, weil ich in eine andere Zeit eintauchen kann, wie im Archäologischen Museum von Táranto, oder weil ich einfach nur still am Wasser sitzen darf, wie an der Spiaggia di Vignanotica.

Frischer geht's nicht – Forno Antico von Vito Macella in Altamura, S. 178

Austern, Muscheln, frischer Fisch – Fischmarkt in Gallípoli, S. 266

Reiseinfos, Adressen, Websites

Spektakuläres Ambiente: Grottenrestaurant in Polignano a Mare

Informationsquellen

Infos im Internet

www.italia.it
Das von dem italienischen staatlichen Fremdenverkehrsamt ENIT betriebene Portal bietet eine Vielfalt an Informationen zu Kultur und Reisen in allen Regionen Italiens inklusive weiterführender Links; auch auf Deutsch.

www.italianita.de
Gute Website in deutscher und italienischer Sprache mit vielen umfangreichen Informationen u.a. zu Reisen, Leben und Arbeiten in Italien, Autobahngebühren, Wetter etc. inklusive Verlinkung, z.B. zu Unterkünften und Sprachschulen.

www.prodottitipici.com
Sehr schöne Seite mit Informationen zu typischen Produkten der einzelnen Regionen Italiens sowie Links zu landestypischen Restaurants und Unterkünften; bisher nur in Italienisch.

www.parks.it
Wer sich für die Nationalparks, Naturschutzgebiete, Reservate etc. interessiert, findet hier, nach Regionen bzw. Städten geordnet, alle notwendigen Infos; mehrsprachig.

www.pugliaturismo.com
Mehrsprachige Website mit reisepraktischen Hinweisen und Infos zu Unterkünften, Veranstaltungen u.a.

www.viaggiareinpuglia.it
Das empfehlenswerte Portal der Region Apulien bietet – auch auf Deutsch – viele gute und aktuelle Informationen zu Unterkünften, Gastronomie, Öffnungszeiten und Verkehrsmitteln in Apulien.

www.pugliaevents.it, www.itinerapuglia.com
Auf diesen mehrsprachigen Webseiten findet man umfangreiche Informationen zu Konzerten, Festivals, Theater- und Ballettvorführungen, außerdem Allgemeines zu Kunst, Kultur und Geschichte Apuliens.

Fremdenverkehrsämter

Das Staatliche Italienische Fremdenverkehrsamt **ENIT** (Ente Nazionale Italiano per il Turismo) versendet auf Anfrage (meist innerhalb einer Woche) vielfältiges Informationsmaterial.

... in Deutschland
Barckhausstr. 10
60325 Frankfurt a. M.
Tel. 069 23 74 34
www.enit-italia.de

... in Österreich
Mariahilfer Str. 1b
Mezzanin – Top XVI
1060 Wien
Tel. 01 505 16 39
www.enit.at

... in der Schweiz
Uraniastr. 32
8001 Zürich
Tel. 043 466 40 40
www.enit.ch

Infostellen vor Ort

Puglia Promozione
Die für Apulien zuständige Organisation Puglia Promozione ist in den jeweiligen Regionen mit verschiedenen Büros tätig und betreibt in den touris-

tisch relevanten Orten und Städten eigene Informationsstellen, wo man meist hilfreiches, mehrsprachiges Material erhält. Die Öffnungszeiten sind abhängig von der jeweiligen Saison. Man findet sie auf der Website www.pugliaturismo.com. In kleineren Ortschaften gibt es zuweilen Pro-Loco-Büros. Das sind private Initiativen, die sich zur Förderung und Unterstützung des Tourismus gegründet haben.

Auch für die gesamte Region Apulien gibt es ein eigenes Touristenbüro:
Assessorato Regionale al Turismo
Corso Sonnino 177, 70121 Bari
Tel. 080 540 11 11, Fax 080 524 23 29
www.viaggiareinpuglia.it

Easy Italia

2010 wurde Easy Italia, ein sehr hilfreicher, mehrsprachiger (u.a. deutsch) Telefondienst für Italienbesucher eingerichtet. Unter Tel. 039 039 039 kann man tgl. 9–22 Uhr zum Ortstarif Infos u.a. zu Unterkünften, Museen, Veranstaltungen oder auch Unfall- und Pannenhilfe am jeweiligen Aufenthaltsort erfragen.

Veranstaltungstipps und -termine
In den Sommermonaten erscheint das kostenlose Magazin **»What's on in Puglia«** (ital./engl.), das über die vielfältigen Veranstaltungen in der Region informiert. Es ist u.a. in Hotels und Informationsbüros erhältlich.

Lesetipps

Niccolò Ammaniti: Die Herren des Hügels, München 2003. 1978, irgendwo unter der heißen Sonne Apuliens, entdeckt der neunjährige Michele beim Spielen einen in einem Erdloch gefangen gehaltenen Jungen und findet nach und nach heraus, dass seine eigenen Eltern in die Entführung verwickelt sind. Das Buch wurde 2003 von Oscarpreisträger Gabriele Salvatores unter dem Titel »Ich habe keine Angst« verfilmt.
Laurent Gaudé: Die Sonne der Scorta, München 2007. Beginnend mit einer Gewalttat im Jahr 1875 wird die spannende Geschichte einer Familie aus dem Gargano erzählt, die sich über fünf Generationen bis in die heutige Zeit zieht. Für seinen Roman erhielt der Autor 2004 den Prix Goncourt.
Ferdinand Gregorovius: Wanderjahre in Italien, München 1997. Liebhabern von Reiseliteratur sei dieser Klassiker empfohlen. Gregorovius (1821–91) verbrachte ca. 20 Jahre in Italien. Dabei herausgekommen ist u.a. dieses Buch, das mit seinen Beschreibungen noch heutige Leser zu fesseln vermag.
Francesca Marciano: Casa Rossa, München 2009. In dieser Familiensaga geht es um drei Frauen, die verschiedenen Generationen des 20. Jh. angehören und deren Geschicke mit einem roten Haus im Salento verwoben sind – ein spannendes Zeitporträt Italiens.
Jan Weiler: Maria, ihm schmeckt's nicht, Berlin 2006. Unterhaltsame Story über einen deutschen Mann, der in eine typisch italienische Familie einheiratet und mit den italienischen Sitten, Bräuchen und Eigenheiten konfrontiert wird – ein Roman, der das Thema Auswanderung indirekt mit beleuchtet.

Karten

Straßenkarten sind im heimischen Buchhandel wie auch vor Ort erhältlich. Zu empfehlen ist die Marco-Polo-Karte »Apulien; Pouilles; Púglia. Apulia« im Maßstab 1:200 000. Vom italienischen Fremdenverkehrsamt ENIT gibt es eine Campingkarte für Apulien inklusive diverser Stadtpläne.

Wetter und Reisezeit

Klima

Das Klima in Apulien zeichnet sich durch relativ milde und feuchte Winter sowie heiße und trockene Sommer aus. Durch den sich von Nord nach Süd erstreckenden Apennin liegt der Stiefelabsatz Italiens im Regenschatten, was dazu führt, dass Apulien mit sage und schreibe 300 Sonnentagen im Jahr für sich werben kann. Die meisten Niederschläge fallen in der Zeit von November bis März. In den höheren Lagen bleiben sie in den Wintermonaten als Schnee liegen. Ab März beginnen die Temperaturen wieder zu steigen, was besonders an der blühenden Landschaft zu sehen und am Tag auch zu spüren ist. Die Nächte hingegen bleiben noch bis in den Mai hinein kühl. Spätestens ab Juni beginnen dann gewöhnlich die warmen Tage und lauen Nächte. Und in den Sommermonaten kann die Temperatur schon mal auf 40 °C klettern.

Klimadiagramm Bari

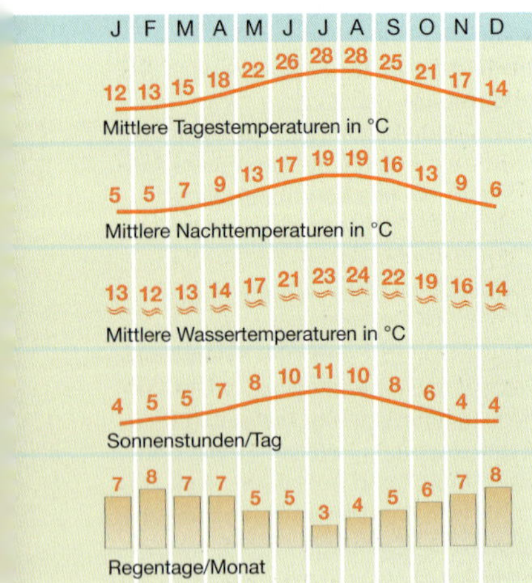

Erfrischung bieten dann nur noch die Küsten, wo meist ein kühlender Wind weht, oder die bergigen Regionen von Subappennino Dauno und Gargano mit ihren schattigen Wäldern. Unangenehm wird es, wenn der Scirocco weht, ein feucht-heißer Wind aus der Sahara. Er kündigt nicht nur eine Wetterverschlechterung an, sondern schlägt manch einem auch aufs Gemüt.

Ab Mitte September beginnen die Temperaturen allmählich zu fallen, doch bleibt es bis in den Oktober hinein warm mit angenehmen Bade- und milden Nachttemperaturen, bevor dann im November wieder die kühlere Jahreszeit mit ihren Niederschlägen beginnt.

Der Klimawandel macht sich auch in Apulien bemerkbar. In den letzten Jahren scheint sich der Beginn des Sommers tendenziell zu verzögern und die niederschlagsfreien Zeiten nehmen ernst zu nehmende Ausmaße an. So hat es in Apulien im Sommer 2011 drei Monate nicht geregnet und selbst Mitte September zeigte das Thermometer an der Küste noch 38 °C.

Wetterinfos im Internet

Auf der Website **www.meteo.it** findet man aktuelle Wetterberichte für die einzelnen Regionen und Orte in Italien, einschließlich einer Acht-Tage-Vorhersage.

Reisezeit

Generell beginnt die Saison zu Ostern und endet zwischen Mitte und Ende Oktober. Die Osterfeiertage werden von vielen Italienern für kleine Reisen und Ausflüge genutzt, sodass die Preise in diesem Zeitraum höher liegen

ROBINSON
CLUB APULIA

Capo S. Maria di Leuca

→ Marina di Leuca

sledura: Santuario S. M. di Leuca 265 → 12.30

Grotta Verde, Rotundella,

Zinzulusa, Romanelli,

Torre dia Miggiano

Grotta di Cervi

als üblicherweise in der Nebensaison. Die Hauptsaison beginnt mit den Schulferien Mitte Juni und endet Mitte September. Ihren absoluten Höhepunkt erreicht sie Ende Juli und im August zu Mariä Himmelfahrt (s. rechts). Dann stehen auch in den großen Fabriken die Maschinen still und die Belegschaften machen verordneten Urlaub, meist am Meer. Die Städte wirken dann wie leer gefegt und viele der dortigen Restaurants sowie Geschäfte haben geschlossen.

Ferragosto
Ferragosto (lat. *Feriae Augusti* = die Ferien des Augustus) steht für den Monat August generell und speziell für die Zeit um den 15. August. Schon der römische Kaiser Augustus hatte erkannt, dass er seine Soldaten im heißen achten Monat nicht in den Kampf schicken konnte, und verordnete ihnen stattdessen Ferien. Bis heute ist der August in Italien *der* Ferienmonat schlechthin (s. links). Höhepunkt ist Mariä Himmelfahrt, eben der 15. August, dann hat ganz Italien frei (s. a. S. 32).

Rundreisen
Für Rundreisen eignen sich besonders die Monate März bis Juni sowie September bis November. In den Städten ist die Hitze noch nicht oder nicht mehr allzu groß und die Preise sind auf Nebensaison-Niveau. Auch die Strände sind dann so gut wie leer, wenn nicht gar verlassen. Die Wintermonate eignen sich ebenfalls gut, um z. B. Städte und die Trulli-Region zu besuchen.

Strandurlaub
Ideal für einen Strandurlaub sind die Monate Juni bis September. Das Wasser hat ab Ende Mai Badetemperatur. Allerdings sollte man bei der Reiseplanung berücksichtigen, dass der Juli und speziell der August die Urlaubsmonate der Italiener sind. Dann sind vor allem die Küstenorte meist restlos überfüllt, ebenso wie die Hotels, und entsprechend hoch sind die Preise. Außerdem ist man in vielen Badeorten einer gewissen Dauerbeschallung ausgesetzt.

Wanderurlaub
Für einen Wanderurlaub sind das Frühjahr mit seiner Blütenpracht sowie der Herbst geeignet, wenn Erntezeit ist. Am Tag herrschen angenehm warme Temperaturen, doch in der Nacht kann es deutlich abkühlen. Man sollte bei der Hotelbuchung also darauf achten, dass eine Heizung vorhanden ist.

Kleidung

Wer in Italien Urlaub macht und ein Hotel mit Halbpension gebucht hat oder plant öfter auszugehen, sollte die gute Garderobe nicht vergessen. Wenn auch tagsüber eher legere Kleidung angesagt ist, so ist es doch üblich, sich am Abend etwas feiner anzuziehen. Beim Besuch von Kirchen und Klöstern sollte auf entsprechend respektvolle Kleidung geachtet werden. So sollten Frauen ihre Schultern bedecken und wenn möglich auch die Knie.

Von Mai bis September ist leichtere Kleidung ausreichend. Im Frühjahr und Herbst empfiehlt es sich, eine Jacke oder einen Pullover für den Abend dabeizuhaben. Bei Reisen im Winter gehört warme Kleidung ins Gepäck, vor allem in den höheren Lagen kann es sehr kalt werden, auch im Herbst und Frühling. Wer dort wandern oder Rad fahren will, sollte auch im Sommer eine leichte Jacke oder Weste einpacken, um Erkältungen zu vermeiden.

Rundreisen planen

Apulien kann man individuell wie auch auf einer organisierten Reise kennenlernen, wobei letztere Variante den Vorteil der Versorgung mit umfangreichen Infos zur Region und einen meist reibungslosen Reiseverlauf bietet. Eine individuelle Reise hingegen lässt viel Raum zur freien Gestaltung, wobei es empfehlenswert ist, bei der Planung etwas Luft zu lassen. Eine denkbare Möglichkeit ist auch die Kombination einer organisierten mit einer individuellen Reise. Zu empfehlen sind das auf Wanderstudienreisen spezialisierte Unternehmen **Wikinger Reisen** (www.wikinger-reisen.de) sowie der weniger bekannte Spezialreiseveranstalter **La Kooperativa** (www.lakooperativa.de).

Eine Woche ohne Auto unterwegs

Entlang der Küsten und zwischen größeren Orten kann man sich gut mit öffentlichen Verkehrsmitteln fortbewegen. So kann man z. B. im wunderschönen **Trani** mit der ›Königin der Kathedralen‹ für drei Tage sein erstes Quartier beziehen. Von hier aus sind Barletta, Bari und Bitonto oder auch Ruvo und Canosa di Puglia gut mit dem Zug zu erreichen. Lediglich nach Castel del Monte ist die Anreise etwas umständlich (s. S. 174). Am vierten Tag geht es weiter ins Valle d'Itria, das Trulli-Tal, wo sich das lauschige **Locorotondo,** alternativ das geschäftige **Martina Franca,** zum Übernachten anbieten. Von hier aus kann man die Orte des Trulli-Tals mit dem Zug oder auf kleinen Nebenstraßen und Wegen per Rad entdecken: Alberobello lockt mit einem Meer von Trulli, in Noci kann man sich kulinarisch verzaubern lassen, in Cisternino hat man einen herrlichen Blick über das Tal der Trulli und die Chance, in einen der *fornelli* einzukehren.

Route 1: Eine Woche ohne Auto unterwegs

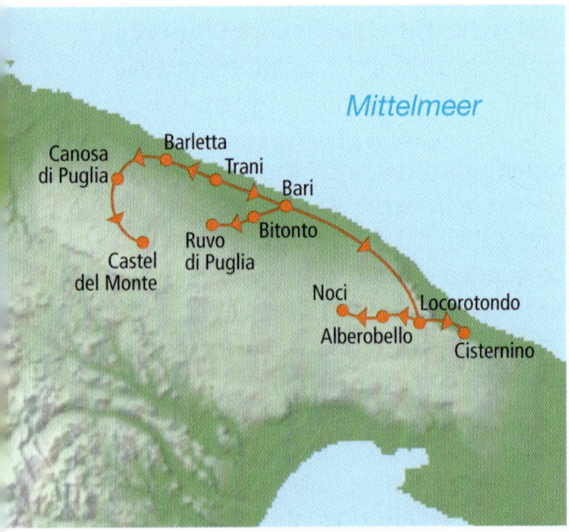

Dreiwöchige Rundreise mit dem Auto

1. Tag: Ankunft in Bari und Fahrt entlang der Küstenstraße nach Trani, evtl. mit Besuch der Hafenstadt Molfetta.
2. Tag: Ein Tag in Trani, u. a. mit Besuch der Kathedrale, Ausflug nach Barletta.
3. Tag: Fahrt auf den Gargano mit Besuch von Manfredónia und den alten Gotteshäusern bei Siponto. Übernachtung in Vieste.
4.–8. Tag: Küstenrundfahrt und Besuch von Péschici, Wanderung in die kleine Spiaggia di Vignanotica oder entlang der Küste zwischen Vieste und Péschici, eine Bootstour entlang der Grotten, einfach nur ein Strandtag, Wanderung in der Foresta Umbra, Besuch von Monte Sant'Angelo und San Giovanni Rotondo, bei schönem Wetter und an-

genehmen Wassertemperaturen Ausflug auf die Trémiti-Inseln, eventuell sogar mit Übernachtung.

9. Tag: Über Castel del Monte geht es nach Ruvo di Puglia.

10. Tag: Fahrt via Altamura in das Valle d'Itria, Übernachtung in Locorotondo.

11.–13. Tag: Besuch von Alberobello, Martina Franca, Gioia del Colle, Gravina in Puglia, eventuell kleine Radtour oder ein Ausflug nach Matera.

Abstecher (2–3 Tage): Wer genügend Zeit hat, kann Fahrten nach Castellaneta, Móttola und Massafra sowie Táranto in der Murgia Tarantina unternehmen, mit Unterkunft in Móttola.

14./15. Tag: Fahrt nach Ória, von dort aus Ausflüge nach Mandúria, Ostuni und Bríndisi.

16./17. Tag: Nächste Station ist Lecce im Salento, wo man übernachtet (alternativ an der Küste), am nächsten Tag Besichtigung von Lecce.

18. Tag: Über Galatina nach Gallípoli, evtl. mit Wanderung in Porto Cesareo,

Route 2: Dreiwöchige Rundreise mit dem Auto

19. Tag: Fahrt entlang der Küstenstraße mit Besuch der Orte Ótranto, Santa Maria di Léuca und Tricase Porto sowie mit Badestopps und Spaziergängen.

20. Tag: Rückkehr nach Bari.

Anreise und Verkehrsmittel

Einreisebestimmungen

Entsprechend dem Schengener Abkommen ist die Einreise nach Italien ohne Grenz- und Zollkontrolle möglich. Für EU-Bürger genügt ein gültiges Personaldokument, das noch mindestens drei Monate Gültigkeit besitzt. Für Kinder bzw. Jugendliche unter 16 Jahren ist ein eigener Ausweis erforderlich (Einträge im Pass der Eltern sind nicht mehr gültig). Schweizer benötigen einen Pass oder eine Identitätskarte mit noch mindestens sechs Monaten Gültigkeit.

Für Waren des persönlichen Gebrauchs hat der Zoll sogenannte Freigrenzen festgelegt. Diese liegen für Deutschland und Österreich bei 60 l Wein, 110 l Bier oder 10 l Spirituosen über 22 % und 20 l unter 22 %, 800 Zigaretten, 400 Zigarillos, 200 Zigarren oder 1 kg Tabak, 10 kg Kaffee sowie 20 l Kraftstoff in einem Kanister. Weitere Informationen: **www.zoll.de** und **www.bmf.gv.at.**

Für die Schweiz liegen die Freimengen bei 1 l Spirituosen (über 15 %) bzw. 2 l alkoholische Getränke unter 15 %. Für Kraftstoff beläuft sich die Freimenge auf 10 l, bei Tabakwaren liegt sie bei 200 Zigaretten oder 100 Zigarillos oder 50 Zigarren oder 250 g Tabak bzw. einer anteiligen Zusammenstellung daraus. Weitere Informationen: **www.zoll.admin.ch.**

Anreise

... mit dem Flugzeug

Internationale **Flughäfen** gibt es in Bari und Bríndisi. Sie werden täglich von den großen Airlines und mehrmals wöchentlich von den Billig-Carriern angeflogen. Die **Flugzeit** bei Direktflügen beträgt ca. 2,5 Std., der **Preis für Hin- und Rückflug** z. B. von Berlin, Wien oder Zürich nach Bari ca. 170 €. Preiswerter als mit den Linienflügen von Lufthansa (www.lufthansa.de), Swiss (www.swiss.com) und Alitalia (www.alitalia.com) geht es mit Air Berlin (www.airberlin.com), Easyjet (www.easyjet.com), Germanwings (www.germanwings.com) und Ryanair (www.ryanair.com), wobei vor allem Air Berlin Verbindungen nach Bari und Bríndisi von nahezu allen deutschen Städten mit Flughafenanschluss sowie auch von Salzburg, Wien, Basel und Zürich anbietet.

Weiterfahrt vom Flughafen aus: Der neue kleine Flughafen **Aeroporto di Bari-Palese,** Tel. 080 580 03 58, www.aeroportidipuglia.it, liegt ca.10 km außerhalb von Bari und hat einen eigenen Autobahnzubringer. Die AMTAB-Busse (www.amtab.it) der Linie 16 fahren vom Flughafen zum Bahnhof in Bari (5–21.30 Uhr alle 45 Min., Fahrtdauer ca. 45 Min., Ticket 0,90 €). Die Busse der Tempesta Bus Company (www.autoservizitempesta.it) fahren ebenfalls auf dieser Strecke, jedoch nahezu ohne Zwischenstopps, sodass die Fahrt nur 30 Min. dauert (5–23 Uhr im Stundenrhythmus, Ticket 4 €). Eine Fahrt mit dem Taxi in die Innenstadt (ca. 20–25 Min.) kostet etwa 25–30 €.

Der **Aeroporto di Bríndisi-Casale,** Tel. 0831 411 72 08, www.aeroportidipuglia.it, liegt 7 km nördlich von Bríndisi. In gut 15 Min. gelangt man mit den Bussen der STP (Tel. 800 23 20 42, www.stpbrindisi.it) zum Bahnhof in Bríndisi (5.45–23.45 Uhr alle 30 Min., Ticket 0,90 €, im Bus 1,50 €). Eine Fahrt mit dem Taxi ins Stadtzentrum (ca. 10–15 Min.) kostet 15–20 €.

Pugliairbus (www.pugliairbus.aeroportidipuglia.it) bietet außerdem Verbindungen zwischen den beiden Flughäfen sowie nach Lecce, Táranto, Altamura, Matera und zum Gargano an.

... mit der Bahn

Für die Zugfahrt von Mitteleuropa nach Apulien muss man durchschnittlich mit 15 bis 25 Std. rechnen. Es empfiehlt sich, mit dem Nachtzug von München oder Innsbruck über die Alpen nach Roma Termini zu fahren bzw. von Zürich über Mailand (jew. 10–12 Std.). Es gibt auch **City-Night-Line-Angebote** nach Rom ab 40 €/Pers. (einfache Fahrt), Buchung: www.citynightline.de oder Tel. 01805 20 21 78. Infos: für Österreich www.oebb.at, für die Schweiz www.sbb.ch.

Für die Weiterreise ab Rom stehen verschiedene Strecken zur Verfügung. Nach Bríndisi benötigt man ca. 5 Std. (ca. 90 €). Wer lieber nachts unterwegs ist, kann von Bologna aus den Nachtzug nach Bari nehmen (ca. 8 Std., 70 €/Pers. im 4er-Liegewagen). Infos: www.trenitalia.com.

In Deutschland (www.bahn.de), Österreich und der Schweiz wie auch in Italien bietet die Bahn viele **Sondertarife, Ermäßigungen und Specials** an. Es lohnt sich, etwas Zeit in die Recherche zu investieren. Auch Trenitalia bietet jeden Monat 1,5 Mio. Tickets an, die bis zu 60 % ermäßigt sind. Infos und Buchung: www.italienische-bahn.de.

... mit dem Bus

Die Deutsche Touring GmbH (Deutschland: Tel. 069 790 35 01, www.touring.de; Österreich: Tel. 01 798 29 00, www.eurolines.at; Schweiz: Tel. 043 444 65 20, www.eurolines.ch) bietet Fahrten von mehreren deutschen Städten nach Apulien an, z. B. München–Bari ca. 17 Std. hin und zurück 170 € (bei frühzeitiger Buchung Preisnachlässe).

... mit dem Auto

Wer mit dem Auto fährt, kann sich vor Ort zwar sehr flexibel bewegen, benötigt aber für die Anreise z. B. von Norddeutschland nach Apulien gut 24 Std. Über die Alpen kommend, entweder durch den Gotthard-Tunnel oder über den Brenner, sollte man sich Richtung Bologna halten und von dort weiter an der Adria auf der A 14 südwärts fahren.

In Italien wird für die Benutzung der Autobahnen eine **Maut** erhoben (ca. 0,10 €/km). An den italienischen Zahlstellen werden alle gängigen Kreditkarten und die **Viacard** (für 25 € u. 50 € bei Automobilclubs, an Raststätten und an der Grenze erhältlich) akzeptiert. Mit Letzterer erfolgt die Passage an den bargeldlosen Schaltern schneller.

Eine Alternative ist der **Autoreisezug.** Von Deutschland (Tel. 01805 99 66 33, www.dbautozug.de), Österreich (Tel. 05 17 17, www.oebb.at) und der Schweiz (Tel. 0900 30 03 00, www.sbb.ch) werden von April bis Oktober Verbindungen nach Verona und Rom angeboten (12–17 Std.). Preisbeispiel: Hamburg–Verona für einen Pkw und zwei Personen pro Strecke 250–700 €.

Mitzuführen sind der nationale Führerschein und die Fahrzeugpapiere. Die grüne Versicherungskarte (bei der jeweiligen Versicherung zu bestellen) ist nicht mehr erforderlich, erleichtert aber ggf. die Schadensregulierung. Das Nummernschild muss mit dem jeweiligen Landeskennzeichen versehen sein, sonst drohen bis zu 50 € Strafe.

Verkehrsmittel vor Ort

Bahn

Das Bahnnetz entlang der Adriaküste ist recht gut ausgebaut. Auch im Landesinneren verkehren Bahnen, oft unterstützt und erweitert durch Busverbindungen. Die **Fahrpreise** liegen noch deutlich unter mitteleuropäischem Niveau. **Fahrkarten** sind nur gültig, wenn sie vor Fahrtantritt entwertet werden (gelber Kasten am Zugang zum Bahnsteig). Vom Zeitpunkt der Entwertung an muss die Fahrt innerhalb von 6 Std. angetreten werden. Wird die Fahrkarte nicht abgestempelt, kann das bis zu 500 € Strafe kosten. Zusätzliche Kosten (ab 25 €) fallen an, wenn man Fahrkarten im Zug nachlöst. Für die Zeitplanung ist zu bedenken, dass italienische **Bahnhöfe** oft außerhalb des Zentrums liegen. Infos: www.trenitalia.com.

Neben der staatlichen Bahn agieren in Apulien Privatunternehmen, z. B. Ferrovie del Sud Est, Tel. 800 07 90 90, www.fseonline.it. Im Reiseteil ab S. 76 werden weitere genannt.

Bus

Die Busse in Apulien fahren fast alle größeren und kleineren Orte an. Dabei gilt: Verbindungen von bzw. in größere Orte bestehen mehrmals am Tag, zwischen kleineren Orten verkehren meist nur zweimal täglich Busse (frühmorgens und abends). Vor allem im Gargano und Salento sind die Orte untereinander gut mit Buslinien verbunden. Die **Haltestellen** liegen nahe dem Bahnhof bzw. an der zentralen Piazza. **Fahrscheine** gibt es an der Station selbst oder im nächstliegenden Tabakladen. Dort hängen meist auch die **Fahrpläne** aus. Außerdem sind sie in den jeweiligen Tageszeitungen abgedruckt oder man erhält sie über die zentrale Touristeninformation im Internet bzw. vor Ort. Die **Preise** liegen unter den in Mitteleuropa üblichen.

Mietwagen

An den Flughäfen und Bahnhöfen größerer Städte finden sich alle bekannten

Notrufnummern
ADAC: in Italien Tel. 02 66 15 91, in Deutschland Tel. 089 22 22 22.
ÖAMTC: in Italien Tel. 02 66 15 95 53, in Österreich Tel. 01 251 20 00, für medizinische Notfälle Tel. 01 251 20 20.
TCS: in der Schweiz Tel. 022 417 22 20.

Autovermieter. Wenn möglich sollte man den Mietwagen schon von daheim buchen, das spart Kosten und beugt Missverständnissen vor. Unbedingt mitgebucht werden sollten Vollkasko- und Diebstahlversicherung. **Voraussetzungen** für die Nutzung eines Mietwagens sind das vollendete 21. Lebensjahr, ein seit mindestens einem Jahr gültiger Führerschein und eine Kreditkarte.

Taxi

In den größeren Städten sowie an den Flug- und Bahnhöfen stehen Taxis zur Verfügung. Allerdings sind sie vor allem in den Hauptverkehrszeiten keine Garantie dafür, schnell an sein Ziel zu kommen. Den Preis sollte man vorher aushandeln bzw. darauf achten, dass das Taxameter eingeschaltet ist.

Autofahren

In Italien gilt die gleiche Straßenverkehrsordnung wie im übrigen Europa. Die **Höchstgeschwindigkeit** auf Autobahnen beträgt 130 km/h, auf Schnellstraßen 110 km/h, auf Landstraßen 90 km/h. Vor engen und nicht einsehbaren Kurven sollte man hupen, um entgegenkommende Fahrzeuge zu warnen. Aus Sicherheitsgründen müssen alle Kraftfahrzeuge auf Autobahnen und Staatsstraßen auch tagsüber mit **Abblendlicht** fahren. Pflicht für alle Fahrzeuginsassen ist das Mitführen von **Sicherheitswesten,** die das Kontrollzeichen EN 471 tragen. In Italien besteht **Anschnallpflicht,** für Motorradfahrer **Helmpflicht.** Telefonieren während der Fahrt ist nur mit einer **Freisprecheinrichtung** gestattet (Strafe ansonsten ab 150 €). Die **Promillegrenze** liegt bei 0,5. Mit Verkehrssündern geht die italienische Verkehrspolizei *(polizia stradale)* sehr streng um. **Alkohol** am Steuer kann weit über 2000 € und **Geschwindigkeitsüberschreitungen** von 20 km/h können ab 160 € kosten.

Parken: Eine Besonderheit in Italien ist das Parkverbot an schwarz-gelben und gelb markierten Bordsteinen. Ist die Markierung blau, so ist das Parken gebührenpflichtig, ist sie weiß, darf gratis geparkt werden. Parkscheine können an Automaten gelöst bzw. in der nächsten Tabacchi gekauft werden (dann muss man die entsprechende Zeit freirubbeln). Das Bußgeld für falsches Parken beträgt 30 €. Wenn möglich sollte man bei Ausflügen in Städte auf öffentliche Verkehrsmittel zurückgreifen oder das Auto außerhalb des historischen Zentrums stehen lassen, da die Parkplatzsituation meist katastrophal ist. Und schon mancher ist an den vielen engen Einbahnstraßen und den Ausschilderungen verzweifelt.

Tanken: Apulien verfügt über ein gut ausgebautes Netz an Tankstellen (Öffnungszeiten: meist 7.30–13 und 15–20 Uhr, an den Autobahnen rund um die Uhr). Oft kann man das Auto von Mitarbeitern der Tankstelle betanken lassen und auch bei ihnen bezahlen – sowohl bar als auch mit Karte. Ein Trinkgeld ist nicht üblich. Ist die Tankstelle geschlossen, gibt es meist einen Selbstbedienungsservice, für den man entweder eine Kreditkarte mit PIN oder Bargeld für den Automaten benötigt. In Italien gibt es nur zwei Sorten **Kraftstoff:** Benzin bleifrei *(benzina verde)* und Diesel *(gasolino).* Die Preise sind höher als in Mitteleuropa.

Übernachten

Das Angebot an Unterkünften in Apulien ist sehr vielfältig und bietet für jeden Geschmack und Geldbeutel etwas. Neben den Hotels haben sich B & B (Bed and Breakfast) und Agriturismi (Urlaub auf dem Land) als Unterkunftsarten etabliert. Vor allem Letztere liegen oft in landschaftlich atemberaubender Lage. An der Küste gibt es Campingplätze und auch einige Feriendörfer.

Außerhalb der Ferien und der Hochsaison findet man relativ leicht eine Unterkunft zu akzeptablem Preis. Dennoch ist es empfehlenswert, sich vorab zu informieren und auch zu buchen. Vor allem im August ist es nahezu aussichtslos, spontan eine Unterkunft zu finden, die schön und preiswert ist.

Hotels

In Apulien gibt es Hotels aller Kategorien, am häufigsten sind Drei-Sterne-Hotels. In der Ausstattung unterscheiden sie sich mitunter deutlich voneinander. Einige liegen sehr schön am Meer oder eingebettet im Grünen, andere verfügen über Pools und Abendrestaurants. Manche bieten den Luxus eines Gartens oder Fitnessraums, wieder andere zeichnen sich durch eine besonders geschmackvolle Einrichtung aus. Allerdings gibt es auch Drei-Sterne-Hotels, die außer Bett und Tisch rein gar nichts zu bieten haben.

Die **Preise** beginnen bei ca. 30 € pro Person. Im Sommer muss die Halbpension oft mitgebucht werden, wofür pro

Nachtruhe garantiert: Unterkünfte in Trullis, wie hier in Alberobello, zeichnen sich durch besonders dicke Wände aus – und gemütlich sind sie obendrein

Preisangaben in diesem Buch
Die im Reiseteil dieses Buches (ab S. 76) angegebenen Übernachtungspreise beziehen sich auf eine Nacht im Doppelzimmer inklusive Frühstück.

Person durchschnittlich 10 € mehr einzukalkulieren sind. Viele Hotels bieten auch Vollpension an, was zusätzlich 10–20 € kostet. Manche Hotels akzeptieren im August nur Mindestbuchungen von sieben Tagen. Der Preisunterschied zwischen Neben- und Hauptsaison kann mehr als das Doppelte betragen. Für Kinder werden grundsätzlich Ermäßigungen gewährt (Aufbettungen sind möglich). Die Hotels sind verpflichtet, in den Zimmern Preislisten auszuhängen.

Die meisten Hotels öffnen eine Woche vor Ostern und schließen spätestens Ende Oktober. Viele Hotels verfügen über Parkplätze (im Preis inklusive oder 5–12 €/Tag), was in größeren Städten und besonders, wenn man in der Altstadt übernachtet, von Vorteil ist.

Bed & Breakfast

Eine sehr persönliche Atmosphäre haben B & B, die meist in renovierten Altstadthäusern, Palazzi, Trulli, Villen oder Landhäusern untergebracht sind. Die Pracht der historischen Räumlichkeiten, zuweilen kombiniert mit moderner Ausstattung und Einrichtung, kann überwältigend sein. B & B-Hochburg in Apulien ist der Salento. Doch aufgrund ihrer Beliebtheit nimmt auch in anderen Regionen die Zahl der B & B zu.

B & B sind häufig familiengeführt – oft erhält man hier auch gute Tipps für Unternehmungen. Die **Preise** beginnen bei ca. 40 € für ein Doppelzimmer inkl. Frühstück. Hilfreiche **Websites** für die Suche nach B & B in Apulien sind www.bed-breakfastpuglia.it, www.bbitalia.it, www.bedandbreakfast.it und www.bed-and-breakfast.it. Die mehrsprachigen Portale sind meist mit Bildern, Kontaktdetails und Lageplan versehen und zu den jeweiligen Anbietern verlinkt.

Agriturismi und Masserie

Agriturismo ist die italienische Variante des in Mitteleuropa bekannten Urlaubs auf dem Land. Alte Anwesen und Höfe – oft in ausgesprochen schöner Lage – wurden zu komfortablen Unterkünften ausgebaut, gelegentlich verfügen sie sogar über einen Pool. Häufig werden Agriturismi wie B & B geführt. In Apulien handelt es sich bei den Agriturismi oft um *masserie* (s. S. 72), ehemals herrschaftliche Höfe.

Die Zimmer und Appartements sind generell mit Handtüchern und TV ausgestattet. Zuweilen ist die Ausstattung nicht die modernste, doch die Umgebung macht das meist wieder wett. Manche Agriturismi bieten Reitmöglichkeiten und Ausflüge an. Servieren die Besitzer auch Abendessen, sollte man sich das nicht entgehen lassen.

Die **Preise** beginnen bei ca. 50 € für ein Doppelzimmer inkl. Frühstück. Bei der Suche nach Agriturismi helfen die mehrsprachigen **Websites** www.agriturist.it, www.agriturismo.it und www.agriturismo-on-line.it. Auch über die deutschsprachige Website www.bauernhofurlaub.com kann man – nach Regionen sortiert – Angebote für einen Urlaub auf dem Land finden, inklusive weiterführender Links (s. S. 72).

Ferienwohnungen

Appartamenti (per le vacanze) sind ebenfalls eine verbreitete und beliebte

Art der Unterkunft. Die Ausstattung variiert von schlicht bis luxuriös. Es ist ratsam, sich vorab genau nach der Lage zu erkundigen. In der Hochsaison wird nur wochenweise vermietet, in der übrigen Zeit auch tageweise. Die **Preise** sind in Neben- und Hochsaison sehr unterschiedlich und können zwischen 200 und 1500 € liegen. Gute **Websites** für die Suche nach Ferienwohnungen und -häusern sind www.nonsolocasa.de, www.fewo-direkt.de, www.casamundo.de.

Ferienclubs und -dörfer

Vor allem entlang der Gargano- und der salentinischen Küste lassen sich *villaggi turistici* unterschiedlicher Größe und Ausstattung finden, manche in Form einer Appartementanlage, andere wie ein Club organisiert, mit Kinderbetreuung, Animation, Rundumservice, Vollverpflegung etc. Häufig ist auch deutschsprachiges Personal beschäftigt. Meist kann nur wochen-, nicht tageweise gebucht werden. Informationen erhält man am besten über Reisebüros.

Jugendherberge und Hostel

Jugendherbergen, die preiswerteste Übernachtungsmöglichkeit, gibt es in Bari, Bríndisi, Táranto und bei Polignano a Mare. Neben Schlafsälen werden zum Teil auch Doppelzimmer angeboten. Die **Preise** liegen bei ca. 20 € pro Person. Auf der **Website** des italienischen Jugendherbergsverbands Alberghi per la Gioventù, www.aighostels.com, kann man sich über einige Standorte informieren. In den italienischen Jugendherbergen gibt es keine Altersbeschränkungen.

Camping

Entlang der adriatischen und ionischen Küsten finden sich einige Campingplätze, die meisten jedoch auf der Gargano-Halbinsel. Viele öffnen zu Ostern und schließen je nach Temperatur, Lage und Gästezahl zwischen Mitte und Ende September. Im Landesinneren bieten auch einige Agriturismi (s. S. 24) Stellplätze für Zelte und Wohnmobile an. Für Juli/August sollte man vorab reservieren, da Campingurlaub bei Italienern sehr beliebt ist, vor allem im Wohnmobil. Deshalb haben mehr und mehr Kommunen Stellplätze mit sanitären Anlagen eingerichtet, ausgewiesen mit *Area attrezzata per Camper.*

Supermarkt und Bar/Restaurant gehören bei den meisten Campingplätzen zum Standard, einige bieten sogar Internetzugang und Programme für Kinder. Die Bezeichnung *villaggi turistici* zeigt an, dass auch Bungalows und Appartements vermietet werden.

Für einen Campingurlaub muss man ungefähr mit folgenden **Preisen** pro Tag rechnen: 7–12 €/Pers., 7–15 €/Zelt, 9–23 €/Wohnwagen bzw. Wohnmobil, Haustier und Pkw-Parkplatz 2–5 €/Tag extra. Italienische Campingplätze findet man auf den **Websites** www.camping.it und www.campeggievillaggi.it.

Unterkunft suchen und buchen

Unterkunftsverzeichnisse können bei der ENIT (s. S. 14) angefordert werden. Außerdem sind auf den **Websites der regionalen Touristenbüros** bzw. der jeweiligen Orte oft Unterkünfte gelistet und direkt buchbar. Der Vorteil ist, dass man hier meist genauere Infos zur Lage erhält. Hilfreich ist z. B. auch die Website **www.tripadvisor.de**, wo man ein Ranking und Beurteilungen zu vielen Unterkünften findet.

Essen und Trinken

Bis ins 20. Jh. hinein war Apulien eine eher arme Region und die Pugliesen lebten von dem, was Land und Meer ihnen gaben: Getreide, Gemüse, Oliven, Milch, Fisch und Fleisch. Bis heute ist die Küche Apuliens vor allem eine einfache, gesunde und rustikale Küche, die auf unverfälschten Geschmack setzt.

Die apulische Küche

Gemüse

Apulien ist wie ein riesiger Gemüsegarten, in dem Tomaten, Zucchini, Brokkoli, Paprika, Kartoffeln, Hülsenfrüchte, z.B. Kichererbsen und Bohnen, aber auch Spinat, Auberginen und Fenchel wachsen. Einen hohen Stellenwert nehmen Stängelkohl *(cima di rape)* und Zichorien *(cicorie)* ein. Letztere werden oft als *fave con cicorie* serviert, wobei die Bohnen *(fave)* meist püriert sind. Gemüse kommt auch als *tiella di verdure* (eine Art Gemüseeintopf), mit Pasta oder als Beilage zu Fisch und Fleisch auf den Tisch. Köstlich ist als *antipasti* (Vorspeise) zubereitetes Gemüse wie *melanzane ripieni* (gefüllte Auberginen) oder *peperoni al forno* (geröstete Paprika). Nicht entgehen lassen darf man sich *lampascioni,* die sauer eingelegten Zwiebeln der Traubenhyazinthe. Zu erwähnen sind noch die Oliven, die nicht nur eingelegt gut schmecken, sondern auch gebraten eine Offenbarung sind.

Pasta und Brot

Die weiten Weizenfelder in Apulien sind nicht zu übersehen, und so spielen Nudeln in all ihren Varianten und Brot eine große Rolle (s. S. 74). Vielerorts wird noch die Tradition der *pasta fresca* (frische, von Hand zubereitete Pasta) gepflegt. In Bari sieht man auch heute noch Frauen an der Straße sitzen und *orecchiette* (Öhrchen) formen. Auf der Speisekarte findet man sie als *orecchiette con cime di rape* (mit Stängelkohl) oder *con le bracciolette* (mit Fleischrouladen in Tomatensud) wieder. Auch beim Brot gibt es eine enorme Vielfalt, z.B. die *puccia* aus dem Salento (kleine Brötchen mit Oliven), die *pagnotte di Altamura* (riesige, knusprige Brotlaibe aus dem Holzofen) oder die *taralli* (kleine, gewürzte Kringel aus Salzteig).

Fleisch

Am liebsten isst man in Apulien *agnello* (Lamm) und *capretto* (Zicklein), wenn möglich *alla brace,* d.h. auf dem Grill zubereitet. Viele Fleischereien verfügen über einen kleinen Holzofen, in dem das Fleisch, das man sich zuvor ausgesucht hat, sofort gebraten wird. Meist stehen auch Stühle und Tische zum sofortigen Genuss der Speisen bereit. Besonders im Valle d'Itria sind viele dieser *fornelli* (Sg. *fornello*) zu finden. Bei Einheimischen sehr beliebt sind auch die *involtini di trippa* (Lamminne-

Mein Tipp

Ideal für heiße Tage

Über den Tag verteilt sucht der Italiener mehrmals die Bar auf, um einen *caffè* zu trinken oder in Apulien einen *Espressino*. Dabei handelt es sich um eine Art kleinen Cappuccino. Am besten schmeckt an warmen und heißen Tagen ein *Espressino freddo* – Caffè mit gecrashtem Eis und Sahne obendrauf!

reien) sowie Pferdefleisch, das zumeist für *braciole* (Rouladen) verwendet wird. Doch Kalbs- und Schweinefleisch stehen ebenfalls auf der Speisekarte.

Fisch

In den Hafenstädten sieht man regelmäßig Fischkutter ihren Fang am Hafen verkaufen. Fische wie *orata* (Dorade), *spigola* (Wolfsbarsch), *dentice* (Zahnbrasse) oder *triglia* (Rotbarbe) werden am liebsten gegrillt oder gedünstet. *Calamari, calamaretti, polpo, polipetti, seppia, seppioline* – Tintenfisch in vielerlei Größen – werden gekocht, gebacken, frittiert oder in Essig, Zitrone und Olivenöl mariniert. Beliebt sind Meeresfrüchte, u. a. *cozze* (Miesmuscheln). Zu den bekanntesten Fischgerichten der Region zählen *Tiella tarantina* – Kartoffeln, Tomaten, Miesmuscheln, Reis, Zucchini und Zwiebeln in einem Tontopf im Ofen zubereitet – und *Tiella barese,* ein Auflauf aus Reis, Kartoffeln und Miesmuscheln.

Käse

Nimmt man in Norditalien für die Pasta gerne den *Parmigiano,* so bevorzugen die Pugliesen ihren *Caccioricotta*, einen gereiften Ziegenricotta mit mehr Würze. Der *Caciocavallo* ist ein zwei bis drei Tage in Salzlake gereifter, anschließend ›gewickelter‹ und daher runder Kuhmilchkäse. Doch auch die *Mozzarella* ist äußerst beliebt. So wird die *Burrata* (Mozzarella mit einem Butterkern) sehr geschätzt und im Gargano gibt es sogar Büffelmozzarella.

Wein

Apulien deckt mehr als die Hälfte des italienischen Bedarfs an Tafeltrauben und produziert 8–12 Mio. Liter Wein im Jahr. Der größte Teil dient als Rohmaterial für die Wermutfabriken des Nordens oder zur Erhöhung des Alkoholgehalts schwächerer Weine aus anderen Regionen. Doch einige Winzer haben die Kraft ihrer Reben erkannt und begonnen, eigene Weine zu produzieren. Inzwischen besitzen 26 Weine Apuliens einen DOC- (Denominazione di Origine Controllata) und sechs einen IGT-Status (Indicazione Geografica Tipica). Der Primitivo, ist hauptsächlich in der Provinz Táranto zu finden (s. S. 214). Der Negroamaro ist vor allem für die Weine aus dem Salento maßgeblich und wird häufig mit anderen Sorten wie Malvasia Nera oder Sangiovese verschnitten. Bekannt sind die Anbaugebiete um Galatina und Salice Salentino. Dort befindet sich auch die *cantina* (Kellerei) Leone de Castris, die bereits seit 1923 ihren eigenen Wein abfüllt (s. S. 250). Ihr Roséwein Five Roses hat Kultstatus. *Nero di Tróia,* eine der ältesten Traubensorten Apuliens, stammt aus der Provinz Foggia, wo in den letzten 20 Jahren einige gute *cantine* eröffnet haben wie die Azienda d'Alfonso del Sordo und Antica Enotria. Ein weiteres Anbaugebiet liegt um Castel del Monte, wo man ebenso wie im Valle d'Itria auch Weißwein produziert. Der bekannteste dürfte der Locorotondo sein. Ein guter Dessertwein ist der Moscato di Trani. Viele Lokale bieten *vino sfuso* an – Wein, der direkt aus dem Fass und der Region kommt und meist von guter Qualität ist.

Apulischer Wein im Internet

www.vinidipuglia.com: guter Überblick über Apuliens Weinanbaugebiete sowie umfangreiche Liste von Weinherstellern inkl. Verlinkung zu deren Websites (z. T. auf Englisch); Hinweise auf Veranstaltungen rund um das Thema Wein, zuweilen auch Öl, denn viele Produzenten stellen beides her.

Gut zu wissen
Betritt man ein Lokal, so wird einem der Platz meist zugewiesen, wobei man auch eigene Wünsche äußern kann. In einem Ristorante bestellt man üblicherweise nicht nur ein Gericht, was in einer Pizzeria oder Osteria dagegen vollkommen normal ist. Zunehmend werden Touristenmenüs für 13–20 € inkl. Wasser angeboten, deren Qualität jedoch sehr variiert. Möchte man bezahlen, so bittet man um die Rechnung *(Il conto, per favore!)*. Auf dieser ist neben dem *coperto* (1–3 € für Brot und Gedeck) meist noch der *servizio* aufgeführt. Dieser liegt bei 10–15 % des Gesamtpreises und gilt als Trinkgeld. Wer möchte, kann zusätzliches Trinkgeld geben, das man einfach beim Gehen auf dem Tisch liegen lässt.

Preisangaben in diesem Reiseführer: Die im Reiseteil ab S. 76 angegebenen Restaurantpreise beziehen sich auf ein 2- bis 3-Gänge-Menü.

Kulinarischer Alltag

Das **Frühstück** *(prima colazione)* ist bei den Italienern keine große Angelegenheit. Es besteht üblicherweise aus einem *caffè* und einem *cornetto* (ähnlich dem Croissant, auch gefüllt mit Marmelade, Schokolade oder Vanillecreme) und wird meist in einer Bar eingenommen. Am besten frühstückt man jedoch in einer *pasticceria* (Konditorei), denn die *cornetti* schmecken dort besonders gut.

Mittagessen *(pranzo)* gibt es gewöhnlich zwischen 12.30 und 15 Uhr. Je nach Appetit und Hunger kann es ein 1- bis 3-Gänge-Menü sein, aber auch nur eine Pizza oder ein belegtes Brötchen *(panino)*.

Das **Abendessen** *(cena)* ist die Hauptmahlzeit. Üblicherweise beginnt es mit den *antipasti* (Vorspeisen). Es folgt der *primo piatto* (erster Gang), meist Pasta in jeglicher Form, dann der *secondo piatto* (Hauptgericht), bestehend aus Fisch oder Fleisch und einer Beilage *(contorno)*, die oft extra bestellt werden muss. Abschließend isst man *formaggio* (Käse), *frutti* (Früchte) oder eine Süßspeise *(dolce)*. Den endgültigen Abschluss des Mahls bildet ein *caffè* oder ein Digestif.

Essen gehen

Die bekannteste Art von Lokal dürfte die **Pizzeria** mit ihrem rustikalen Ambiente sein. Qualitätsmerkmal ist der Holzkohleofen, denn nur eine *Pizza al forno* ist eine gute Pizza. Im **Ristorante** geht es vornehmer zu: Es gibt mehrere Gänge, dementsprechend liegen die Preise höher. Häufig sind die Ristoranti spezialisiert auf Fisch oder Fleisch und bieten eine große Auswahl an Weinen an. Eine **Trattoria** ist die einfachere und preiswertere Variante eines Ristorante, oft ein Familienbetrieb und spezialisiert auf die regionale Küche. Leider verbirgt sich immer öfter hinter einer ›Trattoria‹ tatsächlich ein Ristorante. Die **Osteria** ist eine volkstümliche Variante der Trattoria mit einem guten Weinangebot und einfachen, herzhaften Speisen.

Eine **Rosticceria,** auch **Tavola Calda** (warme Küche), ist eine Art Imbiss mit einigen Sitzmöglichkeiten. Dort werden den ganzen Tag über warme Speisen – auch zum Mitnehmen – verkauft, meistens Pastagerichte. Sehr zu empfehlen ist der Besuch eines **Panificio** (Bäckerei), denn die Pugliesen sind bekannt für ihr gutes Brot (s. S. 74). Selbst im kleinsten Ort findet man eine **Bar,** wo es neben Kaffee und anderen Getränken meist auch einen kleinen Imbiss gibt.

Aktivurlaub, Sport und Wellness

Baden

In Apulien ist vor allem Badeurlaub angesagt. Die gut 800 km lange Küste bietet eine Vielzahl von langen Sandstränden, kleinen Buchten und felsigen Klippen. Die schönsten Strände findet man auf der Gargano-Halbinsel und im Salento (s. S. 46). In den touristisch erschlossenen Regionen gibt es bewachte Strände *(spiaggia in concessione)* mit Bademeistern bzw. Rettungsschwimmern. An diesen Stränden kann man sich Sonnenschirme und Liegestühle ausleihen (ein Schirm und zwei Liegen je nach Saison 5–25 €/Tag). Die bewachten Strände sind sehr gepflegt und mit Toiletten, Duschen und Bar oder Strandlokal ausgestattet. An warmen Tagen stellen sich auch die fliegenden Händler ein, die Accessoires, Badetücher etc. anbieten. Im Juli und August stehen einige Buchten – sie gehören meist zu Hotelanlagen – unter musikalischer Dauerbeschallung, was nicht jedermanns Geschmack ist, aber fester Bestandteil des oft von jungen Animateuren bestrittenen Unterhaltungsprogramms. Außerhalb der Sommermonate hat man diese Strände jedoch meist für sich allein oder muss sie nur mit wenigen anderen teilen.

Golf

Golf erfreut sich zunehmender Beliebtheit. Apulien ist in Süditalien die Region mit den meisten Angeboten. So gibt es vier 18-Loch-Plätze: nordöstlich von Acaya (www.acayagolfclub.it), bei Fasano (www.masseriatorremaizza.com, www.sandomenicogolf.com), südlich von Bari (www.barigolfclub.it) und westlich von Táranto (www.ivadeitessali.com). Auf der deutschsprachigen Website www.1golf.eu findet man, nach Regionen geordnet, nützliche Informationen, Beschreibungen und weiterführende Links zu Golfplätzen und -clubs in Italien.

Kajakfahren

Ein Kajak ist ideal, um an der Küste entlangzupaddeln und die Landschaft von der Meeresseite aus kennenzulernen. Auf diese Weise kann man auch einige Buchten oder Grotten besuchen, die nur vom Wasser aus zugänglich sind. An Stränden, in deren Nähe Meeresgrotten liegen, wie im Salento oder auf dem Gargano, gibt es Kajakverleiher, die auch über mögliche Routen sowie die Wind- und Strömungsverhältnisse informieren.

Radfahren

Für Mountainbiker ist das Gebirge des Gargano ein ideales Terrain. Bei Radfahrern hingegen sind besonders die Murgia und der Salento beliebt. In der Murgia fährt man durch eine schier endlose Hügellandschaft, die sich je nach Jahreszeit in den Farben Grün,

Radtouren im Netz
Auf der Internetseite **www.viaggiareinpuglia.it/ev/1731/it/Puglia-in-Bici-Bari-(Bari)** sind Radtouren inklusive Beschreibung und Höhenprofil zu finden, teilweise inklusive Broschüren zum Herunterladen, bisher allerdings nur in Italienisch.

Gelb oder Rot zeigt. Im Valle d'Itria winden sich kleine Straßen durch Olivenhaine und Weinberge, vorbei an Mandel- und Feigenbäumen – dazwischen immer wieder einzeln stehende Trulli oder ganze Anwesen – und in der Ferne zeigt sich, meist auf einer Erhebung, schon der nächste Ort. Im Salento sind vor allem die Küstenstraßen außerhalb der Sommermonate und der Wochenenden fantastische Strecken. Allerdings lässt das **Kartenmaterial** noch etwas zu wünschen übrig. Am besten erkundigt man sich vor Ort in der Touristeninformation nach markierten Routen. Im Gegensatz zum Kartenmaterial ist die **Ausschilderung** von Radwegen mit *Percorso Ciclistico* vor allem in der Terra di Bari, dem Salento und in der Provinz Bríndisi verbessert worden. Nützliche Hinweise findet man u. a. auf der Website des Allgemeinen Deutschen Fahrradclubs (www.adfc.de) sowie auf jener der italienischen Variante Cicloamici (www.cicloamici.it).

Fahrradverleih: Im Salento und vor allem im Valle d'Itria kann man in einigen Orten einfache Räder mieten. Auch Unterkünfte bieten diesen Service zuweilen an.

Radreisen: Bei dem italienischen Veranstalter Ciclovagando (www.ciclovagando.com) findet man ein interessantes Programm für geführte Radreisen im Süden Apuliens sowie einen Fahrradverleih (ab 15 € pro Tag).

Fahrradmitnahme im Zug: Einen besonderen Service bieten die Bahnunternehmen in Apulien an. So werden Fahrräder in den Zügen gratis befördert, ausgenommen sind Intercity- und Schnellzüge. Größere Gruppen sollten ihre Mitfahrt jedoch vorher anmelden.

Strandfußball ist zwar noch keine olympische Disziplin, sorgt aber an Apuliens Stränden für ›bewegende Momente‹ – im Hintergrund das Castello von Manfredónia

Reiten

Apulien ist nicht unbedingt eine klassische Region des Reittourismus, doch ist seit einigen Jahren der Trend zu beobachten, dass immer mehr Agriturismi und Masserie Reitausflüge und Reiturlaub anbieten, nicht selten auch für die ganze Familie. Bei den Ortskapiteln wird ggf. darauf hingewiesen.

Segeln, Surfen und Tauchen

Das Ionische Meer und vor allem die Adria sind ein abwechslungsreiches Segel-, Surf- und Tauchrevier mit einigen guten Spots. Das Wasser ist meist klar, seine Temperatur mäßig bis angenehm warm.

Segler, die mit dem eigenen Boot unterwegs sind, sollten beachten, dass es in den Monaten Juli und August schwierig sein kann, einen Platz im Hafen zu ergattern. Tanken kann man an der Mole bzw. in den großen Seglerhäfen *(marina).* Unter www.pagineazzurre.com findet man, nach Regionen gegliedert, alle wichtigen Informationen zu den Häfen in Italien mit Angaben zu Wassertiefe, Serviceeinrichtungen, Leuchtturmsignal, Anzahl der Liegeplätze etc. (ital., z. T. engl.).

Erste nützliche Tipps zum **Surfen** in Apulien findet man beispielsweise unter www.surfspot.de. Weitere Informationen s. S. 48.

An **Tauchschulen** herrscht kein Mangel, teilweise wird sogar auf Deutsch unterrichtet. Voraussetzung für die Teilnahme an Kursen und Tauchgängen ist ein ärztliches Attest, das man sich am besten schon zu Hause besorgt. Unter www.diveitaly.com sind die Tauchzentren Italiens (Diving Center in Italia) nach Regionen und mit weiterführenden Links gelistet (ital.).

Wandern

Auch wenn Apulien vor allem wegen seiner schönen Küste und seiner architektonischen Sehenswürdigkeiten besucht wird, gibt es doch auch für Wanderer manch reizvolles Terrain. Sehr schön wandert man – vor allem in den heißen Sommermonaten – in den schattigen Wäldern der Foresta Umbra (s. S. 98), die zum Nationalpark Gargano gehört. Die Wege im Parco Nazionale del Gargano (www.parcogargano.it) sind gut markiert und vor Ort erhält man eine Wanderkarte.

Auch die Küstenregion wird von einigen Wanderwegen durchzogen, die oberhalb des Meeres oder auch direkt am Wasser verlaufen, doch leider gibt es dazu bisher kein entsprechendes Kartenmaterial. Im Salento und in der Murgia kann man ebenfalls einige schöne Wanderungen unternehmen – über weiße Klippen oder durch tiefe Schluchten. Doch auch hier sind viele Wege bisher nicht ausreichend markiert. Teilweise sind in den örtlichen Touristenbüros oder Unterkünften genaue **Wanderkarten** bzw. **Wegbeschreibungen** erhältlich. Bei den Ortsbeschreibungen in diesem Reiseführer sind ebenfalls einige Wanderungen aufgeführt.

Wellness

Viele Hotels, besonders solche ab drei Sternen aufwärts, bieten **Wellnessprogramme** an, die verschiedene Bäder, Massagen, Kuren und Sportangebote umfassen. **Thermen,** die das ganze Jahr über geöffnet haben, finden sich nur bei Margherita di Savoia (Piazza Liberta 1, Tel. 0883 65 54 02, www.termemargherita.it, s. a. S. 128), südlich von Torre Canne (s. S. 233) und in Santa Cesárea Terme (s. S. 272).

Feste und Veranstaltungen

Religiöse Feste

Weihnachten

Weihnachten *(Natale)* feiert man im Kreise der Familie. Der 24. Dezember wird eher fastend verbracht, mit einem einfachen Mahl am Abend, erst am Tag darauf findet das große Familienessen statt. Die Geschenke bringt in Italien nicht der Weihnachtsmann, sondern die Hexe La Befana, und das auch erst am 6. Januar.

Ostern

Schon gut zwei Wochen vor Ostern *(Pasqua)* kauft man für Palmsonntag die Palmzweige, die im Anschluss an die Segnung nach Hause getragen werden. Am darauffolgenden Donnerstag beginnen die Prozessionen, die sich bis zum Samstag bzw. Sonntag fortsetzen, zuweilen begleitet vom Krach der *troccole* (Holzbretter mit Eisenbeschlägen). Bruderschaften organisieren diese Umzüge, bei denen die Büßer in Kapuzenmäntel gehüllt von Kirche zu Kirche ziehen und später ein Kreuz, die Madonnenstatue oder auch die Mysterien durch die Straßen getragen werden. Am Ostermontag fährt man mit Freunden oder der Familie hinaus ins Grüne zum gemeinsamen Picknick.

Mariä Himmelfahrt

Das wichtigste Fest ist Mariä Himmelfahrt *(Assunzione di Maria Vergine,* meist *Ferragosto* genannt, s. a, S. 17) am 15. August. Dann hat in Italien bis auf die Hotels und Lokale am Meer und in den Bergen alles geschlossen. Überall finden Prozessionen zu Wallfahrtsstätten der Madonna statt und anschließend Gottesdienste. In Apulien gibt es viele Orte der Marienverehrung.

Patronatsfeste

Die Italiener und vor allem die Süditaliener beten zu einer Vielzahl von Heiligen. Jeder Ort in Italien hat seinen Schutzpatron, der einst Wunder getan und die Stadt vor Üblem bewahrt hat. Zum Dank dafür und damit er die Bewohner auch weiterhin schützt, wird jährlich an seinem Namenstag ein Patronatsfest *(Festa del Patrono)* gefeiert, begleitet von einer Prozession, bei der die Reliquien feierlich durch die Straßen getragen werden. Diese sind mit unzähligen Lichtern geschmückt, den *luminarie*. Meist wird die Prozession von der *banda* (Kapelle) begleitet. Krönender Abschluss der Feierlichkeiten ist fast immer ein fulminantes Feuerwerk. Die bekanntesten Heiligen in Apulien sind Padre Pio (s. S. 64), Erzengel Michael (s. S. 64 und Entdeckungstour S. 100) und San Nicola (s. Entdeckungstour S. 150).

Sagre

Übers Jahr verteilt werden verschiedene Feste rund ums Essen gefeiert. Dabei stehen – je nach Jahreszeit – mal der Wein, die Olive oder der Seeigel, mal Austernpilze oder Kastanien im Mittelpunkt. Von Mai bis September kann man wöchentlich mindestens eine solche *sagra* besuchen. Informationen bekommt man vor Ort und im Internet, z. B. unter **www.pugliaevents.it.**

Ostern im Netz

Wer eine der vielen Osterprozessionen in Apulien besuchen möchte, findet auf der mehrsprachigen Website **www.settimanasantainpuglia.it** die notwendigen Informationen.

Festkalender

Februar

Carnevale: In vielen Städten wird der Abschluss des Karnevals mit Folklore und bunten Umzügen gefeiert, die u. a. in Putignano, Massafra und Lecce sehr sehenswert sind.

März–Mai

San Giuseppe: Am 19. März werden in verschiedenen Orten Apuliens wie Altamura oder Tróia auf offener Straße Feuer entzündet und Essen zubereitet, um die baldige Ankunft des Frühlings zu feiern.
Pasqua (Ostern): März/April. Die *Riti della Settimana Santa* (Riten der Karwoche) beginnen vielerorts bereits an Gründonnerstag. Überall finden Karfreitagsprozessionen statt, besonders sehenswerte in Táranto (s. S. 212) und Francavilla Fontana (s. S. 224) sowie Castellaneta.
San Nicola (Nikolausfest): 7.–9. Mai, s. Entdeckungstour S. 150.
Michele Arcangelo: 8. Mai. Fest zum Gedenken an die erste Erscheinung des Erzengels am 8. Mai 490 auf dem Gargano, s. S. 101, 104.

Juni/Juli

Processione del Cavallo Parato: Beruhend auf einer Legende, nach der Ludwig IX. als Unterpfand für seine Befreiung die Eucharistie (Brot und Wein als geweihte Sakramente) im Heiligen Land lassen musste und dann aber doch nach Bríndisi bringen konnte, steigt der Erzbischof in vollem Ornat auf ein geschmücktes Pferd, um die Monstranz bei der Fronleichnamsprozession durch Bríndisi zu tragen.
Festival della Valle d'Itria: Mitte Juli–Anf. Aug. Hochkarätiges, internationales Musikfestival (u. a. Opern) in Martina Franca und Umgebung, www.festivaldellavalleditria.it.

August

Mercatino del Gusto: Anf. Aug. Seit 2001 von Slow Food in Máglie organisierte Veranstaltung. In Höfen, Gärten und auf Plätzen kann man Qualitätsprodukte der Region Apulien kosten, begleitet von Musik und Lesungen etc., www.mercatinodelgusto.it.
Corteo Storico di Federico II: zweites Wochenende in Ória. Mit einem Kostümspektakel inklusive Ritterkämpfen wird an das Jahr 1225 erinnert, in dem Friedrich II. in Ória auf seine Braut, Isabella von Jerusalem, wartete.
Assunzione di Maria Vergine (Mariä Himmelfahrt): 15. August, s. S. 32.
La Notte della Taranta: in Melpignano. Musikfestival rund um Pizzica und Tarantella, www.lanottedellataranta.it, s. S. 66.

September

La Disfida di Barletta: Historienspektakel, s. S. 133, 135.
Michele Arcangelo: 29. Sept. Feierlichkeiten zu Ehren des Erzengels Michael in Monte Sant'Angelo, s. S. 101, 104.

Dezember

Fiera dei Persepi e dei Pupi: in Lecce. Weihnachtsmarkt mit ›Puppenmesse‹, s. S. 247.
Carnevale di Putignano/Festa della Propaggine: 26. Dez. Seit 1394 wird in Putignano immer am Tag des hl. Stefan mit der heidnischen Festa della Propaggine (Fest der jungen Triebe) der Karneval eröffnet, www.carnevalediputignano.it.

Reiseinfos von A bis Z

Apotheken

In fast jedem Ort gibt es eine *farmacia* (Apotheke), die an einem grün leuchtenden Kreuz zu erkennen ist. Die Öffnungszeiten sind Mo–Sa 8.30–13, 16–19.30 Uhr. Sollte man außerhalb der regulären Öffnungszeiten Medikamente benötigen, so findet man an jeder Apotheke eine Liste mit Bereitschaftsdiensten *(farmacia di turno)*. Viele Medikamente, die man von zu Hause kennt, gibt es auch in Italien, meist unter anderen Namen. Spezielle Medikamente sollte man jedoch besser von zu Hause mitbringen.

Ärztliche Versorgung

Die gesetzlichen Krankenkassen von Deutschland und Österreich garantieren im akuten Krankheitsfall in Italien eine ärztliche Behandlung. Dazu benötigt man die **Europäische Krankenversicherungskarte.** Es besteht Anspruch auf ambulante oder stationäre Behandlung bei jedem zugelassenen Arzt sowie in staatlichen Krankenhäusern. Da jedoch die Leistungen nach den gesetzlichen Vorschriften im Ausland abgerechnet werden, muss man die Behandlungskosten oftmals zunächst selbst tragen. Nähere Auskünfte erteilen die Kassen. Schweizer Staatsbürger werden wie Privatpatienten behandelt.

Krankenhäuser *(ospedale)* finden sich in allen Städten. Während der Saison gibt es in vielen Orten eine *guardia medica* mit einem diensthabenden Notarzt und/oder einen *soccorso medico urgente* (Erste-Hilfe-Station). Eine Liste solcher Stationen ist bei den Touristeninformationen erhältlich. Wer Wert auf die Behandlung durch einen deutschsprachigen Arzt legt, kann sich vom ADAC unter Tel. 089 76 76 77 entsprechende Adressen in der Nähe des Urlaubsorts geben lassen.

Diplomatische Vertretungen

Deutsches Konsulat Bari
Piazza Umberto I Nr. 40, 70121 Bari
Tel. 080 524 40 59, Fax 080 524 40 59

Österreichisches Konsulat Bari
Via Bruno Buozzi 88, 70123 Bari
Tel. 080 562 62 34, Fax 080 562 66 00

Schweizer Konsulat Bari
Piazza Luigi di Savoia 41 a, 70121 Bari
Tel. 080 524 96 97, Fax 080 524 73 29
consolato.svizzera@patronigriffi.com

Elektrizität

Die Stromspannung beträgt auch in Italien 220 Volt. Allerdings sind die breiteren Stecker (z. B. Laptop oder Fön) nicht mit den italienischen Steckdosen kompatibel. Einen Adapter *(spina di adattamento)* kann man vor Ort kaufen oder vom Hotel ausleihen.

Feiertage

1. Januar: Neujahr (Capodanno)
6. Januar: Dreikönigstag (Epifania)
Ostermontag (Lunedi di Pasqua oder Pasquetta)
25. April: Tag der Befreiung von der deutschen Wehrmacht (Giorno della Liberazione)
1. Mai: Tag der Arbeit (Festa del Lavoro)

2. Juni: Nationalfeiertag (Festa della Repubblica)
15. August: Mariä Himmelfahrt (Ferragosto)
1. November: Allerheiligen (Ognissanti)
8. Dezember: Mariä Empfängnis (Festa dell'Immacolata)
25./26. Dezember: Weihnachten (Natale)

Fotografieren

In fast allen Museen, Kirchen und Klöstern ebenso wie in archäologischen Zonen herrscht ein Kameraverbot, das man respektieren sollte. Oft kann man im Museumsshop oder umliegenden Geschäften entsprechende Postkarten erwerben. Zuweilen kann sich der Besucher auch eine Fotografiererlaubnis an der Kasse geben lassen.

Will man Menschen, vor allem in ländlichen Gegenden und in höherem Lebensalter fotografieren, sollte man vorher unbedingt um Erlaubnis fragen, da dies nicht selten als ein Eingriff in die Privatsphäre empfunden wird.

Geld

In Italien gilt der Euro. Die Bargeldabhebung mit der EC/Maestro-Karte ist in Apulien sehr unkompliziert. An allen Bankfilialen gibt es Automaten mit mehrsprachigen Menüs. Mit der PIN-Nummer kann man meist bis zu 400 € täglich abheben, was mit einer Gebühr von jeweils ca. 5 € berechnet wird. In Supermärkten und Geschäften kann man mit den Karten gebührenfrei einkaufen. Auch mit der Kreditkarte lässt sich Bargeld abheben (Gebühr: bis zu 5,5 % der abgehobenen Summe). Bei bargeldloser Bezahlung mit der Kreditkarte innerhalb Europas fallen keine zusätzlichen Kosten an.

Achtung: Scontrino!
Es ist gesetzlich vorgeschrieben, den Kassenbeleg, den *scontrino,* bis mindestens 500 m nach dem Ort des Einkaufs für eventuelle Kontrollen der *polizia fiscale* (Finanzpolizei) mit sich zu führen. Auch um mögliche Schummeleien zu verhindern, sollte man sich immer den Kassenzettel bzw. die Rechnung aushändigen lassen.

Notruf

Carabinieri: 112
Polizei: 113
Vigili del Fuoco (Feuerwehr): 115
Ambulanz: 118
Pannendienst: 116
See- und Küstennotruf: 1530
Sperrung von Handys, EC- und Kreditkarten: +49 116 116

Öffnungszeiten

Geschäfte: Mo–Sa 9–13, 16/17–19/20 Uhr, Supermärkte auch So vormittags und in der Hauptsaison in touristischen Orten auch So nachmittags.
Restaurants: tgl. 12.30/13–15, abends ab 20 Uhr.
Banken: Mo–Fr 8.30–13.30, 14.30–16 Uhr.
Postämter: Mo–Fr 8.30–13 Uhr, in größeren Städten bis 18 Uhr.
Kirchen: 8–12, 16/17–19/20 Uhr (nachmittags z. T. sehr variabel).
Museen und archäologische Zonen: s. Reiseteil ab S. 76. An gesetzlichen Feiertagen sind sie meist geschlossen.

Rauchen

Seit 2006 darf in öffentlichen und damit auch gastronomischen Einrichtun-

Reisekosten
Das Preisniveau in Apulien entspricht in etwa jenem in Mitteleuropa, wobei es zum Teil natürlich markante Unterschiede zwischen einer Großstadt, einer touristisch erschlossenen Region und einem eher abgelegenen Gebiet gibt. Das zeigt sich besonders an den **Unterkunftspreisen,** die zudem stark von der Saison abhängig sind. So zahlt man für ein Doppelzimmer in einem 3-Sterne-Hotel im Frühjahr zwischen 40 und 90 €, im August kann es weit mehr als das Doppelte sein – nach oben gibt es keine Grenze.

Die Preise für einen **Restaurantbesuch** sind von der Wahl des Lokals abhängig. Eine Pizza bekommt man an einigen Orten schon ab 3 €, Pasta ab 5 €. Einfache Hauptgerichte beginnen bei 7 €. Für ein Essen in einem guten Fischlokal muss man für zwei Personen inklusive Vorspeise und Wein mit 70–100 € rechnen.

Die **Eintrittspreise für Museen** bewegen sich zwischen 1 und 6 €. EU-Bürger unter 18 und über 65 Jahren erhalten gegen Vorlage des Personalausweises in den staatlichen Museen freien Eintritt.

gen nicht mehr geraucht werden. Eine Ausnahme bilden Sitzgelegenheiten im Freien, z. B. Terrassen. Manche Restaurants verfügen über einen Raucherbereich.

Reisen mit Handicap

Steigende Besucherzahlen sorgen dafür, dass man sich auch in Apulien auf Reisende mit Handicap einstellt. In den Unterkunftsverzeichnissen wird zunehmend auf behindertengerechte Einrichtungen hingewiesen. Einige Strände besitzen mittlerweile einen entsprechenden Zugang. Viele Lokale liegen ebenerdig und haben breite Türen, sodass auch Rollstuhlfahrern der Zutritt möglich ist. Informationen über behindertengerechte Restaurants und Unterkünfte bietet die Website **www.italiapertutti.it** (auch auf Deutsch).

Sicherheit

Auch wenn die pugliesische Mafia, Sacra Corona Unità (s. S. 69), in Apulien aktiv ist, so ist es doch sehr unwahrscheinlich, dass man als Tourist mit ihr in Berührung kommt. In kleineren Orten und auf dem Land kann man sich sicher fühlen. Lediglich in Bari sowie an belebten touristischen Orten und im Gedränge sollte man etwas Vorsicht walten lassen. Dazu zählt, keine Wertgegenstände im Auto liegen zu lassen und ggf. ein bewachtes Parkhaus zu nutzen. In Großstädten kommt es gelegentlich zu Handtaschendiebstählen vom Motorroller aus. Es empfiehlt sich, die Umhängetasche auf der zur Straße abgewandten Seite zu tragen. Vorsicht auch vor bettelnden Kindern. Sie gehören meist zu professionellen Banden und sind auf Taschendiebstahl spezialisiert.

Wird man doch einmal bestohlen, so sollte man das bei der Polizei oder den Carabinieri zu Protokoll geben, um eine schriftliche Bestätigung für die Reisegepäckversicherung zu haben.

Souvenirs

Wie überall in Italien stehen an oberster Stelle beliebter Mitbringsel **Wein** und **Olivenöl,** am besten beim Hersteller selbst gekauft und mit dem Qualitätssiegel DOC für Wein bzw. DOP für Öl ausgezeichnet. Besonders schmackhaft sind in Süditalien auch die **Wurst-**

waren, wie beispielsweise der Capocollo aus Martina Franca (s. S. 191), sowie die vielerorts angebotenen **Feigenprodukte,** getrocknet, mit Nüssen oder Mandeln. Nicht zu vergessen sind die köstlichen **Backwaren** der einzelnen Regionen sowie die **Cartapesta-Kunst** aus dem Salento (s. Entdeckungstour S. 248) und die **Keramik** aus Grottáglie (s. S. 212).

Telefonieren

Am kostengünstigsten telefoniert man zwischen 22 Uhr abends und 8 Uhr morgens sowie von **öffentlichen Telefonzellen** aus. Dazu werden Münzen oder eine Telefonkarte *(schedia telefonica)* benötigt. Diese sind ab 5 € am Zeitungskiosk *(edicola)* und in den Tabacchi erhältlich.

Das **eigene Mobiltelefon** lässt sich in Italien problemlos nutzen. Nur sollte man nicht die passiven Kosten vergessen, denn wenn man von zu Hause angerufen wird, zahlt der Anrufer nur die Gebühr ins heimische Mobilnetz, die teure Rufweiterleitung ins Ausland zahlt der Empfänger.

Telefonate nach und in Italien: Um von Deutschland nach Italien zu telefonieren, muss man die italienische Landesvorwahl 0039 vorwählen, dann die Vorwahl des italienischen Orts mit der Null davor und danach die jeweilige Rufnummer. Auch in Italien muss innerhalb eines Orts die Vorwahl mitgewählt werden. **Italienische Mobilnummern** beginnen mit einer 3 und sind 10-stellig. Es gibt sog. grüne Nummern *(numero verde),* die mit 800 beginnen und kostenlos sind. Andere 800er- und 100er-Nummern schlagen mit mindestens 0,24 €/Min. zu Buche.

Landesvorwahlen: nach Deutschland 0049, nach Österreich 0043 und in die Schweiz 0041.

Trinkgeld

Ist in der Rechnung in einem Lokal kein *servizio* (normalerweise 10 %) enthalten (s. S. 28), gibt man zwischen 5 und 10 % *mancia* (Trinkgeld), das einfach auf dem Tisch liegen gelassen wird. Auch in der Bar kann man ein kleines Trinkgeld hinterlassen, den Barista freut's. Bei Taxifahrten wird der Betrag aufgerundet.

Umgangsformen

Normalerweise begrüßt man sich mit *buon giorno* (guten Tag) und ab dem späteren Nachmittag mit *buona sera* (guten Abend). Auch zum Abschied werden diese Worte verwendet. Das allseits bekannte *ciao* ist üblicherweise für Freunde und gute Bekannte reserviert.

Man redet sich mit *signore* (Herr), *signora* (Frau) und *signorina* (Fräulein) an, wobei man sehr genau zwischen *signora* und *signorina* unterscheidet – der Herrenwelt dient das auch als Test, ob die Dame noch ledig ist.

Italiener unternehmen gerne einen abendlichen Spaziergang, die *passeggiata*. Dabei flaniert man im Kreise der Familie oder mit Freunden über die Strandpromenade *(lungomare)* oder den Corso und kehrt eventuell noch auf ein Eis oder einen Cocktail ein.

Zeitungen

Die bekannten deutschsprachigen Tageszeitungen und Magazine sind am Zeitungskiosk in großen Städten sowie in einigen Küstenorten erhältlich. Im Lokalteil der italienischen Tageszeitungen findet man oft Veranstaltungshinweise sowie Fahrpläne von Fähren, Bussen und Zügen.

Panorama – Daten, Essays, Hintergründe

›Beziehungsnetz‹: Lebendige Fischerkultur findet man z. B. noch im Hafen von Gallípoli

Steckbrief Apulien

Daten und Fakten

Fläche: 19 366 km^2

Provinzen: Bari (BA), Bríndisi (BI), Foggia (FG), Lecce (LE), Táranto (TA) und seit 2009 offiziell auch Barletta-Ándria-Trani (BT).

Hauptstadt: Bari mit 320 000 Einwohnern ist nach Neapel (1 Mio.) die zweitgrößte Stadt in Süditalien.

Einwohner: knapp 4,1 Mio. (Italien insgesamt 60,6 Mio.)

Bevölkerungsdichte: 211 Einw./km^2; die höchsten Einwohnerzahlen weisen die Provinzhauptstädte auf.

Amtssprache: Italienisch

Zeitzone: MEZ

Landesvorwahl: 0039

Wappen: Die sechs Kreise auf dem Schild stehen für die sechs Provinzen der Region. Darüber schwebt die Krone des Stauferkaisers Friedrich II. In einem Oktogon, Symbol für das berühmteste seiner Schlösser – Castel del Monte – ist ein Olivenbaum abgebildet, der für die Landwirtschaft steht.

Geografie und Natur

Apulien bildet den Absatz des ›italienischen Stiefels‹ und erstreckt sich entlang des Adriatischen und Ionischen Meeres. Im Nordwesten grenzt die Region an Molise, im Westen an Kampanien und die Basilikata. Mit 53,3 % Ebenen, 45,3 % Hügelland und nur 1,5 % Gebirge ist Apulien die flachste Region Italiens. Die gebirgigen Regionen werden im Norden durch den Promontorio del Gargano und die Bergwelt des Subappennino Dauno an der Grenze zu Kampanien gebildet. Dort erhebt sich auch der Monte Cornacchia (1152 m), der höchste Berg Apuliens. Zwischen beiden Gebirgen liegt die riesige Ebene des Tavoliere, an den sich – getrennt durch den Ófanto, den einzigen immer Wasser führenden Fluss Apuliens – die Terra di Bari anschließt. Dabei handelt es sich um Kalktafeln, die sich vom Meer her langsam aufbauen und die Murge, das Kernland Apuliens, bilden. Im unteren Bereich (z. B. Valle d'Itria) ist es fruchtbar, im oberen karg und steinig sowie von Schluchten, den *gravine*, durchzogen. Zum Süden hin fallen die Kalktafeln ab und gehen in die zu großen Teilen ebene Halbinsel des Salento über. Größere bewaldete Gebiete findet man nur noch in den Gebirgen. Der Rest des Landes wird landwirtschaftlich genutzt bzw. ist steiniger Boden.

Geschichte und Kultur

Begünstigt durch die Lage, war Apulien immer ein Mittler zwischen Morgen- und Abendland sowie dem Balkan. Funde aus der Alt- und Jungsteinzeit belegen eine frühe Besiedlung. Doch die eigentliche Besiedlung beginnt erst um 2000 v. Chr. mit den aus dem Balkan eingewanderten Illyrern, aus denen 800 Jahre später die Stämme der Daunier, Peuketier und Messapier hervorgehen. Mit der Gründung von Taras durch eingewanderte Spartaner 706 v. Chr. beginnt sich der griechische Einfluss im Salento durchzusetzen. Doch ab dem 4. Jh. v. Chr. weiten die Römer ihre Macht auch über Süditalien aus. Es folgen Goten, Langobarden und Byzantiner. Mit der Übernahme der Macht über Süditalien durch die Normannen im 11. Jh. endet die byzantinische Herrschaft in Apulien. Die Hafenstädte an der Adria mit ihren Kathedralen werden zu wichtigen Stationen für Kreuzfahrer und Pilger, noch mehr nach der Machtübernahme Ende des 12. Jh. durch die Staufer, speziell Friedrich II. Nach dem Ende der Stauferzeit fällt Apulien an das Königreich Neapel, regiert von den Anjou, später den Spaniern und Franzosen. Einzelne Familien bestimmen die Entwicklung in den jeweiligen Regionen Apuliens, was sich erst mit der Einigung Italiens ändert. Die erhoffte Verbesserung der Lebensbedingungen beginnt nicht vor dem Ende des Zweiten Weltkriegs. Wie überall in Italien ist der Lebensstandard gestiegen, doch der Unterschied zwischen Nord und Süd besteht nach wie vor.

Für Reisende ist Apulien nicht nur wegen der Landschaft, sondern auch in architektonischer Hinsicht interessant: Dolmen und Menhire, antike Stätten und Kathedralen im Stil der apulischen Romanik, Kastelle, Höhlenstädte und Trulli sind steinerne Zeugnisse der besonderen Geschichte Apuliens.

Staat und Politik

Italien ist seit 1860 ein einheitlicher Staat. Nach dem Zweiten Weltkrieg wird es per Volksentscheid zu einer Republik, der ein Staatspräsident (repräsentative Aufgaben) und ein Ministerpräsident (politische Macht) vorstehen. Bis 1990 ist das Land von politischen Zerwürfnissen geprägt. Ab Mitte der 1990er-Jahre bis 2011 regieren abwechselnd eine Rechtskoalition bzw. ein Mitte-Links-Bündnis. Der eigenwillige Führungsstil Berlusconis hat nicht nur für eine hohe Staatsverschuldung gesorgt, sondern die in Süditalien ohnehin kaum vorhandene Akzeptanz gegenüber der Staatsmacht weiter sinken lassen. Nun ist Mario Monti bis voraussichtlich 2013 Ministerpräsident.

Wirtschaft und Tourismus

Haupterwerbsquellen sind Landwirtschaft und Dienstleistungen. In der Landwirtschaft setzt man zunehmend auf ökologischen Anbau. Haupterzeugnisse sind Hartweizen, Oliven, Früchte und Wein. Die durch die Cassa per il Mezzogiorno in Gang gesetzte Industrialisierung brachte nicht den gewünschten Erfolg. Von den großen Fabriken arbeiten nur noch drei. Die Hoffnung für Apulien liegt im Tourismus, wobei man zunehmend nicht mehr nur auf den Badetourismus setzt, sondern Natur-, Aktiv- sowie Genuss- und Kultururlaub fördert. Die enormen Zuwachsraten der Tourismusbranche sprechen für sich. Die Arbeitslosenrate liegt derzeit (offiziell!) bei 12,5 %, die Jugendarbeitslosigkeit bei 23 %.

Bevölkerung, Religion, Sprache

Auf der Suche nach Arbeit (u.a. Saisonarbeit im Norden) verlassen vor allem jüngere Menschen die Region.

Die Bevölkerung ist vorwiegend römisch-katholisch. Der am meisten verehrte Heilige ist der erst 2002 heilig gesprochene Padre Pio.

Im Salento gibt es griechische Gemeinden, die vermutlich auf die Besiedlung einige Jahrhunderte vor Christus zurückgehen. Das lässt zumindest der von ihnen heute noch gesprochene Dialekt, das *griko,* vermuten, der sehr stark dem Altgriechischen ähnelt.

Geschichte im Überblick

Frühzeit und Antike

300–200 Jt. v. Chr.	Funde von Steinwerkzeugen auf dem Gargano und im Salento deuten auf eine erste Besiedlung Apuliens hin. Besonders die Ritzzeichnungen in den Karstgrotten Romanelli und Paglicci sowie das 200 000 Jahre alte Skelett des Mannes von Altamura sind einmalige Zeugnisse.
7. Jt. v. Chr.	Werkzeugfunde aus Obsidian und Keramik lassen auf Handelskontakte mit den Liparischen Inseln und Mykene schließen.
2. Jt. v. Chr.	Aus dem Balkan wandert in mehreren Etappen das Volk der Illyrer ein, die Herodot als Japyger bezeichnete, woraus sich später der Name der Region, Puglia (s. S. 53), ableitet.
1200 v. Chr.	Drei Volksstämme haben sich herausgebildet: die Daunier im Norden, die Peuketier in der heutigen Terra di Bari und die Messapier im Salento.
8. Jh. v. Chr.	Beginn der griechischen Besiedlung in Süditalien. Es entsteht die Magna Graecia. In Apulien gründen Spartaner 706 v. Chr. Taras (Táranto) mit den Ablegern Gallípoli und Ótranto. Eine weitere Ausdehnung wird durch die Peuketier und Messapier verhindert.
4. Jh. v. Chr.	Die Daunier verbünden sich mit den Römern gegen die Samniten, einen aus dem Norden eingewanderten kriegerischen Volksstamm. 314 v. Chr. gründen die Römer die Kolonie Lucera.
3. Jh. v. Chr.	Die Römer erobern 272 das griechische Taras, auch die Peuketier und Messapier werden Bundesgenossen Roms. Hannibal, von den Griechen zu Hilfe gerufen, fügt den Römern am 2. August 216 v. Chr. bei Cannae eine verheerende Niederlage zu, unterliegt jedoch 15 Jahre später. Apulien wird römisch.
2. Jh. v. Chr.	Als wichtiger Hafen wird Bríndisi an die Via Appia angeschlossen, der Tavoliere wird zu einer der wichtigsten Kornkammern des römischen Reiches und die Bewohner erhalten das römische Bürgerrecht.

Goten, Langobarden und Byzantiner

4. Jh. n. Chr.	Zerfall des römischen Imperiums und Teilung in Ost- und Weströmisches Reich. Apulien fällt an Byzanz.
5. Jh.	Germanenfürst Odoaker ruft sich 476 selbst zum König aus, worauf das Weströmische Reich später zerfällt. Ostgoten besetzen Teile Apuliens.
7. Jh.	Die Langobarden fallen ein. Der Süden Apuliens bleibt byzantinisch. Auf dem Gargano entwickelt sich der Kult um den hl. Michael

und Monte Sant'Angelo wird zu einem der bedeutendsten Pilgerzentren Europas.

9. Jh. Aus Vorderasien wandern griechische Mönche ein und bringen den byzantinischen Ikonenkult mit. Die ersten Grottenkirchen entstehen. Bari wird arabisches Emirat.

10. Jh. Bari wird von Byzanz zurückerobert und zum Sitz des Katepanats. Der Handel zwischen dem Orient und den apulischen Hafenstädten blüht.

Normannen und Staufer

11. Jh. Melos von Bari revoltiert gegen die byzantinische Macht und erhält Unterstützung von normannischen Söldnern, die jedoch bald eigene Machtinteressen verfolgen. Robert Guiskard gründet 1071 mit Hilfe des Papstes das Normannenreich, zu dem Apulien, Kalabrien und Sizilien gehören.

1087 Die Reliquien des hl. Nikolaus werden von Myra nach Bari überführt. Damit wird die Stadt zu einem der wichtigsten Häfen für Pilger und Kreuzfahrer ins Heilige Land. Beginn des Kathedralenbaus und damit Herausbildung der apulischen Romanik.

1194 Das Reich fällt an den Staufer Heinrich VI. Ihm folgt sein Sohn Friedrich II., der 1220 zum Kaiser des Heiligen Römischen Reiches Deutscher Nation gekrönt wird. Damit herrscht er nicht nur über Deutschland, sondern auch über Gebiete in Nord- und Süditalien. Der Norden der

Erst 1929 entdeckt: das im 1./2. Jh. n. Chr. erbaute Teatro Romano in Lecce

Basilikata sowie Apulien werden zu seinen bevorzugten Aufenthaltsorten. Er erhebt die Capitanata zur Reichsprovinz, baut Foggia und Lucera zu seinen Residenzen aus und stirbt 1250 im Castel Fiorentino.

Von Neapel aus regiert

1265 Mit Hilfe des Papstes gelangt Karl von Anjou auf den süditalienischen Thron. Alle Nachkommen von Friedrich II. werden getötet. Apulien wird nun von Neapel aus regiert.

1282 Mit der sogenannten Sizilianischen Vesper fällt Sizilien an die spanischen Aragonesen.

1442 Alfons V. von Aragon besteigt mit Hilfe des Papstes den Thron in Neapel und wird als Alfons I. König von Neapel-Sizilien, damit auch Herrscher über Apulien. Die apulischen Hafenstädte werden wiederholt von Türken überfallen und der Seehandel verlagert sich ins westliche Mittelmeer.

1504–1707 Das Land fällt an Spanien und wird von spanischen Vizekönigen regiert, die der Bevölkerung eine hohe Steuerlast auferlegen. Immerhin werden von 1532 bis 1553 auf Veranlassung von Vizekönig Toledo 337 Küstenwachtürme zum Schutz gegen die Türkeneinfälle errichtet. Mangels zentraler Macht und aufgrund fortschreitender Verarmung verbreitet sich im 16. und 17. Jh. das Räubertum in Apulien.

1713/1735 Das Königreich Neapel fällt nach dem Spanischen Erbfolgekrieg an die Habsburger in Wien und wird 1735 als Beutegut an die spanischen Bourbonen abgetreten. Mit Karl III. bekommt es nach 230 Jahren wieder einen eigenen König. Neapel wird zu einem geistig-kulturellen Zentrum Europas. In Apulien wird lediglich die Steuerlast etwas erleichtert.

1806–1815 Joseph Bonaparte wird König von Neapel. Als er 1808 den spanischen Thron besteigt, folgt ihm in Neapel Murat, ein Schwager Napoleons, nach. Seine Reformen führen zu einem ersten Aufschwung. In Bari, Bríndisi und Táranto wird mit dem Bau der Neustädte begonnen.

1815 Ferdinand IV. kehrt als Ferdinand I., König beider Sizilien, auf den Thron zurück.

Garibaldi und das Königreich Italien

Ab 1860 Garibaldi zieht siegreich in Neapel ein. Eine große Mehrheit der süditalienischen Bevölkerung stimmt für den Anschluss an das Königreich Italien unter König Vittorio Emanuele II., in Apulien jedoch mittels einer manipulierten Abstimmung. In der Folgezeit formiert sich das Brigantentum als Widerstand gegen die versprochenen und nicht eingehaltenen Reformen.

1869 Der Suez-Kanal wird eröffnet und Bríndisi avanciert zum wichtigsten Hafen auf der Route London – Bombay.

Ende des 19. Jh. Die in Apulien trotz der italienischen Einigung anhaltende Armut löst eine Auswanderungswelle aus.

Mussolini, Zweiter Weltkrieg und Republik Italien

1905 Beginn des Baus des Acquedotto Pugliese (Apulisches Aquädukt), die Arbeiten werden unter Mussolini 1939 abgeschlossen.

1943 Táranto und Bríndisi sind wichtige Militärhäfen im Zweiten Weltkrieg und werden von den Alliierten bombardiert. Bríndisi wird kurzzeitig Sitz der Regierung von König Vittorio Emanuele III.

1946 Italien wird Republik.

Ab 1950 Die Cassa per il Mezzogiorno wird eingerichtet. Die Agrarreform wird endlich umgesetzt, ändert aber nichts an der Armut der Bevölkerung. In den 1960er-Jahren werden in Táranto, Manfredónia, Bari und Bríndisi große Industriekomplexe gebaut. 1986 stellt die Cassa per il Mezzogiorno ihre Arbeit ein.

1992 Die durch einen Korruptionsskandal ausgelöste Aktion »Mani pulite« (wörtl. ›Saubere Hände‹) erschüttert das italienische Parteiensystem.

Ab 1994 Erstmals Wahlsieg einer Rechtskoalition unter Silvio Berlusconi. Zwei Jahre später gewinnt das Mitte-Rechts-Bündnis unter Romano Prodi. So geht es im Wechsel die nächsten Jahre bis 2011.

2002 Der schon zu Lebzeiten verehrte Padre Pio wird heilig gesprochen.

2010 Der bereits 2005 zum Präsidenten der Region Apulien gewählte linksliberale Nichi Vendola (Sinistra Ecologia Libertà) wird im Amt bestätigt.

2011 Berlusconi ist zum Rücktritt gezwungen. Sein Nachfolger wird Mario Monti, der erste notwendige Sparreformen in Angriff nimmt.

2012 Die allgemeine wirtschaftliche Krise führt in Apulien erstmals zu rückläufigen Touristenzahlen. Es gibt heftige Diskussionen um eine mögliche Schließung des Stahlwerks von Táranto wegen zu großer Umweltbelastungen; ein massiver Anstieg der Arbeitslosigkeit wäre die Folge.

Küstenparadiese – nicht nur für Schnorchler und Taucher

Die Küste Apuliens vom Gargano im Norden die Adria hinunter, um das Capo di Santa Maria Léuca herum und auf der ionischen Seite wieder hinauf – das sind sage und schreibe 836 km mit einer paradiesischen Vielfalt an Stränden, Höhlen und Grotten, Tauch- und Surfspots sowie kristallklarem Meer.

Natur und Kultur liegen in Apulien oft nah beieinander. Schnell ist man nach dem Besuch einer der Burgen, Kathedralen oder Grottenkirchen an der Küste, wo sich vor allem im Sommer viele Badeurlauber tummeln. In nahezu allen Regionen ist man um eine hohe Qualität der Strände und des Wassers bemüht, stellt der Tourismus doch eine wichtige Einnahmequelle dar – und nicht nur die Urlauber aus der Ferne legen Wert auf gewisse Standards. Sehr hilfreich sind da die Gütesiegel von Legambiente und der Foundation for Environmental Education.

Geprüft und für gut befunden

Die Umweltorganisation Legambiente untersucht jedes Jahr die Küsten und Strände Italiens. Dabei achtet sie u.a. auf die Sauberkeit der Strände und des Wassers, die generelle Beachtung des Umweltschutzes, behindertengerechte Zugänge, die Infrastruktur und Sportmöglichkeiten. Auf ihrer Website kann man die Bewertungen im jährlichen Bericht »Guida Blu« nach Regionen geordnet einsehen (www.legambiente.it). 2012 erhielten die Küsten um Ostuni und Sant'Andrea die Bestnote »5 Vele« (5 Segel) sowie acht Orte »4 Vele«, u. a. Castro, Monópoli, Otranto und Polignano a Mare.

Die Foundation for Environmental Education (FEE), eine seit den 1980er-Jahren tätige internationale Organisation, kontrolliert jedes Jahr die Strände und Küsten in über 30 Ländern, so auch in Italien. Auf der Website www.feeitalia.org erfährt man, welche Orte im jeweiligen Kalenderjahr das begehrte Qualitätssiegel »Bandiera Blu« (Blaue Flagge) verliehen bekamen.

Über und unter Wasser reizvoll: Baia di Ciolo bei Capo Santa Maria di Léuca

Wunderbar abtauchen

Für Taucher ist das Meer rund um den Gargano und die Isole Trémiti sowie vor der Küste des Salento ein wahres

Infos zur apulischen Küste
Die Website **www.pugliamare.com** (ital.) gibt einen guten Überblick über die schönsten Strände und Küstenabschnitte in Apulien sowie empfehlenswerte Spots zum Surfen, Tauchen, Segeln etc.

Dorado. Flora und Fauna haben hier einiges zu bieten: Seeanemonen und Korallen, Seeaale, Zackenbarsche, Langusten, Muränen, Kraken und Delfine – um nur einige Arten zu nennen. Außerdem liegen an einigen Stellen Schiffswracks auf dem Meeresgrund. Zahlreiche Tauchschulen bieten Kurse für Anfänger und Fortgeschrittene an sowie Tauchgänge unterschiedlicher Schwierigkeitsgrade.

Besonders schöne Tauchspots befinden sich an der Adria in Porto Cesareo mit dem Meeresschutzgebiet Area Marina Protetta Porto Cesareo. Dort kann man längere Strecken mit fantastischen Meeresgründen ›abtauchen‹. Ebenso lohnt sich die Küste von Ótranto mit ihren bizarren Felswänden und Grotten. Taucher schwören dort auf die Grotta Palombara und die Grotta Taglio dell'Orte, die zu den schönsten Grotten der Region gehören sollen. Am spektakulärsten sind jedoch die Isole Trémiti, das wichtigste und größte Meeresschutzgebiet Apuliens (weitere Infos zum Tauchen s. S. 31). Dank des kristallklaren Wassers können auch Schnorchler spannende Einblicke in die apulische Unterwasserwelt gewinnen.

Naturschutzgebiete

Parco Nazionale del Gargano: 1995 gegründet; 120 000 ha, zu denen u. a. die Foresta Umbra, die Küste sowie die Isole Trémiti gehören, www.parcogargano.it.

Riserva Naturale Torre Guaceto: seit 2000 bestehendes Naturschutzgebiet, das ca. 1000 ha Land, 2000 ha Wasser und eine Küstenlinie von ca. 7 km umfasst, www.riservaditorreguaceto.it.

Parco Naturale Portoselvaggio: 1980 gegründeter Park (424 ha) mit schönen Wandermöglichkeiten, www.portoselvaggio.net.

Wind und Wellen

Für Kite- und Windsurfer ist Apulien ebenfalls ein lohnendes Ziel. Viele Spots verfügen über eine entsprechende Infrastruktur. Absolut angesagt ist die Küste zwischen Péschici und Vieste sowie bei Mattinata, alle drei an der Küste des Gargano. Bei Ostuni können die Wellen eine Höhe von bis zu 3,5 m erreichen. Hier ist der Strand von

Für Streifzüge ideal: von Felsen gesäumter ›Wasser-Weg‹ an der Küste bei Péschici

Rosa Marina ein beliebter internationaler Treff. Im Salento ist der über 20 km lange Sandstrand bei den Laghi Alimini ein bevorzugtes Revier. Besonders in den Monaten April und Oktober sowie Mai und September sind die Windverhältnisse optimal.

Streifzüge

Die langen Sandstrände, von denen es in Apulien einige gibt, laden zu entspannten Spaziergängen ein. Besonders schön sind jene südlich von Gallípoli und bei den Laghi Alimini. Nördlich von Ótranto, auf dem Gargano oder in den Naturreservaten von Porto Selvaggio, Porto Badisco und Torre Guaceto kann man über Klippen oder auf Pfaden die Küste entlangwandern. Fast immer ist ein Wachturm zu sehen, meist auf einer kleinen Landzunge. Diese Türme wurden nach 1480 zur Verteidigung gegen die Türken errichtet und prägen das Gesicht der Küste bis hinauf zum Gargano. Natürlich finden sich entlang der Küsten immer wieder kleine und größere Buchten, die über bequeme oder steile Wege, teilweise allerdings auch nur vom Meer aus, zu erreichen sind.

Steinreich und wasserarm

Keine andere Region Italiens ist von so viel Wasser umgeben wie Apulien und dabei gleichzeitig so wasserarm. Und doch hat man Mittel und Wege gefunden, um hier Landwirtschaft zu betreiben und sogar in unwegsamem Gelände noch Gärten anzulegen.

Die Murge

Im Norden liegen der Gargano und der Tavoliere, das Kernland Apuliens bilden jedoch die Murge (Sg. Murgia). Sie steigen allmählich von der Adria her bis auf 686 m an und ziehen sich vom Fluss Ófanto am südlichen Ende des Tavoliere bis hinunter zum Salento. Die Murge bestehen aus der Murgia Alta (z. B. Altamura, Gravina, auch Matera in der Basilikata), der Murgia (das Gebiet um Bari), dem Valle d'Itria, der Murgia Tarantina (z. B. Móttola, Massafra, Castellaneta) sowie der Murgia Salentina (vor allem der Salento westlich von Lecce).

Geologisch betrachtet handelt es sich um ein riesiges, aus Meeresablagerungen entstandenes Kalkplateau, das sich vor 65–100 Mio. Jahren emporgehoben hat. Flüsse, die das Hügelland einst durchquerten, wuschen die Täler aus, die sich heute Richtung Adria und Ionisches Meer öffnen. Die kraftvollen Wasserläufe haben regelrechte Schluchten aus dem Stein gewaschen, die *gravine*. Wie Canyons schneiden sie sich in das Tafelland und sind Heimat einer faszinierenden Tier- und Pflanzenwelt. Wo das Wasser geruhsamer und in geringeren Mengen floss, haben die Täler einen sanfteren Verlauf. Sind sie nicht so tief, werden sie *lame* genannt.

Murge und Gravine im Netz
Seit 2004 sind 68 000 ha der Murge in der Terra di Bari durch den **Parco Nazionale dell'Alta Murgia** geschützt. Sein Symbol ist der Rötelfalke, der hier auch anzutreffen ist. Infos zu Veranstaltungen, Projekten, Buchung von Touren: www.parcoaltamurgia.it (ital./engl.).
www.parcogravine.it: einige Karten zur Orientierung in den Gravine auf der ionischen Seite (ital.).

Grotten und ›rote Erde‹

Die Abflüsse sind heute meist trocken, nur nach starken Regenfällen füllen sie sich am Grund mit Wasser, das aber auch bald wieder im Karstgestein versickert. Auf diese Weise entstanden im Laufe der Zeit auch einige Grotten und Höhlensysteme wie in Putignano und Castellana (s. Entdeckungstour S. 184). In manchen Gegenden wie der westlichen Murgia Alta fühlt man sich in eine Steinwüste versetzt. Dazwischen leuchtet der rote Boden auf, der so typisch für die Murgia ist. Denn das Wasser, das in den Karst eindringt, zersetzt das wei-

Märchenhafte Welten: die Höhlen in den Murge – hier die Grotte von Castellana

che Gestein, aus dem dann eisenhaltiger Lehm wird, die *terra rossa.* Hier werden Wein und Oliven, Mandeln, Obst und Gemüse angebaut.

Wasser für den Süden

In karstreichen Gegenden versickert das Wasser schnell. Deshalb legten die Bewohner Apuliens Zisternen an, die vom Regenwasser gespeist wurden. Mancherorts wurde ein Brunnen gegraben, doch das war kostspielig und mühselig, denn so einfach war das Grundwasser nicht zu erreichen. Wer durch Apulien reist, sieht dennoch blühende Landschaften. Größe und Form der Bäume lassen darauf schließen, dass diese Üppigkeit nicht erst seit 20 Jahren besteht. Und Zisternen allein dürften für die Bewässerung einer so umfangreichen Fläche kaum gereicht haben. Tatsächlich gibt es einen anderen Grund: Der Ingenieur Camillo Rosalba entwickelte 1867 die Idee eines Aquädukts, um Apulien mit Wasser zu versorgen. Mit der Umsetzung des Projektes Acquedotto Pugliese begann man jedoch erst 1905, indem man das Wasser der Sele-Quelle (Kampanien) mittels unterirdischer Kanäle nach Apulien leitete. 1915 konnte Bari an das Aquädukt angeschlossen werden, 1924 Foggia, 1939 Santa Maria di Léuca. Das 20 000 km umfassende Kanalsystem war Anfang des 20. Jh. eines der größten Bauprojekte Italiens.

Noch heute sieht man überall Wasserpumpen und Hydranten mit der Aufschrift AQP, die nach wie vor genutzt werden. Allerdings ist der Wasserbedarf Apuliens enorm gestiegen, die Leitungen mussten erneuert werden und müssten es wieder. Einen Großteil des Wassers bezieht man heute aus der Basilikata. Bis dato galt ein für Jahre ausgehandelter günstiger Preis, weil die Gesellschaft des Acquedotto Pugliese die Kosten für den Bau trug. Doch die Verträge laufen nun aus und Apulien muss sich wohl auf eine Erhöhung der Wasserpreise einstellen, denn auch in anderen Regionen Italiens, und nicht nur des Südens, wird Wasser knapp.

Was Steine erzählen – Zeugnisse früher Besiedlung

Normannen und Staufer haben Apulien deutlich sichtbar mit ihren Bauten – Kathedralen ebenso wie Burgen – und ihrer Kultur geprägt. Doch schon Jahrhunderte vor ihnen drückten andere Volksstämme der Region ihren Stempel auf.

Mit seinen vielen Küstengebieten und den dort herrschenden idealen klimatischen Bedingungen bot Apulien schon zu Urzeiten beste Voraussetzungen für menschliche Ansiedlungen. So wundert es nicht, dass man fast überall in der Region auf archäologische Stätten und Funde stößt. Manche liegen idyllisch in Olivenhainen, andere an belebten Straßen oder Kreuzungen.

Menhire, Dolmen, Specchie

Vor allem im Salento ragen plötzlich mitten in der Landschaft Menhire auf (im Deutschen auch als ›Hinkelsteine‹

Rätselhafte Steinansammlung: Dolmen im Megalithgarten von Giurdignano

bekannt) – absichtlich aufrecht gestellte hohe Steine. Sie stammen aus der Bronze- und Jungsteinzeit, doch welchem Zweck sie dienten, ist nicht genau bekannt. Eventuell hatten sie kultische Bedeutung, denn noch in christlicher Zeit brachte die Landbevölkerung an Menhiren Gaben dar, um beispielsweise eine gute Ernte zu erbitten.

Die ebenfalls aus der Megalithkultur stammenden Dolmen kann man sowohl im südlichen Salento als auch um Ostuni und bei Biscéglie finden. Es handelt sich um zumeist unbehauene oder nur leicht bearbeitete Steine, die so aufeinandergestellt sind, dass sie wie ein Tor oder ein Tisch wirken. Ursprünglich waren sie von anderen Steinen oder Erde bedeckt und dienten vermutlich als Grabstätten für bedeutende Familien oder als Kultstätten. Bemerkenswert ist, dass diese ›Steintische‹ häufig in der Nähe von Küsten anzutreffen sind, wofür es bisher allerdings keine schlüssige Erklärung gibt. Rätselhaft und beeindruckend stehen sie zwischen Olivenbäumen und geben ihr Geheimnis nicht preis.

Auch die Bedeutung der gigantischen Steinhaufen, z. B. der Specchia Miano (s. S. 224), bleibt uns Nachgeborenen verborgen. Schon manch einer soll sich die Mühe gemacht haben, nachzuschauen, was sich darunter verbirgt. Vielleicht ein Dolmen mit einem noch erhaltenen Grab oder einfach nur ein Schatz? Die Specchie könnten in der Megalithkultur auch als Verteidigungsanlagen oder Beobachtungsposten gedient haben. Hierfür spricht, dass manche von ihnen gut und gerne um die 10 m hoch sind und die Bezeichnung auf das lateinische *specula* (Wachturm) zurückgeht, doch endgültige Beweise für ihre Funktion sind das nicht.

Der Megalithgarten Italiens
Südwestlich von Ótranto, um **Giurdignano** (▶ R 12), gibt es eine so große Anzahl von Menhiren und Dolmen, dass man das Gebiet den ›Megalithgarten Italiens‹ nennt. Von den rund 150 Steinphänomenen aus der Megalithzeit in Apulien sind hier über 25 anzutreffen – viele sind ausgeschildert.

Die Namensgeber wandern ein

Zwischen 2000 und 1000 v. Chr. wanderten Illyrer aus dem Balkangebiet nach Süditalien ein. Sie nannten sich Japyger, so berichtet Herodot, und das neue Land Japygia, woraus Apudia, später Apulia und schließlich der heutige italienische Name Puglia wurde. Vor allem drei Stämme waren es, die sich am Stiefelabsatz niederließen und mit den dortigen Bewohnern vermischten. Im Norden siedelten die Daunier, von denen man im Tavoliere und im südlichen Gargano einige wenige bemerkenswerte Spuren entdeckt hat. Zu den Funden zählen neben einer feinen, geometrisch verzierten Keramik sehr interessante Grabstelen, die Frauen bzw. Männer darstellen. Sie sind im Museum von Manfredónia zu bewundern (s. S. 126).

Etwas umfangreicher sind die Funde aus der Zeit der Peuketier, die im Kernland von Apulien ansässig waren. So hat man in der Nähe von Gioia del Colle am Monte Sannace (s. S. 181) eine Akropolis entdeckt, die den Forschern u. a. Aufschluss über Architektur und Alltag dieses Volksstamms gibt. In Mandúria (s. S. 213) und Muro Leccese (s. S. 258) erstaunen die gewaltigen Mauern der

Basilianer und die Hodegetria
Die Basilianermönche standen in der Tradition des Basilius von Caesarea, der um 355 in der Einsamkeit Kappadokiens ein Kloster gründete und die bis heute gültigen Regeln für Mönche der orthodoxen Kirche verfasste (Gebet, Askese, körperliche Arbeit und Bibelstudium). Neben den Ikonen von Jesus und verschiedenen Heiligen verehrten sie den Schutz gewährenden Madonnentypus der Hodegetria (Wegweiserin). In dieser Darstellung sitzt das Jesuskind, meist mit dem Gesicht eines erwachsenen Mannes und segnender Geste, auf dem linken Arm der Gottesmutter, deren rechte Hand wiederum auf diesen weist. Die Hodegetria findet sich regelmäßig in den Grottenkirchen, ebenso wie Fresken der wichtigsten Heiligen des 8. bis 12. Jh., von denen wir die meisten heute nicht mehr kennen. Unter ihnen war jedoch auch der hl. Nikolaus, der durch die Basilianermönche in ganz Süditalien bekannt wurde.

Messapier, die im Süden Apuliens siedelten und sich standhaft gegen die griechische Übernahme im 6./5. Jh. v. Chr. wehrten. Im Archäologischen Museum von Bríndisi (s. S. 228) sind einige äußerst prachtvolle Vasen und andere Keramikobjekte der Messapier ausgestellt. Außerhalb Apuliens sind diese drei Volksstämme kaum bekannt, doch in Apulien selbst trifft man immer wieder auf ihre Siedlungsspuren, sei es in Form von Exponaten in den Museen der großen und selbst der kleinsten Orte oder auch einfach nur in Ortsbezeichnungen wie z. B. Céglie Messápica.

Grottenkirchen und Schluchtenstädte

Die in der Murge entstandenen Lame und vor allem die Gravine (s. S. 50) dienten den Menschen schon in prähistorischer und frühchristlicher Zeit als gut geschützte Wohnorte. Bisher gibt es nur spärliche Funde dazu, was auch darin begründet liegt, dass entsprechende Spuren von Spuren der Basilianermönche überlagert wurden, die in der Zeit des Bildersturms (Vernichtung von Heiligenbildern in Byzanz) aus Kappadokien nach Süditalien geflüchtet waren. Bei dem Bilderstreit (Ikonoklasmus), der unter dem byzantinischen Kaiser Leo III. (717–741) begann, ging es um die Frage, ob das Antlitz Gottes abgebildet und Ikonen verehrt werden dürfen. Die Auseinandersetzung zwischen Ikonoklasten (Ikonenzerstörern) und Ikonodulen (Ikonenverehrern) dauerte mehr als ein Jahrhundert.

Die geschützten Höhlen in den Gravine Südapuliens boten den Basilianern Schutz und Zuflucht und erinnerten sie vermutlich auch an das heimatliche Kappadokien. Sie verwandelten die Grotten in Wohn- und Wirtschaftsbereiche sowie in Kirchen. Bei manchen dieser *chiese rupestri* (Felskirchen), wie beispielsweise jener in Massafra (s. S. 203), wurden Kuppeln, Säulen und Ikonostasen (eine meist mit Bildern geschmückte Wand zwischen Altarraum und Kirchenschiff) regelrecht aus dem Stein herausgearbeitet.

Aus den anfänglichen Höhlensiedlungen entwickelten sich im frühen Mittelalter Schluchtenstädte wie in Gravina (s. S. 176) oder Móttola (s. S. 198). Nach dem Ende der Sarazenengefahr wurden sie nach und nach wieder aufgegeben, jene von Matera jedoch erst Mitte des 20. Jh. (s. Entdeckungstour S. 200).

Gekommen, um zu bleiben – die ›Nordmänner‹ in Süditalien

Die Normannen nahmen das Land mit Gewalt in ihren Besitz. Sie stärkten das Papsttum und bauten viele neue Kirchen und Kathedralen in dem für die Region so typischen Stil, der apulischen Romanik.

Sie waren die ersten vom Volke der kriegerischen Wikinger, die in der Fremde sesshaft wurden – die Normannen. An der Seine-Mündung gründeten sie ihre erste Stadt: Rouen – die Normandie entstand. Der Erzengel Michael wurde zu ihrem Nationalheiligen, den sie am Mont Saint-Michel verehrten. Natürlich pilgerten sie auch zum Gargano, wo sich der Engel zum ersten Mal auf dem europäischen Festland gezeigt hatte, und weiter ins Heilige Land. Als Anfang des 11. Jh. eine Gruppe von vierzig pilgernden Rittern auf dem Rückweg erneut in Monte Sant'Angelo Station machte, bat man sie um Hilfe im Kampf des Melos von Bari gegen die byzantinischen Herrscher. Auch wenn der Aufstand niedergeschlagen wurde, markierte er doch den Beginn der Eroberung Süditaliens durch die Normannen. Denn schnell verbreitete sich in der vergleichsweise unwirtlichen Heimat die Kunde von den schönen südlichen Gefilden und den Möglichkeiten dort.

Tragende Rollen: Figuren am Bischofsthron (1090) in der Basilica S. Nicola in Bari

Robert Guiskard und die Normannen stehen im Mittelpunkt des gleichnamigen Theaterstücks von Heinrich von Kleist (Deutsches Schauspielhaus Hamburg)

Krieg und Frieden

Mit Unterstützung von Heinrich II. und Papst Benedikt VIII. begannen die Normannen erfolgreich gegen die Byzantiner ins Feld zu ziehen. Einer ihrer Anführer, Rainulf, wurde 1038 zum Grafen von Aversa (in Kampanien) ernannt und war damit der erste selbstständige Normannenfürst in Süditalien. Doch letztendlich waren es die Söhne des Tankred von Hauteville, die mit kriegerischem Glück und diplomatischem Geschick das Südreich einten: Wilhelm Eisenarm besetzte 1042 Melfi und ließ sich zum Grafen von Apulien ausrufen. Robert Guiskard, ein Haudegen und genialer Stratege, eroberte Kalabrien, befreite Bari und Bríndisi von den Byzantinern und unterstützte Papst Nikolaus II. gegen den erstarkenden römischen Adel und den Deutschen König. Wegen seiner kriegerischen Fähigkeiten und seines harten Durchgreifens gab man ihm den Beinamen Terror Mundi (Schrecken der Welt).

Selbst dem Papst wurde Robert Guiskards Machteinfluss aber schließlich zu groß und er wollte ihn mit einer starken Armee im Bündnis mit den Byzantinern wieder aus dem Süden vertreiben. Stattdessen geriet er in die Gefangenschaft seines Gegners, der ihn jedoch mit Anstand und Respekt behandelte. Das Ende vom Lied war, dass der Papst Robert Guiskard 1059 offiziell mit Apulien, Kalabrien und Sizilien belehnte. Damit war aus einer Grafschaft ein Normannenstaat geworden und die Normannen avancierten zu einer europäischen Großmacht. Ein weiterer Bruder, Roger I., übernahm die Vertreibung der Sarazenen aus Sizilien. Sein Sohn, Roger II., erbte Sizilien und Kalabrien, später Apulien, Amalfi und Cápua, 1139 kam Neapel hinzu. Damit war das Königreich beider Sizilien geschaffen, das sich über ganz Süditalien bis zum Kirchenstaat ausdehnte. Palermo wurde zur Hauptstadt – und endlich, endlich begannen friedlichere Zeiten.

Roger II. gewährte in seinem Königreich weitgehende Religionsfreiheit für Muslime und Juden und achtete die arabische Kunst und Kultur. Dank seiner Toleranz und des Aufbaus einer eigenen Verwaltung gelangte das neue Königreich in der ersten Hälfte des 12. Jh. zu einer Blüte, deren Zeugnisse noch heute zu bewundern sind, darunter Überreste mächtiger Befestigungsanlagen sowie einzigartige Sakralbauten.

Ein Baustil im ›Gepäck‹ der Normannen

Die Normannen demonstrierten mit dem Bau von Kathedralen ihren Glauben und ihre Verbindung zu Rom. Zugleich symbolisierten die Gotteshäuser, die meist auf Vorgängerbauten errichtet wurden, die Macht der neuen Herrscher.

Mit den Normannen gelangte im 11. Jh. die Romanik nach Apulien, dessen Baukunst bis dahin von der byzantinischen und orientalischen Architektur beeinflusst war. Die Baustile begannen sich zu vermischen und es entwickelte sich die apulische Romanik, der einzige eigenständige Architekturstil Apuliens. Prototyp des neuen Stils war die ab 1087 errichtete Basilica San Nicola in Bari (s. Entdeckungstour S. 150 und S. 154) mit den Reliquien des hl. Nikolaus von Myra.

Charakteristische Merkmale der apulischen Romanik *(Romanico pugliese)* sind u. a. die starke Betonung der Vertikalen, von außen nicht sichtbare, halbrunde Chorapsiden, Blendarkaden, tiefe Bögen mit darüber verlaufenden Galerien sowie im Inneren die Matroneen (Emporen über den Seitenschiffen). Häufig bewachen Löwen den Eingang – mal als verspielte, mal als kämpferisch-wachende Wesen gestaltet. Die oftmals mit baldachinartigen Vorbauten versehenen Portale sowie die Fensterbögen sind reich verziert, sowohl mit Ornamenten und Blüten als auch mit Tieren und Fabelwesen, die stilistisch deutlich von der byzantinischen und orientalischen Kunst inspiriert sind.

Romanico pugliese – ein Baustil, viele Varianten

Neben der Basilica San Nicola in **Bari** (s. S. 153) lohnen eine Reihe weiterer Kathedralen im Stil der apulischen Romanik den Besuch – jede hat ihre Besonderheiten. So sind die sehr hohen Apsiden der ›Königin der Kathedralen‹, San Nicola Pellegrino in **Trani** (s. S. 140), im Gegensatz zu jenen anderer apulisch-romanischer Sakralbauten von außen sichtbar, wodurch der Bau besonders elegant wirkt. Im Inneren wurde der Barockschmuck entfernt, was dem Raum eine strahlende Weite verleiht. Für die Besichtigung der Cattedrale di San Valentino in **Bitonto** (s. S. 147) sollte man Zeit und ein Fernglas mitbringen, denn Außenfassaden und Innenraum sind mit vielerlei figürlichem Schmuck versehen. In der Kathedrale von **Ótranto** (s. Entdeckungstour S. 274 und S. 276) mischen sich in einem Mosaik, das fast den gesamten Boden bedeckt, auf faszinierende Weise Motive aus der Antike mit solchen aus Christentum und Islam. Die Kirchenbauten in der **Capitanata,** z. B. die Kathedrale von Tróia (s. S. 118), zeichnen sich durch besonders hohe und schmale Blendarkaden aus.

Stupor Mundi, das ›Staunen der Welt‹ – Stauferkaiser Friedrich II.

Der Stauferkaiser Friedrich II. gilt als eine der schillerndsten Figuren des Mittelalters. Sein immenses Interesse an den Wissenschaften, seine Jagdleidenschaft, die Auseinandersetzung mit den Fürsten und Päpsten seiner Zeit sowie die Vielzahl imposanter Bauten bringen auch heutige Zeitgenossen noch zum Staunen.

In vielen Orten Apuliens findet man eine Piazza, Via oder einen Corso Federico II und manch ein Pugliese entpuppt sich als versierter Kenner der Biografie des Staufers, seiner Kastelle, Liebschaften und Kreuzzüge. Es scheint, als sei man hierzulande vertrauter mit dem deutschen Kaiser, als es die Deutschen selbst sind. Das verwundert nicht, hielt sich Friedrich II. doch die meiste Zeit seines Lebens in Italien, vor allem in Apulien, auf. Hier hinterließ er auch die meisten seiner Bauten. Unter Friedrich setzte sich fort, was unter den Normannen begonnen hatte – eine wirtschaftliche und politische Hochzeit Apuliens, wie sie erst Jahre nach dem Zweiten Weltkrieg wieder erreicht wurde. Dass Apulien in seinem Wappen Symbole des Stauferkaisers führt, kann man als Zeichen der Bewunderung und Verehrung deuten.

Schon Friedrichs Geburt kam einem Wunder gleich. Friedrichs Mutter, Kon-

Herrscher mit Spezialinteressen: Friedrich II. verfasste eine Schrift über die Falkenzucht

stanze von Altavilla, gebar ihrem Gemahl, Stauferkaiser Heinrich VI., erst nach neunjähriger Ehe, bereits 40-jährig den ersehnten Thronfolger. Um Zweifel an der Schwangerschaft auszuräumen, ordnete der Kaiser eine öffentliche Geburt an. So wurde Friedrich II. am 26. Dezember 1194 in einem Zelt auf dem Marktplatz von Jesi (bei Ancona) geboren. Die zeitliche Nähe zum Geburtstag des Gottessohns wertete man als wundersames Zeichen. Schon mit drei Jahren wurde Friedrich zum König von Sizilien gekrönt. Kindheit und Jugend verbrachte er in Palermo, wo er mit vielen Kulturen in Berührung kam und zahlreiche Gelehrte traf. Muslime, Juden und Christen – in Palermo mischten sich die Religionen. Mit 14, dem Eintritt seiner Volljährigkeit, übernahm Friedrich, der neben Italienisch, Deutsch, Latein und Arabisch sprach, die Regierungsgeschäfte, die bis dahin Papst Innozenz III. als testamentarisch festgelegter Vormund geführt hatte.

Lesetipps

Olaf B. Rader: Friedrich II. Der Sizilianer auf dem Königsthron, München 2011. Eine der fundiertesten Biografien über den Stauferkaiser. Der Autor beleuchtet unterschiedlichste Aspekte des Mythos Friedrich II., u. a. seine Leidenschaften und seine Feindschaften.
Horst Stern: Friedrich der Staufer, Hildesheim 1997. Gut strukturierte und eingängig geschriebene Biografie des großen Staufers.

Geschichte im Netz

www.pugliaimperiale.com: vielfältige Infos zu Friedrich II., u. a. zu Architektur und Geschichte (u. a. dt.).
www.stupormundi.it: sehr interessante Website zu Friedrich II. sowie zu Personen aus seinem Umfeld bzw. seiner Epoche. Die deutsche Version ist weniger umfangreich.

König und Kaiser

Nachdem er in seinem Südreich für Ordnung gesorgt und seine Macht gefestigt hatte, reiste der nun 17-Jährige 1211/12 mit reichem Gepränge nach Deutschland, um sich zum Deutschen König krönen zu lassen, was nicht unbedingt im Sinne aller damaligen Reichsfürsten war. Für das ›Chint aus Pülle‹ (Kind aus Apulien), wie Friedrich in Deutschland auch genannt wurde, begann eine Zeit des Reisens und der Verhandlungen mit den deutschen Fürsten sowie dem Papst. Dank seines diplomatischen Geschicks und seiner starken Persönlichkeit verlief die Entwicklung ganz im Sinne des Staufers bis hin zu seiner Krönung zum Kaiser des Heiligen Römischen Reiches 1220 durch Papst Honorius. Danach begann er sich wieder vermehrt in Süditalien aufzuhalten, vor allem in Apulien. Zu seinen ständigen Begleitern gehörten u. a. Bischöfe, Rechtsgelehrte und Ritter, unter ihnen Hermann von Salza (1162–1239), vierter Hochmeister des Deutschritterordens und einer der engsten Vertrauten des Kaisers. Dieser wiederum unterstützte den Orden mit Gebietsschenkungen sowie durch Privilegien und erteilte ihm die Erlaubnis, den kaiserlichen Adler im Wappen zu führen. Später wurde daraus der preußische Adler.

Schlösser und Kastelle

Apulien war Friedrich unverkennbar der liebste Aufenthaltsort. Den Norden machte er zur Capitanata und in Foggia hielt er sich häufiger auf als in irgendeiner deutschen Stadt oder in Palermo. Über 200 Schlösser und Festungen ließ Friedrich II. meist auf Vorgängerbauten errichten – zu Verteidigungszwecken und vor allem als Zeichen seiner Macht. Zwei Linien von Kastellen ziehen sich von Nord nach Süd. Die äußere verläuft an der Küste von Monte Sant'Angelo über Manfredónia, Barletta, Trani, Bisceglie, Bari und Bríndisi bis Ótranto. Die innere reicht von Castel Fiorentino über Foggia mit Lucera, Castel del Monte, Gioia del Colle bis nach Ória. Bis auf die Kastelle in der Capitanata (s. S. 108) sind die Anlagen alle noch erhalten. Meist lässt sich der staufische Burgenbaustil noch erkennen, der eine rechteckige Anlage mit massiven Türmen an den Ecken, meterdicke Ringmauern, innen eine etwas wohnlichere Gestaltung mit Gewölben, Gemächern und verzierten Bögen vorsah. In Anlehnung an diesen Stil errichtete später der Deutschritterorden einen Teil seiner Burgen in Preußen.

Kenner der Falken

Auch in seiner Hofhaltung unterschied sich Friedrich von anderen Herrschern seiner Zeit. Seine Paläste, seine Feste sowie sein Interesse an Naturwissenschaften, Kunst und Philosophie sind legendär. Er lud viele Wissenschaftler und Künstler an seinen Hof. Hier trafen orientalische, jüdische und christliche Einflüsse aufeinander. In dieser Zeit entstanden u. a. die »Constitutiones Regni utriusque Siciliae« (bekannt als Konstitutionen von Melfi), ein Gesetzeskodex, mit dem Friedrich II. Staat und Finanzen derart regelte, dass der Einfluss des Feudaladels zurückgedrängt wurde. Viele Gesetze behielten bis zur Gründung der italienischen Republik ihre Gültigkeit. Am bekanntesten ist jedoch sein Falkenbuch »De arte venandi cum avibus« (Über die Kunst, mit Vögeln zu jagen), das er 1246 schrieb. Die Jagd, vor allem mit Falken, war die große Leidenschaft des Staufers. Sein Buch gilt bis heute als wissenschaftliches Standardwerk. Es enthält über 900 Zeichnungen, die durch ihre Detailtreue beeindrucken. Das Original ging in der Schlacht von Parma 1248 verloren, doch Friedrichs Sohn Manfred hatte eine Kopie anfertigen lassen, die heute in der Vatikanischen Bibliothek verwahrt wird.

Stellvertreter Gottes

Ganz im Sinne der väterlichen Tradition verfolgte der Staufer die Idee des Universalherrschers, der wie der Papst Stellvertreter Gottes auf Erden war. Die verweigerte Unterordnung unter den Papst führte zu immer schärferen Konflikten mit der Kirche, bis hin zur mehrmaligen Exkommunikation.

Obwohl der Papst ihn erneut mit einem Bann belegt hatte, brach Friedrich 1228 zum fünften Kreuzzug auf. Auch in der Handhabung dieses Kreuzzuges zeigte sich die sehr individuelle Persönlichkeit des Kaisers. Anstatt sich in militärischen Kämpfen aufzureiben, nutzte er seine Kenntnisse der arabischen Mentalität und sein diplomatisches Geschick, um mit Sultan al-Kamil von Kairo einen zehnjährigen Friedensvertrag auszuhandeln und Jerusalem für das Christentum zurückzugewinnen. Gerade wegen dieses Erfolges sahen viele in ihm den Endzeit- bzw. Friedenskaiser, wie ihn die Bibel verhieß.

Am 13. Dezember 1250 starb Friedrich II. auf dem Weg zu neuen Verhandlungen mit Papst Innozenz VI. völlig unerwartet im Castel Fiorentino, vermutlich an der Ruhr (s. S. 111).

Baukunst mit Schwung – Lecceser Barock

Der Lecceser Barock – eine regionale Spielart des europäischen Baustils – treibt die opulente Formensprache des Barock auf die Spitze. Während sich manche vom überbordenden Schmuck apulischer Barockbauten erschlagen fühlen, sind andere von der üppigen Gestaltung schlichtweg hingerissen.

Als Antwort auf die Reformation Martin Luthers formierte sich die Gegenreformation, die im Barock ihren künstlerischen Ausdruck fand. Durch Prachtentfaltung in Kirchen und im öffentlichen Raum versuchte man, die Gläubigen festzuhalten bzw. zurückzugewinnen. Ein wichtiges Zentrum der Gegenreformation und des Barock wurde Neapel, wo die spanischen Vizekönige ihre Residenz hatten – von hier aus regierten sie Süditalien. Als Karl V. Lecce Mitte des 16. Jh. zum Verwaltungszentrum des Salento erkor und gegen die drohenden Türkeneinfälle befestigte, setzte nicht nur ein Zuzug von Beamten und Aristokraten ein, sondern die gesamte Stadt wurde baulich neu gestaltet, und das im aktuellen Stil der damaligen Zeit, dem Barock. Heute gilt Lecce als die süditalienische Barockstadt schlechthin.

Der ›feine‹ Unterschied

Der Lecceser Barock ist eine besonders üppige und verspielte Ausprägung des Barock. Typische Elemente wie geschwungene Fassaden, Girlanden, Putten, Cherubinen, Vasen oder Balustraden sind zwar auch in Lecce zu finden, doch in sehr eigenwilligen Varianten. Die Fassaden sind nahezu flächende-

ITALIA

ckend plastisch gestaltet und auch an Säulen oder Altären gibt es oft kaum einen Zentimeter ohne Schmuckwerk. Häufig sind die Dekorationselemente äußerst fein modelliert. Ein schönes Beispiel dafür findet sich in der Chiesa Sant'Irene in Lecce. Die Säulen am Altar der hl. Irene im Querschiff sind nicht nur gewunden – ein typisches Gestaltungselement des Barock –, sondern auch über und über mit filigran gearbeiteten Blattranken versehen.

Die Hochzeit des Barock im Salento, das 17. und 18. Jh., war allgemein eine Phase starker Bautätigkeit in Apulien. Neben Lecce wurden auch andere Städte nahezu komplett im neuen Stil umgestaltet. Noch heute wirken die historischen Zentren von Nardò, Muro Leccese oder Martina Franca auffallend einheitlich und harmonisch.

Besonders sehenswert
Die überdimensionierte Darstellung von Details, die für den Lecceser Barock typisch ist, findet sich auch in der Darstellung des Stadtwappens über dem Portal der **Chiesa Sant'Irene** in Lecce wieder: Eine Wölfin trägt einen Strauß riesiger Steineichenzweige mit Früchten. Reizvoll ist der Gegensatz zwischen dem Brunnen im Innenhof von **Santi Niccolò e Cataldo** mit seinen spiralförmigen, mit Ornamenten verzierten Säulen und der eher schlicht gestalteten Kirchenfassade (s. S. 245). Für Barockliebhaber sind die zentralen Plätze von **Nardò** (s. S. 255) und **Muro Leccese** (s. S. 258) Offenbarungen.

Ein formbarer Stein entfesselt die Kreativität

Das Geheimnis des Lecceser Barock liegt im Baumaterial. Rund um Lecce gibt es gewaltige Vorkommen an Kalkstein. Diese *pietra leccese* ist goldgelb und unmittelbar nach dem Abbau sehr weich. Dann lässt sich der Stein leicht bearbeiten und formen. An der Luft beginnt er allmählich auszuhärten und kann nun geglättet, poliert und gehobelt werden, weshalb sich selbst Krüge aus *pietra leccese* fertigen lassen. Die spezifischen Eigenschaften des Steins eröffneten Architekten, Bildhauern und Kunsthandwerkern völlig neue Möglichkeiten der Gestaltung von Bauwerken, Skulpturen etc. Je nach Belieben konnten sie an der Oberfläche des Steins bleiben oder mit ihren Werkzeugen weiter in ihn eindringen.

Schönstes Beispiel für den Lecceser Barock ist die Basilica di Santa Croce in Lecce (s. S. 242; Abb. S. 61, 62). Insbesondere die Hauptfassade weist prächtige Steinmetzarbeiten auf, u. a. an der Fensterrose, wo kein Flecken ungestaltet blieb. Ein Meisterwerk der räumlichen Wirkung ist auch der Antonio da Padova gewidmete Altar im Inneren.

Im Gegensatz zur *pietra leccese* ist die *pietra tranese* fast weiß. Wie der Name erkennen lässt, wird dieser Kalkstein in der Gegend um Trani gebrochen – auch die dortige Kathedrale besteht aus diesem Stein. Ob aus *pietra leccese* oder *pietra tranese* errichtet, je nach Tageszeit und Sonneneinfall können die Barockbauten farblich variieren. Am schönsten zeigen sich die historischen Zentren von Lecce, Martina Franca und Nardò am Abend. Dann sind sie in ein sattes Honiggelb getaucht, das die Ensemblewirkung verstärkt.

Stundenlang kann man davorstehen und entdeckt doch nicht jedes Detail: Basilica di Santa Croce in Lecce

Erzengel Michaels Konkurrent am Gargano – Padre Pio

Der Gargano wurde schon in vorchristlicher Zeit als heiliger Berg verehrt und ist seit dem 5. Jh. eng mit dem heiligen Michael verbunden. Seit einigen Jahren jedoch läuft Padre Pio dem Erzengel den Rang ab.

Schon so berühmte Männer wie Franz von Assisi oder Thomas von Aquin besuchten im 12. bzw. 13. Jh. Apulien, wo sich in einer Grotte am Monte Sant'Angelo (Engelsberg) ein bedeutendes Heiligtum der Christenheit befindet (s. Entdeckungstour S. 100). Hier soll ab 490 mehrmals der Erzengel Michael (Michele Arcangelo) erschienen sein. Schon vorher hatte die Grotte als Kultstätte gedient – als Erstes vermutlich den Dauniern. Die Römer praktizierten hier ihren Mithraskult, bei dem ein Stier geopfert wurde. Ein Stier soll auch dem Erzengel den Weg zu der von ihm zur neuen Heimat erwählten Stätte gewiesen haben. Seit dieser Zeit strömen die Pilger zu der Grotte, über der später eine Kirche errichtet wurde.

Die Langobarden erkoren den Erzengel zu ihrem Nationalheiligen und so entstand ab dem 6./7. Jh. die Pilgerstraße Via Sacra Langobardorum, später verbunden mit der Route de l'Ange, die vom Mont Saint-Michel in der Normandie nach Süden führt. Denn auch die Normannen hatten Michele Arcangelo zu ihrem Heiligen erkoren. Als sie die Herrschaft in Süditalien übernahmen, stellten sie den Gargano unter ihren besonderen Schutz. Eine Vielzahl von Pilgerwegen durchzieht das Gebirge. An ihnen liegen Klöster, die als Pilgerhospize dienten, wie San Matteo in Lámis (s. S. 106). Waren es im Mittelalter Kreuzfahrer, die sich am Monte Sant'Angelo den Segen für ihre christliche Mission im Nahen Osten holten, so sind es heute Gläubige aus aller Welt, die um Beistand bitten.

Priester mit Wundmalen

In den letzten Jahren ist die Zahl der Pilger am Monte Sant'Angelo zurückgegangen, was nicht am nachlassenden Glauben liegt, sondern an einem Heiligen, der bis 1968 im nur 25 km entfernten San Giovanni Rotondo lebte: Padre Pio – einer der populärsten Heiligen in ganz Italien. Für die Süditaliener ist er *der* Heilige schlechthin. In fast jedem Ort findet man eine Statue des Paters. Bilder von ihm schmücken Wände und klemmen hinter Spiegeln. Das Besondere ist, dass Padre Pio wirklich einer von ihnen ist, einer, den viele selbst noch kennenlernen, sehen und anfassen durften.

Geboren am 25. Mai 1887 als achtes Kind einer Bauernfamilie in Pietrelcina in der Provinz Benevent, trat Francesco Forgione, so sein bürgerlicher Name, mit 16 Jahren in den Kapuzinerorden ein. Er nahm den Namen Pio an, studierte Theologie und wurde am 10. August 1910 in Benevent zum Priester ge-

Ein Vorzeige-Heiliger? – Vielleicht, doch Padre Pios Leben wirft auch Fragen auf

weiht. Nur einen Monat später sollen an seinen Händen Hautrötungen als Vorzeichen einer Stigmatisierung im christlichen Sinne zu sehen gewesen sein. 1916 ging Padre Pio als Mönch in das Kloster von San Giovanni Rotondo, wo ab dem 20. September desselben Jahres die Wundmale Christi an Händen, Füßen und Brust schließlich deutlich sichtbar geworden sein sollen. Um sie zu verbergen, begann er die fingerlosen Handschuhe zu tragen, die zu seinem Markenzeichen wurden. Die Stigmatisierung sprach sich schnell herum, und auch wenn Zweifel an ihrer Echtheit gehegt wurden, pilgerten die Menschen zu Padre Pio. Als der Vatikan den Arzt Agostino Gemelli sandte, um die Male zu überprüfen, verweigerte Pio die Visite. Außerdem soll er in seiner Funktion als medizinischer Leiter von San Giovanni Rotondo seit Jahren erstaunlich große Mengen an Karbolsäure (ein Antiseptikum, das Hautverätzungen verursacht) bestellt haben, was auch nicht unbedingt zu seiner Glaubwürdigkeit beitrug. Die Kirche in Rom distanzierte sich daraufhin von Padre Pio und verbot ihm, Seelsorgebriefe zu beantworten und die Messe zu lesen. Doch das tat seiner Popularität keinen Abbruch, die Pilgerströme nahmen sogar noch zu.

Auf die Schnelle heilig

Am 23. September 1968 starb Padre Pio 81-jährig. Seine Wundmale waren zu diesem Zeitpunkt zwar verschwunden, doch er wurde weiterhin als Heiliger verehrt. Schneller als je zuvor in der Kirchengeschichte erfolgte 1999 die Selig- und nur drei Jahre später die Heiligsprechung – beides durch Papst Johannes Paul II. 1947. Als jener noch Priester Karol Wojtyła gewesen war, hatte Padre Pio ihm nicht nur vorausgesagt, dass er Papst werden würde, sondern er hatte auch das Attentat im Jahr 1981 vorhergesehen.

Das einst stille San Giovanni Rotondo hat sich seit dem Tod des Priesters zu einem christlichen Mekka entwickelt (s. S. 104), wo der Handel mit Padre-Pio-Produkten blüht.

Der ›Wahnsinnsbeat‹ aus dem Süden – Tarantella und Pizzica

Der Tarantismus ist in Apulien und vor allem im Salento tief verwurzelt. Die durch den Biss der Tarantel ausgelösten körperlich-seelischen Leiden konnten nur gelindert und geheilt werden, indem man sich der Tarantella hingab, einem wilden, unkontrollierten Tanz. Bis weit ins 20. Jh. war dieser Volksglaube im Salento lebendig. Die Pizzica, die damit verbundene Musik, erlebt seit einigen Jahren ein Revival.

Es heißt, der ›Stich‹, genauer eigentlich Biss, der Tarantel sei gefährlich, doch de facto verursachen die Bisse der Wolfsspinne meist nur lokale Schmerzen, Schwellungen oder Juckreiz. Ohnehin ist die Wahrscheinlichkeit eines Zusammentreffens gering, denn die Tarantel, die vor allem auf trockenen Wiesen und steinigem Ödland, in Mauerritzen und Felsspalten lebt, ist ein eher nachtaktives Tier. Sollte man doch einmal einer etwa 2–4 cm großen Spinne dunkler Färbung mit einem hellen Streifen über der Brust und gewinkelten dunkleren Streifen auf dem Hinterleib sowie sechs kleinen und zwei großen Augen begegnen, kann man ziemlich sicher sein, eine Tarantel vor sich zu haben.

Der ›Wahnsinnstanz‹ Tarantella war vielleicht in Wirklichkeit eine Tanztherapie

Wie von der Tarantel gestochen

In mittelalterlichen Augenzeugenberichten heißt es, dass die von der Tarantel ›Gestochenen‹ einige Stunden später anfingen, unartikuliert zu jammern. Sie wurden von tiefer Melancholie befallen, die auch zu körperlicher Lethargie führte. Familie und Nachbarn erkannten sofort, woher die Traurigkeit rührte, und riefen schnellstmöglich die Spielleute ins Haus, damit diese die sog. *Pizzica* (*pizzicare* = ›beißen, kneifen‹) spielten. Typische Instrumente sind Tamburin, Violine, Gitarre und Ziehharmonika. Durch die schnelle Musik löste sich bei den Betroffenen die Starre. Die *tarantati* begannen die Tarantella, einen Tanz mit langsamen, leicht kreisenden Bewegungen, die immer wilder und ekstatischer wurden, verfielen dann in eine Art Trance, bis sie nach mehreren Stunden, manchmal Tagen, vor Erschöpfung zusammenbrachen.

Um wirklich zu genesen, mussten die Befallenen noch die Wallfahrt nach Galatina zur Kirche des hl. Paul antreten. Er war von der Kirche zum Schutzpatron der *tarantati* ernannt worden. Jedes Jahr am frühen Morgen des 29. Juni trafen sich alle ›Erkrankten‹ in Galatina und legten sich auf mitgebrachte Tücher mitten auf die Piazza. Hier fielen sie ohne Musik erneut in Trance, tanzten oder kletterten auf den Altar von San Paolo oder Säulen hinauf – so lange, bis sie vor Erschöpfung erneut zusammenbrachen und damit vorerst als geheilt galten. Doch der ›Wahnsinn‹ konnte zu Beginn jeden Sommers wieder ausbrechen, sodass die Rituale erneut vollzogen werden mussten.

Den Ursprung des bis ins 20. Jh. hinein praktizierten Tarantismus vermutet man in heidnischen Ritualen des Dionysos-Kultes. Dionysos war nicht nur der Gott des Weins, sondern auch der Ekstase. Der wilde Tanz wird heute eher als unbewusstes Ventil der *tarantati* gedeutet, um aufgestaute Emotionen herauszulassen – in einer Gesellschaft, die von starken Restriktionen und Kontrolle bestimmt war. Meist waren es Frauen, die von der Tarantel ›gestochen‹ wurden, häufig ab Beginn des Sommers, wenn Getreide und später Tabak geerntet wurden. Gerade die Frauen Süditaliens führten bis ins 20. Jh. ein von Abhängigkeit und Unterdrückung geprägtes Leben. Die Pizzica war so etwas wie eine volkstümliche Musiktherapie, die Tarantella ein Heiltanz.

Hören und Sehen
Die Band **Sud Sound System** sowie die Musiker **Pino Zimba** und **Uccio Aloisi** (1928–2010) mischen bzw. mischten in die Pizzica u. a. Stilelemente afrikanischer und karibischer Musik.
Casa Museo del Tarantismo: Das kleine Museum in Galatina zeigt beeindruckende Bilder und Filmausschnitte von Tarantella-Zeremonien, s. S. 253.

Die Rückkehr der Pizzica

In den 1970er-Jahren wurde die Pizzica von einheimischen Musikern wiederbelebt, auch um die salentinische Identität zu bewahren. 1998 hatte Sergio Blasio die Idee, in seinem Heimatort Melpignano ein Festival im Zeichen der Pizzica zu veranstalten. »La Notte della Taranta« war geboren, heute ein Mega-Event: Im August versammeln sich für eine Nacht über 100 000 Pizzica-Begeisterte in dem 2000-Seelen-Ort (s. S. 252).

Raus aus der Armut? – Wunsch und Wirklichkeit im Mezzogiorno

Die Zeiten, als man in Süditalien noch unzählige Kilometer zu Fuß oder mit dem Eselskarren zurücklegte, um zur Arbeit zu gelangen, gehören der Vergangenheit an. Zwar ist Apulien noch immer nicht so reich wie der Norden, doch richtiggehend arm ist es auch nicht mehr. Landwirtschaft und Tourismus haben sichtlich für einen gewissen Wohlstand gesorgt.

Apulien war bis weit ins 20. Jh. ausschließlich agrarisch geprägt und hatte eine schlechte Infrastruktur. Von der Gründung und dem Beitritt zur italienischen Republik 1861 hatte man sich eine deutliche Verbesserung der Lebensumstände versprochen. Doch die neue Regierung setzte weder die versprochene Landreform um, noch interessierte sie sich für die Belange des Südens. Sie erhob dort sogar die gleichen Steuern wie im industrialisierten Norden. So war es kein Wunder, dass sich Widerstand formierte, der im sogenannten Brigantentum seinen Ausdruck fand und brutal verfolgt wurde. Als Resultat dieser Entwicklung verließen um die Wende zum 20. Jh. Tausende das Land in Richtung Amerika und Australien. In den politischen Entscheidungen dieser Zeit liegen viele der Ursachen für den auch heute noch bestehenden Unterschied zwischen Nord und Süd.

Spannende Urlaubslektüre
Gianfranco Carofiglio (geb. 1961) war in seiner Heimatstadt Bari jahrelang als Antimafia-Staatsanwalt tätig, für das italienische Parlament auch als Berater der Antimafia-Kommission. Mit seinem ersten Krimi »Reise in die Nacht« (München 2006) führt er seinen Protagonisten, den Anwalt Guido Guerrieri ein, der die Lösung seiner Fälle nicht immer mit ganz lauteren Methoden betreibt, das Herz aber am richtigen Fleck hat. »In freiem Fall«, »Das Gesetz der Ehre« und »In ihrer dunkelsten Stunde« sind weitere Fälle des Anwalts, die meist in Bari spielen und Themen wie Korruption, Migration u. a. aufgreifen, häufig mit psychologisch interessanten Aspekten.

Eine Kasse für den Süden

Zwar hatte man 1905 mit dem Bau des Acquedotto Pugliese (s. S. 51) begonnen, doch erst nach dem Zweiten Weltkrieg wurden ernsthafte Versuche unternommen, dem Süden, und damit auch Apulien, aus seiner wirtschaftlichen Misere zu helfen. So gründete man 1950 die »Cassa per il Mezzogiorno«. Mittels gelenkter Investitionen, durch Subventionen und Vergabe besonderer Kredite sowie den Ausbau der Infrastruktur wollte man bessere Voraussetzungen nicht nur für die

Landwirtschaft, sondern auch für eine Ansiedlung der Industrie schaffen. In den 1960er- und 1970er-Jahren wurden an vermeintlich geeigneten Standorten Fabriken errichtet und dafür landwirtschaftliche Flächen vernichtet. Für das Eisenhüttenwerk von Italsider bei Táranto beispielsweise wurden 20 000 Olivenbäume gefällt und für die Chemiefabrik bei Bríndisi opferte man Artischockenfelder von der vierfachen Größe der damaligen Stadt. Doch der gewünschte Effekt blieb aus. Die Großbetriebe bewirkten nicht die erhofften Folgeansiedlungen anderer Firmen. So ist Apulien bis heute eine von Landwirtschaft geprägte Region geblieben.

Auch die anfänglichen Erfolge der Cassa per il Mezzogiorno wie die deutlich verbesserte Infrastruktur – neue Wasserleitungen, Schulen und Krankenhäuser –, von der die Region noch heute profitiert, setzten sich nicht fort. Zunehmend wurde die Cassa zu einem Machtinstrument der regierenden Parteien, wodurch Korruption und organisiertem Verbrechen Tür und Tor geöffnet waren. 1980 wurde die Arbeit der Cassa schließlich eingestellt, 1992 wurde sie ganz aufgelöst.

Mafia pugliese

Im Vergleich zu den anderen Mafia-Organisationen Süditaliens ist die apulische Sacra Corona Unità (Heilige vereinigte Krone) noch relativ jung, sie entstand erst Anfang der 1980er-Jahre. Sie wird auch Mafia pugliese oder SCU genannt, ist in Familienclans organisiert, mit Zentren in Bari und Bríndisi. Ihre Hauptaktionsfelder sind die Einschleusung illegaler Einwanderer, Zwangsprostitution und Drogenhandel, wobei sie mit Banden aus Albanien, Russland und Ex-Jugoslawien zusammenarbeitet. Die SCU ist nicht nur in Ländern Mitteleuropas tätig, u. a. auch Deutschland, sondern ebenso in den USA, Argentinien und Australien. Allerdings wird über ihre Aktivitäten nicht so oft berichtet wie über jene der Camorra in Neapel/Kampanien. Es scheint, als würde sie versteckter operieren. Doch ausgelöst durch den Korruptionsskandal und die darauf folgende Aufdeckungskampagne ›Mani pulite‹ (saubere Hände) in den 1990er-Jahren wurden auch in Apulien Prozesse gegen SCU-Mitglieder und -Bosse angestrengt und Verurteilungen erwirkt.

Das Glück schmieden

Nicht wenige Pugliesen nahmen ab der Wende zum 20. Jh. ihr Schicksal selbst in die Hand, emigrierten ins Ausland oder zogen nach Norditalien, um dort, und sei es nur saisonal, Arbeit zu finden. Vor allem die Geldüberweisungen der Ausgewanderten sorgten in der Folgezeit für ein kleines, privates Wirtschaftswunder in der verlassenen Heimat.

Ab den 1980er-Jahren wurde Apulien für den Tourismus entdeckt, sodass auch der Dienstleistungssektor an Bedeutung gewann. Seither nutzen immer mehr Bauernhöfe das im Tourismus liegende Potenzial, setzen auf Agriturismo und biologischen Anbau. Auch zu den etablierten Weinkooperativen kommen immer wieder neue hinzu – Wein und Olivenöl aus Apulien haben sich mittlerweile international einen Namen gemacht. Vor allem diese kleinen Initiativen und mittleren Betriebe sind für den heutigen Wohlstand der Region verantwortlich.

13

Trulli und Masserie – ›Wohn-Landschaft‹ Apulien

Sobald man die Küste mit ihren Hafenstädten verlässt und ins Landesinnere reist, wird deutlich, dass Apulien bis heute agrarisch geprägt ist. Die spezifischen historischen sowie landschaftlichen Gegebenheiten bzw. landwirtschaftlichen Notwendigkeiten blieben nicht ohne Einfluss auf die ländliche Architektur. So haben sich in Apulien Häusertypen entwickelt, die man kaum anderswo findet: die unverwechselbaren Trulli und Masserie.

Wo man auch hinkommt, der weißgraue Kalkstein ist in Apulien immer präsent – ob auf dem Gargano, in der Murge oder im Salento, die einzige Ausnahme bildet der Tavoliere. Die kleinen und großen Gesteinsbrocken in den Böden machten (und machen) den Bauern das Leben schwer. Damit Landflächen überhaupt bewirtschaftet werden konnten, mussten die Steine aufgelesen werden – ein mühsames Unterfangen. Über Jahrhunderte schichteten die Landbewohner sie u. a. zu Trockenmauern auf und unterteilten die Landschaft so in eine Vielzahl von Gärten und Parzellen, die in einigen Gegenden das Landschaftsbild deutlich prägen. Ein besonders idyllisches Bild bietet das Valle d'Itria, wo zwischen den Oliven- und Mandelbäumen obendrein wunderhübsche, meist weiß getünchte ›Zipfelmützenhäuschen‹ aufragen, die sogenannten *trulli.*

Alberobello: ›Türsteherin‹ vor ihrem Trullo

Eine runde Sache – Trulli

Auch für den Bau der *trulli* (Sg. *trullo*) verwendete man die vielen herumliegenden Steine und schichtete sie ohne Mörtel aufeinander. ›Förderer‹ dieser Bauweise soll laut einer gern erzählten Geschichte Gian Girolamo II di Aquaviva gewesen sein, im 17. Jh. Graf von Conversano (s. S. 161). Er wollte die vom königlichen Hof festgelegte Grundsteuer für Siedlungen mit fest gemauerten Häusern umgehen und befahl seinen Bauern deshalb, ihre Häuser in Trockenbauweise zu errichten. Im Fall einer königlichen Inspektion konnten diese schnell abgerissen und danach wieder aufgebaut werden. Der regionale Ursprung der Bauform ist jedoch bis heute nicht geklärt. Sicher ist, dass die Trulli außerhalb jeglicher Bautraditionen im Europa der damaligen Zeit stehen.

Ursprünglich, so viel weiß man, war der Trullo einfach nur ein Kegel, gebildet durch meist bearbeitete, flache Steine, die *chiancarelle,* die in enger werdenden Kreisen nach oben geschichtet wurden. Später kam ein quadratischer, etwa 2 m hoher Mauersockel hinzu, auf den der Kegel aufgesetzt wurde. Gekrönt wurde das so entstandene Gewölbe von einem *pinnacolo* (Spitze, Zinne) in Form einer Kugel, einer Scheibe, eines Kegels oder eines Kreuzes. Früher galt: Je kunstvoller der Pinnacolo, umso wohlhabender die in dem Trullo lebende Familie, denn ausgefallene Formen bedurften eines guten Handwerkers. Auf das Steindach selbst wurden mit Kalkfarbe magische Schutzzeichen gemalt: verschiedene Kreuzzeichen, Tierkreiszeichen, vom Pfeil durchbohrte Herzen etc. Obwohl man ihre Bedeutung heute nicht mehr kennt, werden die Zeichen jährlich erneuert – ebenso wie der weiße Kalkanstrich der Außenfassade.

Ein bäuerliches Anwesen setzt sich aus mehreren Trulli zusammen, wobei jeder Trullo nur einen Raum mit jeweils anderer Funktion (Küche, Stall etc.) birgt. Die dicken Natursteinwände und kleinen Fenster sorgen dafür, dass die Wärme im Winter im Inneren verbleibt. Zugleich bieten sie im Sommer Schutz gegen die Hitze von draußen. Trulli werden auch heute noch gebaut, allerdings nicht mehr in Trockenbauweise.

Sonderformen – die Pagliari und Caselle

Dem Reisenden werden mit Sicherheit auch die robusteren runden Steinhütten mit stumpfen Kegeldächern auffallen, die an Trulli erinnern, jedoch keine sind, was man am Fehlen des Pinnacolos erkennt. Es ist jedoch gut möglich, dass diese *pagliari* Vorläufer der Trulli waren. Pagliari trifft man eher im Norden Apuliens an, wo sie Bauern und Hirten als Unterstände oder Lager für Stroh, Geräte u. Ä. dienten. Wie bei den Trulli sind die Mauern sehr dick und die Tür ist meist nur eine winzige Öffnung.

Die für die Murge und den Salento typischen *caselle* sind kleiner als die Pagliari und oben noch stärker abgeflacht – bei manchen führt an der Seite eine Treppe aufs Dach. Bei Wanderungen im Naturschutzgebiet von Porto Selvaggio beispielsweise kann man solche *caselle* näher in Augenschein nehmen.

Urlaub auf dem Land

www.turismoverde.it: empfehlenswerte Website, nach Regionen sortiert, zu Unterkünften auf dem Land, d. h. sowohl Trulli und Masserie als auch Villen; mit direkter Verlinkung (ital.).

www.agriturist.it: Die mehrsprachige Website bietet eine gute Übersicht zum »Urlaub auf dem Bauernhof« in Italien, auch die Beschreibungen sind in Deutsch und es gibt eine Verlinkung. Das Angebot ist sehr umfangreich und gut und listet viele Masserien als auch einige Trulli-Anwesen.

Herrschaftlich wohnen – die Masserie

Ebenso typisch für Apulien wie die Trulli, Pagliari und Caselle sind die *masserie* (Sg. *masseria*), herrschaftliche Gutshöfe, die auf die *villae rusticae* der Römer zurückgehen. Diese hatten im 1. Jh. n. Chr. auch die Latifundienwirtschaft in Apulien eingeführt, bei der abhängige Bauern das Land eines Adeligen bewirtschafteten. Von den Masserie aus wurde der jeweilige Großgrundbesitz (mind. 200 ha Land) verwaltet. Eine Masseria bestand aus einem repräsentativen Wohnhaus und vielen Nebengebäuden mit Unterkünften, Ställen sowie diversen Lagerräumen. War der Hof entsprechend groß – und das war nicht selten der Fall – gehörte zum Anwesen auch eine kleine Kirche bzw. Kapelle. Der Großgrundbesitzer selbst wohnte in einer der umliegenden größeren Städte oder in noch weiterer Ferne und kam nur im

Luxuriös wohnen in ländlicher Umgebung – viele Masserie sind heute Urlaubsdomizile

Sommer aufs Land, wenn es in der Stadt zu heiß wurde. Während seiner Abwesenheit wurde er von einem Verwalter, dem *massaro,* vertreten.

Als im 15./16. Jh. die Gefahr der Türkenüberfälle zunahm und nach den schrecklichen Ereignissen in Ótranto (s. S. 273) begann man vor allem in Küstennähe die Gutshöfe zu befestigen. Sie wurden mit wehrhaften Mauern umgeben, mit einem Wachturm und nicht selten mit Pechnasen und Schießscharten versehen, weshalb sie noch heute wie kleine Festungen wirken.

Später, als die Gefahr der Türkeneinfälle gebannt war, begann man die Wohnhäuser auszubauen, um die heißen Monate auf dem Land noch angenehmer zu gestalten. Terrassen, Gärten und Laubengänge wurden angelegt, der Eingang mit einer imposanten Treppe versehen und im Inneren ein größerer Festsaal geschaffen.

Die Latifundienwirtschaft wurde erst in den 1950er-Jahren abgeschafft, doch *contadini* (jetzt freie Bauern) und *braccianti* (Tagelöhner) sind nach wie vor auf den Feldern tätig – u. a. weil es noch heute Masserie in Privatbesitz gibt, von denen aus Landwirtschaft betrieben wird.

Vor gut 30 Jahren hat man außerdem begonnen, Masserie für den Tourismus umzubauen. Die meisten derartigen Unterkünfte liegen in atemberaubend schönen Landschaften, verfügen über Pool, Garten und ein Restaurant, in dem Produkte aus eigenem Anbau auf den Tisch kommen, sind sozusagen zugleich Agriturismi.

Auf den apulischen Geschmack kommen – Pane e Pasta

Eigentlich gilt die Poebene im Norden als ›Kornkammer Italiens‹, doch die Bezeichnung trifft auch auf Apulien zu, denn 70 % der Getreideproduktion Italiens stammen von dort. Ein Blick in die Küche Apuliens mit all ihren Brot- und Pastasorten macht schnell deutlich, wie wichtig Getreide für seine Bewohner war und immer noch ist.

Die Kornfelder im Tavoliere und in den Murge sind nicht zu übersehen. Wegen des kargen Bodens und der hohen Temperaturen gedeiht hier der *grano duro* (Hartweizen) besonders gut – aus ihm wird ein schweres Korn gewonnen, das viel Grieß mit relativ wenig Stärke ergibt.

Delikatessen aus Mehl

In den Zeiten bitterster Armut gewannen die Bauern ihr Mehl auch aus dem Korn der Ähren, die nach dem damals üblichen Abbrennen der Stoppeln noch auf dem Feld blieben. Das aus dem *grano arso* (gebrannten Korn) gemahlene Mehl war dunkel, etwas bitter und wurde vor allem für Nudeln verwendet. Heute werden die Stoppeln nicht mehr zwingend abgebrannt und kaum jemand sammelt danach Ähren ein – einer der Gründe dafür, dass *grano arso* heute eine Delikatesse ist.

Besonders die Region um Altamura ist bekannt für ihren Getreideanbau und die daraus gewonnenen Produkte, allen voran das *Pane di Altamura,* das

Eine ganz heiße Ware: die Brotlaibe aus Altamuras Traditionsbacköfen

erste Brot in Europa, das ein DOP-Prädikat erhielt. In ganz Italien wird es geschätzt. Das ›Brot von Altamura‹ ist buckelig, hat eine dunkle Kruste und gelbe Krume, bleibt lange frisch und wird in Größen bis zu 20 kg (!) hergestellt. Ist es mal zu hart geworden, frischt man es mit etwas Wasser, Salz und Olivenöl wieder auf und es schmeckt wie am ersten Tag. Früher wurden die Brotlaibe zu Hause hergestellt, mit einem Stempel versehen und zum Bäcker gebracht, der das Backen gegen ein Entgelt übernahm. Gegessen wird das Brot am liebsten in dicke Scheiben geschnitten – wie in alten Zeiten mit etwas Knoblauch und Zwiebeln, etwas Olivenöl, frischen Saubohnen, Tomaten und vielleicht noch etwas Ricotta forte.

Kleiner Brotführer

Puccia di Pane: kleine Rundbrote mit Oliven (meist nicht entkernt), die vor allem in der Provinz Lecce hergestellt werden.
Focaccia: Fladenbrot aus Teig, in den Olivenöl und evtl. Kräuter eingearbeitet sind, mit div. Belag.
Puddica: Focaccia-Variante; in den Teig werden Tomaten und Knoblauch eingearbeitet.
Taralli: kleine Brotkringel mit Olivenöl und Salz oder Fenchel oder Paprika (oft zum Aperitif).
Crostini: im Ofen geröstete Weißbrotscheiben, die man z. B. mit Olivenöl beträufeln und mit Oregano bestreuen kann.
Friselle: kleine, runde Brote mit goldbrauner Färbung, die zweimal gebacken werden und dadurch sehr hart und lange haltbar sind.

Pasta fatto in casa

Auch wenn das Angebot an industriell gefertigter Pasta sehr groß ist, bevorzugt man (nicht nur) in Apulien weiterhin die traditionelle ›hausgemachte Pasta‹. Jede Region pflegt den Kult um die eigene *pasta fresca.* So gibt es die *turcinelli* von Lecce, die *orecchiette* von Bari oder die *troccoli* von Foggia. In Bari sieht man noch heute Frauen in den Gassen der Altstadt vor den Häusern sitzen und unentwegt die kleinen ›Öhrchen‹ formen. 1647 kam es in Bari sogar zu einer Bürgerrevolte, als die Spanier eine neue Mehlsteuer einführten und Kontrolleure in die Häuser schickten. Der Aufruhr war so heftig, dass die Steuer bereits nach acht Tagen wieder abgeschafft wurde.

David gegen Goliath

Seit 2009 gibt es in Altamura einen Zusammenschluss von 20 Landwirten, das Consorzio Agricoltori Mugnai Pastai panificatori Organizzati, kurz C.A.M.P.O. Es betreibt eine Mühle, eine Pastamanufaktur und eine eigene Bäckerei (s. S. 180), in der man auch die Pasta erstehen kann. Das ›Konsortium‹ fördert so Produkte, die zu 100 % aus der Region stammen. Außerdem engagiert es sich gegen genetische Manipulationen des Hartweizens und für den Einsatz von ausschließlich apulischem Getreide bei der industriellen Herstellung von Pasta. 2010 wies C.A.M.P.O. darauf hin, dass Barilla für seine Pasta Hartweizen aus Kanada importiere, der nicht immer ausgereift sei bzw. zu feucht transportiert werde, was Auswirkungen auf die Wachstumsprozesse bei Kindern haben könne. Zwar arbeitet Barilla weiterhin mit außeritalienischen Zulieferern zusammen, doch immerhin gibt es jetzt speziell für Kinder produzierte Pasta.

Unterwegs in Apulien

Mindestens einmal sollte man sie umrunden: die ›Königin der Kathedralen‹ in Trani

Das Beste auf einen Blick

Gargano und Isole Trémiti

Highlights !

Ostküste des Gargano: Ist der gesamte Gargano schon schön, so trifft dies auf den Küstenabschnitt zwischen Péschici und Mattinata erst recht zu – mal zeigt er sich spektakulär, mal pittoresk. Buchten und Strände laden zum (Sonnen-) Baden ein und die bezaubernden, auf Felsvorsprüngen gelegenen Städtchen Péschici und Vieste zum Bummeln und längeren Verweilen. S. 83

Isole Trémiti Kaum irgendwo sonst an der Adria gibt es eine so perfekte Kombination von glasklarem, türkisfarbenem Wasser und unterschiedlichen Buchten – ein kleines Paradies, nicht nur für Schnorchler und Taucher. S. 92

Auf Entdeckungstour

Fischen mit dem Trabuccho – Küstenwanderung am Gargano: Zwischen Péschici und Vieste stehen sonderbare Stelzenbauten am Meer, mit ausladenden Armen, einem Wirrwarr von Seilen – mittendrin ein Netz. Auf einer Wanderung kann man die ausgeklügelten Konstruktionen genauer in Augenschein nehmen. S. 86

Die vom Engel geweihte Grotte – auf den Spuren des hl. Michael: Legenden ranken sich um die Erscheinung des hl. Michael auf dem Gargano, wo der Erzengel im heutigen Monte Sant'Angelo eine Grotte zu seiner ersten Heimat auf dem europäischen Kontinent erwählt haben soll. Reliefs und Fresken in der Grotte erzählen davon. S. 100

Kultur & Sehenswertes

Altstadtbummel: Der kleine, verwinkelte Borgo Vico del Gargano zählt zu den schönsten Dörfern Italiens. S. 98

Chiesa Nuova in San Giovanni Rotondo: Die von Renzo Piano entworfene Kirche, nach dem Petersdom die zweitgrößte in Europa, wird dem Pilgerstrom zu Padre Pios Grab gerecht. S. 105

Aktiv & Kreativ

Grottentour: Eine Bootstour entlang der atemberaubenden Küste des Gargano mit ihren bizarren Höhlen lässt nicht nur Geologenherzen höher schlagen. S. 85

Wandern, Baden und Schnorcheln: Bei einem Stopp auf der Isola Dómino sollte man auf jeden Fall zu einer oder mehreren der wunderschönen Buchten wandern. Jede von ihnen lädt zum Baden und Schnorcheln ein. S. 95

Genießen & Atmosphäre

Bummeln mit Flair: Die Altstadtgassen von Vieste bieten sowohl am Tag als auch am Abend schöne Aus- und Einblicke und warten mit manch gutem Lokal auf. S. 84, 88

Hotelrestaurant Gabbiano in San Dómino: Hier gibt's täglich frischen Fisch – immer sehr schmackhaft und auf sehr unterschiedliche Arten zubereitet – und dazu noch einen schönen Ausblick. Eines der besten Fischlokale des Gargano. S. 96

Restaurant Medioevo in Monte Sant' Angelo: Schlichtes Ambiente und hervorragende Küche, deren Zutaten sich nach den Jahreszeiten richten. S. 104

Abends & Nachts

Sonnenuntergang und Sternenhimmel: An der gesamten Westküste des Gargano ebenso wie auf den Isole Trémiti sorgen Abendsonne, Mond und Sterne für besondere Augenblicke.

Wundervolle Welt am Sporn des Stiefels

Auf der Landkarte fällt er sofort ins Auge, der Sporn des italienischen Stiefels: Promontorio del Gargano. Geologisch betrachtet gehört das Massiv, das sich vor gut 180 Mio. Jahren aus dem Meer erhoben hat, ebenso wie die nördlich vorgelagerten Trémiti-Inseln zum gegenüberliegenden Dalmatien.

Der Promontorio wird auch Heiliger Berg genannt, vor allem weil Erzengel Michael Ende des 5. Jh. eine Grotte am Monte Sant'Angelo zu seiner Heimat erwählt haben soll. Alte Pilgerwege zeugen von der jahrhundertealten Bedeutung des Ortes. Unterhalb des mit 1055 m höchsten Berges des Promontorio, des Monte Calvo, liegt ein neues Zentrum heiliger Verehrung: San Giovanni Rotondo, alljährlich Ziel Tausender Pilger, denn hier lebte Padre Pio, der Heilige der Süditaliener.

Einen großen Teil des Promontorio nimmt die Foresta Umbra ein, der Rest eines Hochwaldes, der einst große Teile Apuliens bedeckte und zu schönen Wanderungen einlädt. Auch für Radfahrer sind die Straßen durch den ›dunklen Wald‹, über die Berge und am Meer entlang ein Eldorado.

Die Küste des Gargano ist eine der schönsten an der Adria. Südlich von Vieste liegt eine Welt voller faszinierender Grotten und lauschiger Buchten. Bei Surfern ist vor allem der Abschnitt zwischen Vieste und Péschici beliebt. Oberhalb liegen verstreut zwischen Olivenhainen Agriturismi, die auch kulinarisch einiges zu bieten haben.

Noch eine Steigerung sind die vorgelagerten Isole Trémiti, jede ein kleines Paradies. San Dómino mit seinen herrlichen Buchten und Grotten, um-

Infobox

Internet

www.parcogargano.it: Informationen zum Parco Nazionale del Gargano, zu allen Orten des Gargano sowie einige Wanderbeschreibungen und Übernachtungsmöglichkeiten (ital./engl.; englische Version noch sehr unvollständig).
www.comunitamontanagargano.it: Infos zum Gargano, vor allem zu Unterkünften und Aktivitäten (ital.).

Verkehr

Von San Severo fährt der **Trenino del Gargano** (www.ferroviedelgargano.it) über Rodi Gargánico bis Péschici. Insbesondere der letzte Abschnitt ist eine kleine Panoramafahrt. Das gleiche Unternehmen, **Ferrovie del Gargano,** sowie die **SITA** (www.sitabus.it) bieten Busverbindungen in die meisten Orte an. Am einfachsten lässt sich der Gargano jedoch mit dem Auto bereisen.

Auf die **Trémiti-Inseln** werden von Juni bis September Verbindungen von Rodi Gargánico, Vieste, Péschici und Manfredónia aus angeboten. Ganzjährig fahren die Fähren nur von Térmoli in der Region Molise aus (www.adria tica.it). Man kann sein Fahrzeug nicht mit auf die Inseln nehmen.

geben von klarem Wasser, lädt zum Wandern, Schwimmen, Schnorcheln und Tauchen ein. Da Autos nicht mit auf die Inseln genommen werden dürfen, herrscht hier außerhalb der Hochsaison eine himmlische Ruhe.

Um die herrliche Landschaft zu erhalten und zu schützen, wurde der Stiefelsporn 1995 zum **Parco Nazionale del Gargano** erklärt.

Nordküste des Gargano

Die Lagunenseen ▶ B–E 2/3

Die nordwestliche Küste des Gargano wird von zwei Lagunenseen beherrscht, Lago di Lésina und Lago di Varano. Der **Lago di Lésina** hat eine längliche Form und ist sowohl durch Fluss- wie auch Meeresablagerungen entstanden. Durch einen Kanal ist er mit dem Meer verbunden. Die schmale Landzunge, die den See vom Meer trennt, ist von einem Pinienwald bedeckt, durch den immer wieder schmale Wege zu einem endlos langen Sandstrand führen.

Der weiter östlich liegende **Lago di Varano** ist durch die ›Isola‹ vom Meer getrennt, eine aus Meeresablagerungen bestehende Landzunge, die auf der Meerseite ebenfalls über einen kilometerlangen Dünenstrand verfügt. Es lohnt sich, am Vormittag am Kanalhafen **Capojale** (▶ D 2) einen Stopp einzulegen, um sich mit frischem Fisch, Muscheln oder Austern zu versorgen.

Rodi Gargánico ▶ E 2

Am Strand entlang oder über die Küstenstraße gelangt man in das pittoreske, auf einem Felsen über dem Meer gelegene Rodi Gargánico. Die Bewohner des bereits im 8. Jh. v. Chr. von Griechen gegründeten Ortes lebten früher ausschließlich vom Fischfang und Anbau von Zitrusfrüchten – noch heute ziehen sich im Hinterland Zitrushaine weit die Hänge hinauf.

Rodi hat einen schönen alten Borgo mit verwinkelten Gassen. Immer wieder führen kleine Wege hinunter zum Meer, das sich zu beiden Seiten des Ortes mit langen Sandstränden erstreckt.

Übernachten

Im Zitrusgarten – **Villa Vittoria:** C. da Petrara, Tel. 0884 96 56 30, mobil 328 128 94 84, www.albergovillavittoria.it, DZ 80–160 €. Die kürzlich renovierte Villa liegt 300 m vom Zentrum wie auch vom Meer entfernt. Terrassen und der große Garten mit Zitrusfrüchten laden zum Entspannen ein. Angenehm eingerichtete Zimmer mit Meerblick.

Essen & Trinken

Klein, aber fein – **Borgo San Pietro:** Via Mazzini 8, Tel. 0884 96 61 87, Fr–Mi mittags u. abends, im Winter nicht immer geöffnet, Menü 20–25 €. In diesem kleinen Lokal im alten Zentrum von Rodi kann man außerordentlich schmackhafte Fischgerichte genießen. Sie variieren je nach Fang des Tages, am besten fragt man den Wirt.

Aktiv & Kreativ

Segeln – **Gargano Segel Charter:** Corso Umberto I, Tel. 0884 96 55 87, mobil 339 423 68 35. Verleih von Segelbooten mit und ohne Skipper, mit denen man auf einer Tagestour die Schönheiten der Gargano-Küste entdecken kann.

Infos

Touristeninformation

Ufficio Turistico: Piazza Giovanni XXIII, tgl. 10–13, ca. 17–20 Uhr. Stadtpläne, Broschüren zu Freizeitangeboten etc.

Verkehr

Bahn/Bus: Verbindungen nach San Severo. Der Bahnhof liegt in Hafennähe. Von dort Busse z. B. nach Péschici.
Fähren: s. S. 97.

Ostküste des Gargano ! ► E/F 2/3

Wer den Gargano bereist, muss unbedingt auch den Küstenabschnitt zwischen Péschici, Vieste und Mattinata besuchen. Das auf einer Felsnadel im Meer thronende Péschici mit seiner bezaubernden Altstadt ist ein Juwel und das größere Vieste nochmals eine Steigerung. Dazwischen erwartet Reisende eine felsige Küste mit herrlichen Buchten und *trabucchi,* alten Fischfangvorrichtungen (s. Entdeckungstour S. 86). Der Küstenabschnitt bis Mattinata mit seinen bizzaren Grotten lässt sich auch auf Bootstouren entdecken (s. S. 85).

Péschici ► E 2

Nähert man sich Péschici auf der Küstenstraße von Westen, so ist man schier überwältigt vom Anblick des Ortes, dessen Häuser sich an den gut 90 m hohen, weit ins Meer ragenden Felsen zu klammern scheinen. Davor erstreckt sich die weite Sandbucht **Baia di Péschici,** die man außerhalb der Hochsaison mit nur wenigen Badeurlaubern teilen muss. Im Sommer hingegen herrscht hier dichtes Gedränge. Am Ende der Bucht und zu Füßen der Stadt liegt ein kleiner Hafen, von dem im Sommer Schiffe zu den Isole Trémiti ablegen. Péschici ist auch bei Surfern beliebt, denn die Windverhältnisse sind hier ideal – u. a. gehört die **Baia di Manaccora** (► F 2) zu ihren Lieblingsrevieren.

Péschici wurde im 10. Jh. von Slawen gegründet, die die Ottonen zur Verteidigung gegen die Sarazenen ins Land gerufen hatten. Ottonen und Slawen blieben nicht lange, doch die Sarazenen überfielen die Orte an der Adriaküste weiterhin immer wieder, sodass man diese im 16. Jh. schließlich mit Wachtürmen befestigte. An der Küste zwischen Péschici und Vieste kann man noch einige von ihnen sehen. Manche sind etwas verfallen, andere wurden zu Privat- oder Hotelresidenzen ausgebaut.

Borgo

Hat man den Borgo durch das alte Stadttor betreten, kann man den einen oder anderen Treppenweg ausprobieren oder sich durch die vielen kleinen und verwinkelten Gassen treiben lassen. Fast an der Spitze des historischen Zentrums liegt das **Castello** (Juni–Sept., Eintritt 3 €, erm. 2 €), das jedoch nur im Sommer zugänglich ist. Zu sehen ist dann eine Ausstellung, die von Folterwerkzeugen bis zu Rüstungen aus verschiedenen Epochen und Regionen reicht. Von der kleinen Castello-Plattform genießt man einen schönen Blick, wie er sich aber auch von anderen Orten in Péschici bietet.

›Wassertreter‹ am Strand von Péschici – fürs Surfen und Baden ist der Strand ebenfalls ideal

Übernachten

Über den Altstadtgassen – **Le Antiche Porte:** Via Roma 34, Tel. 0884 96 21 25,

www.leanticheporte.it, DZ 50–90 €. Das 2007 erneuerte, schon von außen einladende B & B ist ideal für einen Aufenthalt in Péschici. Alle Zimmer haben einen kleinen Balkon und von der Dachterrasse, wo bei schönem Wetter das italienische Frühstück serviert wird, reicht der Blick weit in die Ferne; Shuttle-Service zum Strand, Liegestühle und Sonnenschirm inbegriffen.
Alles drin – **Villaggio Camping Internazionale Manacore:** Loc. Manacore, Tel. 0884 91 10 20/41, www.villaggiomana core.it, Bungalow für 2 Pers. 180–1300 €/Woche, 1 Zelt, 2 Pers. 25–47 €/Tag. Die gesamte Manacore-Bucht gehört dem Feriendorf, das alle Annehmlichkeiten bietet: Supermarkt, Strandliegen, Pools, Spielplatz, Animationsprogramm, Sportplätze (u. a. Tennis), Restaurant, Pizzeria u. v. m.

Essen & Trinken

Mit Aussicht – **Al Castello:** Via Castello 29, Tel. 0884 96 40 38, Pizzeria tgl. ab 20 Uhr, Ristorante tgl. mittags u. abends, Menü 20–25 €, Pizza ab 4 €. Die Pizzeria und das gleichnamige Ristorante in bester Lage mit Aussicht bieten herzliche Gastlichkeit und schmackhafte Gerichte zu fairen Preisen.

Abends & Nachts

Openair-Disco – **Grecale:** C. da Manaccora 1, Tel. 0884 96 49 68, nur im Sommer. Die größte Diskothek des Gargano liegt in einem Waldstück südlich von Péschici.

Infos

Bahn/Bus: Die Züge der Ferrovie del Gargano enden westlich von Péschici. Mit dem Bus geht es weiter hinauf in den Ort. Von dort fahren Busse nach Vieste, Vico del Gargano etc.
Fähren: s. S. 97.

Vieste ► F 2

Haben Rodi Gargánico und Péschici bereits schöne Altstädte, so setzt jene von Vieste dem Ganzen noch die Krone auf. Von Norden oder Süden kommend, erblickt man einen sich ins Meer schiebenden weißen Felsen (43 m), auf dem sich das hell strahlende **Centro Storico** erhebt. Mit seinen vielen Restaurants, Cafés und Läden lädt es zum Bummeln ein. Die beste Tageszeit dafür ist der Vormittag oder späte Nachmittag. Die Gassen verlaufen meist parallel zueinander und sind durch Treppenwege miteinander verbunden. Stets gelangt man irgendwann an die steile Abbruchkante. Auch die Neustadt von Vieste, größte Stadt des Promontorio und touristisches Zentrum der Gargano-Halbinsel, ist äußerst lebendig.

Schon in der Altsteinzeit gab es im Gebiet von Vieste eine erste Besiedlung. In der Antike war es erst griechische Kolonie, später römisches Municipium. Vom 10. bis Anfang des 19. Jh. fungierte Vieste als Bischofssitz, wurde 1480 jedoch wie Ótranto (s. S. 273) von Achmet Pascha überfallen und geplündert – trotz des **Castellos** am südlichen Ende der Altstadt, das Friedrich II. 1240 errichten ließ. Vom Vorplatz des Kastells, das bis heute militärisch genutzt wird, hat man einen hervorragenden Blick auf die Altstadt und die Küste. So kann man auch schon den barocken Turm der **Cattedrale S. Maria Oreta** sehen. Sie wurde im 11. Jh. über einem Tempel der Vesta (römische Göttin des heiligen Feuers, von Heim und Herd) errichtet, auf die vermutlich auch der Name Vieste zurückgeht.

Mein Tipp

Die östliche Gargano-Küste per Boot entdecken
Besonders spektakulär zeigt sich die Gargano-Küste vom Wasser aus. Per Boot tritt man in eine faszinierende Welt von Grotten ein, die das Wasser in die weißen Kalkfelsen gewaschen hat. Südlich von Vieste etwa liegt die **Grotta della Campana Piccola** (▶ F 3). Hat das Boot den Eingang passiert, weitet sich die ›Grotte der kleinen Glocke‹ plötzlich und es scheint, als würde man bergab fahren. Eine andere Grotte heißt **Grotta dei Pomodori** (▶ F 3; Grotte der Tomaten), weil dort rote Seepocken an den Felsen kleben. Das Wasser ist herrlich klar, sodass man viele Fische beobachten kann. Zwischen den Grotten liegen traumhafte Buchten, die teilweise nur vom Meer aus zu erreichen sind. Bei warmem Wetter wird stets ein Badestopp eingelegt (Schnorchel und Taucherbrille nicht vergessen). Wegen der Lichtverhältnisse ist die Bootstour vormittags am schönsten. Am Hafen von Vieste gibt es mehrere Anbieter, z. B. Motorbarche Blu, Tel. 0884 70 72 83, mobil 348 245 06 14, oder C. Michele & G. Trimogno, Tel. 0884 70 14 39, beide Mai–Sept., tgl. ca. 9 u. 14/15 Uhr ab Vieste, Dauer 2,5–3 Std., 10–15 €./Pers.; es sind auch Touren von Péschici oder Mattinata aus möglich.

Geht man weiter zur Spitze der Altstadt, gelangt man zur Kirche des ehemaligen **Convento San Francesco,** von dem man eine wunderbare Aussicht hat. Rechts unterhalb ist ein prächtiger *trabucco* (s. S. 86) zu sehen. Gegenüber vom Kloster ragt auf einer Felsinsel der **Faro di Sant'Eufemia** auf, einer der lichtstärksten Leuchttürme Italiens.

Pizzomunno ▶ F 2

Wahrzeichen von Vieste ist der Pizzomunno (›Ende der Welt‹), ein 28 m hoher weißer Monolith, der am Ende der **Spiaggia della Scialara** in Ufernähe aus dem Meer aufragt. Viele Legenden ranken sich um ihn. Eine erzählt, er sei ein junger Fischer, der versteinerte, als er erfuhr, dass missgünstige Sirenen seine Geliebte umgebracht hatten. Der Strand am Fels wird gern zum Baden und Tauchen aufgesucht, ebenso wie der goldgelbe Sandstrand der **Spiaggia di San Lorenzo** nördlich von Vieste. Der Lungomare beider Strände ist ein beliebtes Ausflugsziel. Abends verwandelt er sich in eine Flaniermeile vor allem junger Leute.

Übernachten

Edel – **Pizzomunno Vieste Palace Hotel:** Lungomare E. Mattei km 1, Tel. 0881 70 87 41, www.hotelpizzomunno.it, DZ 160–480 €. Die weitläufige Hotelanlage in Fußentfernung zum Zentrum bietet komfortable Zimmer und guten Service, einen Pool, Sport- und Wellnessangebote sowie einen eigenen Strand. Das reichhaltige Frühstücksbuffet wird auf der Sonnenterrasse serviert.

Ruhig – **Rocca sul Mare:** Via Mafrolla 32, Tel. 0884 70 27 19, www.roccasulmare.it, DZ 50–140 €. Schönes B & B in einem ehemaligen Kloster an der Spitze der Altstadt, viel Sonne und herzliche Atmosphäre. ▷ S. 88

Auf Entdeckungstour

Fischen mit dem Trabucco – Küstenwanderung am Gargano

Vor allem zwischen Péschici und Vieste stehen sonderbare Stelzenbauten am Meer, mit ausladenden Armen und einem Wirrwarr von Seilen – mittendrin ein Netz. Es handelt sich um Trabucchi. Auf einer Wanderung von Péschici zum Torre Usmai oder von Vieste zum Torre di Porticelli kann man die ausgeklügelten Holzkonstruktionen genauer in Augenschein nehmen.

Reisekarte: ► E/F 2

Start: in Péschici oder Vieste.

Dauer: beide Varianten hin und zurück jeweils 2,5–3 Std.

Al Trabucco da Mimí: Loc. Punta San Nicola, Tel. 0884 96 25 56, Mai–Sept. tgl. mittags u. abends, sonst nur Sa, So, Fei, Menü ab 20 €.

Die Funktionsweise der *trabucchi* (Sg. *trabucco*) erschließt sich nicht auf den ersten Blick, man erkennt aber sofort, dass die Pfahlbauten am Meer etwas mit Fischfang zu tun haben müssen – sie ermöglichen das Fischen von Land aus. Mit etwas Glück erlebt man die ausgeklügelten Konstruktionen auf dieser Wanderung sogar in Aktion.

Folgt man dem Küstenpfad von der **Spiaggia di San Nicola** unterhalb von Péschici Richtung Süden (bzw. von Vieste aus Richtung Norden), so kommt man ganz nah an Trabucchi vorbei. Vielleicht sind gerade ein paar Fischer dabei, ihre Netze auszubringen oder einzuholen, eine Arbeit, die den Akteuren scheinbar mit Leichtigkeit von der Hand geht – und ein beeindruckendes Schauspiel. Ein knappes Dutzend Trabucchi stehen in diesem Küstenabschnitt, meist auf flachen Felsabbruchkanten. Leider kann man die Küste zwischen Péschici und Vieste nicht komplett erwandern, da einige Buchten zu Campingplätzen oder Hotels gehören und gesperrt sind.

Fangstation für jedes Wetter

Es heißt, die Phönizier hätten den Trabucco erfunden, wofür es allerdings keine eindeutigen Belege gibt. Sicher ist dagegen, dass sie im Gebiet des Gargano seit dem 19. Jh. benutzt werden und dass es ähnliche Konstruktionen für den Fischfang auch an den Küsten des Molise und Kroatiens gibt.

Der Trabucco hat den Vorteil, dass der Fischer mit seiner Hilfe bei jedem Wetter fischen kann, ohne sich den Launen des Meeres allzu sehr auszusetzen bzw. nass zu werden. Dabei agiert er von einer im Felsen verankerten Holzplattform aus, dem *palchetto*, von dem lange Holzarme, die *trabocchetti* (Sg. *trabocchetto*) – daher der Name der Konstruktion – aufs Meer hinausragen. An ihnen hängt ein Netz, das über Winden hinabgelassen, ausgelegt und wieder heraufgezogen wird, sobald sich ein Fischschwarm darüber befindet. Nicht selten postiert sich dazu ein Beobachter, der *raìs*, auf der Spitze eines der über dem Meer schwebenden Holzarme und gibt ein entsprechendes Zeichen.

Seit Beginn des 21. Jh. fällt der Erhalt der Trabucchi in den Aufgabenbereich des Parco Nazionale del Gargano (www.parcogargano.it). Unter seiner Regie wurden in den letzten Jahren einige der alten Fangvorrichtungen restauriert und wieder in Betrieb genommen.

Volkssport zwischen Klippen

Neben den großen, ausladenden Trabucchi finden sich zwischen den Klippen über dem Meer auch einfache, kleinere Holzplattformen ohne weitere Aufbauten. Von diesen werden Netze ausgeworfen und wieder eingeholt oder Schnüre ins Wasser gehalten, an deren Enden Hühnerfüße als Köder für Tintenfische baumeln. Vor allem im Herbst wird diese Fangmethode von Männern wie auch Frauen äußerst erfolgreich praktiziert – sie scheint geradezu ein Volkssport zu sein.

Fischgenuss am Trabucco

Unterhalb der Straße von Péschici nach Vieste liegt am nördlichen Ende der **Spiaggia di San Nicola** der **Trabucco da Mimí.** Das ungewöhnliche Lokal ist an den dortigen Trabucco angeschlossen. Der mit seiner Hilfe gefangene Fisch wird mit viel Liebe zubereitet und schmeckt ausgezeichnet. Man sitzt gemütlich auf einer Holzveranda in herzlicher Atmosphäre und natürlich mit schönster Aussicht. Wer will, kann vorher im Lokal anrufen, um zu erfahren, wann der Trabucco in Aktion zu sehen ist.

Camping – **Capo Vieste:** Litoranea Vieste, Tel. 0884 70 63 26, www.capovieste.it, 2 Pers. inkl. Zelt/Camper 18–35 €. Schöner, gut ausgestatteter Zeltplatz am Meer mit feinem Sandstrand, auf halbem Weg zwischen Péschici und Vieste. Viel Schatten, gute Ausstattung; auch kleine Bungalows (ab 47 €).
Tolle Lage – **Residenze Camping Vignanotica:** Litoranea Mattinata–Vieste km 18, Tel. 0884 55 06 40, www.vignanotica.it, Mitte Mai–Sept. 2 Pers. inkl. Zelt/Camper 22–28 €, App. für 2–4 Pers. 280–1050 €/Woche. Seit 30 Jahren existierender Platz oberhalb der fantastischen Vignanotica-Bucht, mit Lokalen, Supermarkt, Tabacchi, kleinem Fitnessbereich und Shuttle zum Strand. Schöne Atmosphäre, saubere Einrichtungen.

Essen & Trinken

Urig – **Osteria al Duomo:** Via Alessandro III 23, Tel. 0884 70 82 43, www.osterialduomo.it, März–Nov. tgl. mittags u. abends, Menü 25–30 €. Man sitzt in großen Steingewölben oder bei warmem Wetter in der Altstadtgasse. Raffinierte Gerichte mit Gemüse und Fleisch sowie mit Fisch. Es lohnt sich, nach den Tagesgerichten zu fragen.
Köstlich – **La Teresina:** Via Cesare Battisti 55, Tel. 0884 70 17 73, Sa–Do mittags u. abends, Menü 20–25 €. Die Einrichtung sollte niemanden davon abhalten, hier einzukehren, denn egal ob Fisch, Fleisch oder Gemüse, Nicola Palumbo und sein Team haben schon viele zum Wiederkommen bewegt. Besonders die Fischsuppe ist zum ›Finger-Ablecken‹ gut!

Einkaufen

Frisches und Eingelegtes – **Markt:** Piazzale Manzoni, Mo–Sa vormittags.

Aktiv & Kreativ

Surfen – **Surfconcept:** auf dem Gelände von Camping Capo Vieste (s. o.), Tel. 0884 70 63 26, www.surfconcept.it. Einer von mehreren Verleihern von Surf- und Kiteboarding-Ausrüstungen entlang der Küste.

Abends & Nachts

Am Lungomare südlich von Vieste öffnen im Sommer viele Bars etc.

Lebensart in Vieste: Die abendliche *passeggiata* am Lungomare gehört dazu

Angesagte Location – **Ghironda Beach:** am Pizzomunno, Tel. 0884 70 63 48, www.ghirondabeach.it. Die Diskothek am Strand bietet in den Sommermonaten an nahezu jedem Abend ein anderes Event.

Infos

Touristeninformation

APT: Piazza Kennedy 1, Tel. 0884 70 88 06, www.vieste.it, Mo–Fr 8.30–13.30, Di, Do auch 15.30–18 Uhr.

Verkehr

Bus: mit SITA und Ferrovie del Gargano von/nach Péschici, Mattinata, Manfredónia sowie ins Innere des Gargano.

Fähren: s. S. 97.

Mietwagen: Vieste Car Hire, Via Gen. C. A. Dalla Chiesa 6, Tel. 0884 70 23 46.

Mattinata ►F 3

Von Norden über eine sich ewig windende Küstenstraße mit immer wieder schönen Aussichten erreicht man Mat-

Lieblingsort

Liebe auf den ersten Blick – Spiaggia di Vignanotica ► F 3

An der Spiaggia di Vignanotica lässt sich mühelos ein ganzer Tag verbringen. Man kann wunderbar baden und schnorcheln und den ausgedehnten Kiesstrand entlangschlendern (Badeschuhe nicht vergessen). Wird es zu heiß, findet man im großen Kalkmassiv immer wieder Höhlen mit wohltuendem Schatten. Schönster Weg zur Spiaggia di Vignanotica ist der herrliche Küstenpfad, der an der Straße von Vieste nach Baia delle Zágare bei km 17,4 beginnt (Hinweistafel vom Gargano-Nationalpark, 50 Min., 140 Höhenmeter). Bei der Wanderung kann man in die Bucht von Zágare blicken, die leider nur für dortige Hotelgäste zugänglich ist (www.baiadeifaraglioni.it). Wer die Mühen des Abstiegs und späteren Aufstiegs umgehen will, kann am Zeltplatz (s. S. 88) parken (5 €) und sich mit dem Shuttle zum Strand bringen lassen. Von Juni bis September kann man sich hier übrigens in einer Bar mit Imbiss stärken.

tinata mit seinem Strand. Der von Süden gesehen erste Ort an der Gargano-Küste ist vor allem an warmen Wochenenden Ziel vieler Italiener aus dem Hinterland. Das historische Mattinata liegt rund 2 km vom Meer entfernt etwas erhöht in einem Tal über dem Meer, umgeben von mächtigen Gipfeln. Daneben gibt es noch das touristische Mattinata, das sich von der alten Fischersiedlung am langen Kiesstrand aus immer weiter über den Hang ausgebreitet hat, die **Spiaggia di Mattinata.** Dort wo die kleinen zum Meer führenden und immer enger werdenden Wege enden, kann man sein Auto gegen eine Gebühr abstellen. Am kleinen Hafen werden im Sommer Buchtentouren angeboten. Man sollte vorher aushandeln, dass es mindestens bis zur Traumbucht von Zágare (s. S. 90) geht.

Farmacia Sansone
Im alten Mattinata, Corso Matino 114, Mo–Sa 9–13, 16–20 Uhr
Matteo Sansone war ein begeisterter Hobbyarchäologe und Sammler, der seine Funde und Erwerbungen in den 1940er-Jahren in seiner Apotheke auszustellen begann. In alten Vitrinen sind daunische Vasen zwischen Keramiken des 19. Jh. zu sehen, eine Sammlung von Ölflaschen, wie sie die Bauern früher mit aufs Feld nahmen, Krippen- und Lederfiguren und natürlich altes Apothekergerät sowie Pillenschachteln – ein wildes, deshalb umso liebenswerteres Durcheinander. Prunkstück ist eine daunische Stele mit der Darstellung eines Mannes (s. S. 126).

Übernachten

Auf der Höhe – **Agriturismo Monte Sacro:** C. da Stinico, Tel. 0884 55 89 41, www.agriturismomontesacro.it, DZ 50–100 €, HP (zu empfehlen) 15 €/Pers. Wer Bergstraßen nicht scheut und Unterkünfte abseits der Hauptwege mag, dem sei dieser Agriturismo empfohlen. In luftiger Höhe am Monte Sacro bietet er schön eingerichtete Zimmer, einen Pool, einen großen Garten zum Entspannen und schmackhafte Gerichte, zubereitet aus eigenen Produkten. Vom Agriturismo aus kann man auch eine kleine Wanderung auf den Gipfel des Berges unternehmen.

Essen & Trinken

Herzhaft gut – **Masseria Liberatore:** C. da Liberatore-Funni, Tel. 0884 55 06 13, mobil 347 571 85 32, www.masseria liberatore.it, Di–So mittags u. abends, Juli, Aug. tgl., im Winter Di–Do nur mittags, Menü 25–35 €. Die an der Straße zum Meer gelegene Masseria in einem Olivenhain bietet drinnen und draußen Sitzplätze in rustikalem Ambiente. Die Gerichte der Betreiber Luigi und Carlo sind von der Adria wie auch dem Gargano inspiriert. So gibt es neben eingelegten Meeresfrüchten u. a. gegrillten Tintenfisch, Kaninchen- und Lammgerichte sowie Zichorien. Auch **Vermietung von Zimmern** (DZ 60–110 €).

Infos

Bus: Verbindungen mit Ferrovie del Gargano und SITA nach Péschici, Vieste, Monte Sant'Angelo und Manfredónia.
Fähren: s. S. 97.

Isole Trémiti ! ►C 1

Nur 20 km nördlich des Gargano liegen die Trémiti-Inseln, ein wunderschöner Archipel inmitten von türkisfarbenem Wasser, durch das man bis auf den

Grund sehen kann. Für Taucher und Schnorchler ist die Inselgruppe mit ihren Buchten und Grotten ein wahres Eldorado – über 30 Tauchreviere zählt der Archipel. Kein Wunder, dass man dieses nur 3 km² große Paradies erhalten wollte und die Inseln 1989 zur **Riserva Marina delle Isole Trémiti** erklärte. Seit 1996 ist sie Bestandteil des Parco Nazionale del Gargano. Zum Archipel gehören neben den beiden bewohnten Inseln San Nicola (s. u.) und San Dómino (s. S. 94) das von Ersterem nur 100 m entfernte **Capraia** (auch Caprera oder Capperaia). Es war lange Zeit komplett von Wald bedeckt, heute breitet sich auf ihm nur noch wohlduftende Macchia aus. Etwas weiter liegt **Cretaccio,** ein Felsen in der Form eines sichelförmigen Mondes. Rund 20 km nordöstlich von San Nicola ›schwimmt‹ **Pianosa** im Meer, ein brettflaches Eiland (ital. *piano* = flach), das nicht betreten werden darf.

Die Legende berichtet, dass Diomedes, einer der Helden des Trojanischen Krieges, seine Frau bei seiner Rückkehr von einer Schlacht untreu antraf. Daraufhin wanderte er nach Süditalien aus. Nach seinem Tod beerdigte man ihn auf den Isole di Diomede, wie die Trémiti-Inseln damals hießen. Die um ihn trauernden Gefährten wurden von Venus in Vögel verwandelt, die Diomedeen, deren Weinen noch heute zu hören sein soll. Es sind die Gelbschnabelsturmtaucher, die die Inseln von Frühjahr bis Herbst zum Brüten aufsuchen und deren ›Gesang‹ bei Sonnenuntergang tatsächlich wie Weinen klingt.

Um die Schönheit und besondere Stimmung des Archipels am Abend erleben zu können, sollte man ruhig ein, zwei Tage bleiben, auch wenn die Preise auf den Inseln etwas höher sind als auf dem Festland, da alles aufwendig herangeschafft werden muss.

Mein Tipp

Inselrundfahrt mit Badestopp
Eine erfrischende Möglichkeit, die drei Hauptinseln des Archipels kennenzulernen, ist eine Inselrundfahrt. Dabei schippert man in ca. 90 Min. einmal um San Dómino und San Nicola und stoppt dann meist vor Capraia, um ein Bad im Meer zu nehmen. Diese Stelle wird besonders gern gewählt, denn auf dem Meeresgrund steht eine Statue von Padre Pio (s. S. 64), der seine Arme ausbreitet. Angeboten wird auch die Option Aqua-Splash, d. h. man lässt sich in der Bucht seiner Wahl aussetzen, bleibt dort und wird bei der nächsten Tour wieder abgeholt (Infos s. S. 97).

San Nicola ► C 1

Nahezu alle Schiffe legen an der großen Mole von San Nicola an. Hier steigt man entweder auf eines der Boote nach San Dómino um oder bricht zu einer der empfehlenswerten Bootstouren auf (s. o. und S. 97).

San Nicola ist die Insel für die Kulturinteressierten. Schon von Weitem ist die festungsartige Anlage zu erkennen, die in 70 m Höhe thront. Benediktiner aus Montecassino ließen sich Anfang des 11. Jh. auf der Insel nieder und errichteten eine Abtei, wahrscheinlich die größte, die je auf einer so kleinen Insel (1500 x 450 m) errichtet wurde. Im 13. Jh. wurde die Anlage zum Schutz vor Piraten mit einer Festung umgeben. Ende des 18. Jh. schlossen die Bourbonen das Kloster und richteten hier eine Strafkolonie ein, vor allem für Verbrecher aus der Unterwelt Neapels, von denen nicht wenige später auf dem Eiland heimisch wurden. Noch heute kann man, vor allem bei älteren Bewohnern, einen neapolitanischen Dialekt heraushören. Unter Mussolini war das Gefängnis von San Nicola Verbannungsort für politische Gefangene, bevor es nach dem Zweiten Weltkrieg aufgelöst wurde.

Vom Hafen aus steigt man über einen gepflasterten Weg hinauf in den Ort **San Nicola di Trémiti.** Dort genießt man von der **Bastione del Cannone,** einst Standort der Kanonen, wunderschöne Ausblicke auf die Inseln und das Meer. Mittelpunkt des Ortes ist jedoch die **Abbazia di Santa Maria al Mare,** zu der ein Treppenweg hinaufführt. Durch ein Tor mit Pechnasen gelangt man in die Anlage und zur Kirche mit einem teilweise erhaltenen Mosaik aus dem 11. Jh. im byzantinischen Stil. Die Schwarze Madonna sowie ein über 3 m hohes beeindruckendes Holzkreuz werden in separaten, nicht immer zugänglichen Räumen aufbewahrt. Durch zwei Kreuzgänge gelangt man zum **Torrione dei Cavalieri di San Nicola,** einem gigantischen Turm, der mit einer ebensolchen Pechnase versehen ist. Von hier führt ein schöner Spaziergang auf die Ebene, bei dem man u. a. an der **Tomba di Diomede** vorbeikommt, einer halbrunden Gruft, in der Diomedes angeblich sein Grab hatte.

San Dómino ►C 1

Nicht einmal 100 m südwestlich von San Nicola liegt San Dómino, die größte Insel des Archipels. Sie ist zum großen Teil von Pinien und Aleppokiefern bedeckt und besitzt eine Vielzahl von Meeresgrotten, die mit dem Boot, teilweise aber auch zu Fuß von Land aus entdeckt werden können. Obwohl San Dómino kulturhistorisch nicht mit San Nicola mithalten kann, besucht die Mehrzahl der Reisenden diese Insel, denn sie bietet, wie es ihre Größe erwarten lässt, neben einer guten Erreichbarkeit auch viele Möglichkeiten zum Übernachten sowie für Aktivitäten wie Wandern, Baden, Schnorcheln und Kajakfahren.

Im einzigen Ort **San Dómino** im oberen Teil der Insel liegen rund um die Piazza die Kirche sowie einige Lokale und Hotels. Von Mitte Juli bis Anfang September geht es hier hoch her, auch

die Preise sind dann am höchsten. Angenehmer ist es in den übrigen warmen Monaten, in denen es ruhiger zugeht und man dennoch das Flair des Sommers mit seinem Duft und seinen Geräuschen genießen kann. Auf Inselstreifzügen kann man versteckte Buchten entdecken und im Meer die vielen Tauchgründe erforschen.

Sandstrände findet man in der auf der südwestlichen Seite gelegenen **Cala delle Arene** gleich am Hafen sowie in der **Cala Matano,** die gut vom Belvedere im Ort zu erreichen ist. Wunderschöne Buchten liegen auch im Nordosten der Insel, darunter die **Cala Tramontana** und die **Cala dei Benedettini.**

Zu Fuß um die Insel

Wer genügend Zeit hat, sollte sich erst eine Inselrundfahrt per Boot gönnen (s. S. 93) und später die Küste von San Dómino in drei bis vier Stunden zu Fuß erkunden. Von der **Piazza Belvedere** folgt man der Ausschilderung zur **Cala Matano** abwärts und steigt dann für ein erstes Bad im Meer entweder links

Beten und Buße tun: San Nicola (hinten) war erst Klosterinsel, dann Strafkolonie

Mein Tipp

Köstlicher Fisch, traumhafter Blick
Zum Hotel **Gabbiano** (s. rechts) gehört eines der besten Fischrestaurants auf den Isole Trémiti. Täglich gibt es frischen, auf die unterschiedlichsten Arten zubereiteten Fisch. Schon die Antipasti sind zum Dahinschmelzen gut. Dazu werden regionale und internationale Weine gereicht. Man sitzt auf einer Terrasse oder im Gastraum mit großen Fenstern und schaut auf San Nicola, am Tag wie auch am Abend ein herrlicher Anblick (Piazza Belvedere, Tel. 0882 46 34 10, tgl. mittags u. abends, Menü 30 €).

die Treppen hinab oder folgt dem Weg nach rechts. Den Abstecher zur **Punta del Pigno** muss man nicht unbedingt machen, den zum **Scoglio dell'Elefante** dagegen auf jeden Fall. Von hier aus hat man eine fantastische Aussicht auf die Bucht und in die Ferne. Man möchte sofort ins Wasser springen, schwimmen und schnorcheln. Vom Wasser aus kann man gut erkennen, warum der Punkt ›Klippe des Elefanten‹ heißt.

Zurück auf dem Pfad, kann man auf diesem die Insel umrunden und dabei immer wieder Abstecher in die ausgeschilderten Buchten unternehmen. Lohnend sind vor allem die **Punta dello Spido** sowie **Cala del Sale** und **Cala del Roselle.** Hat man die **Colle dell'Erimita** umrundet, kommt man wieder auf eine Straße, der man nach links folgt. Hält man sich an der nächsten Gabelung rechts, so gelangt man auf der Straße in ca. 20 Min. zurück ins Zentrum von San Dómino.

Übernachten

Empfehlenswerte Hotels gibt es nur auf **San Dómino.**

Angenehm – **Hotel Eden:** Tel. 0884 70 43 85, www.hoteledentremiti.it, DZ 110–210 €. Die geräumigen Zimmer in dem licht gestalteten 1960er-Jahre-Bau liegen fast alle zur Meerseite hin, sodass man die Musik der Diskothek, die sich mitten im Ortszentrum befindet, nicht hört. Seit einigen Jahren wird das Hotel, das größte der Insel, Stück für Stück renoviert und modernisiert. Sehr zuvorkommender Service, Schnupper-Tauchkurse u. Ä.

Elegant – **Hotel Gabbiano:** Piazza Belvedere, Tel. 0882 46 34 10, www.hotelgabbiano.com, DZ 90–210 €. Das zentral gelegene Hotel bietet neben stilvoll eingerichteten Zimmern eine herrliche Terrasse mit unverstelltem Blick nach San Nicola, was besonders abends sehr schön ist. Empfehlenswert ist es, Halbpension zu buchen, denn zum Hotel gehört eines der besten Restaurants der Inseln (s. »Mein Tipp« links). Zuweilen etwas laut, da die Disco Diomede gegenüberliegt.

Im Grünen – **Albergo La Pineta:** Via della Cantina Sperimentale 9, Tel. 0882 46 32 02, www.albergolapineta.info, DZ 100–150 €, nur mit HP. Wunderbar im Grünen gelegene Herberge mit Garten und einfachen Zimmern in angenehmer Entfernung zu Ort und Küste.

Essen & Trinken

Da fast alle Boote auf San Nicola an- und ablegen, sind die Lokale dort eher auf schnelle Abfertigung zu erhöhten Preisen eingerichtet. Auf **San Dómino** sind folgende Lokale zu empfehlen:

Verlässlich – **Belvedere:** Piazza Belvedere, Tel. 0882 46 32 82, Ostern–Okt. tgl. mittags u. abends, Menü 25 €.

Das familiäre Lokal ist für seine Fischgerichte bekannt, die in verschiedenen Variationen auf den Tisch kommen, je nach Fang des Tages. Alles wird mit viel Liebe zubereitet. Zum Lokal gehört auch eine **Pension** (DZ 100–130 €).

Rustikal – **La Fenice:** Via Beato Giovanno da Foligno, Tel. 0882 46 34 39, tgl. mittags u. abends, Menü 20 €, Pizza ab 6 €. Das Ristorante im Ortszentrum bietet neben Pizza viele Grill- und Bratgerichte an. Sehr zu empfehlen sind die *arrosticini* (kleine Stücke Ziegenfleisch, in Kraut gewickelt und gegrillt) sowie die *torcenelli* (kleine Fleischspieße). Eines der preiswertesten Lokale des Archipels.

Aktiv & Kreativ

Inselrundfahrt – **A.Mar.Blu:** am Anlegeplatz in San Nicola oder San Dómino, Tel. 0882 83 44 87, 10 €, erm. 5 €, weitere Infos s. »Mein Tipp« S. 93.

Kanuverleih – In den Buchten **Cala dei Benedettini** und **Cala Tramontana** werden Ein- und Zweisitzer verliehen, 10 bzw. 15 €/Std.

Motorboote – Am **Hafen von San Dómino** kann man Motorboote ausleihen (60–180 €/Tag), um in den Buchten seiner Wahl zu ankern und zu tauchen.

Tauchen – **Marlintremiti:** Tel. 0882 46 37 65, mobil 336 82 97 46, www.marlintremiti.it. Verschiedene Tauchkurse (auch in Engl.) sowie Unterstützung bei der Ausrüstung und für Schnorcheltouren (15–20 €).

Abends & Nachts

Disco – **Diomede:** im Zentrum von San Dómino, Tel. 0882 46 34 03, Mai–Juni sowie Sept.–Okt. Fr, Sa, sonst öfter. Disco mit Bar und Clubcharakter.

Infos

Information

Gemeindeverwaltung (Polizia Municipale): Piazza Castello, Tel. 0882 46 30 63.

Verkehr

Es ist untersagt, das eigene Fahrzeug mit auf die Inseln zu bringen. Hat man ein Hotel gebucht, so wird man am Hafen von San Dómino abgeholt.

Flug: Regelmäßige Verbindungen mit Alidaunia (www.alidaunia.it) von Foggia nach San Dómino. Hin- und Rückflug 50–100 €.

Fähren zu den Trémiti-Inseln: Am einfachsten ist die Anfahrt von Térmoli aus (Nachbarregion Molise). Tgl. mehrere Fähren von Adriatica (www.tirrenia.it) und Navigazione Libera del Golfo (www.navlib.it). Juni–Sept. verkehren Fähren der o.g. Unternehmen 1 x tgl. von Vieste (Adriatica, c/o Gargano Viaggi, Piazza Roma 7, Tel. 088470 85 01; Navigazione Libera del Golfo, Corso Fazzini 33, Tel. 0884 70 74 89), Péschici (Compagnia di Navigazione/CTM, Corso Umberto I, Tel. 0884 96 42 34) und Rodi Gargánico (am Hafen). Abfahrt jeweils morgens ca. 9 Uhr, Rückfahrt ca. 17 Uhr, Hin- u. Rückfahrt ca. 30 €, erm. 21 €.

Fähren zwischen den Trémiti-Inseln: Tagsüber regelmäßig Fähren zwischen San Dómino und San Nicola, hin und zurück 5 €, Infos: A.Mar.Blu (s. links).

Im Inneren des Promontorio

Wer Touren im Hinterland der Gargano-Küste unternimmt, wird feststellen, dass der Promontorio ganz unterschiedliche Gesichter hat: Die Hänge im Nordwesten fallen eher sanft zum Meer ab und sind in höheren Lagen bewaldet, in tieferen von Oliven- und

Zitrushainen bedeckt. Im Südwesten sind die Berge weitaus steiler, oft steinig und zerklüftet. Die Hänge sind hier von vielen Trockenmauern durchzogen. Sie dienten der Abgrenzung von Feldern sowie in der Tierhaltung zum Trennen von kranken und gesunden Tieren. Hin und wieder sieht man in der Landschaft *pagliari,* alte Hirtenunterstände (s. S. 72). Seinen höchsten Punkt erreicht der Promontorio mit dem **Monte Calvo** (1055 m) im Westen, während sich sein größtes Waldgebiet, die Foresta Umbra, im Osten erstreckt.

Vico del Gargano ▶ E 2

Eine landschaftlich sehr reizvolle Strecke führt von Péschici aus Richtung Süden. Die Straße windet sich durch Zitronen- und Orangenhaine bis hinauf nach Vico del Gargano, das auf einem 439 m hohen Hügel über dem Meer liegt. Rund um den Ort hat man mehr als 50 Wasserquellen gezählt, die einzigen im Gargano-Gebiet. Noch heute füllen sich die Einheimischen an ihnen Trinkwasser ab.

Das alte Zentrum zählt vollkommen zu Recht zu den schönsten Borghi Italiens. In der Mitte thront das **Castello Normanno-Svevo-Aragonese,** das von den Staufern im 13. Jh. erbaut und von den Spaniern im 16. Jh. erneut befestigt wurde. Beim Bummel durch die alten Gassen kann man verzierte Portale, Prellsteine, verwitterte Brunnen und Treppenaufgänge, Kapellen und alte Läden entdecken. Wenn man Glück hat, macht gerade Anna-Maria ihren kleinen Laden an der Piazza vor dem Castello auf und verkauft zu absolut fairen Preisen Salami und Käse aus der Umgebung. Der Laden hat keinen Namen – man erkennt ihn erst, wenn er geöffnet hat, denn dann sieht man im Fenster ein paar Käse hängen.

Infos & Termine

Bus: Vico del Gargano ist nur von Rodi Gargánico aus erreichbar (wenige Verbindungen). Ein eigenes Fahrzeug ist von Vorteil.

Feste und Veranstaltungen
Festa di San Valentino: 9.–14. Feb. Fest des Ortsheiligen. Sein mit Zitrusfrüchten umrahmtes Bildnis wird in einer Prozession durch den Ort getragen. Die Früchte werden dann als ›Liebeszauber‹ an die oder den Geliebten weitergegeben. Der Vico del Bacio (›Kussgässchen‹), in dem das geschieht, ist an seiner engsten Stelle nur 50 cm breit.

Foresta Umbra ▶ E/F 2/3

Von Vico del Gargano aus geht es auf Serpentinenstraßen weiter hinauf und allmählich beginnt die Foresta Umbra, ein schattenspendender Laubmischwald aus Buchen, Kiefern, Linden, Eichen, Ulmen und Kastanien, der einen herrlichen Kontrast zu der hellen Küstenlandschaft bildet. Hier überkommt einen eine tiefe Ruhe.

Der Wald, der einst große Teile Apuliens bedeckte, ist das Herz des **Parco Nazionale del Gargano** (s. S. 48, 81). Er erstreckt sich heute noch auf einer Fläche von 11 000 ha und einer Höhe zwischen 270 und 830 m. An Wochenenden und an heißen Tagen im August suchen viele Besucher des Gargano hier Erholung und Abkühlung. In der übrigen Zeit teilt man den Wald nur mit den Tieren, darunter Wildschweine, Rehe und Dammwild, Füchse, Wiesel, Marder, Dachse, Eulen, Spechte und Sperber. Wer Glück hat, kann sogar einem Siebenschläfer begegnen. Zuweilen kreuzen auch einmal frei laufende Hausschweine den Weg, auf der Suche nach frischen Eicheln oder Wurzeln. Im Herbst kann man in der Foresta Umbra viele Pilze finden. Und auch für Orchideen ist sie bekannt, doch hat der Bestand aufgrund der Fressgewohnheiten vor allem der Wildschweine in letzter Zeit arg gelitten.

Im Besucherzentrum informiert ein kleines **Museum** (Eintritt 1,20 €) über die Reptilien, die in dieser Region vorkommen, und die Vögel, die hier brüten oder auf ihrem Weg Richtung Süden Station machen.

Wanderungen

In dem angenehm schattigen, teilweise märchenhaft anmutenden Laubwald hat man bisher 15 Wanderwege angelegt (gelbe Markierungen), die sich miteinander kombinieren lassen und auch gut für Kinder eignen. Die Wanderzeit liegt zwischen einer und acht Stunden. Eine Wanderkarte (2,50 €) sowie weitere nützliche Informationen sind im Besucherzentrum (Centro Visitatori) erhältlich.

Aktiv & Kreativ

Radfahren – **Fahrradverleih:** im Centro Visitatori, 5 €/Std., 25 €/Tag.

Infos

Besucherzentrum

Centro Visitatori: Tel. 0884 880 55, mobil 368 358 90 78, info@mediterraneambiente.it, Palmsonntag–Okt. tgl. 9.30–19 Uhr.

Verkehr

Bus: SITA-Busse fahren von den Küstenorten nur 1–2 x pro Tag zum Besucherzentrum in der Foresta Umbra, daher ist ein eigenes Fahrzeug hier sehr von Vorteil.

Monte Sant'Angelo ► E 3

Die Geschichte des Ortes beginnt im 5. Jh. mit der Erscheinung des Erzengels Michael bei der Grotte, in der sich heute das Santuario di San Michele befindet (s. Entdeckungstour S. 100). Zwischen dem 6. und 11. Jh. entwickelte sich der Ort zu einer wichtigen Pilgerstation, wozu die Langobarden maßgeblich beitrugen, die das Santuario zum nationalen Heiligtum erhoben. Dies war auch der Hauptgrund dafür, dass die UNESCO es 2011 in die Liste des Weltkulturerbes aufnahm. Auch die Normannen, die den Erzengel als ihren Nationalheiligen verehrten, zog es auf den Gargano. Kreuzfahrer baten den hl. Michael in der Grotte um eine erfolgreiche Reise ins Heilige Land und dankten ihm hier für eine glückliche Rückkehr. Zu den illustren Pilgern, die sich über die Jahrhunderte im Santuario einfanden, gehörten Franz von Assisi und Thomas von Aquin, aber auch zahlreiche Könige und Königinnen. Noch bis weit über das Mittelalter hinaus war der Monte Sant'Angelo eines der wichtigsten europäischen Pilgerzentren, wenn nicht das wichtigste überhaupt. Bis heute ist der Pilgerstrom nicht abgerissen, allerdings hat der Ort durch San Giovanni Rotondo (s. S. 104) Konkurrenz bekommen.

Auch abseits der Pilgermeile ist Monte Sant'Angelo ein sehenswertes Städtchen mit Atmosphäre. Vom Kastell am höchsten Punkt führen Gassen und Treppenwege abwärts in das mittelalterliche Viertel **Rione Junno,** das zwischen dem 6. und 11. Jh. um das Sanktuarium herum entstand, vor allem um die Pilger zu beherbergen. Die hell getünchten Häuser mit ihren gleichmäßigen Giebeln tragen zum charakteristischen Bild von Monte Sant'Angelo bei. Den Weg vom Parkplatz am Kastell hinunter zum Santuario säu- ▷ S. 102

Auf Entdeckungstour

Die vom Engel geweihte Grotte – auf den Spuren des hl. Michael

Michael ist der bekannteste und meistverehrte Erzengel der Christen. Als seine erste Heimat auf dem europäischen Kontinent soll er eine Höhle auf dem Gargano erwählt haben. Dort ist eine Kirche entstanden, die bis heute zu den bedeutendsten Pilgerorten Europas gehört. Die Legenden, die sich um die Erscheinungen des Erzengels auf dem Gargano ranken, finden sich in den bildlichen Darstellungen im Grottenheiligtum wieder.

Reisekarte: ▶ E 3

Dauer: 45 Min.

Santuario di San Michele Arcangelo: Via Reale Basilica, Tel. 0884 56 11 50, www.santuariosanmichele.it, Nov.–März tgl. 7.30–12.30, 14.30–17, April–Juni, Okt. tgl. 7.30–12.30, 14.30–19, Juli–Sept. tgl. 7.30–19.30 Uhr, Gottesdienst etwa alle 45 Min.

Die Grotte soll schon zu griechischer Zeit als Orakelort und im 2./3. Jh. als Stätte des Mithraskultes gedient haben, bei dem blutige Stieropfer dargebracht wurden. Vielleicht taucht deshalb in der Entstehungslegende des Santuario di San Michele Arcangelo ein Stier auf: Einst suchten ein Bauer und sein Hirte einen entlaufenen Stier. Als sie ihn endlich vor der Grotte fanden, zielte der wütende Besitzer mit einem Pfeil auf das Tier, doch jener machte im Flug plötzlich kehrt und verletzte statt des Tiers den Bauern. Die Kunde von diesem Wunder verbreitete sich in Windeseile. Kurz darauf, am 8. Mai 490, erschien der Erzengel Michael dem Bischof von Sipontum, Laurentius, im Traum und verkündete, dass die Grotte unter seinem Schutz stehe und fortan seiner Verehrung dienen solle. Wer die lange Treppe in das Santuario hinabsteigt, findet über der **Pforte des Stiers** ein Fresko der Entstehungslegende.

Eine feierliche Prozession

Schon zuvor verdient der **Eingang zum Santuario** nähere Betrachtung. Er besteht aus zwei Toren mit verzierten Spitzbögen. Im Stein über dem rechten Eingang wird auf Latein verkündet, Erzengel Michael habe die Fundamente für die Kirche gelegt und sie auch geweiht. Im linken Spitzbogen ist eine Prozession zu sehen – die Darstellung eines Ereignisses, das sich 493 zugetragen haben soll: Damals wollte der Bischof die Grotte endlich dem Erzengel und dem christlichen Kult weihen, doch wieder erschien ihm Michael im Traum und verkündete, er selbst habe dies bereits getan. Als der Bischof mit anderen Klerikern in einer feierlichen Prozession zur Höhle zog, wurden sie von Adlern durch deren ausgebreitete Schwingen vor der Sonne geschützt. In der Grotte fanden sie einen Altar mit Tuch und Kerze sowie einen Fußabdruck des Erzengels vor. An diesem Tag, dem 29. September – heute Festtag des hl. Michael und der Erzengel Gabriel und Raffael –, feierte man die erste Messe in der nicht von Menschenhand geweihten Kirche.

Vergebung der Sünden

Darstellungen der Erscheinungen des hl. Michael sowie Szenen aus dem Alten und Neuen Testament finden sich auf dem **Bronzeportal**, das den eigentlichen Eingang zur Grotte markiert. Es ist das älteste seiner Art in Apulien und wurde 1076 im Auftrag eines reichen Amalfitaners in Konstantinopel gefertigt. Es entstand in Niellotechnik, d. h. die Umrisse der in Bronzetafeln geritzten Bilder wurden mit einem Edelmetall, in diesem Fall Silber, nachgebildet. Die Torflügel sind in einen romanischen Rundbogen eingelassen, dessen Inschrift verheißt: »Im ganzen Bereich der Grotte werden die Sünden der Menschen vergeben.« Die aus Carraramarmor geschaffene **Michaelsstatue** im Altarraum mag manchem in Anbetracht der Stärke des Erzengels viel zu zart erscheinen. Sein Fußabdruck soll sich übrigens – für Besucher nicht sichtbar – hinter dem Altar verbergen ...

Gesegnete Steine

Als 1656 die Pest wütete, flehte der damalige Bischof von Sipontum um Beistand und wurde erhört. Michael hieß ihn Steine aus der Grotte segnen und mit dem Kreuz sowie den Initialen M.A. (Michele Archangelus) versehen. Wer diese Steine in frommem Bestreben bei sich trüge, so der Engel, bliebe von der Pest verschont – und so kam es. Die durch eine Gittertür verschlossene **kleine Höhle,** wo die Steine gebrochen wurden, liegt links des Altarraums und barg lange eine Ikone des Erzengels, zu der die Pilger auf Knien rutschten.

men Souvenir- und Spezialitätenläden, in denen man u. a. *ostie piene* erstehen kann, mit gerösteten Mandeln gefüllte süße ›Hostien‹.

Castello di Monte Sant'Angelo

Largo R. Guiscardo, tgl. 9.30–13, 14.30–19 Uhr, Eintritt 3 €, erm. 1 €

Im Laufe seiner über 1000-jährigen Geschichte wurde das Castello so häufig umgestaltet, dass sich die ursprüngliche Anlage nicht mehr rekonstruieren lässt. Fest steht, dass Ursus, Bischof von Benevent und Siponto, hier 837/838 das Castellum Monte Gargano erbauen ließ. Die Normannen erweiterten es zu einer richtigen Festung, um das Heiligtum, das inzwischen eine enorme Bedeutung erlangt hatte, vor Angriffen und Zerstörungen zu schützen, wie sie Ende des 9. Jh. bereits vorgekommen waren.

Noch heute beherrscht die **Torre del Gigante** (Turm des Riesen) die Anlage. Friedrich II. baute das Kastell weiter aus und verbrachte hier einige Zeit mit seiner Geliebten Bianca Lancia. Ihre beiden Kinder Costanza und Manfred sollen hier zur Welt gekommen sein, doch das wird auch andernorts behauptet (s. S. 181). Später bauten die Anjou die Festung weiter aus und nutzten sie als Gefängnis. Ab dem 19. Jh. stand das Castello wegen Besitzstreitigkeiten leer, bevor es vor ein paar Jahren einer privaten Kooperative zur Verfügung gestellt wurde. Bis dahin hatten Hirten und Schatzjäger der Burg allerdings großen Schaden zugefügt, doch nach der weitgehend abgeschlossenen Restaurierung lässt sich der alte Glanz heute wieder erahnen.

Santuario di San Michele

S. Entdeckungstour S. 100

Ein achteckiger weißer, etwas wuchtig geratener Campanile, die **Torre Angionina,** weist Besuchern den Weg zum Santuario di San Michele Arcangelo. Der Turm wurde im Auftrag von Karl I. von Anjou 1273–82 errichtet, daher der Name. Bei der Gestaltung orientierte man sich offensichtlich an den Türmen von Castel del Monte. Die Glocke wurde erst später eingesetzt und dabei vermutlich die ursprüngliche Höhe des Torre von 40 auf 28 m reduziert. Leider ist der Campanile für Besucher nicht geöffnet. Am Fuße des Turms befindet sich der Eingang zum Grottenheiligtum.

Museo Devozionale della Basilica e Monte Sant'Angelo

Via Reale Basilica, Tel. 0884 56 11 50, tgl. 10–19 Uhr, Eintritt 3 €

Bevor man das Santuario di San Michele wieder verlässt, kann man auf der anderen Seite der Grotte das Museo Devozionale della Basilica e Monte Sant'Angelo besuchen. In dem dorthin führenden Gang hängen zahlreiche Votivgaben von Menschen, die San Michele für ihre Rettung vor einem Seeunglück danken. Zu den Exponaten des Museums gehören kostbare Devotionalien, u.a. Schmuck, Majolikaarbeiten und Büsten. Besonders beeindruckend sind außerdem die Darstellung einer Wallfahrt auf den Gargano mit Figuren aus Leder und eine byzantinische Ikone, die den Erzengel zeigt. Die Reliquie vom Heiligen Kreuz ist ein Geschenk Friedrichs II., ein kostbarer Kelch eine Gabe von Papst Johannes Paul II.

Chiesa di San Pietro und Battistero San Giovanni in Tomba

Mitte April–Mitte Okt. tgl. 10–13, 15–19 Uhr, sonst anrufen, Paolo Tel. 34 93 44 06 33, Eintritt 0,60 €

Verlässt man das Santuario di San Michele und steigt die gegenüberliegende Treppe hinab, erblickt man auf der linken Seite den Eingang zur ältesten Kirche von Monte Sant'Angelo, der

Chiesa di San Pietro aus dem 9. Jh., von der seit ihrem Einsturz im 19. Jh. nur noch Überreste erhalten sind. Das Portal stammt aus dem 18. Jh. Bemerkenswert ist die Rosette (16. Jh.) darüber, die vier barbusige, ineinander verschlungene Sirenen zeigt. Außerdem existieren von der Kirche noch die Apsis und die Basen der Säulen.

Links neben der Apsis liegt der Eingang zum **Battistero San Giovanni in Tomba** (auch Tomba di Rotari), einem imposanten 23 m hohen Bau, in dem einst die Ganzkörpertaufe praktiziert wurde. Über dem Eingang prangt ein schön gearbeitetes Flachrelief, das die Gefangennahme und die Kreuzabnahme Christi zeigt. Betritt man das Innere, so ist man von der Größe und Architektur schier überwältigt. Ist der Bau im unteren Teil noch viereckig, so nimmt er ab der zweiten Ebene eine oktogonale und später eine konische Gestalt an mit einer ellipsenförmigen Kuppel. Die Gesimse sind mit Darstellungen biblischer Figuren versehen und an den Wänden sind noch einige Fresken mit Szenen aus dem Alten und Neuen Testament schwach erkennbar. Das Baptisterium entstand Ende 5. Jh. unter Laurentius, dem Bischof von Siponto (488–545).

Chiesa di Santa Maria Maggiore

Tgl. 8–13, 15–19 Uhr, Eintritt frei

Gleich nebenan liegt der Eingang zur Chiesa di Santa Maria Maggiore, die 1170 im apulisch-romanischen Stil erbaut wurde. Ein Blickfang ist das Tympanon des Eingangsportals mit seinen kunstvollen Darstellungen der vier Evangelisten und der Muttergottes mit dem Jesuskind. Im Inneren beeindrucken die gewaltigen Pfeiler sowie die grob behauenen Feldsteine, die verputzt und mit Fresken (13./14. Jh.) versehen wurden, auf denen der Erzengel Michael zu erkennen ist.

Mein Tipp

Picknick mit Aussicht

Südwestlich von Monte Sant'Angelo führt eine kleine Straße zur **Abbazia Santa Maria di Pulsano** (▶ E 4; ca. 10 km; www.abbaziadipulsano.org). Das Kloster aus dem 6. Jh., von Benediktinern im 12. Jh. erweitert, seit dem 19. Jh. eine Ruine und Ende des 20. Jh. restauriert, liegt fantastisch oberhalb des Golfs von Manfredónia. Der Ausblick ist phänomenal und der Ort ideal für ein Picknick – vielleicht begleitet von einem Gespräch über Gott und die Welt.

Übernachten

Herrschaftlich – **Palace Hotel San Michele:** Via Madonna degli Angeli, Tel. 0884 56 56 53, www.palacehotelsanmichele.it, DZ 130–170 €. Hotel in einem herrschaftlichen Bau mit Park und Pool oberhalb des Ortes. Die Zimmer sind sehr gediegen und mit allem Komfort ausgestattet. Von den nach vorne liegenden genießt man eine herrliche Aussicht auf die Küste und den Golf von Manfredónia. Das Abendessen kann man auch gut im Ort einnehmen.

Zentral mit Aussicht – **Hotel Michele:** Via Reale Basilica 86, Tel. 0884 56 55 19, www.hotelmichael.com, DZ 65–75 €. Das kleine Hotel gleich gegenüber dem Heiligtum bietet schlichte und freundlich eingerichtete Zimmer und eine wundervolle Terrasse, auf der die Gäste bei warmem Wetter das Frühstück einnehmen. Von vielen Zimmern hat man einen schönen Blick in den Hof vor der Tomba di Rotari und auf die Chiesa Maggiore.

Pilgeratmosphäre – **Casa del Pelegrino:** Via Carlo D'Angio, Tel. 0884 56 11 50, www.santuariosanmichele.it, DZ 55–65 €. Die schlichte Pilgerherberge bietet in 50 Zimmern, die mit allem Notwendigen ausgestattet sind, Platz für 120 Gäste. Nachtruhe ab 22.30 Uhr.

Essen & Trinken

Empfohlen – **Medioevo:** Via Castello 21, Tel. 0884 56 53 56, Di–So mittags u. abends, Juli/Aug. tgl., Jan./Feb. geschl., www.ristorantemedioevo.it, Menü 25–30 €. Die Einrichtung des Restaurants in einem renovierten Gewölbe ist stilvoll und schlicht, die Küche einfach, gleichwohl hervorragend. Unter den Antipasti sind besonders die *Frivolezze del Gargano* zu empfehlen (eine Auswahl von Appetizern, u. a. eingelegtes Gemüse). Bei den Hauptgerichten sind vor allem Kaninchen und Zicklein typisch. Sie werden entsprechend den Jahreszeiten stets mit Zutaten aus der Region zubereitet.
Einfach – **Da Costanza:** Corso Garibaldi 67, Tel. 0884 56 13 13, Sa–Do mittags u. abends, im Sommer tgl., Menü 15–20 €. In der Familientrattoria geht es stets hoch her. Hier werden frische Pasta in verschiedenen Variationen mit Gemüse und gute herzhafte Fleischgerichte serviert – und das zu absolut fairen Preisen.

Infos & Termine

Touristeninformation

Pro Loco: Via Reale Basilica 40, Tel. 0884 56 55 20, www.prolocomontesantangelo.it, tgl. 8–13, 16–20 Uhr.

Verkehr

Bus: Verbindungen mit SITA nach Manfredónia und San Marco in Lámis.

Feste und Veranstaltungen

Michele Arcangelo: Im Gedenken an die Erscheinung des Erzengels am 8. Mai 490 pilgern an diesem Tag Tausende zum Heiligtum. Noch größer sind die Feierlichkeiten zur Erinnerung an die erste Messe dort (29. Sept.; s. S. 101).

San Giovanni Rotondo

▶ D 3/4

Die Kleinstadt San Giovanni Rotondo liegt am Hang des Monte Calvo, mit 1055 m der höchste Berg des Gargano. Über Jahrhunderte war es ein Dorf, in dem das Leben beschaulich dahinplätscherte. Doch mit Padre Pio, der von 1916 bis 1968 hier lebte und wirkte, änderte sich das grundlegend (s. S. 64). Schon zu Lebzeiten wurde er wie ein Heiliger verehrt. Zeitzeugen berichten, dass man sich in Listen eintragen musste, um am nächsten Tag bei ihm beichten zu können.

Heute ist Padre Pios Grab das Ziel von jährlich bis zu 7 Mio. Besuchern. Spätestens seit der Heiligsprechung des Padre 2002 ist San Giovanni Rotondo der größte Wallfahrtsort Europas. Zwei Jahre später weihte man die Chiesa Nuova von Stararchitekt Renzo Piano ein. Über 100 Unterkünfte, Parkplätze, Bars und Restaurants sowie eine Vielzahl von Padre-Pio-Läden gibt es heute im Ort. Die Kommerzialisierung stört die Pilger nur wenig, denn für viele geht hier ein Traum in Erfüllung – sie können das Grab des Heiligen aufsuchen und es berühren. Wer den Massen etwas aus dem Weg gehen will, sollte die heiligen Stätten während der Siesta besuchen. Wer kein Interesse an Religion, Architektur oder dem Pilger-Phänomen hat, ist im vergleichsweise beschaulichen Monte Sant'Angelo sicher besser aufgehoben.

Relativ weit oben im Ort gibt es einen **Parkplatz,** wo man sein Auto für 2 € abstellen kann. Von dort führt der von Malern, Musikern und Bettlern gesäumte Weg zu den Kirchen.

Casa del Sollievo della Sofferenza

Viale Cappuccini 2, Tel. 0882 41 01 11
An der Straße, die zu den Kirchen führt, liegt das ›Haus zur Linderung der Leiden‹, das 1956 auf Betreiben von Padre Pio mit Spendengeldern errichtet wurde und eines der modernsten Krankenhäuser Italiens ist. Über 60 000 Patienten werden hier stationär behandelt und 400 000 ambulant, mit ein Grund für das große Angebot an Unterkünften in und um San Giovanni Rotondo.

Chiesa Santa Maria delle Grazie

Tgl. 6–20.30 Uhr, Tel. 0882 41 71, www.conventopadrepio.com
Auf der Empore der Chiesa Santa Maria delle Grazie, wo Padre Pio seine Messen abhielt, steht das Kreuz, vor dem er Zwiesprache mit Gott hielt und 1918 seine Stigmata empfing. Bei einem Rundgang sieht man u. a. die Zelle des Priesters, einen Schrank mit seiner Korrespondenz und die Tomba, die bis 2009 sein Grab war.

Via Crucis

Rechts der Kirche befindet sich ein 1939 angelegter und zuletzt 1971 erneuerter Kreuzweg. Im Eingangsbereich der Kirche stehen Holzkreuze bereit, die man schultern kann, um anschließend an den schön gestalteten Kreuzwegstationen vorbei oder direkt die 243 Stufen hinaufzupilgern, wo einen der auferstandene Christus empfängt.

Chiesa Nuova

Tgl. 6–20.30 Uhr, Tel. 0882 41 71, www.conventopadrepio.com
War Padre Pio schon zu Lebzeiten legendär, so suchten nach seinem Tod und seiner Heiligsprechung noch mehr Gläubige den Ort auf. Schon bald wurde die Kirche zu klein und man gewann den Stararchitekten Renzo Piano, der u. a. für die Neugestaltung des Potsdamer Platzes in Berlin und das Fußballstadion in Bari verantwortlich zeichnet, dafür, eine neue Kirche zu entwerfen. 2004 wurde die Chiesa Nuova eingeweiht. Europas zweitgrößte Kirche nach dem Petersdom in Rom erinnert an eine große Muschel und offenbart innen eine gewaltige Bogenkonstruktion. Der größte Bogen hat eine Spannweite von knapp 50 m. 7000 Menschen finden in der neuen Kirche Platz, auf dem Vorplatz sind es um die 30 000.

Die sterblichen Überreste des Heiligen befinden sich seit 2009 in der mit modernen Mosaiken gestalteten Krypta. Hier zieht unentwegt ein Menschenstrom vorbei, der über Lautsprecher immer wieder zur Ruhe *(silenzio)* ermahnt wird. Mit Händen und mitgebrachten Taschentüchern streichen die Besucher über den Stein und das Metall und nehmen so ›ein Stück Heiligkeit‹ mit zurück in ihre persönliche Welt.

Übernachten, Essen

Einfach gut – **Hotel Le Cese:** C. da Matine, Tel. 0882 45 09 72, mobil 360 27 07 77, www.hotellecese.com, DZ 70–90 €, HP zusätzlich 15 € p. P. Restaurant ganzjährig geöffnet, Mai–Sept. tgl. mittags u. abends, sicherheitshalber vorher anrufen, Menü 20–25 €. Der Agriturismo in einem Olivenhain mit Hühnern und Schweinen, Terrasse, Garten und Pool liegt unterhalb von San Giovanni Rotondo und ist über kleine Wege von der Straße SP 58 aus zu erreichen (ausgeschildert). Man schläft hier nicht nur gut, sondern kann auch exzellente, mit vielen eigenen Produkten zubereitete Gargano-

Flach wie ein Tisch breitet sich der Tavoliere unterhalb von Rignano Gargánico aus

Speisen genießen. Ungewöhnlich ist die *crema di buffola*, ein Dessert aus Büffelmilch mit Orangen und Nüssen.

Infos

Bus: Verbindungen mit SITA nach Foggia und Manfredónia.

Convento San Matteo in Lámis ▶ D 3

Tel. 0882 83 11 51, tgl. 7.30–13, 15–19 Uhr, Eintritt frei

Das kleine Bergdorf **San Marco in Lámis** wirkt eher unscheinbar. Die eigentliche Attraktion ist das 4 km entfernte Kloster San Matteo in Lámis. Inmitten der Berglandschaft gelegen, beeindruckt es zu jeder Jahreszeit und von allen Seiten. Vermutlich wurde es von den Langobarden im 6. Jh. als Herberge für Pilger gegründet, die auf der Via Sacra Langobardorum zum Monte Sant'Angelo unterwegs waren. Um 1300 wurde es in ein Kloster umgewandelt und bald darauf zur Benediktinerabtei San Giovanni in Lámis, Zisterzienser folgten und 1578 Franziskaner. Um diese Zeit war die Abtei bereits in Convento San Matteo in Lámis umbenannt worden, denn man war in den Besitz einer Reliquie des hl. Matthäus gelangt. Heute wird der Konvent

nur noch von sechs Mönchen betrieben. Morgens und abends werden in der Abteikirche Messen abgehalten, die auch die Einheimischen besuchen.

Beim Betreten des Konvents fällt rechts eine Tür mit der Aufschrift »Presepio Aristico« auf. Geht man hindurch, so wird der zuvor dunkle Raum erleuchtet, es erklingt Musik und man sieht eine große Krippe. Der verglaste Kreuzgang, den Besucher nur auf einer Seite begehen dürfen, führt direkt zur Klosterkirche. Interessant ist die **Klosterbibliothek,** die über 80 000 Bände verfügt. Die Sammlung reicht von Büchern zu Philosophie, Theologie, Geschichte, Kunst, Musik und Astronomie über Enzyklopädien bis hin zu verschiedenen Bibelausgaben. Ein Teil der Bücher ist frei zugänglich. Sie werden in Regalen und Vitrinen gelagert, dazwischen sind Teleskope, alte daunische Keramik und andere archäologische Funde zu bewundern. Alles zusammen trägt zu der besonderen Atmosphäre dieser alten Klosterbibliothek bei.

Infos

Bus: Mit SITA nach Foggia und Manfredónia.

Rignano Gargánico ► D 4

Der kleine Ort am Rande des westlichen Promontorio del Gargano wird auch Balkon des Gargano genannt. Wenn man am dortigen **Belvedere** (ausgeschildert) steht, weiß man, warum. Rignano Gargánico liegt an der Abbruchkante des Gargano, ihm zu Füßen der tischflache Tavoliere. Bei klarem Wetter kann man vom Aussichtspunkt sogar die Ausläufer des Apennin erkennen.

Etwas unterhalb des Ortes an der kurvenreichen Panoramastraße nach Foggia hat man 1961 die Cave Paglicci (nicht zu besichtigen) entdeckt. Mehr als 40 000 zwischen 200 000–10 000 Jahre alte Funde wurden hier bisher gemacht. Von besonderem Wert sind die ca. 23 000 Jahre alten Skelette eines etwa 13-jährigen Jungen und einer 20-jährigen Frau. Für die Funde wurde das **Museo Paglicci** (Belvedere, mobil 340 336 47 62, Di, Do, Sa 15.30–19 Uhr, www.paglici.net, Eintritt frei) eingerichtet, dessen Besuch sich jedoch nur für besonders Interessierte lohnt.

Infos

Bus: mit SITA nur nach Foggia.

Das Beste auf einen Blick

Die alte Capitanata

Auf Entdeckungstour

Eine ›gesalzene‹ Tour in der Salina di Margherita di Savoia: Salz war schon immer ein wertvolles Gut und die Salzgewinnung mittels Salinen in warmen Regionen die einfachste Methode, an das ›weiße Gold‹ heranzukommen. Am Golf von Manfredónia wird sie bereits seit dem 3. Jh. v. Chr. praktiziert und ist, abgesehen vom Einsatz moderner Technik, bis heute unverändert geblieben. Wer schon immer mal wissen wollte, was es mit einer Meerwassersaline auf sich hat, bekommt in Italiens größter Saline die Chance, interessante Einblicke zu gewinnen. S. 128

Kultur & Sehenswertes

Fortezza Svevo-Angioina in Lucera: In der gewaltigen Festung bewahrte Friedrich II. den Reichsschatz auf. Dass er hier in Sicherheit war, lässt sich noch heute erahnen. S. 112

Cattedrale Santa Maria Assunta in Tróia: Eine Fassade wie aus dem Bilderbuch mit einer Rosette wie aus Spitze geklöppelt, ein beeindruckendes Bronzeportal und im Inneren romanische Weite. S. 118

San Leonardo di Siponto: Apulische Romanik vom Feinsten mit erkennbar byzantinischem Einfluss. Besonders schön ist das Eingangsportal. S. 126

Aktiv & Kreativ

Radtour mit Anspruch: Die landschaftlich wunderschöne Strecke durch den Subappennino Dauno von Accadia nach Deliceto setzt eine gute Kondition voraus. S. 121

Genießen & Atmosphäre

Kochkunst in Bovino: In der Osteria Osteria n'dè Savérie Lu Cònte, auch bekannt als Zi Gennaro, gibt es herzhafte Speisen aus schmackhaften regionalen Zutaten. Gastraum und Küche sind nur durch einen Tresen voneinander getrennt, sodass man schon vom Zuschauen Appetit bekommt. S. 121

Ausblick von Sant'Ágata: Der Ort wird nicht umsonst ›Ausguck Apuliens‹ genannt, hat man hier doch einen spektakulären Blick vom Subappennino bis weit hinab in den Tavoliere. S. 125

Eis von Tommasino: Eine Instanz nicht nur in Manfredónia. Am besten kauft man das Eis gleich pfundweise. S. 127

Abends & Nachts

Gran Caffè Duetto: Die beliebte Cocktailbar liegt an Foggias Hauptflaniermeile. S. 116

Vergessene Capitanata

Bevor Italien mit Gründung der Republik in Provinzen eingeteilt wurde, nannte man den Norden Apuliens Capitanata. Diese umfasste den Tavoliere, den Subappennino Dauno, den Golf von Manfredónia und auch den Gargano (s. S. 78) und entsprach somit dem Gebiet der ersten Siedler im Norden Apuliens, der Daunier. Die Bezeichnung Capitanata entstand jedoch erst später und geht auf das griechische Wort *katepan* zurück (byzant. für ›Statthalter‹). Friedrich II. erklärte das Gebiet zur zentralen Reichsprovinz, erkor Foggia zu seiner Residenzstadt, lagerte in Lucera seinen Reichsschatz und starb im Castel Fiorentino. Sein Sohn gründete das am Meer gelegene Manfredónia, nachdem das alte geschichtsträchtige Sipontum zerstört worden war. Heute sind es vor allem Stauferbegeisterte, die in der Capitanata einen längeren Stopp einlegen, obwohl es hier einiges mehr zu entdecken gibt. So z. B. die schattigen Wälder im Subappennino Dauno, die allmählich für Wanderer erschlossen werden und auch Radfahrern einige Herausforderungen bieten.

Infobox

Internet

www.provincia.foggia.it, www.daunia dafavola.it: erste Infos zu Anreise und Veranstaltungen, z. T. mit den entsprechenden Links (beide ital.).

www.viaggiareinpuglia.it: umfangreiche Infos zu Natur, Kultur, aber auch reisepraktischen Themen (u. a. dt.).

Verkehr

Zwischen Foggia und einigen Küstenstädten gibt es gute Zugverbindungen mit **Trenitalia** (www.trenitalia.it). Die Busse von **SITA** (www.sitabus.it) und **Ferrovie del Gargano** (www.ferrovie delgargano.com) verbinden nahezu alle Orte miteinander.

Tavoliere

Mit 80 km Länge und 30 km Breite ist der Tavoliere die größte Ebene Italiens. Die Ableitung des Namens von *tavola* (Tisch) scheint auf der Hand zu liegen, denn flach wie eine Tischplatte liegt der Tavoliere zwischen den Flüssen Candelaro im Norden und Ófanto im Süden sowie dem Gebirge des Gargano im Osten und dem daunischen Apennin im Westen. In Wahrheit geht der Name jedoch auf *tabulae censuariae* zurück, die Grundstücksbücher des römischen Fiskus.

Auf der im Pleistozän aus dem Meer aufgetauchten Ebene haben sich im Laufe von Jahrmillionen Sedimente abgelagert, die den Boden sehr fruchtbar machen. Bereits die Daunier bauten im Tavoliere Getreide an, daran hat sich bis heute nichts geändert. Allerdings gab es eine gut 300-jährige Unterbrechung: Im 15. Jh. führten die Aragonesen die *Dogana della Mena delle Pecore* ein. Sie besagte, dass bis dahin für den Getreideanbau genutzte Flächen als Winterweiden für die Schafe aus den Abruzzen und dem Apennin herangezogen werden mussten. Den Wegezoll kassierte der Vizekönig in Neapel, die Bevölkerung hatte das Nachsehen. Noch Reisende des 19. Jh., wie Ferdinand Gregorovius, berichten von den *tratturi,* mit Grenz- und Meilensteinen abgesteckten, bis zu 100 m breiten Schafswegen.

›Mussolinis Weizenschlacht‹ machte den Tavoliere erneut zu einer Kornkammer Italiens und seit den 1960er-Jahren kultiviert man sogar wieder Wein – er hat bereits einige DOC-Prädikate erhalten. Die weite Ebene, ein Teppich aus Feldern, zum Meer hin sanft abfallend, ist vor allem im Frühjahr in ein leuchtendes Grün getaucht. Im Sommer flimmert die Hitze über dem Land – nicht selten werden Temperaturen von um die 40 °C gemessen.

Castel Fiorentino ▶ B 4

Hinweis: Ausschilderung erst auf den letzten 5 km, das letzte Stück ist ein holpriger Feldweg, den man auch zu Fuß hinaufgehen kann.

Friedrich II. war vorhergesagt worden, er würde *sub fiore* (unter Blumen) sterben. Deshalb vermied er es stets, Florenz (ital. Firenze von *fiori*) zu besuchen. Dass das kleine Castel Fiorentino, keine 40 km von seiner Residenzstadt Foggia entfernt, gemeint sein könnte, kam ihm nicht in den Sinn. Und doch erfüllte sich genau hier am 13. Dezember 1250 die Prophezeiung: Auf einem Jagdausflug verspürte Friedrich plötzlich ein Unwohlsein, sodass er Aufenthalt im Castel Fiorentino suchte. Dort verschlechterte sich sein Zustand und er starb, in die schlichte Kutte seines Lieblingsordens, der Zisterzienser, gehüllt, 13 Tage vor seinem 56. Geburtstag.

Für Stauferfans ist der Besuch dieses Ortes wahrscheinlich ein Muss, für andere eher enttäuschend, stehen von der Burg heute doch nur noch die Grundmauern. Eines muss man aber zugeben: Der Ausblick von oben ist unendlich weit und schön.

Bei der Orientierung im alten Burggelände helfen helle Steinblöcke mit eingravierten Bezeichnungen wie Domus, Chiesa, Cattedrale etc.

Mein Tipp

Gute Tropfen

Seit 1950 widmet sich die Familie del Sordo auf ihrem 1860 gegründeten Weingut nördlich von **San Severo** (▶ C 4) der Herstellung von Qualitätsweinen – viele von ihnen prämiert. Die Del Sordos haben längst vergessene Trauben wiederentdeckt und kultiviert, z. B. die Uva di Tróia für einen vorzüglichen Rotwein. Auch der Weißwein Catapanus ist nicht zu verachten. Die letzte Entdeckung ist eine Moscato-Traube vom Gargano, 2011 wurde sie zum ersten Mal geerntet und gekeltert. Herausgekommen ist ein köstlicher Moscato, weniger gefällig als jener von Trani (**Azienda d'Alfonso del Sordo,** Contrada Sant'Antonino, Tel. 0882 22 14 44, www.dalfonsodelsordo.it, Direktverkauf oder – besser noch – auf Anfrage mit *degustazion*e für 4–12 €/Pers.).

Infos

Die Anreise ist nur mit dem eigenen **Auto** möglich.

Lucera ▶ C 5

Das geschichtsträchtige Städtchen ist schon aus der Ferne gut zu erkennen, thront es doch auf einem Hügel über der Ebene. Schön ist der Zugang durch die alten Stadttore Porta Tróia und Porta Foggia. Das Centro Storico ist ursprünglich und sehr gut erhalten. Hier verläuft das Leben noch sehr italienisch mit viel Geschäftigkeit am Morgen und dem erneuten allmählichen Erwachen am späten Nachmittag. Dann füllt sich die Piazza vor dem Dom und die Männer sitzen zusammen und reden.

In der griechischen Mythologie ist Lucera Sitz eines Aphroditeheiligtums und Aufbewahrungsort der goldenen Rüstung des Diomedes, eines der Helden von Troja. Sicher ist, dass Lucera von Dauniern gegründet wurde und sich im 4. Jh. v. Chr. mit Rom gegen die Samniten verbündete, wodurch es zur ersten römischen Kolonie in Apulien wurde. Noch heute erinnert das Amphitheater daran. Nach dem Ende des römischen Reichs stritten sich Langobarden und Byzantiner, später auch die Normannen, um die strategisch günstig gelegene Stadt. Den Sieg trugen die Normannen davon.

Als Friedrich II. Foggia zu seiner Residenzhauptstadt erkor, ließ er gleichzeitig die Festung im nahen Lucera bauen, siedelte hier Tausende Sarazenen aus Sizilien an und schenkte ihnen die Religionsfreiheit, was sie ihm mit absoluter Ergebenheit dankten. Die Sarazenen bauten ihre Moscheen und Häuser und betrieben ihre aus der Heimat vertrauten Handwerke, u. a. die Zucht von arabischen Pferden. Nachdem Karl I. von Anjou Friedrichs Sohn Manfred in der Schlacht von Benevent geschlagen hatte, gab er sich alle Mühe, Lucera Saracenorum und alles Muslimische auszulöschen. Doch der neu verordnete Name Città di S. Maria setzte sich nicht durch. Lucera blieb politisches und wirtschaftliches Verwaltungszentrum, bis es diese Rolle 1806 an Foggia verlor.

Fortezza Svevo-Angioina 1

Viale Castello, Tel. 0881 52 27 62, April–Okt. Di–So 9–14, 15.15–18.45 Uhr, Nov.–März nur vorm., Eintritt frei

Das Palatium, das der Stauferkaiser Friedrich II. 1233 auf Luceras höchster Erhebung, dem **Colle Albano,** errichten ließ, muss man sich wie einen gewaltigen quadratischen Turm mit drei Etagen vorstellen. In der Mitte befand sich ein Innenhof, der wie beim Castel del Monte auf Höhe der zweiten Etage in ein Achteck überging. Der Palast besaß keinen wirklichen Eingang, sondern konnte nur über einziehbare Treppen und andere Konstruktionen betreten werden. Davon zeugt noch der massive Sockel des Palastturms. Immerhin bot der Bau so viel Schutz, dass Friedrich hier den Reichsschatz verwahrte. Als die Anjou die Staufer besiegt hatten, beschloss Karl I., die Anlage zu einer richtigen Festung auszubauen. Und so wurde von 1271 bis 1280 die 900 m lange, mit 22 Türmen versehene Wehrmauer errichtet. Im Inneren kann man noch Grundmauern des einstigen Kaiserpalastes sehen, der wie nahezu alles andere im 18./19. Jh. zerstört bzw. als Baumaterial abgetragen wurde. Auffallend sind auch die zwei mächtigen Rundtürme. Der höhere der beiden, die **Torre della Leonessa** (25 m), kann betreten werden.

Durch einen Park gelangt man von der Fortezza ins historische Zentrum. Zwei der alten Stadttore sind noch erhalten, die **Porta Tróia** 2 im Süden und die **Porta Foggia** 3 im Südosten.

Cattedrale S. Maria Assunta 4

Piazza Duomo, tgl. 7–12, 16.45–20 Uhr

Die Kathedrale, die auf Wunsch von Karl I. 1300–17 an der Stelle einer zerstörten Moschee erbaut wurde, bildet den Mittelpunkt der Stadt. Sie sollte den Sieg über die Sarazenen symbolisieren, an den im Inneren auch die Statue der Madonna della Vittoria (›Siegesmadonna‹) erinnert. Die Kathedrale ist einer der wenigen gotischen Kirchenbauten in Süditalien.

Anfiteatro Romano 5

Viale Augusto, April–Okt. Di–So 9–14, 15.15–18.45 Uhr, Nov.–März nur vorm., Eintritt frei

Lucera

Sehenswert

1 Fortezza Svevo-Angioina
2 Porta Tróia
3 Porta Foggia
4 Cattedrale S. Maria Assunta
5 Anfiteatro Romano

Übernachten

1 Le Foglie di Acanto
2 B & B Mimosa

Essen & Trinken

1 Palazzo D'Auria Secondo
2 Il Federiciano

Rund 1 km östlich der Altstadt – über die Viale di Augusto zu erreichen – liegt das Anfiteatro Romano aus dem 1. Jh. Wie eine Inschrift über dem Eingang verkündet, wurde der Bau komplett privat finanziert von Marco Vicilio Campo, einem Mitglied des Magistrats von Lucera, der eine große Verehrung für Kaiser Augustus hegte. Das um die 18 000 Zuschauer fassende Theater diente in späterer Zeit als Steinbruch. Seit seiner Restaurierung 2009 wird es im Sommer für (italienischsprachige) Theateraufführungen genutzt.

Übernachten

Charmant – **Le Foglie di Acanto** 1: Via L. Frattorolo 3, Tel. 0881 54 66 91, mobil 349 451 49 37, www.lefogliediacanto.it, DZ 95 €, Suite 135 €. Das bezaubernde B & B mit seinem Garten und seinen lauschigen Plätzen lädt zu längerem Verweilen ein. Die drei Zimmer und die Suite sind unterschiedlich gestaltet und verfügen teilweise über eine Kochnische und eine eigene Stiege zum Garten. Parkmöglichkeit vorhanden.

Gemütliche Bleibe – **B & B Mimosa** 2: Via Famiglia De Nicastri 36, Tel. 0881 54 60 66, mobil 338 457 00 70, www.mimosalucera.it, App. für 2 Pers. 60–75 €. Dieses kleine B & B vermietet drei Appartements in einem schönen alten Palazzo mitten im historischen Zentrum.

Essen & Trinken

Stilvoll – **Palazzo D'Auria Secondo** 1: Piazza Oberdan 3, Tel. 0881 53 04 46, www.palazzodauriasecondo.it, Di–So ab 20 Uhr, Menü 25 €, Pizza ab 4 €. Ein der lokalen Küche verpflichtetes Lokal in den Gewölben eines alten Palazzos aus dem 17. Jh.; auch Sitzplätze im Hof. Es gibt u. a. köstliche Antipasti. Das nette **B & B** über dem Lokal verfügt über zwei Miniappartements und drei Zimmer (80 €).

Gut & einfach – **Il Federiciano** 2: Via Caropresa 9, Tel. 0881 54 94 90, Mi–Mo ab 20 Uhr, Pizza ab 3,50 €, Menü 20 €. Eigentlich ist Il Federiciano ein Ristorante, doch die meisten Gäste kehren hier auf eine Pizza ein.

Infos & Termine

Touristeninformation

Centro Informazione Turistica Comunale: Piazza Nocelli 6, Tel. 0881 52 27 62, www.comune.lucera.fg.it, Di–So 9.30–13.30, 15.45–19 Uhr.

Verkehr

Bus: Verbindungen mit der Ferrovie del Gargano und SITA in nahezu alle Orte der Capitanata.

Feste und Veranstaltungen

Corteo Storico: Seit 1983 wird mit diesem Historienspektakel am 14. Aug. an den Tag der Weihe der Cattedrale und damit an den Sieg der Anjou über die Sarazenen erinnert. Über 200 Menschen ziehen in Kostümen des 14. Jh. durch die Altstadt und der **Torneo delle Chiavi** (›Turnier der Schlüssel‹) findet statt, bei dem die nach den fünf Stadttoren benannten Stadtteile Porta Tróia, Porta Foggia, Porta San Giacomo, Porta Severo und Porta Albana u. a. in Ritterspielen miteinander wetteifern.

Foggia ► C/D 5

Die Provinzhauptstadt zählt zu den größeren Städten Apuliens und präsentiert sich dem Besucher modern, quirlig und mit vielen Einkaufsmöglichkeiten. Beliebte Flaniermeile und Treffpunkt ist der Park der **Villa Comunale,** vor allem am Abend und in den heißen Sommermonaten, wenn die Stadt vor Hitze flirrt. In der großen lebendigen Neustadt und dem kleinen Altstadtkern wechseln sich barocke mit neoklassizistischen und modernen Bauten ab.

Als die Sarazenen im 11. Jh. das nahe gelegene Arpi zerstörten, ließen sich dessen Bewohner im heutigen Foggia nieder. Zu diesem Zeitpunkt lebte man in der Tavoliere bereits vor allem vom Anbau von Getreide. Es wurde in unterirdischen Speichern gelagert, den *foveva* (lat.), die der Stadt ihren Namen gaben. Kurz darauf kamen die Normannen und befestigten sie. 1223 erkor Friedrich II. Foggia zur Hauptstadt seines Südreichs. Mehrere Erdbeben, besonders jenes von 1731, zerstörten große Teile der historischen Stadt, den Rest erledigten die Bombardements im Zweiten Weltkrieg. Die Alliierten hatten die Stadt 1943 erobert und schickten von hier aus die englischen Fliegerstaffeln mit ihrer Fracht nach Dresden und Würzburg.

Zentral gelegener Platz mit angenehmen Schattenseiten: Piazza del Lago in Foggia

Cattedrale Santa Maria Icona Vetere

Via Duomo, variable Öffnungszeiten
Die Kathedrale, die in ihrer schmalen, hohen Bauweise an die Kathedrale in Tróia erinnert (s. S. 118), wurde unter Wilhelm II. errichtet. Die apulisch-romanische Schlichtheit verschwand jedoch im 18. Jh. unter dem Einfluss des Barock. Sehenswert ist die weitläufige Krypta sowie in der Hauptkirche die Capella dell'Icona Vetere, in der das Gnadenbild der Madonna dei sette Veli (›Madonna mit den sieben Schleiern‹) aufbewahrt wird, das den Bewohnern des zerstörten Arpi den Weg zu ihrem neuen Siedlungsort gewiesen haben soll.

Piazza Federico II und Piazza Nigri

In der Nähe der Cattedrale sind noch spärliche Reste des Regierungspalastes von Friedrich II. zu entdecken. Laut zeitgenössischen Berichten gab der Stauferkaiser in dem märchenhaft gestalteten Palast rauschende Feste und hielt wilde Tiere. Auch gab es lauschige Gärten mit Wasserspielen, die Besucher aus Morgen- wie Abendland in

Staunen versetzten. Der Palast selbst existiert nicht mehr, doch auf der **Piazza Federico II** steht noch ein Brunnen mit Adlern und auf der gleich dahinterliegenden Piazza Nigri erinnert ein **Torbogen mit Adlerfiguren,** der in die Fassade des Palazzo Arpi (s. u.) integriert wurde, an diese glanzvolle Zeit.

Museo Civico

Piazza Nigri 1, Tel. 0881 81 40 41, Mo–So 9–13, Di, Do auch 16–19 Uhr, Eintritt 2 €

Das besonders auf Schulklassen ausgerichtete Museum im **Palazzo Arpi** zeigt archäologische Funde aus daunischer Zeit und widmet sich der Stadtgeschichte unter den Staufern. Zur Sammlung gehören darüber hinaus Gemälde einheimischer Künstler mit Motiven aus Foggia und Umgebung.

Übernachten

In Theaternähe – **Muro Torto:** Via Saverio Altamura 20, www.murotorto.it, DZ 70 €. Kleines B & B in einem restaurierten Palazzo im historischen Zentrum. Die unterschiedlich und einladend gestalteten Zimmer verteilen sich auf drei Etagen. Frühstück in der Bar oder auf dem Zimmer; Parkplatz vorhanden.

Zentral – **Albergo del Cacciatore:** Via Arrigotti 4, Tel. 0881 58 06 61, www.albergodelcacciatore.it, DZ 65 €. Kleines B & B im Zentrum mit zwölf angenehmen Zimmern und allem Komfort (inkl. Heizung und Parkplätzen); umfangreiches Frühstücksbuffet.

Essen & Trinken

Gemütlich – **Ristorante del Cacciatore:** Via P. Mascagni 12, Tel. 0881 77 18 39, www.albergodelcacciatore.it, Di–So mittags u. abends, Menü 20–25 €. Einladendes Lokal in einer kleinen Seitengasse mit einer guten Auswahl an Fisch- und Fleischgerichten sowie köstlichen Primi. Das Antipasti-Buffet sollte man definitiv nicht auslassen.

Rustikal – **Al Grottino:** Vico Teatro 13, Tel. 0881 77 13 31, Di–So, im Sommer nur Di–Sa, jeweils mittags u. abends, Menü 20 €, Pizza ab 3,50 €. Das bereits seit 1918 bestehende Ristorante bietet beste lokale Küche und eine riesige Auswahl an Pizza in einem höhlenartigen Kellergewölbe.

Einkaufen

Vor allem der **Corso Vittorio Emanuele** sowie die **Via Lanza** in der Neustadt bieten sich zum Shoppen an.

Obst & Gemüse – **Markt:** Mo–Sa vormittags, auf der Piazza del Mercato (Altstadt).

Abends & Nachts

Angesagt – **Gran Caffè Duetto:** Corso V. Emanuele II 62, tgl. 7–23 Uhr. Das Lokal an einer der Hauptflaniermeilen von Foggia ist je nach Tageszeit eine Mischung aus Bar, Tavola Calda, Pasticceria und Cocktailbar – sehr beliebt bei Einheimischen.

Infos & Termine

Touristeninformation

An der Piazza del Mercato gibt es seit 2004 einen Infopavillon, der jedoch keine festen Öffnungszeiten hat.

Internet

www.viaggiareinpuglia.com
www.foggiaweb.it

Verkehr

Bahn: Züge der Trenitalia fahren nach Bari, Manfredónia, Neapel, Melfi etc.
Bus: Die Busse von Ferrovie del Gargano, SITA und ACAPT (www.acapt.it) fahren in alle umliegenden Orte sowie nach Melfi, Bari und Neapel. Der Busbahnhof liegt nahe dem Bahnhof.
Mietwagen: Foggia Central Train Station, Tel. 0881 77 89 12.

Feste und Veranstaltungen

Madonna delle sette Veli: Am 3. So im März sowie am 15. Aug. wird das Gnadenbild der Stadtpatronin in einer Prozession durch Foggia getragen.
Musica nelle Corti di Capitanata: Juni/ Juli. Großes Musikfestival in verschiedenen Orten der Capitanata. Das Angebot reicht von Klassik bis Jazz, www.foggiatoday.it.

Ordona (Herdonia) ▶ D 6

Laut schriftlichen Quellen schlug sich Pyrrhus 279 v. Chr. vor den Toren von Herdonia mit den Römern und Hannibal tötete hier 210 v. Chr. den römischen Heerführer Flavius sowie 10 000 Soldaten. Doch lange wusste niemand um die genaue Lage des antiken Herdonia. Erst der belgische Archäologieprofessor Joseph Mertens machte sich auf die Suche nach der Stadt, die Horaz in seinen Berichten *Città oscura* (›geheimnisvolle Stadt‹) nennt. Er folgte dem Verlauf der Via Traiana und entdeckte im Jahr 1962 das antike Herdonia unweit des heutigen Ordona. Dieser etwas mehr als 2000 Einwohner zählende Ort war erst im 17./18. Jh. auf dem Gebiet der Nekropolen des alten Herdonia entstanden. Dabei hatte man sich der Steine der antiken Stadt bedient und im Gegenzug die entstandenen Lücken mit Bauschutt aufgefüllt.

Zona Archeologica di Herdonia

Zutritt zum Ausgrabungsgelände nur im Rahmen einer Führung (s. u.)
Das antike Herdonia nahm einst eine Fläche von rund 22 ha ein, gerade mal ein Bruchteil davon ist bisher freigelegt worden. Auf der weitläufigen Fläche, die zum Privatgelände eines Bauernhofs gehört, zeichnet sich u. a. das **Forum** ab, wo Kapitelle aufgereiht sind. Sie gehörten zu Säulen, die das Dach der **Basilika** (Versammlungshalle) stützten. An einer der Stirnseiten des Forums lässt sich sehr gut das **Macellum** (Markthalle) mit Überresten von 13 Geschäften erkennen, einige mit Verzierungen. Bei vielen sieht man noch die Rillen von Schiebetüren im Boden. Im Zentrum des Macellum muss ein Brunnen gestanden haben. Auf der anderen Seite des Forums liegt der **Thermenkomplex.** Hier haben sich geometrische Figuren erhalten, auf dem Fußboden in einem der Räume – vermutlich das Frigidarium – sogar ein in Schwarz-Weiß gehaltenes Mosaik, das verschiedene Fische darstellt. Unweit davon ist auch ein Teil der alten **Via Traiana** freigelegt worden, die anders als in anderen archäologischen Zonen nicht eingezäunt, sondern frei zugänglich ist.

Infos

Touristeninformation

Pro Loco Herdonia: Via D'Aloia 8, variable Öffnungszeiten, Kontakt über die Mobilrufnummern 333 63 03 30, 331 500 84 17 (Paolo Marucci) oder 338 860 38 82 (Donato Rubini), prolocoherdonia@libero.it. Infos über das Ausgrabungsgelände und Anmeldung für Führungen (nur ital.; kein Eintritt, aber man sollte eine Spende geben, denn Paolo und Donato arbeiten ehrenamtlich).

Verkehr

Bus: Verbindungen mit der Ferrovie del Gargano nach Foggia. Empfehlenswerter ist die Anreise mit dem Auto.

Subappennino Dauno

Westlich des Tavoliere liegt der Subappennino Dauno, eine Hügelkette, die den landschaftlichen Übergang von Apulien nach Kampanien bildet. Hier ragen auch die höchsten Berge Apuliens auf: **Monte Cornacchia** (1152 m) und **Monte Crispiano** (1104 m). Touristisch steckt dieser Teil Apuliens noch in den Kinderschuhen. Man hat jedoch begonnen, Wanderwege anzulegen, und zunehmend entdecken Radfahrer die schweißtreibenden Straßen für sich. Viele der kleinen Orte haben wunderschöne Altstadtkerne und bieten fantastische Ausblicke auf den Tavoliere – ganz zu schweigen von den kulinarischen Wonnen, die Besucher der Region erwarten.

Tróia ►B 6

Auf einem Ausläufer des Subapennin am Rande des Tavoliere erhebt sich in 439 m Höhe das Städtchen Tróia. Der von den Griechen Aikai und von den Römern Aeca genannte Ort lag an der Via Traiana, worauf wahrscheinlich der heutige Name zurückgeht. Von 1093 bis 1127 tagten hier vier Konzile, was für die Bedeutung Tróias im Mittelalter und seine Treue zum Papst spricht. Auf dessen Seite und gegen den Stauferkaiser stellte sich die Stadt, als Friedrich II. 1229 von einem Kreuzzug zurückkehrte. Als dieser die Tore seiner Stadt verschlossen vorfand, zerstörte er Tróia. Zwar wurde der Ort unter den Anjou wieder aufgebaut, doch er erlangte nie wieder die einstige Bedeutung und Größe. Zum Glück für die Nachwelt ist die Kathedrale erhalten geblieben.

Der heutige Corso verläuft mitten durch die Altstadt und ist mit der alten Via Traiana identisch. Kleine Geschäfte und Bars sowie einige Palazzi säumen die Straße. Plötzlich öffnet sich eine kleine Piazza und man steht vor der Kathedrale.

Cattedrale Santa Maria Assunta

Corso Regina Magherita, tgl. 7–13, 16–20 Uhr

Santa Maria Assunta zählt zu den schönsten Kathedralen im Stil der apulischen Romanik. Begonnen wurde der Bau 1093, fertiggestellt im 13. Jh. Vor allem die Fassade ist beeindruckend. Hier prangt eine grazil aus Stein gearbeitete Fensterrose, deren elf Streben durch verflochtene Bögen miteinander verbunden sind, dazwischen spannt sich ein fein gewebtes Netz, ebenfalls aus Stein, und darüber ein Bogen, auf dem Alltagsszenen dargestellt sind. Bemerkenswert ist auch die 1119 von Oderisius von Benevent geschaffene Bronzetür. Auf 28 Bildtafeln sind in Niellotechnik (s. S. 101) u. a. Heilige, Fabeltiere und Bischöfe dargestellt. Die vier Bildtafeln in der obersten Reihe zeigen u. a. den Auftraggeber Bischof Wilhelm. Sie sind wie die kunstvoll gearbeiteten Drachentürklopfer original erhalten. Beim Umrunden der Kathedrale fallen die hohen schmalen Blendarkaden ins Auge, dazwischen rautenförmige Fenster, wie man sie aus Pisa kennt. Diese Fassadengestaltung ist typisch für Sakralbauten in der Capitanata und so auch bei San Leonardo und Santa Maria di Siponto zu finden. Im Inneren der dreischiffigen Kathedrale zählt man zwölf tragende Säulen, ergänzt durch eine dreizehnte – sie wer-

Spitzenklöppelei in Stein: die Fensterrosette der Kathedrale von Tróia

den als Jesus und seine zwölf Apostel interpretiert.

Museo Civico

Im Palazzo D'Avalos, Via Regina Margherita 72, keine festen Öffnungszeiten, man muss im Rathaus nachfragen (Coordinatore di Settore Biblioteche, Musei, Servizi Demografici)
In dem kleinen Museum kann man Funde aus den verschiedenen Siedlungsphasen in und um Tróia besichtigen, wobei die daunische Keramik und Meilensteine der antiken Via Traiana hervorstechen.

Übernachten

Zwischen Apennin und Tavoliere –
Agriturismo Pirro: C. da Cuparoni, SS 160, mobil 349 172 38 91, www.agriturismopirro.com, DZ 60 €. Der landwirtschaftliche Betrieb mit einladenden Zimmern und einem breiten Angebot an Aktivitäten liegt zwischen Tróia und Lucera. Von hier aus kann man gut die Region erkunden, Radtouren oder auch kleinere Wanderungen unternehmen.

Infos & Termine

Touristeninformation

Pro Loco: Corso Regina Margherita 20, mobil 345 495 16 07 und 349 805 53 97, www.comune.troia.fg.it, keine festen Öffnungszeiten.

Feste und Veranstaltungen

Festa di San Giuseppe: 19. März, s. S. 33.

Verkehr

Bus: Verbindungen der Ferrovie del Gargano nach Foggia, Lucera und Orsara di Puglia.

Orsara di Puglia ► B 6

Die Straßen im Subappennino Dauno sind zwar nicht die besten, aber landschaftlich ist die Region umso reizvoller. Durch einen herrlich schattigen Wald windet sich die Straße hinauf nach Orsara di Puglia (635 m), das seine Blütezeit wie alle Orte der Region im Mittelalter hatte und zu dieser Zeit befestigt wurde. Wegen seines noch sehr gut erhaltenen und lebendigen alten Stadtkerns hat der Touring Club Italiano Orsara di Puglia mit der Bandiera Arancione (›Orange Fahne‹) ausgezeichnet. Trutzig liegt am unteren Ortsrand die **Abbazia di Sant'Angelo** (Largo San Michele, Sa, So, Fei 11–13, 16–19 Uhr), die im 9. Jh. über einer dem Erzengel Michael geweihten Grotte errichtet wurde und eine imposante Hallenkirche besitzt.

Infos & Termine

Internet
www.comune.orsaradipuglia.fg.it

Mein Tipp

Imbiss am Backtag
Wer sich in Orsara di Puglia einfach treiben lässt, wird auch **Pane e Salute** entdecken. In dem 5 m langen Ofen von 1526 werden Brot und Focaccia noch nach alter Tradition gebacken, allerdings nur auf Vorbestellung. Hat man Glück und es ist gerade Backtag, sollte man sich zu einem kleinen Imbiss hinreißen lassen (Via Caracciolo 13, Tel. 0881 96 48 26, www.paneesalute.com, keine festen Öffnungszeiten).

Verkehr
Bus: Verbindungen nach Tróia und weiter nach Lecce und Foggia mit der Ferrovie del Gargano.

Feste und Veranstaltungen
Orsara Jazz: Feines Jazzfestival im Juli an verschiedenen Orten in Orsara, www.orsaramusica.it.

Bovino ► C 6

Das hübsche Bovino liegt umgeben von Nadel- und Laubwäldern in 646 m Höhe und ist vor allem in den heißen Sommermonaten ein lohnendes Ziel.

Schon das römische Vibinum, wie Tróia an der Via Traiana gelegen, war strategisch wichtig. Hannibal soll hier mit seinen Truppen 217 v. Chr. gelagert haben, bevor er den Römern die vernichtende Niederlage bei Cannae (s. S. 42 u. 136) beibrachte. Später wurde Bovino Bischofssitz, verlor dann aber zunehmend an Bedeutung. Nach dem schweren Erdbeben von 1930 wieder aufgebaut, besitzt das Städtchen ein bezauberndes Centro Storico, in dem sich der Alltag der Bewohner abspielt.

Castello und Museo Diocesano
Museo Diocesano: Tel. 0881 91 20 15, www.museodiocesanobovino.it, Juni–Sept. Di, Do, Sa 16–19, Fr 10–12.30, 15.30–19 Uhr, sonst auf Anfrage unter 328 842 74 33 (Francesco), 333 225 16 92 (Michele) oder per E-Mail, Eintritt 2,50 €, erm. 1,50 €
Oberhalb des Ortes thront in schönster Lage das Castello. Es wurde unter dem Normannen Drogo errichtet, woran heute noch der typische Rundturm erinnert. Friedrich II. ließ das Kastell befestigen und die Familie Guevara baute es ab dem 17. Jh. zu einem Palazzo aus. 1960 vermachten sie das Cas-

tello der Diözese Bovino, die hier ein Priesterseminar, eine Mädchenschule und zwei Grundschulen einrichtete. Als zunehmend der Nachwuchs fehlte, schlossen erst das Seminar, dann die Mädchenschule und später auch die Grundschulen. Inzwischen hat die Kooperative Sipario Soc. Coop. Bovino (www.sipario.bo.it) neues Leben in den Bau gebracht. Neben einem schön gestalteten Innenhof und einem B & B (s. S. 124) hat sie in den Räumen des Palazzo das **Museo Diocesano** eingerichtet. Hier sind Leihgaben aus dem Kirchenschatz wie Monstranzen, Votivgaben, Priesterkleidung etc. bis hin zu Einrichtungsgegenständen und Gemälden zu sehen. Bei einem Rundgang beeindrucken auch die fantastischen, z. T. geschnitzten Holzdecken.

Cattedrale Santa Maria Assunta

Durch ein Tor an der Seite des Kastells gelangt man hinunter ins Centro Storico und kommt unweigerlich zur Cattedrale Santa Maria Assunta, einem Bau aus dem 10. Jh., im 12. Jh. im apulisch-romanischen Stil erneuert, später barockisiert und nach dem schweren Erdbeben von 1930 im Stil des 12. Jh. wieder aufgebaut. Zwischen Giebel und Fensterrose kann man den vorderen Teil eines Stiers erkennen, der aussieht, als stürme er aus der Mauer heraus. Es ist der Bovino, der dem Ort seinen Namen gab. Das Rind ist Symbol für die Landwirtschaft, die jahrhundertelang die einzige Erwerbsquelle der Bewohner war. Im Inneren bilden der einfache Steinfußboden und die Holzdecke einen schönen Kontrast. Die gewaltigen Säulen tragen unterschiedlich gestaltete Kapitelle und in den Wänden sind verschiedene Spolien vermauert. Bei genauerem Hinsehen fällt auf, dass das rechte Seitenschiff länger ist, denn hier wurde eine Verbindung zwischen der Kathedrale und der kleinen Kirche San Marco aus dem 11. Jh. geschaffen, die früher separat stand.

Mein Tipp

Kochkunst in der offenen Küche

Saverio und seine Frau Francesca haben sich der ländlichen Küche verschrieben. In ihrer **Osteria n'dè Savérie Lu Cònte** in Bovino, auch bekannt als **Zi Gennaro,** zaubern sie seit fast 20 Jahren saisonal geprägte Gerichte mit Zutaten aus der Region auf den Tisch. Selbst der Wein ist Eigenanbau. Die Antipasti sind sehr verführerisch, wobei beispielsweise Wildschweinschinken und Feigen miteinander kombiniert werden. Nicht zu verachten ist auch der Käse mit Minze. Man kann beim Kochen zusehen, denn die Küche befindet sich im Gastraum (Corso V. Emanuele 44, mobil 333 220 28 45, tgl. mittags u. abends, Menü 20 €).

Santuario Maria SS. di Valleverde

Die Wallfahrtskirche aus dem 13. Jh. liegt etwa 5 km unterhalb von Bovino. Nachdem der ursprüngliche Bau beim Erdbeben von 1930 zerstört worden war, errichtete man einen Neubau, der 1987 vollendet und von Papst Johannes Paul II. geweiht wurde. Das grüne Dach mit dem Raketenturm ist nicht zu übersehen.

Radfahren und Wandern

Der Subappennino ist ein Eldorado für konditionsstarke Radfahrer. Besonders die Straße von Bovino über die bezaubernden Orte **Accadia** (▶ C 7) und **Deliceto** (▶ C 6) nach **Sant'Ágata di Puglia** (s. S. 125) ist landschaftlich

Lieblingsort

Die wunderbare Welt des Peppe Zullo ▶ B 6

Der Amerika-Heimkehrer Peppe Zullo hat sein Landgut **Piano Paradiso** bei Orsara di Puglia zu einer Adresse der Extraklasse gemacht. Das Ristorante ist in einer Mischung aus rustikalem und modernem Design gestaltet, die Küche von den Jahreszeiten inspiriert – mit Zutaten aus dem eigenen Garten und von umliegenden Bauernhöfen. Pepe Zullo ist nicht nur Koch – zuweilen steht er noch selbst am Herd –, sondern auch Sommelier, was sein exzellenter Weinkeller beweist. Seinen Charme verdankt der Ort der Verbindung von verlockendem kulinarischem Angebot und einem ganz besonderen Ambiente. Nicht umsonst hat z. B. der Weinkeller mit seinem Zusammenspiel von Licht, Farben und alten Steinen (Architekt Nicola Tramonto und Maler Maestro Leon Martino) 2010 den Architekturpreis in Venedig gewonnen. Einladend sind auch die Zimmer, die einen überwältigenden Blick weit über das Piano Paradiso hinaus bieten (Peppe Zullo, Piano Paradiso, Tel. 0881 96 47 63, www.peppezullo.it, Ristorante Mi–Mo-mittags, Dez.–Okt., Menü 35 €, DZ 90 €).

Lo Spione della Puglia – der Ausguck Apuliens – wird Sant'Ágata treffend genannt

sehr reizvoll, auch wenn ihr Zustand nicht der beste ist. Jüngst hat man begonnen, die Region für Wanderer zu erschließen. Hier und da sind am Straßenrand Picknickplätze mit Wandertafeln zu sehen, die eine erste Orientierung geben. Offizielle Karten gibt es aber noch nicht.

Übernachten

Im Palazzo – **Residenza Ducale:** Via Guevara 1, Tel. 0881 91 20 15, mobil 328 842 74 33 (Francesco) oder 333 225 16 92 (Michele), www.residenzaducale.it, DZ 75 €. Die Cooperativa Bovino hat das kleine B & B mit drei freundlich eingerichteten Zimmern, alle mit herrlichem Ausblick, 2010 im alten Castello eröffnet. Im Hof kann man sein Auto parken. Das Frühstück wird in einer nahe gelegenen Bar eingenommen.

Infos & Termine

Touristeninformation

Punto Informatico Turistico: Corso V. Emanuele, Tel. 0881 96 19 01, mobil 340 844 55 54, variable Öffnungszeiten. Im kleinen Stadtpark am Corso gibt es einen Infopavillon, in dem man u. a. Stadtführungen und einen Besuch des Palazzo Ducale buchen kann.

Verkehr

Bus: Busse der ACAPT, www.acapt.it, u. a. nach Foggia und Manfredónia. Empfehlenswerter ist das eigene **Auto.**

Feste und Veranstaltungen

Festa della Madonna di Valleverde: Ende Aug. wird die Madonna mehrere Tage mit Prozessionen geehrt, u. a. mit einem historischen Reiterumzug.
Sagra delle Castagne: 2. So im Okt. Fest rund um die Esskastanie.
Festa di San Giuseppe: s. S. 33.

Sant'Ágata di Puglia ► C 7

Wie hingegossen liegt Sant'Ágata di Puglia um die Spitze eines 790 m hohen Berges. Gassen winden sich durch das Centro Storico hinauf zum Castello. Von oben hat man einen fantastischen Blick über den Tavoliere und bei gutem Wetter bis hin zum Golf von Manfredónia. Hat man diese Aussicht einmal genossen, kann man nachvollziehen, warum Sant'Ágata auch *Lo Spione della Puglia* (Der Ausguck Apuliens) genannt wird.

Byzantiner und Langobarden umkämpften den Ort gleichermaßen, doch letztlich waren es die Normannen, die sich hier niederließen und ihn befestigten. Das **Castello Imperiale** (im Sommer Di–Sa 16–19, So, Fr 10–12, 16–19 Uhr, nicht verlässlich) wurde mehrfach umgebaut, zuletzt zu einem Baronalspalast. Im Jahr 2000 erwarb die Kommune das Kastell, das seither restauriert wird und seine Pforten lediglich im Sommer u. a. für einige Veranstaltungen öffnet.

Essen & Trinken

Herzhaft gut – **La Cantina della Canonico:** Via Volpe e Nova 28, Tel. 0881 98 40 26, Do–Di mittags u. abends, Menü 15–20 €. Diese gemütliche Familientrattoria liegt in einer Gasse unweit der Piazza Belvedere (auch XX Settembre). In einem Kellergewölbe wird gute saisonale Hausmannskost serviert. Am besten nach dem Tagesgericht fragen.

Infos & Termine

Internet

www.comune.santagatadipuglia.fg.it

Verkehr

Bus: Verbindungen mit der Ferrovie del Gargano nach Foggia.

Feste und Veranstaltungen

Festa di San Matteo: am letzten So im Sept. Zum Festprogramm gehört ein traditioneller Viehmarkt.

Mein Tipp

Lohnender Umweg zu Wein und Oliven

Die **Masseria der Cantina Antica Enotria** (► E 6) aus dem 17. Jh. liegt zwar ein wenig abseits und versteckt, ist aber in jedem Fall einen Besuch wert. Raffaele di Tuccio stellt hier seit 1993 Weine aus biologischem Anbau her, die sich mittlerweile unter Kennern einen Namen gemacht haben. Insbesondere die Rotweine Nero di Tróia und Aglianico erfreuen sich großer Beliebtheit. Unverfälschter Geschmack gehört zum Credo des Familienunternehmens. Das merkt man nicht nur dem Wein, sondern auch den hier produzierten Oliven, Artischocken und Tomaten an (Antica Enotria Azienda agrobiologica, Contrada Risicata SP 65, bei Contrada Posta Ucello, nordöstlich von Cerignola, Tel. 0885 41 84 62, www.anticaenotria.it, nach Voranmeldung informativer Besuch eines Weinberges mit Verkostung von zwei Weinen sowie einem kleinen Imbiss, pro Pers. 12 €).

Am Golf von Manfredónia

Der Golf von Manfredónia erstreckt sich zwischen Mattinata und der nördlichen Costa di Bari. Durch die Abflüsse aus dem Apennin und deren Ablagerungen hat sich an der Küste eine Dünenlandschaft aufgebaut, deren Hinterland bis Anfang des 20. Jh. vollkommen versumpft war. Heute wird auf der Ebene, die unter Mussolini trockengelegt wurde, erfolg- und ertragreich Gemüse angebaut. Der lang gezogene Sandstrand südlich von Manfredónia lädt zum Baden ein.

Manfredónia und Umgebung ▶ E 4

Der Golf von Manfredónia ist nach der gleichnamigen Stadt benannt, obwohl diese erst ab 1256 erbaut wurde. Zuvor war Siponto das Zentrum der Region mit Bischofssitz und einem wichtigen Hafen für den Handel und für Fahrten ins Heilige Land. Als Siponto bei dem Erdbeben 1223 zerstört wurde, beschloss Manfred, der Sohn Friedrichs II., eine neue Stadt näher am Meer zu gründen. Obwohl Karl von Anjou diese nach Manfreds Tod Sipontum Novellum nannte, setzte sich Manfredónia als Name durch. Hauptschlagader der Stadt ist der Corso Manfredi.

Castello Svevo Angioino und Museo Nazionale

Corso Manfredi, Tel. 0884 58 78 38, tgl. (außer Fei) 8.30–19.30 Uhr, Eintritt 2,50 €, erm. 1,25 €

Der Doppelname hat seinen Grund: Die Bauarbeiten für das Kastell – einer Vierflügelanlage mit Wohnbereich – wurde unter dem Staufersohn Manfred begonnen und unter den Anjou beendet. Nachdem es später u. a. als Fabrik für Zementwaren und Unterkunft für arme Familien gedient hatte, wurde es in jüngerer Zeit restauriert.

Heute beherbergt das Castello das **Museo Nazionale di Manfredónia,** dessen sehenswerte Ausstellung die Besucher in die mysteriöse Welt der Daunier eintauchen lässt. Diese siedelten im Norden Apuliens und haben vor allem Keramik, aber auch Stelen hinterlassen, die vermutlich als Grababdeckungen dienten. Im Museum sind zahlreiche dieser insgesamt 1500 zwischen dem 7. und 6. Jh. v. Chr. entstandenen Stelen zu bewundern. Auf ihnen sind entweder Frauen oder Männer dargestellt. Für die Besucher hat man Nachbildungen von Stelen aufgestellt, die man anfassen darf.

Santa Maria di Siponto ▶ E 4

An der Straße SS 89 nach Foggia linkerhand, tgl. 9–12.30, 16–19 Uhr (nachmittags variierend)

Die Kirche (11.–13. Jh.) ist einer der wenigen Überreste des beim Erdbeben 1223 zerstörten Siponto. Hier soll sich wie auf dem Monte Sant'Angelo ein Orakel des Sehers Kalchas befunden haben. An dem kleinen quadratischen Bau beeindruckt das reich verzierte Eingangsportal mit den gedrehten Marmorsäulen, die auf den Rücken von Löwen ruhen. In der Gestaltung der Fassade spiegeln sich pisanische und byzantinische Einflüsse wider. Die nur von außen zu betretende Krypta mit ihrem Säulenwald war vermutlich das Baptisterium der Vorgängerkirche. Im Ausgrabungsfeld neben der Kirche sind noch alte Mauern, eine Apsis und ein Mosaik zu erkennen.

San Leonardo di Siponto ▶ E 4

An der Straße SS 89 nach Foggia linkerhand, 15. Juni–15. Sept. tgl. 10–12,

17–19.30, sonst anrufen, mobil 347 651 90 79 (nur italienisch)
Schon im Vorbeifahren fällt einem der Klosterkomplex San Leonardo di Siponto wegen seines für die Region untypischen Aussehens auf. Man erblickt zuerst die Längsfassade mit ihrem prachtvollen Eingangsportal für die Öffentlichkeit. Es wird von zwei Löwen flankiert, die durch ihre extrem langen Vorderläufe und Krallen an Fabeltiere erinnern. In den Bögen und Kapitellen kann man Darstellungen des Erzengels Michael, des Propheten Balaam auf seinem Esel und der Heiligen Drei Könige erkennen. Im Inneren ragen die Säulen auf gewaltigen Sockeln auf. Die figürliche Gestaltung der Kapitelle ist z. T. noch sehr gut erhalten, wie z. B. das Gesicht eines Sarazenen. In der rechten Apsis neben dem Altar sind am Sockel viele Kreuze aufgemalt und eingeritzt, Zeugnisse der Kreuzfahrer, denn nachdem zunächst Augustiner, dann Benediktiner das Kloster und Pilgerhospiz unterhalten hatten, wurde es 1261 von Deutschordensrittern übernommen. Der Komplex wird seit 2012 restauriert. Mit der Kirche hat man angefangen und die bisherigen Arbeiten auf ausgestellten Fotos dokumentiert – erstaunlich, was man aus dem verfallenen Gemäuer mittlerweile schon wieder gemacht hat.

Essen & Trinken

Fischküche – **Il Baracchio:** Corso Roma 38, Tel. 0884 58 38 74, tgl. mittags u. abends, Menü 25–30 €. Die Einrichtung der familiengeführten Trattoria ist einfach, doch das Essen köstlich. Der Fokus liegt eindeutig auf der Meeresküche. Zu empfehlen sind die *tavolozze di mare* – ein farbenfroher Teller mit gefüllten Muscheln, marinierten und frittierten Sardellen, Tintenfischsalat, Schnecken etc. Köstlich ist auch die hausgemachte Pasta mit Sepia oder Triglie (Seebarben), dezent gewürzt und zubereitet.
Beste Pasticceria – **Caffè Aulisa:** Corso Manfredi 158, Tel. 0884 58 18 32, tgl. ab 7 Uhr. Die Konditorei ist zwar in einem nicht gerade schönen 1970er-Jahre-Bau untergebracht, verkauft aber die besten *cornetti* der Stadt. Es gibt ganz unterschiedliche Sorten. Viele Einheimische kommen extra hierher, um ihre *cornetti* fürs Wochenende zu kaufen.

Infos

Bahn: Verbindungen mit Trenitalia nach Foggia.
Bus: Verbindungen mit SITA nach Foggia, Lecce, Monte Sant'Angelo und Mattinata.
Für den Besuch des einstigen Siponto benötigt man ein eigenes Fahrzeug.

Mein Tipp

Eis gleich pfundweise

Noch bevor der kleine Kiosk an einer Straßenecke schräg gegenüber vom Kastell von Manfredónia öffnet, versammeln sich davor, besonders an warmen Tagen, die Eisliebhaber. **Tommasino** ist eine Instanz in Sachen Eiscreme und weit über die Stadtgrenzen hinaus bekannt. Ausflügler legen auf ihrem Weg an die Gargano-Küste extra am Kiosk einen Stopp ein, um sich mit Eis zu versorgen, und Einheimische holen sich hier ihre Ration fürs Wochenende. Unter 500 g sieht man keinen von dannen ziehen (Viale dell'Arcangelo/Ecke Corso Manfredi, tgl. ab 11 Uhr, bis das Eis restlos verkauft ist).

Auf Entdeckungstour

Eine ›gesalzene‹ Tour in der Salina di Margherita di Savoia

Ist man auf der Küstenstraße südlich von Manfredónia unterwegs, ändert sich einige Kilometer vor Margherita di Savoia plötzlich das Landschaftsbild: Salzwasserbecken, so weit das Auge reicht, dazwischen weiße Felder und Hügel glitzernder Kristalle – hier liegt Italiens größte Saline. Wer erfahren möchte, wie eine Meerwassersaline funktioniert, ist hier richtig.

Reisekarte: ► E/F 5

Dauer: Salinen 2–5 Std., Museum 30 Min.

Infos: Man wird in seinem eigenen Fahrzeug von einem Führer begleitet. **Centro percorsi cultura-natura,** Margherita di Savoia, Via Africa Orientale 50, Tel. 0883 65 75 19, mobil 338 621 63 49, Führung nur mit Voranmeldung, 20 €/Std., im Juli/Aug. auch Radtouren zum Sonnenuntergang (eigenes Rad erforderlich).

Die Salzbecken südlich von Manfredónia erstrecken sich über eine Länge von ca. 20 km und liefern mehr als 50 % der jährlichen Salzproduktion Italiens. Besonders spannend ist der Besuch, wenn gerade ein Salzfeld abgeerntet wird, was das ganze Jahr über vorkommt.

Salzgewinnung praktisch

Salz war schon immer ein wertvolles Gut. In warmen Regionen konnte es von jeher am einfachsten mittels Meerwassersalinen gewonnen werden. Am Golf von Manfredónia wird dieses Verfahren bereits seit dem 3. Jh. v. Chr. praktiziert und ist – abgesehen davon, dass heute moderne Technik zum Einsatz kommt, – unverändert geblieben.

Über einen Hauptkanal und diverse kleinere Kanäle wird Meerwasser in 80 cm tiefe, unterschiedlich große Becken geleitet, die Verdunstungsteiche. Hat sich der Salzgehalt des Wassers im ersten Becken erhöht, wird es ins nächste weitergeleitet und so fort, bis die Salzkonzentration hoch genug für die Auskristallisierung ist. In diesem Stadium fühlt sich das Wasser sehr weich an. Nun wird es in das letzte, das 1 m tiefe Salzbecken geleitet. Bis hierher hat das Wasser ca. 200 km zurückgelegt, was etwa ein Jahr dauert.

Mit Hilfe spezieller Thermometer wird die Dichte des Wassers täglich genau kontrolliert. Ist der Zeitpunkt für die Ernte gekommen, wird das mineralienreiche ›Mutterwasser‹, das 25-mal salziger als Meerwasser ist, abgepumpt und in der ortsansässigen **Terme di Margherita di Savoia** (www.termemargherita.it, s. S. 31) weiterverwendet. Zurückbleiben die Salzfelder, die von Baggern abgetragen werden. Über eine spezielle Anlage wird das Salz zu gut 30 m hohen Hügeln aufgeschüttet – genauer gesagt, lässt man es hinabrieseln, wodurch es feiner wird. Später wird es zu Industriesalz verarbeitet oder zu Speisesalz veredelt.

Salzgewinnung didaktisch

Im **Museo Storico della Salina** in Margherita di Savoia (Corso Vittorio Emanuele 99, Tel. 0883 65 75 19, www.museosalina.it, Mo–Fr 10–12 Uhr, sonst Kontakt über Centro percorsi, s. S. 128) kann man sein Wissen über die Salzgewinnung vertiefen. In Infokästen und auf Tafeln werden die Geschichte und Technik der Salzgewinnung sowie die Funktion der einzelnen Geräte erörtert. Neben einem schönen Reliefmodell der Umgebung gibt es zahlreiche industriegeschichtliche Objekte zu entdecken, u. a. Maschinen für den Transport und die Verarbeitung von Salz.

Nutznießer der Salinen

Die Verdunstungsbecken sind Brutgebiet von über 100 Vogelarten, u. a. Stelzenläufern, Wasserhühnern, Zwergseeschwalben sowie Pfeif-, Löffel- und Brandenten. Kein Wunder, dass die Salinen bei Margherita di Savoia zu den Top Ten der Birdwatching-Spots gehören. Um die Artenvielfalt zu erhalten, wurde ein Großteil der Salinen zum Naturschutzgebiet erklärt. Wer unter die Ornithologen gehen will, kann im **Centro percorsi cultura-natura** ein spezielles Fernglas mit Stativ ausleihen.

Einer der wenigen Vögel, die man hier ganzjährig antrifft, ist der Flamingo. Zu seinen Habitaten gehören auch aktive Salinen, denn er ernährt sich von den hier vorkommenden kleinen roten Krebsen *(Artemia salina)* und diese sich wiederum von einer Mikroalge mit hohem Karotingehalt *(Dunaliella salina).* Sie entsteht, sobald der Salzgehalt des Meerwassers steigt, und ist somit sowohl für die rosa bis rote Färbung des Wassers wie auch des Flamingo-Gefieders verantwortlich.

Das Beste auf einen Blick

Costa di Bari

Highlight !

Trani: Eine strahlende Stadt an der Adria mit einer lebendigen Altstadt, einem Hafenrund, das jeden Besucher in seinen Bann zieht, und einer Basilika, die nicht zu Unrecht ›Königin der Kathedralen‹ genannt wird. Hier verweilt man gerne länger. S. 137

Auf Entdeckungstour

Zum hl. Nikolaus – Besuch der Basilica San Nicola in Bari: Wir kennen den hl. Nikolaus als Mann im roten Mantel mit weißem Rauschebart, der den Kindern am 6. Dezember schöne Gaben bringt. Die Gebeine des berühmten Heiligen ruhen in der Basilica San Nicola in Bari. Ein Besuch der Kathedrale macht aus einem normalen Tag im Jahr schnell einen Nikolaustag der besonderen Art. S. 150

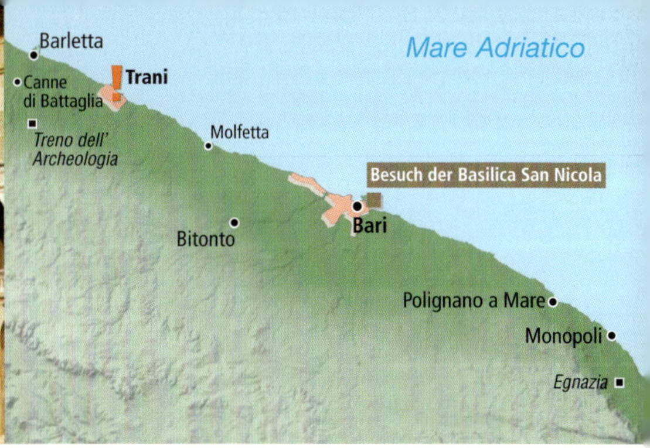

Kultur & Sehenswertes

Pinacoteca Giuseppe De Nittis in Barletta: In der gut präsentierten Ausstellung kann man der Faszination des Impressionisten De Nittis für das Licht nachspüren. S. 134

Kathedrale von Bitonto: Sie ist der einheitlichste Bau im Stil der apulischen Romanik. S. 147

Egnázia: Auf dem Gelände der schönsten archäologischen Stätte Apuliens existieren noch Spuren aus der Zeit der Peuketier und Messapier. S. 165

Aktiv & Kreativ

Kochkurs im Circolo ACLI: Die lebenslustige Finella gewährt Einblicke in die Geheimnisse der baresischen Küche. S. 158

Fußball im Stadio San Nicola in Bari: Architekturinteressierten Fußballfans ist der Besuch des Stadions ganz besonders zu empfehlen. S. 158

Genießen & Atmosphäre

Treno dell'Archeologia: In dem historischen Zügelchen kann man sich, auf Holzbänken sitzend, zwischen Barletta und Canne durch die Landschaft schaukeln lassen. S. 136

Polignano a Mare: Die Stadt, deren Centro Storico nicht nur zum Meer hin eine herrliche Kulisse bildet, hat auch kulinarisch einiges zu bieten. S. 159

Abends & Nachts

Piazza della Sfida in Barletta: Hier ist immer was los, jede Menge Lokale, regelmäßig Livemusik – ein Treffpunkt für jedermann. S. 135

Blues Cafè in Molfetta: Am Tag Bar, am Abend Treffpunkt der Jugendlichen – im Sommer werden öfter Livekonzerte veranstaltet. S. 145

Drehscheibe zwischen Orient und Okzident

Costa und Terra di Bari (s. S. 166) bilden den mittleren Teil Apuliens, der einst von den Peuketiern besiedelt wurde. An der Küste südlich und vor allem nördlich von Bari liegen die kulturhistorisch bedeutenden Hafenstädte Apuliens. Schon in der Antike und später besonders zur Zeit der Kreuzfahrer waren sie wichtige Verkehrsknotenpunkte zwischen Orient und Okzident. Barletta, Trani, Biscéglie, Molfetta, Giovinazzo, Bari sowie Polignano a Mare und Monópoli sind auf kleinen, ins Meer ragenden Halbinseln entstanden, die zugleich gute Schutz- wie auch Anlegemöglichkeiten boten. An der Spitze bzw. im Zentrum entstanden prächtige Kathedralen und Kirchen, viele im apulisch-romanischen Stil (s. S. 57).

Strahlend weiß reihen sich die Städte entlang der ca. 110 km langen Küste und künden von ihrer großen Vergangenheit. Alle acht Städte sind einen Besuch wert, auch wenn sie eingebettet sind in einen Gürtel von Neubauten und Gewerbegebieten. Vor allem Trani und Polignano a Mare bieten sich als Standorte an. Die Städter zieht es an heißen Tagen an die Strände, wo dann großer Trubel herrscht.

Infobox

Internet

www.infopointbari.com: Infos u. a. zu Verkehr, Restaurants etc. in den Orten der Provinz Bari (auch engl.).
www.viaggiareinpuglia.it: s. S. 14.

Verkehr

Parallel zur Küste verlaufen mehrere **Straßen** und verbinden die Städte miteinander. Auf der SS 16, die der Küste am nächsten liegt, kann man am besten von Ort zu Ort fahren, auch wenn es etwas länger dauert. Die Busse der **SITA** (www.sitabus.it) und **STP** (www.stpbari.it) verbinden alle Orte miteinander. Ebenso gut reist man mit der Bahn. **Trenitalia** (www.trenitalia.it) verbindet Bari mit allen Küstenstädten sowie Barletta mit Canne. Will man über das Hinterland nach Barletta fahren, bieten sich die Züge der **Ferrovie del Nord Barese** (www.ferrovienordbarese.it) an. Von Bari aus gibt es auch Verbindungen mit der **Ferrovie Sud Est** (www.fseonline.it) nach Lecce, Táranto und ins Valle d'Itria sowie mit der **Ferrovie Apulo-Lucane** (www.fal-srl.it) nach Altamura und nach Matera (Basilikata).

Barletta ▶ G 6

In römischer Zeit war Barletta der Hafen von Canosa (s. S. 168), heute ist es eine alte Stadt mit einem jungen Gesicht und einer der wichtigsten Häfen an der Adria. Vormittags und ab dem späten Nachmittag sind die Bewohner in Scharen auf den Straßen und Plätzen unterwegs, was dem Ort ein lebendiges Flair verleiht. Auch die vielen einladenden Cafés, Bars und Restaurants tragen zur quirligen Atmosphäre der Stadt bei. Nordwestlich von Barletta nutzen Spaziergänger und Jogger die nicht enden wollende Promenade am Strand entlang. Auch in Richtung Trani gibt es einen langen Sandstrand.

Castello Svevo und Museo Civico

Tel. 0883 57 86 21, Di–So 9–13, 15–19 Uhr, Eintritt 6 €, erm. 3 €, gilt auch für die Pinacoteca de Nittis (s. S. 134)

An der Spitze der Altstadt, umgeben vom Park der **Villa Comunale,** erhebt sich das Castello Svevo. An den Außenmauern zeugen Vertiefungen und Furchen von Bombeneinschlägen aus dem Zweiten Weltkrieg. Friedrich II. hielt sich öfter in Barletta auf und ließ das Kastell auf einer normannischen Anlage aus dem 11. Jh. errichten. Im Innenhof erinnert der staufische Adler mit einem Hasen in den Klauen an diese Zeit. Hier zog Friedrich seine Soldaten zusammen, bevor er zu seinem Kreuzzug aufbrach, und hier verkündete er sein politisches Testament, mit dem er seinen Sohn Manfred zum Thronfolger bestimmte. Jener erkor Barletta 1259 zu seiner Residenzstadt.

Als Karl I. von Anjou die Staufer besiegt und ausgelöscht hatte, schickte er seinen Festungsbaumeister Pierre d'Angicourt nach Barletta, um den Bau zu erweitern und zu verstärken. Karl V. ließ im 16. Jh. die spitzen Wehrbastionen anfügen. Dank der hervorragenden Restaurierung Ende der 1980er-Jahre präsentiert sich das Castello heute wieder als imposante Anlage.

Durch mehrere Tore und über die ehemalige **Zugbrücke** (heute aus Stein) erreicht man den eindrucksvollen **Innenhof,** der gerne für Konzerte und Theateraufführungen genutzt wird. Vom Dach hat man eine herrliche Aussicht und kann gut die Struktur der Anlage erkennen. Die unterirdischen Kasematten, die wegen ihrer besonderen Atmosphäre schon als Filmkulisse (u. a. für »Das 1. Evangelium – Matthäus« von Pasolini) dienten, sind nicht zugänglich.

Das **Museo Civico** zeigt neben historischen Gebrauchsgegenständen und Gemälden regionaler Künstler eine Porträtbüste, die 1930 in einer Masseria gefunden wurde und vermutlich Friedrich II. darstellt.

Cattedrale Santa Maria Magggiore

Piazza del Castello, tgl. 8–12, 16–19 Uhr

Die dank ihrer Fassade aus *pietra tranese* (s. S. 63) hell leuchtende Kathedrale kann man nicht verfehlen. Sie wurde ursprünglich im romanischen Stil errichtet, weist aber auch gotische Elemente auf. Das Portal wurde später im Renaissancestil neu gestaltet. Die darüberliegende Fensterrose war einst wie die seitlich liegenden Biforien mit einem Flechtwerk aus Stein versehen. Auf den Sockeln der Fensterrose kann man Greife und andere Fabeltiere erkennen. Das Innere zeichnet sich durch ein Nebeneinander von Romanik, Gotik und Barock aus. Interessant ist die »Madonna della Disfida« in der Apsis, die man aus Ruvo (s. S. 174) hierher brachte, als es 1503 zu dem legendären Konflikt zwischen Italienern und Franzosen kam, der als Disfida di Barletta in die Geschichte einging (s. u.).

Cantina della Sfidia

Di–Do 9–13, 15-20 Uhr, Eintritt frei

An der Piazza della Sfidia liegt die gleichnamige Cantina, in der die Franzosen die Italiener beleidigten. Erstere rangen mit den Spaniern im 15./16. Jh. um die Herrschaft in Süditalien. Bei einem dieser Kämpfe hatten die Spanier mit Hilfe italienischer Reiter französische Gefangene gemacht, unter ihnen General La Motte, der dann bei einem gemeinsamen Mahl in der Osteria di Velero, heute Cantina della Sfida (man vermutet zumindest, dass diese der historische Weinkeller ist), die italienische Reiterei als feige bezeichnete. Das verstanden jene sofort als Herausforderung *(disfida)* und forderten die Franzosen zum Duell. Am 13. Februar 1503

Der Gang der Geschichte: Diverse Herrscher haben sich in Barlettas Castello verewigt

trafen sie sich bei Ándria zum Kampf, 13 gegen 13 Mann, bei dem die Italiener siegten und ein Franzose getötet wurde. Die Italiener hatten ihre Revanche und ihren Mut bewiesen, woran noch heute mit einem jährlich stattfindenden Spektakel erinnert wird (s. S. 135).

Pinacoteca Giuseppe de Nittis

Via Enrico Cialdini 74, Tel. 0883 538 31, www.pinacotecadenittis.it, Do–So 10–18.30 Uhr, Fei geschl., Eintritt 4 €, erm. 2 €

In Barletta findet man eines der schönsten Beispiele für barocke Baukunst an der Costa di Bari: den **Palazzo della Marra.** Die bürgerliche Familie Marra, die den Palazzo von den Orsini übernahm, setzte sich mit seiner Umgestaltung im Stil des Barock ein Denkmal. Bei den um 1700 erfolgten Bauarbeiten wurde auch die weiche *pietra leccese* (s. S. 63) verwendet, sodass die figürliche Ausschmückung hier opulenter als andernorts ausfiel. Heute ist im Palazzo eine beachtliche Sammlung von Werken des aus Barletta stammenden Impressionisten de Nittis (1846–84) untergebracht. Sie zeigt deutlich die Faszination de Nittis' für das Licht. Schon als Kind wollte er Maler werden, nahm ersten Unterricht in Barletta, studierte in Neapel und ging dann nach Paris, wo er seine großen Werke schuf. In seinen Bildern fällt das Licht oft durch Wolken oder Fenster, manchmal muss man es auch regelrecht suchen und erkennt es erst, wenn man etwas zurücktritt.

Colosso di Barletta

Corso Vittorio Emanuele

Inoffizielles Wahrzeichen von Barletta ist der Colosso di Barletta. Die über 5 m hohe Bronzestatue mit einem Kreuz in der erhobenen Hand wirkt mit ihrem scharf geschnittenen Gesicht und ihrer eigentümlichen Gewandung wie ein entschlossener Krieger, stellt jedoch vermutlich den oströmischen Kaiser Valentinian I. dar. Als die Venezianer 1204 Konstantinopel eroberten, beluden sie die Schiffe mit Beutegut. Jenes mit der Bronzestatue an Bord strandete jedoch bei Barletta. 1309 nahm man der Statue die Gliedmaßen ab, um eine Bronzeglocke aus dem Material zu fertigen, zum Glück wurden sie im 15. Jh. jedoch wieder angefügt. Seither steht der Koloss vor der **Basilica del Santo Sepolcro,** einer der ältesten Kirchen Barlettas. Nach der letzten Restaurierung zeigt sie sich wieder im romanischen Stil.

Übernachten

Historisch – **VinsLounge:** Via Del Duomo 5, Tel. 0883 39 07 88, www.vinslounge.it, DZ 60–80 €. Das B & B in einem Palazzo aus dem 16. Jh. bietet gemütliche Zimmer in historischem Ambiente, zumeist im Art-déco-Stil eingerichtet. Ideale Lage in Fußentfernung zu allen Sehenswürdigkeiten.
Einladend – **La Disfida di Barletta:** Via del Duomo 1, mobil 327 535 89 77, www.ladisfidadibarletta.it, App./DZ 55–80 €. Das B & B im Centro Storico vermietet schön eingerichtete Zimmer und ein Appartement mit Kamin. Das Frühstück wird in einer nahe gelegenen Bar eingenommen. Angenehm auch für einen längeren Aufenthalt.

Essen & Trinken

Viel gelobt – **BaccOsteria:** Via San Giorgio 5, Tel. 0883 53 40 00, Di–Sa mittags u. abends, So nur mittags, Menü ab 30 €. Nicht umsonst wird das Lokal im Guide Michelin genannt – exzellente Küche und tolles Ambiente mit Gewölbe und transparentem Fußboden.
Irland in Italien – **Saint Patrick:** Via Cialdini 15–17, Tel. 0883 34 71 57, tgl. mittags u. abends, www.saint-patrick.it, Menü ab 12 €, Pizza ab 5 €. Eines der angesagten Lokale in Süditalien. Schon 1999 eröffnete der Irland-begeisterte Francesco Petruzzelli seinen Irish Pub, in dem zu Guinness apulische Land- und Meeresküche sowie Pizza serviert werden. Fr und So abends Livemusik. Im **B & B Guest House** nebenan gibt es fünf Zimmer (DZ 60–120 €).
Ein Muss – **Al Savoia:** Via Nazareth 9, mobil 349 467 30 57, tgl. ab 9 Uhr. Die Gelateria im historischen Zentrum bietet nicht nur hervorragendes Eis, sondern auch leckere Crêpes.

Abends & Nachts

Abendlicher Treffpunkt ist die **Piazza della Sfida** mit ihren vielen Lokalen. Über Veranstaltungen informiert die **Broschüre »Barletta by Night«** (im Tourismusbüro und an Kiosken erhältlich).

Infos & Termine

Touristeninformation

IAT: Corso Garibaldi 104, Tel. 0883 33 13 31, Mo–Fr 9–19, Sa 9–12 Uhr. Stadtpläne, Unterkunftsverzeichnisse und Infos zu Angeboten für Aktivitäten.

Internet

www.barlettaweb.com

Verkehr

Bahn/Bus: s. S. 132. Der Bahnhof liegt in Gehdistanz südlich der Altstadt.

Feste und Veranstaltungen

La Disfida di Barletta: Sept. Historienspektakel mit Umzug und Turnier in Erinnerung an das italienisch-französische Kräftemessen 1503 (s. S. 133).

Ausflüge von Barletta

Canne di Battaglia ►F 6

Keine 15 km südwestlich von Barletta liegt Canne, wo eine der größten Schlachten der Antike stattgefunden haben soll. Das antike Cannae, von den Dauniern gegründet, liegt auf einem 60 m hohen Hügel oberhalb des Ófanto – ein strategisch günstiger Punkt. Von hier konnte man den zur Adria führenden Fluss und die Ebene gut kontrollieren. Vermutlich war dies der Grund dafür, dass Hannibal hier die Konfrontation mit dem römischen Herr suchte. In den frühen Morgenstunden des 2. August 216 v. Chr. ließ er 50 000 Soldaten am Fuße des Hügels Stellung beziehen und erwartete die 80 000 römischen Legionäre. Tatsächlich tappten die Römer in die Falle. Am Ende waren etwa 7000 Tote auf Hannibals und 70 000 auf römischer Seite zu beklagen.

In der Ebene, wo diese Entscheidungsschlacht des Zweiten Punischen Krieges laut schriftlichen Überlieferungen stattfand, wurden immer wieder Ausgrabungen durchgeführt. Bisher machte man aber nur Knochen- und keine nennenswerten Waffenfunde. So lässt sich bis heute nicht mit Sicherheit sagen, ob das antike Cannae tatsächlich der Ort der Schlacht war. Vielleicht fand sie auch im Celone-Tal unterhalb von Castelluccio (westlich von Tróia) im Subappennino Dauno statt, wo ein Hobbyarchäologe überdurchschnittlich viele Waffen und Knochen gefunden hat.

Im historischen Zug nach Canne
Von Barletta fährt fünf- bis sechsmal täglich der **Treno dell'Archeologia e dell'Ambiente** (www.trenitalia.it) auf einer wiederbelebten Nebenstrecke durch die Landschaft um den Ófanto. Das Zügelchen, in dem man noch auf Holzbänken sitzt, hält in Canne, Canosa, Minervino Murge und Spinazzola. Vom Bahnhof in Canne bis zum Ausgrabungsgelände sind es zu Fuß ca. 10 Min.

Parco Archeologico

Mo 8–14, Di–So 8–19 Uhr, Fei geschl., Eintritt 2 €, erm. 1 €
Das Ausgrabungsgelände auf einem Hügel hat nichts mit der Schlacht im Punischen Krieg zu tun, sondern mit der frühen Siedlung Cannae an dieser Stelle. Hier sollen nach Dauniern und Römern, Byzantiner und Normannen, Staufer und Anjou gelebt haben. Ab dem 14. Jh. wurde der Ort zugunsten des weiter im Landesinneren liegenden Canosa (s. S. 168) aufgegeben, das u. a. mehr Sicherheit bot.

Auf dem Gelände, kann man noch gut den Decumanus ausmachen, der den Hügel in eine Nord- und Südhälfte teilt, sowie eine Reihe von Säulen, die den Verlauf der einstigen Via Traiana erkennen lassen. Sehenswert sind die Überreste eines Kastells, an denen sich die Bauphasen ablesen lassen: Die unbehauenen Steine stammen aus byzantinischer, die Spitzbögen aus staufischer und die flachen, weißen und bearbeiteten Steine aus der Zeit der Anjou.

Das **Antiquarium** am Eingang zum Parco Archeologico zeigt u. a. ein Modell, in dem die Schlacht von Cannae nachgestellt ist, sowie einige schöne archäologische Funde. Leider ist die Ausstellung etwas verstaubt.

Ándria ►G 6

Ándria ist eine lebhafte Agrarstadt, die in den letzten Jahrzehnten enorm gewachsen ist. Das Centro Storico wirkt leider etwas verwahrlost, doch das Leben geht hier seinen gewohnten Gang – gut zu beobachten ab dem späteren Nachmittag, wenn die Frauen zum Plausch in den Gassen zusammensitzen und die Männer diskutierend in Gruppen beieinander stehen.

Ándria war eine der Lieblingsstädte von Friedrich II., denn als einzige wandte sie sich nach seiner Rückkehr vom Kreuzzug 1229 nicht von ihm ab, sondern öffnete ihm die Tore. Seinen Dank findet man an der **Porta Sant'Andrea.** Dort heißt es in einer Inschrift: »Imperator ad Andrianos / Andria fidelis nostris affixa medullis« (Kaiser Friedrich an die Andrianer: Treues Ándria unserem Innersten verbunden).

Cattedrale Santa Maria Assunta

Piazza Duomo, tgl. 8–12, 17–19 Uhr (Öffnungszeiten können abweichen)

In der Cattedrale Santa Maria Assunta, die ein romanisches Mittelschiff besitzt, kann man sich die schmucklose Krypta aufschließen lassen. Dort ließ Friedrich II. seine zweite Ehefrau Isabella von Brienne begraben, die zehn Tage nach der Geburt des gemeinsamen Sohnes Konrad 1228 starb. Auch seine dritte Ehefrau Isabella von England fand hier ihre letzte Ruhestatt.

Museo del Confetto

Via Gammarrota 12, Tel. 0883 59 18 71, www.museodelconfetto.it, Mo–Sa 9–13, 17–20 Uhr, Führungen auch auf Englisch

Nicht weit von der Kathedrale entfernt liegt das Museo del Confetto mit der **Confetteria Mario Mucci.** Das Geschäft gibt es, seit Giovanni Mucci 1894 Süßigkeiten aus Zucker und Mandeln herzustellen begann. Im Laufe der Jahre kamen andere Köstlichkeiten dazu. In dem alten Geschäftsgebäude hat man ein kleines Museum mit Verkaufstheke eingerichtet, das ganz im Jugendstil gehalten ist und zu einem Besuch einlädt – und zum Naschen. Eine Spezialität von Ándria sind *tenerelli,* ein Konfekt aus apulischen Mandeln und Haselnüssen aus dem Piemont in purer Schokolade. In der Confetteria sind auch *petresgiata* erhältlich, Süßigkeiten, die ein Bräutigam nach altem Brauch zum Karneval vor der Tür seiner Braut verstreuen soll, um für Glück und Fruchtbarkeit in der Ehe zu sorgen.

Infos

Bahn: Mo–Sa Verbindungen nach Bari mit der Ferrovie del Nord Barese, der Bahnhof liegt nördlich des Zentrums.
Bus: Verbindungen mit Ferrovie del Nord Barese nach Barletta sowie nach Bari über Bitonto und Ruvo.

Trani ! ►G 6

Trani strahlt dem Besucher schon von Weitem entgegen, denn viele Gebäude sind aus der *pietra tranese* erbaut, einem hellen Kalkstein (s. S. 63), der heute noch in der Umgebung gebrochen und verarbeitet wird. Der Name der Stadt geht der Legende nach auf Tirenos, einen Sohn des Diomedes (s. S. 93), zurück. In der Kopie einer römischen Straßenkarte ist sie mit dem Namen Turentum verzeichnet.

Über dem Centro Storico erhebt sich am Meer die ›Königin der Kathedralen‹. Der Hafen bildet ein weites Rund, in dem sich das Meer, die Segel- und Fischerboote, der tägliche Fischmarkt sowie das leuchtende Weiß des Centro Storico und die Kathedrale gegenseitig Konkurrenz machen (s. Lieblingsort S. 138). Am Abend laden der Lungomare und die Altstadt mit ihren unzähligen Palazzi zum ausgiebigen Flanieren und zur Einkehr ein.

Lieblingsort

Einfach nur sitzen und schauen – Hafenidyll in Trani
▶ G 6

Wer ist wohl nicht sofort begeistert vom wundervollen Hafenrund in Trani? Auf der einen Seite ragt strahlend und erhaben die Kathedrale auf, gegenüber schiebt sich eine Mole ins Meer, dazwischen schaukeln Fischer- und Segelboote. In den Lokalen kann man den frischen Fisch genießen, der kurz zuvor auf kleinen Booten im Hafen angelandet wurde. Oder man lässt sich in einer Bar auf einen Kaffee nieder. Auch wer sich einfach nur auf eine Bank setzt und dem Treiben rundum zuschaut, wird feststellen: Hier lässt es sich aushalten.

Trani

Sehenswert

1 Villa Comunale
2 Chiesa d'Ognissanti
3 Sinagoga Museo Sant'Anna
4 Cattedrale San Nicola Pellegrino
5 Castello

Übernachten

1 Regia
2 San Paolo al Convento
3 B & B Centro Storico Trani

Essen & Trinken

1 Trattoria U'Vrascir
2 Osteria Caccianferno
3 Senzio

Villa Comunale 1

Einen ersten schönen Blick auf den Hafen, die Kathedrale und die Altstadt hat man vom Park der Villa Comunale auf der südlichen Seite des Hafens. Trani war die erste Stadt, die sich 1063 ein eigenes Seehandelsrecht gab, die *Ordinamenta maris*. In dem schön angelegten und Schatten spendenden Park erinnert ein Monument daran.

Chiesa d'Ognissanti 2

Via Ognissanti, nur selten geöffnet

Schlendert man am Hafen entlang Richtung Kathedrale, fallen einem die drei Apsiden der kleinen Chiesa d'Ognissanti auf. Sie wurde im 12. Jh. im Hof eines Hospitals errichtet, das wie die Kirche im Besitz des Templerordens war. Der Eingang mit Vorhalle befindet sich auf der anderen Seite. Das schlichte Innere ist im Stil einer Basilika gestaltet.

Sinagoga Museo Sant'Anna 3

Via La Giudea, Tel. 0883 02 13 45, http://sinagogatrani.sistemab.it, Di–Fr 9.30–12.30, Sa, So 16–18 Uhr, Eintritt 4 €, erm. 2 €

2010 eröffnete dieses äußerst interessante Museum zur Geschichte der Juden in Apulien und speziell in Trani. Hier hatte sich bereits im 10. Jh. eine jüdische Gemeinde gebildet, die wesentlich dazu beitrug, dass Trani neben Bari zu Süditaliens wichtigster Hafenstadt an der Adria wurde. Die Ausstellung (ital./engl. beschriftet) ist in der Chiesa Sant'Anna untergebracht, die im Mittelalter eine Synagoge war. Auch andere jüdische Gemeinden wie z. B. jene in Ória oder in Venosa (Basilikata) werden in der Ausstellung berücksichtigt. Heute gibt es in Trani wieder eine jüdische Gemeinde mit einer eigenen kleinen Synagoge, der Sinagoga Scolanova.

Cattedrale San Nicola Pellegrino 4

Mai–Okt. tgl. 9.30–12.30, 15.30–18.30, Nov.–April tgl. 9.30–12.30 Uhr, Turm 3 €, geführte Touren (ab 5 Pers.) für 10 € pro Pers.

Mit den Byzantinern, dann Normannen und später Staufern war auch Trani zu einer wichtigen Stadt für den Handel und die Kreuzfahrer geworden – und stand damit in ständiger Konkurrenz zu Bari. Als dort die Gebeine des hl. Nikolaus eintrafen und Pilgerströme die Wirtschaft zum Erblühen brachten, hatte Trani das Nachsehen – doch nur für einige Jahre. Am 18. Mai 1094 kam ein griechischer Pilger namens Nikolaus in die Stadt, auf seinen Schultern ein Kreuz tragend. Auf der Treppe zur damaligen Kathedrale S. Maria della Scala brach er mit einem Kyrie eleison auf den Lippen zusammen, so heißt es. Trani nutzte die Chance auf einen eigenen Nikolaus und bereits 1097 wurde der Pilger von Papst Urban II. heilig gesprochen. Sofort machte man sich an den Bau der Cattedrale San Nicola Pellegrino über der bereits bestehenden

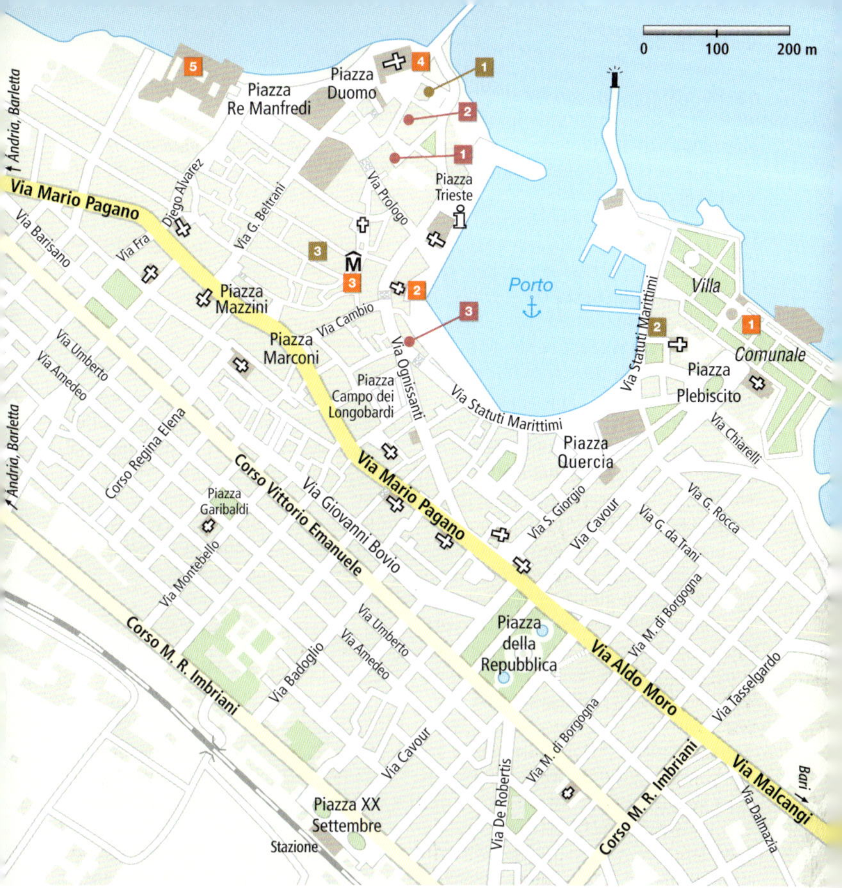

Kirche – und natürlich wetteiferte man mit Bari um den vollkommeneren Bau – mit Erfolg. Nicht umsonst wird die Cattedrale San Nicola Pellegrino ›Königin der Kathedralen‹ genannt.

Die strenge und schöne Gliederung der Fassade lässt sich am besten in Augenschein nehmen, wenn man sich der Kathedrale von Nordosten her über die große Terrasse am Meer nähert. Unter der etwas ungewöhnlichen **Freitreppe** liegt der Eingang zur überbauten Chiesa della Madonna della Scala, der heutigen Unterkirche. Neben dem Bau erhebt sich der knapp 60 m hohe, sehr elegant wirkende **Campanile** (13. Jh.), dem die nach oben hin zunehmenden Fensterbögen Leichtigkeit verleihen.

In dem mit Ornamenten und biblischen Szenen (u. a. Jakobs Traum) verzierten **Portal** befand sich ursprünglich die von Barisano da Trani im 12. Jh. geschaffene Bronzetür, die seit ihrer Restaurierung geschützt im Kircheninnern aufbewahrt wird. Barisano da Trani wandte hier erstmals eine Technik an, bei der die Bronze in Formen mit flachem Relief gegossen, nach dem Erkalten nachbearbeitet und dann auf Holz montiert wird. Der Künstler, der auch das Portal am Dom von Ravello sowie jenes am Dom von Monreale (Sizilien) schuf, hat sich als betender Mönch neben dem hl. Nikolaus verewigt. Der **Innenraum** zeichnet sich durch Weite und viel Licht aus. Rechts vom Altar kann man noch Mosaike erkennen, die hier einst den gesamten Boden bedeckten. In ihrer Gestaltung erinnern die klassischen Szenen zum Thema Hochmut (Adam und Eva sowie König Alexander) an die Mosaiken von Ótranto (s. S. 274).

Über an der Seite abwärts führende Stufen erreicht man die **Unterkirche** Chiesa della Madonna della Scala. Ihre eindrucksvolle Raumwirkung lässt sich vor allem auf die beiden Säulenreihen zurückführen. Die Fresken im vorderen Bereich stammen aus dem 12. Jh. und stellen u. a. die vier Evangelisten dar. Dort liegt auch der Zugang zur **Krypta der Kathedrale** mit außergewöhnlich schlanken Säulen, in der die Gebeine des hl. Nikolaus aufbewahrt werden. Noch weiter darunter – über eine Treppe von der Unterkirche aus zu erreichen – liegt die Ursprungskirche aus dem 6. Jh. mit der leeren Gruft des San Leucio. Die Gebeine des früheren Stadtheiligen waren schon 875 von den Sarazenen geraubt und an Benevent verkauft worden.

Castello 5

Piazza Manfredi, Tel. 0883 50 66 03, tgl. 9–19 Uhr, www.castelloditrani.beniculturali.it, Eintritt 3 €, erm. 1,50 €

Das Kastell wurde 1230 von Friedrich II. in Auftrag gegeben, nach seiner Fertigstellung 1233 aber nur selten von ihm genutzt. Die Anjou und Karl V. ließen den Bau später erweitern. Die viereckige Anlage mit drei kleineren Innenhöfen und einem Haupthof war ursprünglich von einem Wassergraben umgeben, der bis Ende des 15. Jh. mit dem Meer verbunden war. Im 19. Jh. nutzten die Bourbonen das Kastell als Militärgefängnis, anschließend diente es bis zu seiner Schließung 1974 als Provinz- und Zentralgefängnis. Fünf Jahre später begann man mit einer umfassenden Restaurierung. Seit Mitte der 1990er-Jahre ist das Castello wieder für die Öffentlichkeit zugänglich. Ein 15-minütiger Film zeigt, wie es vor der Restaurierung aussah – der Unterschied ist enorm. Die Anlage wurde so original wie möglich wieder hergestellt. Im Hof rechts sind im Mauerwerk noch die für Friedrichs Bauten so typischen Spitzbögen erkennbar sowie einige Skulpturen, darunter Adam und Eva, die einst die Bögen der Loggia hielten. Manfred, der Sohn des Stauferkaisers, heiratete im Castello 1266 Helena von Epyrus, seine zweite Frau, die ihm vier Kinder gebar.

Übernachten

Charmant – **Regia 1**: Piazza Duomo, Tel. 0883 58 44 44, www.hotelregia.it, DZ 130–170 €. Das charmante kleine Hotel füllt einen einzeln stehenden Palazzo in unmittelbarer Nähe der Kathedrale aus. Die Zimmer sind sehr unaufdringlich eingerichtet und haben eine schöne Atmosphäre. In jede Richtung bietet sich ein anderer fantastischer Ausblick. Auch die Küche des Hotels wird gelobt.

Hafenidyll – **San Paolo al Convento 2**: Via Statuti Marittimi 111, Tel. 0883 48 70 96, www.sanpaoloalconvento.traniweb.it, DZ 120–150 €. Das Hotel in einem ehemaligen Kloster liegt am Hafen mit Blick auf die Kathedrale. Dahinter erstreckt sich der schöne Park der Villa Comunale. Große, geräumige Zimmer und Bäder, farblich auf das für Trani so typische Gestein abgestimmt. Die Zimmer liegen zum Meer, zum Park oder zum Kreuzgang hin.

Faszinierend – **B&B Centro Storico Trani** 3: Via Leopardi 29, Tel. 0883 50 61 76, www.bbtrani.it, DZ 40–50 €. Das B&B befindet sich in einem Klarissenkonvent, das in den 1950er-Jahren aufgegeben wurde. Schon der Eingang und das Treppenhaus sind ein Erlebnis – alte Waschbecken, Wasserrinnen, breite Treppen, große Fenster zum Innenhof. In der Mitte liegt ein kleiner Garten, in dem die liebenswerten Betreiber Adele und der ›Ingegnere‹ (Ingenieur) das Frühstück servieren. Die Zimmer und Appartements sind unterschiedlich eingerichtet, bei einigen ist eine Galerie eingezogen, alte Mauern sind freigelegt. Von vielen Fenstern und erst recht von der Dachterrasse kann man die Kathedrale sowie das Meer sehen – inklusive Sonnenuntergang.

Essen & Trinken

Köstlich – **Trattoria U'Vrascir** 1: Piazza Cesare Battisti 9, Tel. 0883 49 18 40, www.uvrascir.it, Mi–Mo mittags u. abends, Menü 20–25 €, Pizza ab 5 €. Man sitzt gemütlich auf einer Piazza oder, wenn es kälter ist, im rustikalen Lokal und kann köstliche *cucina di terra* wie auch *di mare* genießen. Hervorragend ist das *U'Fum du Vrascir Cartoccio* (Muscheln, Krabben, Tintenfisch und andere Fische in einem Sugo aus Öl und Kräutern). Abends gibt es auch Pizza, deren Teig mit geriebenen Kartoffeln angereichert ist, wodurch sie dicker und nicht so trocken ist. Zum Abschluss sollte man unbedingt einen Moscato di Trani nehmen.

Am Dom – **Osteria Caccianferno** 2: Via S. Nicola 9, Tel. 0883 58 59 78, www.osteriacaccianferno.it, Di–So mittags u. abends, Menü 20 €. Gemütliches Lokal mit regionaler Küche, allerdings kein Fisch, gute Antipasti, frisches Gemüse und angenehme Atmosphäre.

Für Zwischendurch – **Senzio** 3: Via Supportico la Conca 20, Tel. 0883 95 61 31, tgl. ab 7 Uhr. Die Bar bietet neben Eis und einigen Dolci auch eine gute Auswahl an kalten und warmen Snacks, schneller und guter Service. Alles wirkt nett und einladend.

Abends & Nachts

Ein beliebter Treffpunkt ist der **Lungomare** mit seinen Restaurants. In manchen finden in den Sommermonaten kleine Livekonzerte statt.

Infos & Termine

Touristeninformation

IAT: Piazza Trieste 10 (im Palazzo Palmieri), Tel. 0883 58 88 30, Mo–Sa 9–13.30, Di, Do auch 15–18 Uhr.

Internet

www.traniweb.it

Verkehr

Bahn/Bus: s. S. 132.
Mietwagen: Trani Car Hire, Piazza XX Settembre 9, Tel. 0883 58 88 74.

Feste und Veranstaltungen

Festa San Nicola Pellegrino: Ende Juli/Anf. Aug. Der Stadtheilige wird vier Tage lang mit Umzügen, Musik, Feuerwerk etc. gefeiert.

Biscéglie ► H 6

Verglichen mit den anderen Städten an der Costa di Bari ist Biscéglie eher unspektakulär, doch es besitzt ein hübsches, mittelalterlich geprägtes Centro Storico. Von hier kann man bis zum kleinen Hafen mit seinen Fischerbooten schlendern. ›Bisceglie‹ geht auf *vis-*

cile zurück, den Namen einer Eichenart aus dem Umland. Die Normannen errichteten in dem erstmals im 11. Jh. erwähnten Ort eine Stadtmauer sowie die **Cattedrale Santi Pietro e Paolo,** die neben ihren ›Schwestern‹ an der Adriaküste allerdings etwas verblasst. Immerhin hat man sie von einem Großteil ihres Barockschmucks befreit, sodass Kapitelle und figürlicher Schmuck heute wieder sichtbar sind.

Dolmen La Chianca ► H 6

Im Umland von Biscéglie gibt es einige Dolmen. Am bekanntesten ist der Dolmen La Chianca, der gut ausgeschildert an der Straße nach Ruvo liegt. Er wurde 1909 entdeckt und gehört wegen seines guten Zustandes und seiner Größe zu den bekanntesten Megalithgräbern in Italien. Weitere Dolmen in der näheren Umgebung sind mittels Ausschilderung gut zu finden.

Abend & Nachts

Größte Diskothek Süditaliens – **Divinae Follie:** Viale Ponte Lama 3, Tel. 080 398 60 50, www.divinaefollie.com. Bei Pugliesen beliebte Location im Norden von Biscéglie mit weitläufigem Gelände; verschiedene Events.

Infos

Bahn: Verbindungen mit Trenitalia u. a. nach Barletta und Bari, der Bahnhof liegt allerdings außerhalb. Ein eigenes Fahrzeug ist von Vorteil.

Molfetta ► H 6

Molfetta besitzt eine der charmantesten Altstädte, einen stark frequentierten Hafen und eine der schönsten Kathedralen an der Costa di Bari. Kommt man über die SS 16 in den Ort, so trifft man auf den Corso Dante Alighieri, der Neustadt und Altstadt voneinander trennt. Dort steht die ganz dem Barock verpflichtete **Cattedrale Santa Maria Assunta** aus dem 18. Jh.

Die Altstadt betritt man am besten über den schönen Largo Municipio, wo sich auch die **Sala Templari** befindet. Hier residierten die Templer von 1148 bis zu ihrem Verbot – auch Molfetta war zu Zeiten der Kreuzzüge ein wichtiger Hafen für die Reisen ins Heilige Land. Heute werden die Räume vor allem für Ausstellungen und Vorträge genutzt.

Hafen

Vom Platz vor dem Dom hat man einen weiten Blick auf den großen Hafen von

Mein Tipp

Olivenöl mal anders

Das 1926 von Vito Galantino gegründete Unternehmen **Frantoio Galantino** stellt mehrfach prämiertes Olivenöl der Extraklasse her – seit 2000 in verschiedenen Geschmacksrichtungen. Dazu werden während der Pressung frische Früchte wie Bergamotte, Zitrone, Orange (passt zu Fisch und Salaten), Kräuter wie Basilikum (für Saucen, Pizza und Risotto) oder Ingwer (z. B. für Fisch-Carpaccio oder Gemüse-Dip) beigegeben. Die Öle, die dabei herauskommen, sind für jede Küche eine Bereicherung (Frantoio Galantino, Via Vecchia Corato 2, SS 19/Ausfahrt Biscéglie Nord, Tel. 080 3921320, www.galantino.it, Mo–Fr 8–12.30, 15–19 Uhr, Sa nur vorm., Führungen auch auf Englisch, am besten mit Voranmeldung).

Ankerpunkt fürs Auge beim Blick über Molfettas Hafen: Duomo Vecchio San Corrado

Molfetta, in dem jede Menge Fischkutter ankern – es ist eine der größten Fischereiflotten an der Adria. Der frische Fisch wird auf der nahe gelegenen **Piazza Mazzini** verkauft.

Duomo Vecchio San Corrado

Tgl. 9–12.30, 16–20 Uhr
Molfetta war seit dem 12. Jh. Bischofssitz und erhielt die Kathedrale bereits 1150, vollendet wurde der Bau allerdings erst 100 Jahre später. Benannt ist das Gotteshaus nach dem hl. Konrad, einem Kreuzritter, der vor seinem Tod im nahen Modugno Wunder tat. Im Kircheninneren fällt der Saraceno auf, der ein Becken mit Weihwasser in den Händen hält. Umlaufend an den Wänden findet man Symbole der Kreuzritter, wobei sowohl christliche als auch byzantinische Elemente auszumachen sind, beispielsweise Blendbögen, Pflanzen- und Tiermotive sowie Ornamente.

Essen & Trinken

Empfehlenswert – **Bistrot:** Corso D. Alighieri 33, Tel. 080 397 58 12, Do–Di mittags u. abends, Menü 20–25 €. Das schlichte Lokal bietet herrlich einfache und daher umso schmackhaftere Gerichte, vor allem mit frischem Fisch. Auch die Primi sind nicht zu verachten.

Einkaufen

Fabrikverkäufe – Molfetta ist bekannt für die vielen **Outlets** im Umland, vor allem im Bereich Bekleidung. Firmenadressen etc. findet man unter **www.fashiondistrict.it.**

Abends & Nachts

Livekonzerte – **Blues Cafè:** Corso D. Alighieri 49, Tel. 080 387 64 11. Am Tag

Bar, am Abend beliebter Treffpunkt der Jugendlichen, im Sommer öfter Livekonzerte.

Infos

Touristeninformation
Pro Loco: Piazza Municipio, Tel. 080 335 94 78, www.comune.molfetta.ba.it, Mo–Sa 9–12, 16–20, So 9–12 Uhr. Sehr hilfsbereite Mitarbeiter.

Verkehr
Bahn/Bus: s. S. 132.

Giovinazzo ► H/J 6

Auch Giovinazzo, der letzte größere Ort vor Bari, hat eine bezaubernde Altstadt mit vielen verwinkelten Gassen. Das von Mauern umschlossene historische Zentrum liegt auf einer kleinen, ins Meer ragenden Landzunge. Der komplett restaurierte Borgo mit den hellen Palazzi kontrastiert sehr schön mit dem Blau der Adria. Im Hafen liegen viele kleine Fischer- sowie einige Segelboote. Die großen Steine an der Mole sind an heißen Tagen von sonnenbadenden Italienern bevölkert.

In der hoch aufragenden romanischen **Cattedrale Santa Maria Assunta,** 1283 geweiht, ist die Krypta mit ihren romanischen Kapitellen sehenswert. Die typisch vermauerte Apsiswand (s. S. 57) mit ihren sich überschneidenden Blendbögen, den Mono- und Biforien sowie den Verzierungen und Fabelwesen ist hier besonders schön gelungen.

Übernachten

Bezahlbarer Luxus – **S. Martin:** Via Spirito Santo 44, Tel. 080 394 26 27, www.smartinhotel.it, DZ 130 €. Hotel am Rande der Altstadt oberhalb des Meeres. Die 20 Zimmer in einem ehemaligen Benediktinerinnenkloster sind sehr geschmackvoll eingerichtet. Auf dem Dach gibt es eine Sonnenterrasse und im ganzen Komplex herrscht eine angenehme, einladende Atmosphäre.

Essen & Trinken

Versteckt – **Hosteria San Domenico:** Vicco Freddo 10, Tel. 080 394 54 92, mobil 349 391 89 87, www.hostariasandomenico.com, Mi–Mo mittags u. abends, nur in der Saison geöffnet, Menü 20–25 €. Das gemütliche Lokal in den Gassen des historischen Zentrums serviert sowohl einfache als auch raffinierte Gerichte mit Fisch und Fleisch.

Abends & Nachts

Disco – **Nautilus:** Tel. 080 394 69 55, Fr, Sa ab 22 Uhr. Angesagte Diskothek mit Live-Acts an der Straße zwischen Molfetta und Giovinazzo.

Infos

Bahn/Bus: s. S. 132.

Bitonto ► J 7

Nicht weit im Hinterland der Costa di Bari liegt inmitten von Olivenhainen die Agrarstadt Bitonto. Die Anjou intensivierten den Olivenanbau, der bis heute zum Reichtum der Stadt beiträgt. Die in diesem Gebiet angebaute Sorte heißt Cima di Bitonto.

Den Weg ins schöne Centro Storico weist ein gewaltiger runder Turm aus dem 14. Jh., der **Torrione Angioino.** Seit 2005 wird er für Ausstellungen und

Veranstaltungen genutzt. Gleich daneben überspannt die **Porta Baresana** einen der historischen Zugangswege in die Stadt. Vorbei an Palazzi mit schönen Fassaden, zuweilen mit Blick in verwunschene Innenhöfe, kommt man zur **Chiesa del Purgatorio,** die gut an ihrem mit Skeletten und Totenköpfen verzierten Portal zu erkennen ist. Doch das dominierende Gotteshaus ist natürlich die Kathedrale.

Cattedrale di San Valentino

Piazza Duomo, tgl. 9.30–12.30, 16–19 Uhr

Vielerlei Schmuckwerk ziert die aus *pietra tranese* erbaute Kathedrale. Noch unter normannischer Herrschaft Mitte des 12. Jh. begonnen, wurde sie innerhalb von nur 60 Jahren vollendet, weshalb sie als der einheitlichste Bau im apulisch-romanischen Stil gilt. Das **Hauptportal** wird von je zwei Löwen und zwei Pelikanen flankiert, Letztere stehen in der christlichen Symbolsprache für das Opfer Christi. Die **Fensterrose** darüber wird von einer Sphinx und wiederum von Löwen dominiert.

An der reich verzierten **Fassade** finden sich auch Ornamente und Symbole, die arabische Einflüsse erkennen lassen. Vor allem die Südseite der Kathedrale zeichnet sich durch eine meisterhafte Gliederung aus – ein Werk des Nicolaus von Trani. Den unteren Bereich bilden sechs Arkaden mit Darstellungen der Evangelisten. Die von der Hauptfassade aus gesehen letzte Arkade wird **Porta della Scomunica** genannt, weil hier die päpstlich verfügten Exkommunikationen verkündet wurden. Darüber liegt eine einzigartige Galerie mit vielen kleinen Bögen im arabischen Stil, die Kapitelle sind mit Tieren und Pflanzen verziert.

Das **Innere der Kathedrale** ist nicht weniger spektakulär. Durch die Fensterrose fällt das Licht bis zum Altar. Überspannt wird der Kirchenraum von einer Decke mit bemalten Holzbalken. Ebenfalls aus der Werkstatt des Nicolaus von Trani stammt die Kanzel mit ihrem überaus fein gearbeiteten und lebendig wirkenden Figurenschmuck.

Die **Krypta** unter dem Querhaus wird von 30 Säulen mit verschiedenen Kapitellen getragen, die vermutlich aus einem Minervatempel stammen. Von hier gelangt man zur **Area Archeologica** (falls geschlossen, Vito Valentino, der meist in der Nähe ist, anrufen, mobil 338 111 64 23). Freigelegt wurde hier eine frühchristliche Kirche aus dem 5./6. Jh., die 1991 bei Restaurierungsarbeiten entdeckt wurde. Seit 2005 ist dieses beeindruckende Areal zugänglich. Mehrsprachige Erklärungstafeln geben hilfreiche Informationen und eine gute Orientierung.

Übernachten

Herrschaftlich – **Palazzo Antica Via Appia:** Via Porta Robustina 34–38, Tel. 080 371 73 27, www.palazzoanticaviappia.it, DZ 80 €. Das B & B ist auf mehreren Etagen eines restaurierten Palazzos im Centro Storico untergebracht. In den im antiken Stil eingerichteten Zimmern sind Tapeten, Bettwäsche etc. aufeinander abgestimmt. Beim Hausschneider kann man sich sogar Kleidungsstücke nach Maß anfertigen lassen.

Essen & Trinken

Köstlicher Imbiss – **Forno Antico dei Fratelli Carlucci:** Piazza Minerva 5, Tel. 080 374 89 23, Mo–Sa 8–13, 16–20 Uhr. Die Bäckerei hat sehr schmackhafte Brotsorten im Angebot, Focaccia und Pizza gibt es auf die Hand – frisch gebacken und köstlich!

Bari

Sehenswert
1 Palazzo Ateneo und Museo Archeologico
2 Teatro Petruzzelli
3 Teatro Margherita
4 Cattedrale San Sabino und Zona Archeologica
5 Museo Diocesano
6 Basilica San Nicola
7 Museo Nicolaiano und Archivio San Nicola
8 Castello Normanno-Svevo

Übernachten
1 Boston
2 Cristal
3 Santa Claus'Hostel

Essen & Trinken
1 La Locanda del Federico
2 Perbacco
3 Osteria delle Travi
4 Gran Caffè Saicaf
5 Panificio Fiore
6 hausgemachte Scagliozze

Einkaufen
1 Mercato del Pesce
2 Laterza

Aktiv & Kreativ
1 Circolo ACLI
2 Stadio San Nicola

Abends & Nachts
1 Teatro Piccini

Infos

Information

Pro Loco: Piazza Canonico Della Noce 4, mobil 320 366 48 57 oder 328 285 46 10, Mo–Sa 10–12.30 u. 16–18 Uhr.

Verkehr

Bahn/Bus: s. S. 132.

Bari ▶ J 7

Mit 320 000 Einwohnern ist Bari nach Neapel die zweitgrößte Stadt Süditaliens und die pulsierende Hauptstadt Apuliens. Sie ist eine Stadt der Gegensätze – das gilt vor allem für die Unterschiede zwischen Alt- und Neustadt, aber auch zwischen Arm und Reich. Denn trotz des wirtschaftlichen Aufschwungs ist die Armut in Bari an vielen Stellen sichtbar. Noch bis vor einigen Jahren galt die Altstadt als unsicher, doch dank der Ende der 1990er-Jahre begonnenen Sanierung bröckelt das negative Image allmählich. Auch jugendliche *scippatori* (Diebe auf Mopeds) sind infolge zunehmender Polizeipräsenz immer seltener.

Die Altstadt hat ein beschauliches Flair, was nicht nur an den mittelalterlichen Gassen und altehrwürdigen Kirchen liegt. Auch die vielen Frauen, die vor allem in der Via Arco Basso und Via Arco Alta mit flinken Händen die *orecchiette* (öhrchenförmige Pasta) formen, tragen dazu bei. Ganz anders die Atmosphäre in der Neustadt, die mit ihren schachbrettartig angelegten Straßen und ihren modernen Büro- und Geschäftsbauten den neu gewonnenen Wohlstand repräsentiert. Hier kann man bummeln und wunderbar einkaufen.

Schon das römische Barium war ein wichtiger Handelshafen. Bedeutung erlangte die Stadt ab dem 6. Jh., als sich Langobarden, Sarazenen und Byzantiner abwechselnd die Herrschaft streitig machten. Letztere eroberten die Stadt Ende des 10. Jh. und setzten in der neu geschaffenen Provinz einen Statthalter (Katepan) ein. Der Aufstand der in der Stadt lebenden Christen unter Führung des Melos wurde 1009 niedergeschlagen, dennoch eroberten die Normannen Bari 1071 für die römische Kirche zurück. Der Handel mit dem Orient brachte der Stadt Reichtum, der nach einer Phase des Niedergangs mit dem Raub bzw. der Überführung der Gebeine des hl. Nikolaus von Myra nach Bari ab 1087 noch zunahm. Die Stadt entwickelte sich zu einem wichtigen Hafen der Kreuzfahrer.

Mit den Staufern begann im 13. Jh. ein erneuter Aufschwung, der unter den Anjou ab dem 14. Jh. jedoch wieder stagnierte. Auch die ihnen folgenden Aragonesen brachten nicht die erhoffte Kehrtwende. Eine Besserung trat erst mit Joachim Murat ein, der das bourbonenfeindliche Bari 1813 zur Provinzhauptstadt erhob und den Bau der Neustadt anordnete. Hier fand 1930 auch die erste »Fiera di Levante« statt, eine dem Handel mit den östlichen Ländern gewidmete Messe, heute nach Mailand Italiens zweitwichtigste Handelsmesse. Die Industrialisierung seit den 1960ern zog einen Bauboom nach ▷ S. 153

Auf Entdeckungstour

Zum hl. Nikolaus – Besuch der Basilica San Nicola in Bari

Wir kennen den hl. Nikolaus als Mann im roten Mantel mit weißem Rauschebart, der den Kindern am 6. Dezember schöne Gaben bringt. Die Gebeine des historisch bezeugten und berühmten Heiligen ruhen in der Basilica San Nicola in Bari 6. Ein Besuch der Kathedrale macht aus einem normalen Tag im Jahr schnell einen Nikolaustag der besonderen Art.

Dauer: 1,5 Std.

Basilica San Nicola: s. S. 154. **Museo Nicolaiano:** Via Vanese 1, Tel. 080 523 14 29, www.basilicasannicola.it, tgl. 10.30–18.30 Uhr, Eintritt 3 €, erm. 2 €, Audioguide 3 €. **Archivio San Nicola:** Largo Abate Elia 13, Kontakt über o. g. Website.

Nikolaus ist einer der in Ost und West meistverehrten Heiligen. Er gilt als Schutzpatron der Kaufleute, Seefahrer, Bäcker, Schüler und vor allem der Kinder. Um 260 n. Chr. in Patara (Türkei) geboren, wurde er ca. 295 zum Bischof von Myra (heute Demre, Türkei) erwählt. Viele Wunder und Taten sind von ihm überliefert. Die bekannteste ist jene von der Rettung der drei Jungfrauen. Nikolaus, zu jenem Zeitpunkt nur frommer Jüngling und noch nicht in Amt und Würden eines Bischofs, erfuhr, dass ein Mann seine drei Töchter zu Prostituierten machen wollte, weil er kein Geld besaß, um sie anständig zu verheiraten. Daraufhin schlich Nikolaus nachts zu dem Haus und warf einen mit Goldmünzen gefüllten Beutel über die Mauer, sodass die erste Tochter verheiratet werden konnte. Noch zwei Mal wiederholte er seine Tat und rettete so die Mädchen. Diese Geschichte machte Nikolaus zum Beschützer der Schwachen und lieferte die typischen Attribute, mit denen der Heilige oft abgebildet ist – drei Goldmünzen bzw. Goldklumpen. Auch die **Bronzeskulptur** auf der **Piazza San Nicola** zeigt Nikolaus mit drei Goldkugeln. Sie liegen auf der Bibel, die er in der linken Hand hält. Der Künstler Zurab Tsereteli schuf die Statue im Auftrag der russischen Regierung, die das Werk 2003 mit einer Grußbotschaft des Präsidenten, Vladimir Putin, der Stadt Bari schenkte – der hl. Nikolaus ist Russlands Nationalheiliger.

Frömmigkeit und Kalkül

In welchem Jahr Nikolaus starb, ist nicht gewiss. Man vermutet das Jahr 335. Als unstrittig gelten dagegen sein Todestag, der 6. Dezember, sowie der Todesort, Myra. Wie die Gebeine des Heiligen von dort ins süditalienische Bari gelangten, das ist eine Geschichte frühen ›Stadtmarketings‹.

Der Nikolauskult war ab dem 8. Jh. mit der Ausbreitung des byzantinischen Reichs nach Bari gelangt. Als Sitz des Katepans (des byzantinischen Statthalters) war Bari eine der wichtigsten Städte der Byzantiner. Doch mit der Eroberung durch die Normannen 1071 setzte ein politischer und wirtschaftlicher Niedergang ein. Um der Stadt wieder größere Bedeutung zu geben, wurde die glorreiche Idee geboren, die Gebeine des hl. Nikolaus aus Myra zu holen. Man wollte sie auch vor den Sarazenen in Sicherheit bringen. Zudem soll Nikolaus selbst während einer Reise durch Bari prophezeit haben: »Hier werden meine Gebeine ruhen.«

Viele Details rund um die ›Reise‹ der Gebeine von Myra nach Bari sind auf ewig im Dunkel der Geschichte versunken. Die Namen der 70 Seemänner und Kaufleute (62 von ihnen aus Bari), welche die sterblichen Überreste nach Bari brachten, sind hingegen bekannt. Man findet sie auf einer **Tafel an der Außenfassade** der Basilica San Nicola. Die Männer segelten nach Myra und ließen sich dort das Grab des noch posthum Wunder wirkenden Bischofs zeigen. Kurzerhand entwendeten sie die sterblichen Überreste und segelten davon, noch bevor sich Widerstand regen konnte. Die Schiffsbesatzung und ihr kostbares Gut erreichten den Hafen von Bari am 9. Mai 1087. Nun besaß endlich auch Bari wie andere Seestädte bedeutende Reliquien und konnte als Wallfahrtsort auf Pilger und damit neue Einnahmequellen hoffen. Ob die Überführung der Gebeine nun Rettung oder Diebstahl war, wird noch immer diskutiert.

Eine merkwürdige Säule

Bis heute strömen die Menschen in Scharen zum Grab des Heiligen in der **Krypta** der Basilica San Nicola. Nach der glücklichen Ankunft der Reliquien in Bari hatte man zunächst nicht gewusst, wohin mit den Gebeinen. Bari besaß ja bereits einen Schutzpatron und mit San Sabino eine Kathedrale (s. S. 153). Die Frage führte zu Spannungen unter den Geistlichen. Schließlich sprach Herzog Roger Bursa ein Machtwort und beauftragte Elias, den Abt des ansässigen Benediktinerklosters (und späteren Bischof von Bari) mit dem Bau einer repräsentativen Kirche an der Stelle des alten Katepanpalasts. Obwohl man sofort mit den Arbeiten begann, wurde die Basilica San Nicola erst 1197 fertiggestellt. Die Gebeine des hl. Nikolaus konnten aber schon 1089 in der Krypta beigesetzt werden.

Wer den Säulenwald betrachtet, wird vielleicht erstaunt feststellen, dass eine der Säulen ›aus der Reihe tanzt‹. Mit Eisenringen umgürtet steht sie am rechten Eingang. Durch ein Wunder des Nikolaus, so heißt es, sei sie vom Tiber über Myra nach Bari gelangt und wurde so eine der 26 die Gewölbedecke tragenden Säulen in der Krypta. Seither wurde sie im Glauben an die Wunder des Heiligen von so vielen Pilgern berührt – manch einer löste auch kleine Stückchen heraus –, dass man um ihre Tragfähigkeit fürchtete, sie durch eine andere Säule ersetzte und extra stellte.

Sankt-Nikolaus-Fest im Mai

Der aus buntem Marmor geschaffene Grabaltar mit den Gebeinen ist mit einer Glasplatte bedeckt, die jedes Jahr am 9. Mai anlässlich der mehrtägigen **Festa di San Nicola** abgenommen wird. Dann wird das ›Manna des hl. Nikolaus‹, das sich dort gesammelt hat, entnommen, mit Wasser verdünnt und an Pilger verkauft. Manche halten das ›Manna‹ für Kondenswasser, das sich im Sarkophag bildet, andere sind überzeugt, dass es aus den Gebeinen kommt. Forschungen haben jedenfalls ergeben, dass es reinstes destilliertes Wasser ist.

Bei der Festa di San Nicola feiern die Baresen mit mehr als 20 000 Pilgern und erinnern u. a. mit einer Prozession auf dem Meer an den Tag der Ankunft der Reliquien in der Stadt. Besonders beeindruckend ist der Umzug, der die Nikolausstatue (s. Abb. S. 150) zum Hafen begleitet, wo sie auf ein zuvor ausgelostes Fischerboot gebracht wird.

Ein Heiliger für alle

Seit 1951 wird die Basilika von Dominikanern geleitet. Ihnen ist es zu verdanken, dass in der Krypta heute für die vielen russischen Pilger orthodoxe Gottesdienste abgehalten werden. Unter der Leitung der Mönche steht auch das 2010 eröffnete **Museo Nicolaiano** 7 nördlich der Kathedrale, das Monstranzen, Mannabehälter etc. aus dem Kirchenschatz zeigt sowie Dokumente und Urkunden, die mit der Geschichte der Basilika verbunden sind. Sie stammen aus dem **Archivio San Nicola,** das als Studienzentrum zu Leben und Wirken des hl. Nikolaus von Wissenschaftlern weltweit geschätzt wird. Interessant ist z. B. das Dokument zu den Seefahrern, die die Gebeine nach Bari holten und zum Dank an den Einnahmen aus den Feierlichkeiten zu Ehren des Heiligen beteiligt wurden. Rote Kreuze und Striche zeigen an, wer von ihnen darauf verzichtete oder sich nur einen Teil auszahlen ließ bzw. nichts bekam, weil er nicht aus Bari stammte. Ebenso beeindruckt ein Dokument von 1185, in dem zwischen der Basilika sowie den Kreuzrittern Bertholdus, Hermannus, Elias und Antonius aus Deutschland vereinbart wird, dass während ihrer Fahrt und Zeit im Heiligen Land immer ein Licht brennen werde. Einige der Urkundensiegel, u. a. von Karl von Anjou oder Friedrich II., sind sehr gut erhalten.

sich, der noch anhält und der Stadt als einziges modernes architektonisches Highlight das **Stadio San Nicola** 2 (1990) von Renzo Piano brachte.

Neustadt

Palazzo Ateneo und Museo Archeologico 1

Piazza Umberto I

Vom Bahnhof ist es nicht weit bis zur Piazza Umberto I mit dem Palazzo Ateneo (1889). Er ist nicht nur das Hauptgebäude der 1923 gegründeten Universität, sondern eigentlich auch der Sitz des **Museo Archeologico.** Seit 2002 ist dessen Umzug in den Convento Santa Scolastica in der nördlichen Altstadt angekündigt, um die vielen archäologischen Funde aus der Geschichte Apuliens für die Öffentlichkeit zugänglich zu machen, doch bisher wird dort immer noch gebaut.

Teatro Petruzzelli 2

Corso Cavour, Tel. 080 975 28 40, www.fondazionepetruzzelli.it

Die Triester Handelsfamilie Petruzzelli ließ das prunkvolle Theater mit 1500 Plätzen und 69 Logen ab 1898 errichten. 1903 wurde es mit »Die Hugenotten« von Meyerbeer eingeweiht. Das viertgrößte Theater Italiens und größte Privattheater Europas hatte internationales Renommee. 1991 brannte es infolge von Brandstiftung komplett aus. Nach über zehnjähriger Restaurierung wird es heute tageweise wieder bespielt.

Teatro Margherita 3

Piazza Quattro Novembre

Das Teatro Margherita wurde 1914 interessanterweise nicht an Land, sondern im Wasser auf Steinbohlen (ehemals Holzbohlen) errichtet. Denn als die Familie Petruzzelli damals ihr Theater errichtete, tat sie es nur unter der Bedingung, dass auf Bareser Boden kein zweites Theater eröffnen würde. So wichen die findigen Bauherren auf das Wasser aus. In den 1970er-Jahren schloss das Theater und verfiel allmählich. Wegen der exponierten Lage entschloss sich die Stadt zu einer Restaurierung der Außenfassade. Innen blickt man dagegen auf nackte Betonwände. 2010 wurde hier unter Anteilnahme der internationalen Öffentlichkeit ein Zentrum für zeitgenössische Kunst eröffnet. Doch die Bareser scheinen sich nicht sehr für die hier gezeigten Ausstellungen zu interessieren. Für die hinter dem Theater auf einem Holzsteg über dem Wasser gelegene Lounge mit Meerblick umso mehr.

Altstadt

Der von West nach Ost verlaufende **Corso Vittorio Emanuele** trennt Neustadt und Altstadt voneinander. Beliebte Treffpunkte der Einheimischen sind hier die **Piazza Ferrarese** und die **Piazza Mercantile.** Letztere, der Name verrät es, ist der alte Marktplatz. Im **Mercato del Pesce** 1 wird heute noch Obst und Gemüse verkauft, am Morgen auch etwas Fisch. Ein wenig versteckt steht in einer Ecke des Platzes die **Colonna dell'Infamia,** der alte Pranger.

Cattedrale San Sabino und Zona Archeologica 4

Piazza dell'Odegitria, Kathedrale tgl. 8.30–12.30, 16–19.30, So, Fei 8–12.30, 17–20.30 Uhr, Archäologische Zone Sa–Do 9.30–12.30 Uhr, sonst auf Anfrage, Tel. 080 521 06 05, Eintritt 3 €

In Bari gibt es zwei Kathedralen – jene des hl. Nikolaus (s. Entdeckungstour S. 150) und die Cattedrale San Sabino, die dem Bischof unterstellt ist. San Sabino, 514–560 Bischof von Canosa, war ursprünglich der Schutzheilige von Bari. Seine Gebeine sollen sich in der Krypta befinden.

Die Kathedrale wurde 1178 auf den Resten einer durch Wilhelm I. zerstörten Vorgängerkirche gebaut und orientiert sich in ihrer Gestaltung an der Basilica San Nicola. Die Hauptfassade mit einer beeindruckenden Fensterrosette weist die typische Dreiteilung auf und die Apsiden sind nach außen vermauert. An der linken Längsseite ist ein großer runder Bau zu sehen, die sogenannte Trulla. Sie war ursprünglich das Baptisterium der Kathedrale, heute birgt sie die Sakristei. Auch das weitgehend vom Barockschmuck befreite Kircheninnere, insbesondere das Zimborium, weist Ähnlichkeiten mit der Basilica San Nicola auf. Einen starken Kontrast dazu bildet die **Krypta,** die man im barocken Stil belassen hat. Hier befindet sich die viel verehrte Ikone der Madonna dell'Odegritia, die im 8. Jh. von Mönchen vor dem Bildersturm in Konstantinopel gerettet und hierher gebracht wurde.

Kurz vor dem Eingang zur Krypta liegt der Zugang zur **Zona Archeologica,** die man seit 2004 besichtigen kann. Im Verlauf des lohnenden Rundgangs sieht man u. a. eine frühchristliche Kirche, die Mauern der Vorgängerkathedrale sowie römische und frühchristliche Mosaike, unter denen das Mosaik des Timoteo hervorsticht.

Museo Diocesano 5

Via dei Dottula, Tel. 080 521 00 64,
Mo, Do, Sa 10–13, 17–20, So 10–14 Uhr

Prunkstücke des Museums sind die drei prächtigen, bis zu 5,3 m langen Exultet-Rollen aus dem 11. Jh. Sie wurden für die Osterliturgie verwendet und sind mit ihren leuchtenden Illustrationen die schönsten ihrer Art. Sie stehen auf dem Kopf, weil das Pergament während des Verlesens von der Kanzel herabgerollt wurde. So konnte die Gemeinde die Bilder sehen und die Predigt besser verstehen.

Basilica San Nicola 6

S. Entdeckungstour S. 150,
Piazza San Nicola, Tel. 080 573 71 11,
tgl. 7.30–13, 16–19 Uhr

Die dem hl. Nikolaus geweihte Basilika war mit ihrer Verbindung von morgen- und abendländischer Kultur stilprägend für die apulisch-romanische Sakralarchitektur. Errichtet wurde sie ab 1087, um die Gebeine des Heiligen aufzunehmen, die jedoch erst 1089 ihren Platz in der Krypta fanden. Der wuch-

tige Bau mit harmonisch gegliederter Hauptfassade, der an der Stelle des Katepanpalasts errichtet wurde, war früher von vier geschlossenen **Höfen** umgeben, die nur für Märkte und religiöse Feierlichkeiten geöffnet wurden. Noch drei dieser Höfe sind gut zu erkennen, wobei der nördliche zum Meer hin offen ist. An der Nordseite der Basilika befindet sich auch eines der für apulisch-romanische Kirchen typischen Bauelemente, das **Löwenportal** (Porta dei Leoni). Bemerkenswert, da bei Kirchen selten anzutreffen, ist die Darstellung einer Kampfszene im Bogenrelief. Vermutlich zeigt sie die Einnahme Antiochias durch den Normannen Bohemund 1098. An der Süd- wie auch an der Nordseite finden sich **Galerien,** deren Kapitelle Darstellungen von Tier- und Menschenköpfen zieren. Zum trutzigen Charakter des Baus tragen die beiden gedrungen wirkenden Türme bei, links die **Torre delle Milizie,** rechts die **Torre del Catapano,** die unvollendet blieben. Die Säulen am Hauptportal werden von Ochsen getragen, die aus der Mauer herauszuwachsen scheinen. Sie könnten ein Überbleibsel des Katepanpalasts sein.

Innen wirkt die Basilika relativ dunkel, was zum einen an der mit Barock-

Alle sind bis spät auf den Beinen: Festa di San Nicola in Bari (hinten: Cattedrale S. Sabino)

gemälden verzierten **Decke** liegt, zum anderen an den drei Stützbögen, die sich über das Hauptschiff spannen. In der mittleren der sich beeindruckend aufwölbenden Apsiden zieht das prächtige **Ziborium** (ein auf Säulen ruhender Altaraufbau) die Blicke auf sich – vor allem die Kapitelle mit ihren Tier- und Engelmotiven. Dahinter steht der aus einem einzigen Marmorblock herausgearbeitete **Bischofsstuhl** (1098), der als weltweit schönster der romanischen Kunst gilt (s. Abb. S. 55). Zu sehen sind sarazenische Sklaven, die mit schmerzverzerrtem Gesicht den Thron tragen, dazwischen ein lebensfroher Pilger, auf der Rückseite Löwen, die mit ihren Tatzen ihre Beute zerreißen. Eine Inschrift lässt erkennen, dass diese Kathedra für »Elias, Bischof von Bari und Canosa« geschaffen wurde.

Nördlich der Basilika liegt das **Museo Nicolaiano** 7 (s. S. 152).

Castello Normanno-Svevo 8

Tel. 080 528 62 18, Do–Di 8.30–19 Uhr, Eintritt 2 €, erm. 1 €

Friedrich II. ließ das Castello, das von den Normannen im 11. Jh. als Wehranlage errichtet worden war, zwischen 1233 und 1240 um- und ausbauen, woran heute vor allem der Rundturm und das orientalisch verzierte Spitzbogenportal erinnern. Der eher im Renaissancestil gestaltete Innenhof geht auf Isabella von Aragon zurück, die den Mailänder Hof mit hierher brachte. Die Bourbonen nutzten das Kastell als Gefängnis. Heute finden in den großen Sälen wechselnde Ausstellungen statt.

Im Erdgeschoss ist eine **Gipsoteca** untergebracht, die eine beachtliche Sammlung von Gipsabdrücken wichtiger apulischer Plastiken beherbergt sowie Gipsmodelle apulischer Bauten. Vor allem am Ende einer Apulienreise ist es interessant, hier noch einmal einige Details genauer zu betrachten.

Übernachten

Abgesehen von einem Backpackerhostel gibt es im historischen Zentrum bisher keine Unterkunft. Die Hotels in der Neustadt sind funktional, haben aber meist keinen Charme. Daher empfiehlt es sich eher, in einer der anderen Städte an der Costa di Bari Quartier zu nehmen.

Zentral – **Boston** 1: Via Piccinni 155, Tel. 080 521 66 33, www.bostonbari.it, DZ 135–180 €. In Fußentfernung von der Altstadt gelegenes Hotel in einem nicht mehr ganz so modernen Gebäude, jedoch gepflegte Zimmer und guter Service. Viele Geschäftsreisende kehren hier ein.

Angenehm – **Cristal** 2: Via Trevisani 190, Tel. 080 521 84 67, www.hotelcristalbari.it, DZ 50–75 €. Das Hotel zwischen Bahnhof und Altstadt verfügt über 39 schlichte, aber saubere Zimmer. Von hier aus kann man gut in die Stadt laufen. Transfer-Service sowie Garagenplätze für ca. 10 €/Tag.

Backpacker – **Santa Claus'Hostel** 3: Arco San Pietro 4/Piazza San Pietro, mobil 338 174 46 95 www.baribackpackers.com, Schlafplatz in gemischten Schlafräumen 18–20 €, DZ mit eigenem Bad 27–29 €, 4 Pers.-App. 95–100 €. Die erst 2008 eröffnete Herberge an der Spitze der Altstadt hatte anfänglich nur zwei Schlafsäle, bietet mittlerweile aber auch gut ausgestattete Familienappartements an.

Essen & Trinken

Die Restaurants der Stadt bieten für jeden Geschmack und Geldbeutel etwas. Typisch für die Küche an der Küste ist das *crudo* – Bari ist besonders bekannt dafür: Meeresfrüchte wie Jakobs-, Venus- und Miesmuscheln etc. mit frischem Zitronensaft – köstlich.

Cucina Barese – **La Locanda del Federico** 1: Piazza Mercantile 63–64, Tel. 080 522 77 05, tgl. mittags u. abends, Mo nur abends, Menü 30–35 €. Das Lokal an der Piazza Mercantile, sozusagen zwischen Alt- und Neustadt, serviert herrliche schmackhafte Gerichte der Bareser Küche. Beste Zutaten aus dem Meer und den Gärten der Region, köstliche Antipasti.

Mit Raffinesse – **Perbacco** 2: Via Abbrescia 99, Tel. 080 558 85 63, Sept.–Juni Mo–Fr mittags u. abends, Sa, So nur abends, Menü 25–30 €. In dem edlen Ristorante nahe dem Lungomare werden Gemüse, Fisch und Fleisch den Jahreszeiten entsprechend raffiniert zubereitet. Vorzügliches Angebot regionaler und nationaler Weine.

Tradition – **Osteria delle Travi** 3: Largo Chiurlia 12, Tel. 080 561 71 50, Di–Sa mittags u. abends, So nur mittags, Menü 15–20 €. Die Osteria am Rande der Altstadt (Verlängerung der Via Sparano da Bari) wird nun schon in der dritten Generation von der Familie de Mastro geführt. Orecchiette mit frischem Fisch oder Gemüse, gegrillte Sardellen – für jeden Geschmack ist etwas dabei.

Vielfalt – **Gran Caffè Saicaf** 4: Corso Cavour 121, Tel. 080 521 06 67, Mo–Sa ab 8 Uhr. Köstliche süße Teilchen aus der Pasticceria, himmlisch cremiges Eis aus der Gelateria und ein modernes Restaurant, das mit frischen Salaten und anderer gesunder Kost erfreut. Alles macht einen modern-edlen Eindruck und die Preise sind fair. Sehr zu empfehlen ist der hauseigene Kaffee gleichen Namens, ein reiner Arabica (auch zum Mitnehmen).

Einkaufen

Flaniermeile am Tag wie auch am Abend ist die **Via Sparano.** Hier gibt es viele Geschäfte, Edel- und Luxusboutiquen sowie einladende Cafés.

Lebensmittel – **Mercato del Pesce** 1: s. S. 153.

Gute Bücher – **Laterza** 2: Via Sparano 136, Tel. 080 521 17 80, www.laterza.it, Mo–Sa 9–13, 16–20 Uhr. Das Programm des in Bari gegründeten Verlags ist hochkarätig. Neben Philosophie und Zeitgeschichte kommen auch gute Romanautoren nicht zu kurz.

Mein Tipp

Auf die Hand

Die beste Focaccia in Bari Vecchia, wenn nicht sogar in ganz Bari, gibt es in der **Panificio Fiore** 5 (Strada Palazzo di Città 38, Tel. 080 523 62 90, Mo–Sa 8–13, 17–20.30 Uhr) – frisch aus dem Ofen und direkt auf die Hand. Aber auch andere Köstlichkeiten wie besondere Brotsorten, Friselle und frische Pasta werden angeboten. Ebenso gerne naschen die Baresen die Scagliozze, frittierte Polentascheiben. Zwischen dem Arco Basso und Arco Alta an der Piazza Federico Svevo gegenüber dem Castello liegt die Hausnummer 60. Hier werden abends von einer älteren Signora köstliche **hausgemachte Scagliozze** 6 verkauft, ein wenig wie zu Großmutters Zeiten.

Aktiv & Kreativ

Stadtführungen – Zwar werden in Bari keine Stadtrundfahrten angeboten, aber sehr gute Führungen zu unterschiedlichen Themen auf Deutsch und Italienisch, u. a. von **Mirella Tempone,** mobil 338 506 29 88, mirellatempone@

Kulinarische Straßenkunst: Orecchiette-Herstellung in der Altstadt von Bari

alice.net (außerdem Führungen in den Städten an der Costa und in der Terra di Bari).

Kochkurs – **Circolo ACLI (Associazione Cristiani Lavoratori Italiani)** 1: Piazza dell'Odegitria 28, Tel. 080 521 03 55, www.aclidalfino.webnode.it. Der in Baris Altstadt ansässige und sozial sehr engagierte Verein bietet u. a. Kochkurse an, die von der lebenslustigen Finella geleitet werden. Sie weiht einen in die Geheimnisse des *Braciole al sugo* (Fleischrouladen mit Sauce, köstlich!) ein und ihre Helferinnen zeigen, wie man *orecchiette* formt. Der Kurs findet an mehreren Abenden hintereinander statt.

Fußball – **Stadio San Nicola** 2: Via Torre Bella, Tel. 080 505 47 17, www.asbari.it, Ticket 13–50 €, Bus Nr. 20 vom Bahnhof aus, an Spieltagen bietet die AMTAB einen extra Service an. Für achitektonisch interessierte Freunde des Fußballs dürfte der Besuch des modernen Stadions (s. S. 153) besonders lohnend sein.

Abends & Nachts

Infos zu Veranstaltungen findet man im **Magazin »Voz'ap«** (erscheint monatlich), das an jedem Kiosk erhältlich ist. Lebhafter Trubel herrscht ab dem frühen Abend auf der **Piazza Mercantile** und der **Piazza Farrarese.**

Schauspiel & Konzerte – **Teatro Piccini** 1: Corso Vittorio Emanuele II 84, Tel. 080 521 24 84, Karten: Camerata Musicale Barese, Via Sparano 141, Tel. 080 521 19 08, www.cameratamusicale barese.it, Mo–Sa 9–13, 16.30–20 Uhr.

Infos & Termine

Touristenformationen

APT: Piazza Aldo Moro, Tel. 080 990 93 41, www.infopointbari.com, Mo–Sa 9–19, So 9–13 Uhr (nicht verbindlich). Hier erhält man Informationsmaterial zu Bari und Umgebung. Am Flughafen befindet sich ebenfalls ein **Infopoint.**

Verkehr

Fähren: Im Nordwesten der Altstadt liegt der Hafen, an dem Fähren nach Griechenland, Albanien und Kroatien an- bzw. ablegen (www.superfast.com, www.ventouris.gr, www.venezialines.com, www.tirrenia.it, www.adriaferries.com, www.agoudimos-lines.com).
Bahn: Bari ist der Knotenpunkt nahezu aller in Apulien verkehrenden Bahngesellschaften. Die Bahnhöfe befinden sich alle um die Piazza Aldo Moro. Trenitalia (www.trenitalia.it): über Foggia nach Norditalien sowie entlang der Küste. Ferrotramviaria Bari (www.ferrovienordbarese.it, Tel. 080 527 71 23): über Bitonto und Ruvo nach Barletta. Ferrovie Sud Est (www.fseonline.it, Tel. 080 546 21 11): nach Alberobello, Locorotondo, Táranto, Martina Franca, Lecce, Ótranto und Gallípoli. Ferrovie Appulo Lucane (www.fal-srl.it, Tel. 080 572 52 29): über Altamura nach Matera und Potenza.
Bus: In Bari selbst verkehren Busse der AMTAB (www.amtabservisio.it, Tel. 080 539 31 11) vom Bahnhofsvorplatz. Busse der SITA (www.sitabus.it, Tel. 080 579 01 11) sowie STP (www.stpsta.it, Tel. 080 975 26 72) fahren vom Lungomare in alle größeren Orte.
Mietwagen: AVIS Bari Palese Airport, Tel. 080 531 61 68, www.avisautonoleggio.it.

Feste und Veranstaltungen

San Nicola: 7.–9. Mai, s. S. 152.

Polignano a Mare

► L 7

Die Küste südlich von Bari ist durch oftmals hohe, steil aufragende Klippen geprägt. Wind, Wasser und Wellen haben im Laufe der Zeit eine Unmenge größerer und kleinerer Grotten entstehen lassen. Badestrände gibt es dagegen nur wenige. Mitten in dieser atemberaubenden Landschaft liegt Polignano a Mare, die Geburtsstadt von Domenico Modugno (1928–94), der mit »Volare« einen Welthit landete, woran außerhalb des Centro Storico am Lungomare eine riesige Skulptur erinnert. In erster Linie ist Polignano jedoch ein Urlaubsjuwel. Die weiß getünchten Häuser der Altstadt stehen dicht gedrängt auf einem Felsen über dem türkisblauen Meer. Beim Bummel durch die idyllischen Gassen mit ihren vielen, z. T. edlen Läden kommt man immer wieder zu grandiosen Aussichtspunkten mit Blick auf die unterhalb liegenden Grotten. Eine der spektakulärsten ist die **Grotta Palazzese,** die vom gleichnamigen Hotel als Restaurant genutzt wird (www.grottapalazzese.it, s. Abb. S. 12), kulinarisch sind andere Lokale im Ort noch überzeugender.

Chiesa Madre

Die Chiesa Madre im Centro Storico wurde im 13. Jh. über einem quadratischen Grundriss errichtet und später barockisiert. In der Sakristei kann man sich das Bild des berühmten Malers Bartolomeo Vivari zeigen lassen, das noch Elemente der Ikonenmalerei wie einen goldenen Hintergrund aufweist. In den Nischen sind einige Werk von Stefano di Putignano (1490–1538) zu bewundern, eines der großen Bildhauer seiner Zeit, darunter eine seiner schönsten Arbeiten, eine Krippe.

Abbazia San Vito ► L 7

Wer Zeit hat, sollte den kleinen Ausflug zur Abbazia San Vito unternehmen, die nur 3 km nordwestlich von Polignano a Mare an der Küste liegt. Die Abtei aus dem 9. Jh. gehörte ursprünglich den Benediktinern, ging aber 1266 in den Besitz des Zisterzienserinnenklosters in Conversano (s. S. 161) über. Zwar ist sie heute in Privatbesitz, doch das Tor ist immer mal wieder offen, sodass man einen Blick auf die schöne Innenanlage werfen kann. Sollte das nicht möglich sein, kann man sich immerhin an der tollen Lage am Meer erfreuen, in eines der kleinen Lokale einkehren oder in dem Fischrestaurant La Locanda dell'Abbazia (www.locandadellabbazia.it) speisen. In der Kirche von San Vito wird übrigens eine Armreliquie verwahrt, die jedes Jahr am 14. Juni in einer feierlichen Prozession zu Wasser und zu Lande nach Polignano gebracht wird (s. S. 161). Am 16. Juni kehrt sie wieder nach San Vito zurück.

Übernachten

Historisch – **Santo Stefano:** Vico Santo Stefano 9/11/13, Tel. 080 424 95 63, mobil 331 678 43 12, www.santostefano.info, DZ 49–109 €. Das neue B&B im Centro Storico liegt in einer lauschigen Gasse in einem restaurierten Haus. Die nach Farben benannten Zimmer verteilen sich über drei Etagen, einige verfügen über Balkon bzw. Terrasse. In allen Zimmern wurde die alte Struktur weitgehend erhalten, wobei vor allem die Gewölbe und sichtbaren Mauern eine angenehme Atmosphäre verbreiten.

Preiswert – **Ostello della Gioventù:** C. da Cavuzzi, an der Straße nach Castellana Grotte, Tel. 080 549 45 91, www.ostellopolignanoamare.com, DZ 40 €. Die noch recht neue Jugendherberge (Ende 2010 eröffnet) liegt ca. 3 km südwestlich von Polignano und ist für Backpacker und Familien gleichermaßen geeignet. Die Zimmer sind hell und freundlich. Außerdem gibt es eine große Sonnenterrasse sowie einen Parkplatz. Ein schöner Radweg führt von hier nach Polignano.

Mein Tipp

Pure Magie

Il Super Mago del Gelo – der Name ist Programm, denn wer einmal das Eis vom Supermagier in Polignano a Mare probiert hat, der will mehr. Hier treffen sich alle Generationen und die Herren hinter der Theke bedienen mit Geduld und sichtbarer Freude. Im Verkaufsraum sowie davor herrscht immer reger Betrieb – nicht wenige machen extra einen Umweg, um ein Eis vom Magier zu genießen (Piazza Garibaldi 22, Tel. 080 424 00 25, Di–So ab 9 Uhr).

Essen & Trinken

In Polignano gibt es ein großes Angebot an Restaurants, die vor allem sehr gute Fischgerichte servieren.

Edel und gut – **Donna Gina:** Via Cala Porto 7/9, Tel. 080 424 09 14, www.donnagina.it, Mi–Mo mittags u. abends, Menü 30–35 €. Das Ristorante liegt nicht nur schön oberhalb einer Bucht zwischen Himmel und Meer mit wundervoller Terrasse, sondern überzeugt auch kulinarisch, angefangen von den Antipasti bis hin zum Dessert, gekrönt von einem Wein aus der Region.

Von Einheimischen empfohlen – **Osteria di Chichibio:** Largo Gelso 12, Tel. 080 424 04 88, www.osteriadichichibio.it, Di–So mittags u. abends, Menü 25–35 €. Die gemütliche Osteria wird auch von den Einheimischen hoch gelobt für ihren hervorragenden Fisch. Dass dieser immer auf die beste Art zubereitet wird, ist erstes Anliegen von Vito

Bianchi. Außerdem gibt es sehr gute Antipasti und *cucina di terra* sowie eine große Auswahl an Weinen, am Abend zusätzlich noch Pizza.

Frischer Fisch – **Il Grottone:** Via Modugno, Tel. 080 424 89 38, Mai–Sept. tgl. mittags u. abends, Menü 15–20 €. Die gemütliche Trattoria am felsigen Ufer bietet köstliche Fischgerichte zu fairen Preisen.

Aktiv & Kreativ

Bootstouren – Von Mai bis September werden am **Molo Lungo** Bootstouren zu den Grotten entlang der Küste angeboten.

Infos & Termine

Verkehr

Bahn/Bus: s. S. 132.

Feste und Veranstaltungen

Festa di San Vito Martire: 15. Juni, in Polignano a Mare. Großes Fest inklusive Feuerwerk zu Ehren des Heiligen und Ortspatrons. Verwahrt wird seine Reliquie jedoch in San Vito (s. S. 160).

Sagre: Während der *sagre,* kulinarischen Sommerfesten, in deren Mittelpunkt jeweils Fisch, Muscheln oder eine bestimmte Gemüsesorte steht, werden auf der Straße Speisen zubereitet und zum Verkosten gereicht (evtl. gegen einen kleinen Obolus), s. a. S. 32.

Conversano ▸ K 8

Das lebendige und einladende Städtchen Conversano erhebt sich auf einem 219 m hohen Ausläufer der Murgia. An der großen Piazza, von der man bei klarem Wetter bis zum Meer sehen kann, ragt, umgeben von Cafés und anderen Lokalen, das beeindruckende Kastell auf. Nur wenige Schritte sind es von hier bis in die bezaubernde Altstadt mit ihrer Kathedrale und ihren vielen von Wohlstand kündenden Adelspalästen.

Schon auf den ersten Blick ist zu erkennen, dass Conversano eine reiche Stadt ist. Das liegt vor allem daran, dass nach den Peuketiern, Römern und Byzantinern im 11. Jh. die Grafen von Conversano die Stadt übernahmen, sie befestigten und zum Bischofssitz erhoben. In der Folge siedelten sich Klöster an und auch viele adelige Familien errichteten hier Palazzi. Ab dem 15. Jh. übernahm die Familie der Aquaviva die weltliche Macht. Diese hatte sich im Kampf der Aragonesen gegen die Türken und andere Widersacher mehrfach Meriten erworben und durfte den königlichen Namen ihrem eigenen anfügen: Aquaviva d'Aragona. Für ihre treuen Dienste erhielten sie u. a. das Valle d'Itria (s. S. 182). Giangirolamo II. (1600–65) ließ dort Alberobello errichten. Bekannt war er unter dem Namen Guercio di Puglia (›Schielauge Apuliens‹) und als Förderer der Künste, aber auch gefürchtet wegen seiner Grausamkeit. So nahm er für sich das Recht der ersten Nacht in Anspruch, weshalb die Einwohner von Conversano noch heute scherzhaft zu sagen pflegen, sie seien alle seine Nachkommen.

Stadtmauer und Castello (Normanno)

Schon die Peuketier wussten die gute Lage des Ortes zu schätzen, wovon der untere Teil der Stadtmauer bei der **Porta Tarantina** zeugt. Die mächtigen Quader werden auf das 6.–4. Jh. v. Chr. datiert. Der größere Teil der heute noch sichtbaren Stadtmauer sowie das ursprünglich trapezförmige **Castello** gehen auf die Normannen zurück. Letzteres wurde unter den Aquaviva zum Schloss umgebaut. Giangirolamo II. ließ

Stadtführungen und Infos
Die äußerst aktive **Cooperativa Armida** engagiert sich für Kultur und Tourismus in Conversano. U. a. organisiert sie Stadtführungen in mehreren Sprachen und stellt gutes Informationsmaterial bereit (Piazza Conciliazione 5, Tel. 080 495 95 10, www.cooparmida.org, Di–So 9–12, 16.30–19.30 Uhr).

für sein Schlafgemach einen Freskenzyklus von Paolo Finiglio anfertigen. Es zeigt die Befreiung Jerusalems nach dem Kreuzfahrerepos von Torquato Tasso. Dieser Zyklus ist heute in der **Pinacoteca Comunale »Paolo Finoglio«** zu sehen (Piazza della Conciliazione, Tel. 080 495 85 25, im 2. Stock des Kastells, Di, Do, Fr 9.30–12.30 Uhr, sonst über den Pro Loco, s. u.). Das Castello selbst wird heute zu großen Teilen privat genutzt.

Cattedrale Santa Maria Assunta
Largo Cattedrale, tgl. 8–12.30, 16–20 Uhr
Seit Ende der Restaurierungsarbeiten im Februar 2012 erstrahlt die Kathedrale endlich wieder im alten Glanz. Schon 1911 war der im 11. Jh. errichtete Bau nach einem Brand umfassend restauriert worden. Das Portal wird von einem Baldachin überdacht, der auf verzierten, von Löwen getragenen Säulen ruht. Die Gestaltung im Stil der apulischen Romanik setzt sich im Inneren fort. In der linken Apsis befindet sich die Ikone der Madonna della Fonte, Schutzherrin der Stadt und eine der bedeutendsten Ikonen Apuliens.

Übernachten

Unweit der Kathedrale – **Il Cimiero:** Via delle Cattedrale 13, Tel. 080 374 19 16, www.ilcimiero.it, DZ 70–80 €. Kleines B & B in einem eleganten Gebäude aus dem 16. Jh. Die drei geräumigen Zimmer mit Blick auf den Domplatz sind warm und freundlich eingerichtet. Die Suite verfügt sogar über eine Dachterrasse. Ein guter Ort für einen längeren Aufenthalt.
Ländlich – **Montepaolo:** C. da Montepaolo, Tel. 080 495 50 87, mobile 335 133 15 86, www.montepaolo.it, DZ 86–133 €, im Juli/Aug. nur wochenweise. Wenige Kilometer südöstlich von Conversano liegt dieses alte Anwesen der Aquaviva aus dem 15. Jh., das im 19. Jh. von der Familie Ramunni übernommen und jüngst in ein Agriturismo umgestaltet wurde. Zehn schöne Zimmer und zwei Appartements in einem restaurierten Turm sowie Pool, Kinderspielplatz und Garten ermöglichen einen angenehmen Aufenthalt. Wer mag, kann während der Obsternte beim Einkochen von Konfitüren mitmachen.

Essen & Trinken

In Conversano gibt es eine große Auswahl an Restaurants, u. a. auffallend viele Pizzerien, sowie schöne Cafés.
Lokaltypisch und herzhaft – **Porta Antica:** Via Porta Antica 27, Tel. 080 495 266 69, Di–Sa mittags u. abends, So nur mittags, Menü 15–20 €. In der gemütlichen Altstadttrattoria gibt es schmackhafte Gemüsesuppen, Pasta und Fleischgerichte.

Infos & Termine

Touristeninformation
Pro Loco: Piazza Castello 13, Tel. 080 495 12 28, www.comune.conversano.ba.it und www.proloco-conversano.blogspot.de, Di, Do, Sa 10.30–13, Mi, Fr 17.30–20, So 10.30–13 Uhr.

Verkehr

Bus/Bahn: s. S. 132.

Feste und Veranstaltungen

Puglia Festival Bande: Apulien ist u. a. für seine Blaskapellen bekannt. Die besten treffen sich jedes Jahr von Mitte Juli bis August in Conversano. Auch internationale Gäste wie Goran Bregovic sind zuweilen mit von der Partie.

Monópoli ▶ L 8

Monópoli, die ›einzige Stadt‹, wurde von den Bewohnern Egnázias (s. S. 165) gegründet, nachdem ihre ursprüngliche Stadt im 6. Jh. von den Goten zerstört worden war. Ab dem 16. Jh. erlebte der Ort einen Aufschwung, da sein Hafen eine wichtige Rolle beim Handel mit Olivenöl spielte. Heute präsentiert sich Monópoli als lebendiges Städtchen, dessen Centro Storico ein Besuchermagnet ist. Man kann wunderbar am Hafen, an der meerseitigen Mauer und durch die verwinkelten Gassen schlendern. Monópoli besitzt auch einen langen weißen Sandstrand mit vielen Strandbädern, wo im Sommer Tag und Nacht reges Leben herrscht. Lebhaft geht es am Spätnachmittag auch am **Porto Vecchio** zu, wenn die Fischkutter einlaufen und die Fischer ihren Fang verkaufen – es ist einer der schönsten Fischmärkte an der apulischen Adriaküste.

Castello Carlo V

Tel. 080 930 30 14, Di–So 10–12, 17–20 Uhr (nicht verlässlich), Eintritt frei

Einen herrlichen Blick auf den Hafen, die Altstadt und das Meer genießt man von der oberen Terrasse des Castello Carlo V aus dem 16. Jh. Von der ursprünglichen Anlage der Normannen existieren nur noch wenige Überreste. Heute werden die Räumlichkeiten für Kongresse und Ausstellungen genutzt.

Cattedrale Madonna della Madia

Zentraler Punkt der Altstadt ist neben dem Hafen die Piazza Cattedrale, wo sich aus der Enge der Gassen die Cattedrale Madonna della Madia mit ihrem Campanile im Stil des Barock erhebt. Wie viele ihrer Schwestern an der Adriaküste entstand auch sie im 12. Jh., wurde im 18. Jh. jedoch in opulenten Barock gekleidet. Namensgeberin der Kirche ist die Ikone der Madonna della Madia aus dem 13. Jh., die durch Kreuzfahrer nach Monópoli gelangt sein soll. Eine Legende erklärt ihre Herkunft auf andere Weise: Der Bau der Kathedrale soll bereits bis auf das Dach abgeschlossen gewesen sein, als das Bauholz ausging. Da erschien einem armen Mann im Traum ein Engel und verkündete ihm, dass er am Hafen Holz und ein Madonnenbild vorfinden würde. Der Mann berichtete sogleich dem Bischof davon, doch er musste seine Geschichte noch zweimal wiederholen, bis ihm der Bischof Glauben schenkte. In der Zwischenzeit hatten sich schon viele Menschen am Hafen versammelt, um das Wunder zu bestaunen: Tatsächlich lag dort ausreichend Holz für das Dach – und überdies die Ikone der Madonna. Die Geschichte wird auf den Gemälden rechts vom Altar wiedergegeben. Dort steht auch eine Kopie der Ikone, damit man sie genauer betrachten kann.

Übernachten

Historisch – **La Porta Vecchia 2004:** Via Peroscia 21, Tel. 080 80 26 90, www.laportavecchia.it, DZ 50–70 €. Das kleine B & B in einem Altstadt-Palazzo im historischen Zentrum bietet vier Zimmer, die nicht minder histo-

risch, dafür aber sehr charmant eingerichtet sind. Bei warmem Wetter wird das Frühstück auf der Terrasse mit Blick aufs Meer serviert.

Essen & Trinken

Es gibt in Monópoli eine Vielzahl von Restaurants und jede Menge Möglichkeiten für einen kleinen Imbiss.

Urgemütlich – **Osteria Perricci:** Via Orazio Gomez 1, Tel. 080 937 22 08, Do–Di mittags u. abends, Menü 20–25 €. Die familiengeführte Osteria in der Altstadt ist einen Besuch wert. Frische Fisch- und Fleischgerichte, köstliche Pasta, leckere Antipasti und viel Atmosphäre.

Infos

Bus/Bahn: s. S. 132.
Mietwagen: Monópoli Car Hire, Via S. Donato 78, Tel. 080 74 79 51.

Egnázia ▶ M 8

Via Egnázia 87, www.egnaziaonline.it, April–Sept. 8.30–19.15, Okt. 8.30–18, Nov.–Feb. 8.30–16.30, März 8.30–17.30 Uhr, Kassenschluss 1 Std. früher, Eintritt 3 €, erm. 1,50 €, Audioguide 5 €

Wer sich für Geschichte und Archäologie interessiert, dem sei ein Abstecher nach Egnázia, dem griechischen Gnathia, empfohlen, das ca. 10 km südöstlich von Monópoli liegt. In der schon zu Bronzezeiten besiedelten Region lag auch das Grenzgebiet zwischen den Messapiern (im Süden Apuliens) und den Peuketiern (bis zum Tavoliere). Aus dieser Zeit, dem 5. Jh. v. Chr., stammt eine heute noch existierende 2 km lange Befestigungsmauer, die die Akropolis teilweise umschließt. Die Blütezeit des antiken Gnathia setzte im 3. Jh. v. Chr. mit den Römern ein. Zu dieser Zeit wurden das Forum und die Basilika gebaut und ein Hafen angelegt. In der Bucht rechts von der Akropolis kann man heute unter Wasser noch die alten Molen und Mauern der Anlage sehen. 109 v. Chr. wurde die Via Traiana durch den Ort geführt. Auf der freigelegten gepflasterten Straße sind noch die alten Wagenrinnen zu erkennen.

Im weitläufigen, sehr sehenswerten Ausgrabungsgelände, durch das die Küstenstraße verläuft, geben Infotafeln und ein Audioguide in Englisch viele ausführliche Informationen. Neben der Via Traiana, den Tempelanlagen und dem Forum sind Überreste des Amphitheaters und alter Grabanlagen zu sehen. Auf dem Gelände kann man Stunden verbringen. Unter Schatten spendenden Olivenbäumen kann man sich mit einem Picknick stärken.

Einheitslook mit Charme: die ›Flotte‹ von Monópoli vor den historischen Mauern der Stadt

Museo Archeologico di Egnazia

Beim Besuch des Geländes kommt man zuerst zum Museum, das eine gut aufgebaute Ausstellung zu den Ausgrabungen und der Geschichte der Messapier und Peuketier etc. beherbergt. Die Informationen liegen bisher allerdings nur in Italienisch vor, doch viele der Skizzen und einige Ausstellungsstücke sind selbst erklärend bzw. einfach nur beeindruckend schön, wie z. B. das Mosaik der drei Grazien aus dem 4./3. Jh. v. Chr.

Infos

Ein Besuch von Egnázia ist nur mit dem **Auto** möglich.

Das Beste auf einen Blick

Terra di Bari und Valle d'Itria

Highlights !

Castel del Monte: Majestätisch thront der rätselhafteste Bau Friedrichs II. auf einem Hügel über der Ebene. S. 171

Ruvo di Puglia: Hauptattraktionen von Ruvo sind die bildhübsche Kathedrale im apulisch-romanischen Stil und ein Museum mit antiken Keramiken. S. 174

Valle d'Itria: Ein Besuch der hügeligen Landschaft mit ihren Mandel- und Olivenhainen und vor allem den vielen Trulli, die wie weiße Zipfelmützen aus der Umgebung aufragen, gehört zu jeder Apulienreise dazu. S. 182

Auf Entdeckungstour

Bizarre Welten – zu den Grotten von Castellana und Putignano: Wer wissen will, welch märchenhafte Welt das Wasser im Laufe von Jahrmillionen im Karstgestein der Murgia geschaffen hat, der sollte die Grotte di Castellana oder die Grotta di Putignano besuchen – am besten gleich beide. S. 184

Kultur & Sehenswertes

Canosa di Puglia: Die lebendige Agrarstadt hat mehr als nur eine beeindruckende Kathedrale zu bieten, denn Messapier, Griechen, Römer und frühchristliche Gemeinschaften haben hier beeindruckende Spuren hinterlassen. Dank einer Stiftung kann man auf eine interessante Zeitreise gehen. S. 168

Aktiv & Kreativ

Mit dem Fahrrad oder zu Fuß: Eine beschauliche Tour führt von Alberobello durch das liebliche Trulliland. S. 186

Spaziergang von Martina Franca nach Locorotondo: Auf Nebenstraßen geht es vorbei an älteren und neueren Trulli sowie herrlichen alten Olivenbäumen – hier kann man sich noch einmal von der Landschaft verzaubern lassen. S. 192

Genießen & Atmosphäre

Masseria Barbera: Hier wird mit Leib und Seele und viel Liebe gekocht, gebacken, eingelegt, arrangiert, garniert, serviert... Eines der besten Lokale in Apulien! S. 174

Arte Fredda: Früchte, Eis, Halbgefrorenes, *spumone* oder einfach nur ein Espressino – in dieser kleinen Eisbar in Alberobello gibt es köstliche Erfrischungen. S. 186

Fornelli in Cisternino: In einem der typischen Metzgerei-Imbisse sollte man sich ein Fleischgericht vom Holzkohlegrill und dazu einen kräftigen Rotwein gönnen – einfach und gut! S. 190

Abends & Nachts

Abendliches Piazza-Spektakel: Zwischen der neuen Piazza XX Settembre und der alten Piazza Roma in Martina Franca wird flaniert und fabuliert – sie sind beliebte Treffpunkte für Jung und Alt. S. 191

Gekrönte Landschaft

Die Terra di Bari bildet das gesamte Hinterland parallel zur Costa di Bari und ist Teil der Murgia, die sich bis in den Salento hinunterzieht. Stufenförmig bauen sich die Kalksteinplatten vom Meer her auf. In niedrigen Höhenlagen wirkt die Landschaft noch wie ein riesiger Gemüsegarten voller Oliven- und Mandelhaine, dann wird der Boden allmählich karger und weite Weizenfelder bedecken die hügeligen Ebenen, bis in den Höhen schließlich das Karstgestein an die Oberfläche tritt.

Flüsse, die das hügelige Land einst durchquerten, und Regenwasser haben in Jahrmillionen unterirdische Höhlen aus dem Fels gewaschen, wie in Putignano und Castellana (s. S. 184), oder Schluchten in den Fels gegraben. Dort gruben frühe Siedler Höhlen und später fliehende byzantinische Mönche Kirchen in den Tuffstein, so wie sie in Gravina heute noch zu bestaunen sind. Seit 2004 sind 68000 ha der Murgia in der Terra di Bari durch den Parco Nazionale dell'Alta Murgia geschützt.

Absolutes Highlight ist das Valle d'Itria mit Alberobello, Weltkulturerbe und mit gut 1400 ›Zipfelmützenhäusern‹ Hauptstadt des Trulli-Tals. Die verspielt wirkenden weißen Rundhäuser mit Dächern wie Zuckerhüte stehen einzeln oder bilden ganze Anwesen, eingebettet in eine Landschaft voller Gärten, Felder und Haine, die mit einer Vielzahl von Trockensteinmauern voneinander abgegrenzt sind. Kein Wunder, dass das Tal zu den von Touristen am häufigsten besuchten Regionen Apuliens gehört. Ebenfalls Weltkulturerbe und ein Besuchermagnet ist Castel del Monte, die ›Krone Apuliens‹. Einsam thront es auf einem Hügel über der Terra di Bari und gibt bis heute Rätsel auf.

Infobox

Internet

www.parcoaltamurgia.it: Website des Parco Nazionale dell'Alta Murgia mit Infos zu Veranstaltungen, Projekten, Buchung von Touren etc. (ital./engl.).
www.valleditria.it: in mehreren Sprachen Tipps zu Unterkünften, Aktivitäten und Events im Trulli-Tal.
www.pugliaimperiale.com: mehrsprachige Website mit Infos u. a. zu Architektur und Geschichte, Städten und Regionen, Restaurants und Unterkünften in der nördlichen Terra di Bari.

Verkehr

Züge der **Trenitalia** (www.trenitalia.it) fahren nur auf der Nebenstrecke Barletta–Spinazzola (s. S. 136). Die Bahnen und Busse der **Ferrovie del Nord Barese** (www.ferrovienordbarese.it) verkehren im Norden der Terra di Bari. Die Busse der **STP** (www.stpspa.it) dagegen verbinden alle Städte miteinander. Im Süden verkehren die Bahnen und Busse der **SITA** (www.sitabus.it) sowie der **Ferrovie Sud Est** (www.fseonline.it). Von Bari aus fahren auch Züge der **Ferrovie Appulo Lucane** (www.fal-srl.it) in die Basilikata.

Canosa di Puglia

▶ F 6

Das einst so bedeutende Canosa di Puglia in der nördlichen Terra di Bari liegt auf einem Hügel. In der umliegenden Ebene wird Feldwirtschaft betrieben

Als hätte man sie eigens angepflanzt: Mohnblumen rahmen die Olivenbäume ein

bzw. Oliven- und Weinanbau. Im Sommer brennt die Sonne hier erbarmungslos, sodass die Bauern bereits früh um vier mit ihrer Arbeit beginnen, in der Hitze des Tages lange Siesta halten und abends in die Stadt fahren, in der es in den Sommermonaten sehr turbulent zugeht. Dennoch macht die Stadt, die durch Kriege und Erdbeben immer wieder in Mitleidenschaft gezogen wurde, einen gemütlichen Eindruck.

Als Canosas Gründer wird Diomedes, einer der Helden von Troja, benannt. Strategisch günstig gelegen, entwickelte sich der Ort schnell zu einer wichtigen Handelsstadt der Daunier und Griechen, später der Römer. Hier trafen Via Appia und Via Traiana aufeinander. 343 n. Chr. wurde Canosa Bischofssitz, einer der ersten in Süditalien. Im Zuge der Auseinandersetzungen zwischen Goten, Langobarden, Byzantinern und Sarazenen wurde die Stadt dann sehr in Mitleidenschaft gezogen. Erst mit den Normannen kehrte wieder etwas Ruhe ein. Unter den Anjou verlor Canosa an Bedeutung und wurde danach als Lehen an verschiedene Adelsgeschlechter weitergereicht.

Dank seiner reichen Geschichte ist Canosa heute eine der kunsthistorisch bedeutendsten Städte der Region. Neben der Kathedrale und einem Normannengrab gibt es archäologische Schätze, die man dank einer Stiftung entdecken kann.

Cattedrale San Sabino

Piazza Boemondo, tgl. 9–12, 16–19 Uhr
Außen eher unscheinbar, offenbart die Kathedrale ihre Pracht im Inneren. Unverkennbar sind morgenländische und byzantinische Einflüsse, beispielsweise bei dem von Elefanten getragenen Bischofsthron aus Marmor. Geweiht ist die Kathedrale dem hl. Sabino, 514–566 Bischof von Canosa, dessen Gebeine seit dem 8. Jh. in einem Vorgängerbau der Cattedrale San Sabino ruhten. Den Neubau ordnete Bohemund,

Archäologische Entdeckungen

Um den Erhalt und die Präsentation der archäologischen Funde in und um Canosa bemüht sich die **Fondazione Archeologica Canosina** (F.A.C.). Interessierte können telefonisch Führungen (u. a. auf Deutsch) sowie den Besuch von Stätten vereinbaren, die sonst meist geschlossen sind. Die Stiftung hat ihren Sitz im Palazzo Sinesi, Via Kennedy 18, Tel. 0883 66 40 43, Hotline 333 885 63 00, www.canusium.it, tgl. 9–13, 15–19 Uhr.

der Sohn Robert Guiskards, 1080 an. Zu jener Zeit erhob auch Bari Anspruch auf die Gebeine des Heiligen, die jedoch per päpstlichem Beschluss Canosa zugestanden wurden.

Rechts neben der Kirche steht ein kleiner Kuppelbau, die **Tomba di Boemondo** (Öffnungszeiten variieren), wo Bohemund, der erfolgreich im Ersten Kreuzzug kämpfte, begraben ist.

Castello

Folgt man von der Kathedrale aus dem Corso San Sabino, so gelangt man direkt in das mittelalterliche Zentrum von Canosa, an dessen höchster Stelle über der antiken Akropolis das von Byzantinern und Normannen errichtete Castello steht. Der Zutritt ist zurzeit wegen Ausgrabungsarbeiten und Sicherungsmaßnahmen nicht möglich.

Palazzo Sinesi

Via Kennedy 18, Tel. 0883 66 47 16, tgl. 9–13, Di/Fr auch 17–19 Uhr, Eintritt frei

Der Palazzo Sinesi beherbergt eine beeindruckende Sammlung archäologischer Funde. Die meisten wurden im Ipogeo Varese (öffentlich nicht zugänglich) gemacht, einer der wenigen Grabanlagen, die bei ihrem Auffinden noch nicht geplündert waren. Ein Großteil der Exponate ist Keramik aus dem 6.–3. Jh. v. Chr., vor allem daunischen Ursprungs. Dieser Stil ist geprägt von geometrischen Formen in Ocker und Schwarz. Die Gefäße ab 350 v. Chr. waren nicht mehr für den Gebrauch bestimmt, sondern als Grabbeigaben. Zu den Prachtstücken der Ausstellung gehört ein bauchiger Wasserbehälter, in dessen Mitte ein Kopf mit Flügeln prangt. Daneben stürmen zwei Pferde ›aus der Vase‹ und oben sieht man die drei Schicksalsgöttinnen.

Battisterio di San Giovanni

Vico Pepe/Via Alcide de Gasperi, Zutritt nur über F.A.C., s. Kasten

Das gut erhaltene Baptisterium im Norden der Stadt stammt aus dem 6. Jh. und hat entsprechend den Aposteln zwölf Seiten. Betreten werden konnte es durch sieben Eingänge. Unter dem tiefen Becken (damals praktizierte man noch die Ganzkörpertaufe) fand man eine Zisterne. Das Baptisterium war früher Teil eines Komplexes christlicher Gebäude, von dem noch die Grundmauern der Chiesa S. Salvatore und der Chiesa S. Maria gut zu erkennen sind. In beiden Kirchen hat man Mosaiken aus dem 4.–6. Jh. entdeckt, auf denen u. a. Hirsche zu erkennen sind.

Ipogeo Scocchera B

Via Matarrese, Zutritt nur über F.A.C., s. Kasten

Der unterirdische Grabbau östlich des Baptisteriums wurde in den 1970er-Jahren entdeckt, als man an dieser Stelle eine Baugrube aushob. Allerdings war er schon nahezu leer geplündert. Im Hauptraum sieht man noch das Loch in der Decke, durch das die Grabräuber einst eingestiegen sind. Interessanterweise hat das Grab aus dem 4. Jh. v. Chr. bereits die Form eines Kreuzes. Über dem Eingang sind noch verschiedene Tierdarstellungen erkennbar, u. a. Hirsche, die den Toten auf seiner Reise begleiten sollten.

Basilica di San Leucio

An der verlängerten Via Santa Lucia, Zutritt nur über F.A.C., s. Kasten S. 170

Im Südosten der Stadt liegt das sehr gepflegte Ausgrabungsgebiet um die Basilica di San Leucio. Auf dem Hügel stand schon in vorchristlicher Zeit einer der wichtigsten Tempel Süditaliens. Er war der Göttin Minerva-Athena geweiht. Im 5. Jh. musste er einer Basilika für die Heiligen Cosma und Damiano, später San Leucio, weichen. Einige Überreste des Tempels sind aber erhalten geblieben, u. a. ein Kapitell mit einem weiblichen Kopf, wahrscheinlich Minerva, und das gut erhaltene Mosaik eines Pfaus. Die Kirche war das größte frühchristliche Gebäude in Apulien. Im angeschlossenen **Antiquarium** sind u. a. Modelle des Tempels ausgestellt.

Übernachten

Herrschaftlich – **Lama di Luna:** Loc. Montegrosso, 14 km südöstlich von Canosa, Tel. 0883 56 95 05, www.lamadiluna.com, DZ/Suiten 140–300 €. Öko-Masseria inmitten von Oliven-, Mandel- und Kirschbäumen. Die einladenden Zimmer mit Steinmauern und viel Holz bieten allen Komfort. Pool, Parkplatz und ein Restaurant mit herzhafter Küche aus eigenen Produkten.

Zentral – **Hotel del Centro:** Corso San Sabino 92, Tel. 0883 61 24 24, www.hoteldelcentro.it, DZ 60 €, Frühstück 3 € extra. Wie der Name schon sagt, liegt das altehrwürdige Hotel mit etwas plüschig eingerichteten Zimmern direkt im Zentrum, gegenüber dem Dom von Canosa. In den warmen Monaten ist es hier entsprechend laut.

Essen & Trinken

Mit Lokalkolorit – **Locanda di Nunno:** Via Balilla 4, Tel. 0883 61 50 96, Di–Sa mittags u. abends, So nur mittags, Menü 30 €. In dem Lokal am Stadtrand kommen für Canosa typische Gerichte auf den Tisch – frische Pasta, Focaccia, Gemüse und auch Pferdefleisch.

Raffiniert – **La Pasteria Beomodo:** Corso San Sabino 94/96, Tel. 0883 88 42 31, tgl. ab 7 Uhr, Menü 10–15 €. *Un po di particolare* ist das Motto der Betreiber, d. h. sie bemühen sich um eine etwas andere, ausgefallene Küche. Die Bar ist schlicht und doch geschmackvoll eingerichtet. Neben vielen guten Snacks gibt es tgl. wechselnde Menüs, die schon für das Auge eine wahre Freude sind. Gute Auswahl an Weinen.

Infos

Touristeninformation

IAT: Infopavillon direkt am Dom (leider nur unregelmäßig geöffnet), Tel. 0883 66 40 43, www.iatcanosa.it.

Internet

www.canosaweb.it

Verkehr

Bahn: Verbindungen nach Barletta mit Trenitalia. Bahnhof südwestlich außerhalb des Stadtzentrums.

Castel del Monte !

▶ G 7

Einsam und gleichzeitig majestätisch thront das seit 1996 zum UNESCO-Weltkulturerbe zählende Castel del Monte auf einem 540 m hohen Hügel, der die gesamte Ebene überragt. Von seinen Zinnen reicht der Blick bis zur

Ausflugsort auch für Apulier – und Apulierinnen: Castel del Monte

Küste, und man kann dem Schriftsteller und Historiker Ferdinand Gregorovius nur zustimmen, der das Schloss ›die Krone Apuliens‹ nannte.

Castel del Monte ist der rätselhafteste Bau von allen Schlössern und Festungen, die Friedrich II. entlang einer Verteidigungslinie in der Basilikata, vor allem aber in Apulien, errichten ließ. Immer wieder wird es mit dem Felsendom in Jerusalem oder der Pfalzkapelle Karls des Großen in Aachen verglichen. Die Präsenz der Zahlen acht, fünf und drei innerhalb des architektonischen Konzepts legt Verbindungen zur Astrologie und Zahlenmystik nahe. Außerdem liegt das Kastell angeblich genau in der Mitte zwischen der Cheopspyramide und der Kathedrale von Chartres und würde genau in die Pyramide hineinpassen.

Welchem Zweck sollte der Bau dienen? Es fehlen ein Schlossgraben sowie wirksame Verteidigungsanlagen, was vermuten lässt, dass er eher der Repräsentation diente. Unverkennbar war der gesamte Bau in puncto Lage, Größe, farblicher Gestaltung und An-

lage darauf ausgerichtet, die Macht des Kaisers zu versinnbildlichen. Man muss sich hierbei jedoch auf Vermutungen stützen, denn die vorhandenen Daten sind spärlich.

Man weiß, dass der Stauferkaiser die Errichtung des Kastells um 1240 anordnete, zu einem Zeitpunkt, als seine Macht – nicht zuletzt wegen seines erfolgreichen Kreuzzugs (s. S. 60) – wieder erstarkt und gefestigt war. Ob er sich hier jemals aufgehalten hat, ist dagegen nicht bekannt. Als gesichert gilt, dass Karl I. von Anjou hier Friedrichs Enkel einkerkern ließ. Zu diesem Zeitpunkt hieß das Bauwerk noch Castel Santa Maria del Monte, erst ab 1463 wird es Castel del Monte genannt. Ab Mitte des 17. Jh. verfiel das Schloss, wurde ausgeplündert und bot Hirten mit ihren Herden und im 19. Jh. Briganten Unterschlupf. 1876 wurde es vom neuen italienischen Staat aufgekauft und ab 1928 restauriert. Im Inneren sind Fotos ausgestellt, die den einstigen Zustand des Kastells zeigen.

Besichtigung

Tgl. März–Sept. 10.15–19.15, Okt–Feb. 9–18 Uhr, Eintritt 3 €, erm. 1,50 €

Beim Besuch des Kastells fällt sofort die besondere Farbe auf. Ein Großteil des Baus wurde mit dem aus der Murgia stammenden hellen Kalkstein errichtet, der zu jeder Tageszeit einen anderen Farbton annimmt. Einen schönen Kontrast dazu bildet die aus dem Gargano stammende *breccia corallina* (›Korallenschotter‹), die z. B. für das Eingangsportal verwendet wurde.

Am auffälligsten ist die achteckige Form. Die Acht als Zahl des Erzengels Michael, der Unendlichkeit oder auch des Gleichgewichts kehrt immer wieder. Über einen achteckigen Innenhof, den einst in der Mitte ein Brunnen schmückte, gelangt man ins Innere. Die zwei Etagen des Kastells bestehen aus jeweils acht trapezförmigen Räumen, die in Form und Größe identisch erscheinen. Jeder Raum hat eine umlaufende Sitzbank, einige verfügen auch über sanitäre Einrichtungen, andere über einen riesigen Kamin. Lediglich ein Teil der Räume ist direkt miteinander verbunden, andere sind über die Wendeltreppen in drei der acht Türme zu erreichen, was den Eindruck eines Labyrinths entstehen lässt. Dem heutigen Besucher helfen Pfeile bei der Orientierung und Schautafeln mit

Mein Tipp

Die Masseria des Signore Barbera
Nur ca. 29 km nordwestlich vom Castel del Monte empfängt Signore Ricardo Barbera in seiner wunderschön gelegenen Masseria seine Gäste. Seit 2000 hat er sich mit Leib und Seele dem qualitativ guten Essen verschrieben. Um die schön angelegte Masseria herum werden Gemüse und Früchte angebaut, Hühner, Ziegen und Schafe gehalten und überall wachsen Kräuter zur Verfeinerung der Speisen. Die traditionellen Gerichte werden mit viel Liebe zubereitet und serviert, begleitet von guten apulischen Weinen. Eines der besten Lokale in Apulien! (**Masseria Barbera,** SP 97, km 5850, Tel. 0883 69 20 95, www.masseriabarbera.it, Di–So mittags u. abends, Menü 25–30 €.)

Erklärungen auf Deutsch und Englisch informieren umfassend.

Infos

Internet

www.casteldelmonte.beniculturali.it: Auf der zweisprachigen Website findet man viele interessante Informationen, auch zu aktuellen Veranstaltungen.

Verkehr

Bus: Vom Bahnhof im nächstgelegenen größeren Ort Ándria (s. S. 136) 3–5 tgl. Verbindungen mit dem STP-Bus Nr. 6. März–Sept. fährt ein Shuttlebus vom großen Parkplatz hinauf zum Kastell; zu Fuß benötigt man ca. 15 Min. Von Okt. bis Feb. kann man den Parkplatz (5 €) unterhalb des Kastells nutzen.

Ruvo di Puglia ! ►H 7

In der Antike war Ruvo di Puglia eine wichtige Station an der Via Traiana und für seine Keramikherstellung bekannt. Ein Museum mit Keramikfunden gehört heute neben der bildschönen Kathedrale zu den Hauptattraktionen von Ruvo. Außerdem hat das Städtchen im Hinterland von Bari eine schmucke Altstadt, die jeden Besucher begeistert.

Cattedrale Santa Maria Assunta

Largo Cattedrale, tgl. 9–12, 16–19 Uhr

Die im 12./13. Jh. auf einem Vorgängerbau errichtete Kathedrale ist eines der schönsten Beispiele apulischer Romanik. An der strahlend weißen Fassade fallen vor allem die relativ steil abfallenden Seiten mit Blendarkaden auf. Die dort dargestellten Masken und Köpfe von Fabelfiguren sollen alles Böse und Schlechte abwehren. Löwen und Greife bewachen das reich mit Fabelwesen, Aposteln und Ornamenten verzierte Portal. Die Figur zwischen Giebelspitze und zwölfspeichiger Fensterrosette soll Friedrich II. darstellen, der Ruvo den Status einer freien Reichsstadt gab. Im Inneren erinnert das Ziborium an jenes in Bari. Der hinter der Kathedrale frei stehende Campanile war ursprünglich ein Wachturm.

Palazzo und Museo Jatta

Piazza Giovanni Bovio 35, Tel. 080 361 24 56, www.palazzojatta.org, Mo–Do, So, Fei 8.30–13, Fr, Sa 8.30–19.30 Uhr, Eintritt Palazzo 5 €, Eintritt Museum frei

Durch Zufall fand zu Beginn des 19. Jh. ein Maurer in Ruvo bei Arbeiten an einem Haus den Eingang in eine Nekropole, die gut erhaltene Vasen barg. Er konnte sie schnell und für viel Geld ins

Ausland verkaufen. Das rief Nachahmer auf den Plan, die eine Nekropole nach der anderen aufspürten und die Funde ebenfalls verkauften – es herrschte eine wahre Goldgräberstimmung. Viele der verkauften Stücke schmücken heute die Ausstellungsräume großer archäologischer Museen auf der ganzen Welt. Giovanni Jatta, Anwalt in Neapel mit Grundbesitz in Ruvo, beschloss dagegen vorausschauend, die Artefakte, die auf dem Land seiner Familie gefunden wurden, zu sammeln und sogar noch andere aufzukaufen und auszustellen. 1844 gab die Familie den Bau eines Palazzos in Auftrag, der die Sammlung aufnehmen sollte. Erst 1992 wurde er jedoch der Öffentlichkeit zugänglich gemacht. Heute umfasst die Sammlung mehr als 2000 Exponate aus dem 8. bis 3. Jh. v. Chr. Prunkstück ist der Cratere di Talo. Auf dem Gefäß abgebildet ist die Begegnung zwischen den Argonauten und Talos auf der Insel Kreta, wie Medea dessen Sinne verwirrt und der sterbende Gigant zwischen Kastor und Pollux.

Neben dem Museum steht auch das sogenannte **Piano Nobile** für Besichtigungen offen, wo man interessante Einblicke in die aufregende Geschichte der Sammlung und in das aristokratische Leben bekommt.

Übernachten

Stilvoll – **Hotel Pineta:** Via Carlo Marx 5, Tel. 080 361 15 78, www.hotelpinetaruvo.it, DZ 120–150 €. Modernes Hotel am nördlichen Stadtrand von Ruvo mit modern und luftig eingerichteten Zimmern. Terrasse, Garten und Pool laden zum Ausruhen ein. Angeschlossen ist ein Restaurant.

Apulisch-romanisches Löwenquartett am Portal der Cattedrale Santa Maria Assunta

Essen & Trinken

Urig – **Hosteria Pomponio:** Vico Pomponio 3, nahe der Piazza Matteotti, Tel. 080 362 99 70, Mo–Sa mittags u. abends, Menü 15–20 €. In der rustikalen Osteria gibt es deftige Fleischgerichte, Innereien und viel Gemüse. Auch Einheimische gehen hier gerne essen.

Infos & Termine

Touristeninformation

Pro Loco: Via Veneto 48, Tel. 080 361 54 19, Mo–Sa 10–12, Mo–Fr 18–20 Uhr, www.prolocoruvodipuglia.it.

Verkehr

Bahn: Verbindungen nach Bari und Barletta mit der FSE, Bahnhof im Süden der Altstadt.
Bus: Verbindungen mit STP nach Bari und mit FNB u. a. nach Barletta und Ándria.

Feste und Veranstaltungen

Scoppio delle Quarantane: Am Ostermontag werden die sieben aus Lumpen gefertigten Puppen verbrannt, die am Aschermittwoch über den Straßen aufgehängt wurden.

Gravina in Puglia

▶ G 9

Die Schlucht, an der Gravina in Puglia liegt, war bereits in der Bronze- und in peuketischer Zeit besiedelt. Unter den Römern entstand hier aufgrund der Lage an der Via Appia ein Handelszentrum. Im 5. Jh. tauchte erstmals der Name *Civitas gravinae* (Schluchtenstadt) auf. In der Folgezeit ließen sich hier Mönche aus Kleinasien und Sizilien nieder, woran heute noch besonders die Grottenkirche San Michele erinnert. Im 9. Jh. wurde Gravina zum Bischofssitz ernannt, gelangte dann in den Besitz der Normannen, Staufer und Anjou und war schließlich bis ins 19. Jh. ein Lehen der Familie Orsini. Die Bewohner hatten die Wohnhöhlen in der schützenden Schlucht bereits ab dem 11. Jh. als Wohnstätten aufgegeben, um sich an den oberen Rändern niederzulassen, dem heutigen Centro Storico. Die Behausungen in der Schlucht dienten aber noch bis ins 20. Jh. als Ställe, Schuppen etc.

Piazza del Papa Benedetto XIII

Mittelpunkt der Altstadt ist die Piazza del Papa Benedetto XIII. Papst Benedikt XIII., der zuvor Bischof von Gravina in Puglia gewesen war, entstammte dem Adelsgeschlecht der Orsini, zu deren Lehen Gravina seit Ende des 14. Jh. gehörte. Als Grabkapelle ließen sie sich die **Chiesa del Purgatorio** errichten, deren makabres Eingangsportal die Blicke auf sich zieht – es wird von menschlichen Skeletten bewacht. An der Piazza steht auch die **Cattedrale Santa Maria Assunta** (Organisation der Besichtigung über die Associazione Culturale Benedetto XIII, s. S. 177). Im 15. Jh. wurde das 1092 von den Normannen errichtete Bauwerk mit Elementen der Renaissance erneuert und erweitert.

Chiesa San Michele und Rione Fondovico

Informationen bzw. Führungen über die Associazione Culturale Benedetto XIII, s. Infos & Termine S. 177
Die von Mönchen in den weichen Tuffstein gegrabene und mit ikonenartigen Fresken versehene Chiesa San Michele ist die schönste der knapp 30 Grottenkirchen in dieser Gegend und

eine der größten Apuliens. In einer der Apsiden der ›fünfschiffigen‹ Kirche steht eine steinerne Statue des Erzengels, der hier genauso verehrt wurde wie heute noch am Monte Sant'Angelo. Von der Grottenkirche hat man einen wunderbaren Blick über den **Rione Fondovico,** eine ehemals bewohnte Schlucht mit Höhlen, die in einigen Bereichen zugänglich sind.

Übernachten

Gemütliche Beibe – **Hotel Alta Murgia:** Via Marconi, Tel. 080 325 63 69, www.hotelaltamurgia.it, DZ 55–60 €. Das Hotel verfügt über ein gutes Dutzend in verschiedenen Stilen eingerichtete Zimmer mit allem Komfort. Sie verteilen sich auf mehrere Häuser in der Nähe der Piazza Notar Domenico im Centro Storico.

Essen & Trinken

Kulinarische Wonnen – **Osteria La Murgiana:** Via XXIV Maggio 25, Tel. 080 326 27 71, mobil 331 739 64 18, www.osterialamurgiana.it, Di–Sa mittags u. abends, So nur mittags, Menü ab 25 €. Francesco Capazzo, einer der Betreiber des ehemaligen Cuccu, hat im Oktober 2010 ein neues Lokal mit vorzüglichem Essen eröffnet. Allein schon die Antipasti sind ein kulinarisches Erlebnis.

Beliebt – **Zia Rosa:** Via Marconi 18, Tel. 080 325 78 42, www.trattoriaziarosa.it, Do–Di mittags u. abends, So nur mittags, Menü 20–25 €. Die urgemütliche Trattoria gleich am Eingang zur Altstadt ist nicht nur wegen der tollen Atmosphäre beliebt, sondern auch wegen der schmackhaften Küche (frische Pasta und gegrilltes Fleisch) und der großen Portionen.

Infos

Touristeninformation

IAT: Via Matteotti 15/17, Tel. 080 326 81 53, Di–Sa 10–13, 15–17, So 10–13 Uhr.

Informationen und Führungen

Associazione Culturale Benedetto XIII: in der Sakristei der Chiesa del Purgatorio, mobil 338 567 80 17, www.benedetto13.it, tgl. 9–12, 16–19 Uhr. Führungen auch in Englisch, ein Obolus für den Guide ist wünschenswert.

Verkehr

Bahn: Verbindungen nach Canosa und Barletta mit Trenitalia sowie nach Bari und Matera mit der FAL.

Bus: Verbindungen nach Bari mit STP sowie nach Gioia del Colle und Matera mit Marinobus, www.marinobus.it.

Altamura ► H 8/9

Inmitten ausgedehnter Weizenfelder liegt die größte Stadt und das landwirtschaftliche Zentrum der Murgia – Altamura, auch *Città del Pane* (Stadt des Brots) genannt. Hier ist man noch stolz auf seine traditionellen Brotsorten, das *Pane di Altamura,* und so ist es kein Wunder, dass die McDonalds-Filiale, die 2005 im Ort eröffnete, bereits nach einem Jahr wieder schließen musste – gleich daneben hatte man einen Laden eröffnet, in dem die traditionelle Focaccia verkauft wurde. Eine weitere lokale Spezialität ist »Padre Pepe«, ein Kräuterschnaps.

Auch wenn es an dieser Stelle bereits im 5. Jh. v. Chr. eine peuketische Siedlung gab, geht die eigentliche Gründung von Altamura auf Friedrich II. zurück, der 1230 beschloss, hier eine Kathedrale zu errichten und christliche, griechische und jüdische Gemeinden anzusiedeln.

Lieblingsort

Frischer geht's nicht – Forno Antico von Vito Macella ▶ H 8/9

Das Brot von Altamura bleibt zwar nach dem Backen besonders lange frisch, doch es schmeckt warm und direkt aus dem Ofen am besten. Unvergleichlich ist der Geschmack von Brot, das in einem traditionellen Ofen gebacken wurde. Eine Backstube mit einem solchen Ofen, dem Forno Antico, findet man, wenn man von der Kathedrale über die Via Gia'Corte D'Appello zur Via L. Martucci geht. Der Ofen ist 5 m tief (!) und stammt aus dem Jahr 1423. Damit ist er der älteste Ofen in Altamura. In der Backstube kann man Vito Macella dabei zusehen, wie er den Teig knetet, die Brotlaibe formt, sie in den Ofen schiebt und wieder herausholt. Er bäckt nicht nur Brot, sondern auch die beliebte Focaccia, die man am besten gleich draußen an einem der Tische verzehrt – köstlich! (Via L. Martucci 10, mobil 329 152 41 77, sicher Mo–Sa 9–12.30 Uhr, wenn der Vorrat reicht, auch länger.)

Der **Corso Federico II di Svevia** teilt die Altstadt in zwei Hälften. An seinem nördlichen Ende liegt die **Chiesa San Nicola dei Greci,** in der bis 1601 die Messe nach byzantinischem Ritus zelebriert wurde. Wenn man sich einfach durch die schönen Gassen treiben lässt, gerät man häufiger in sogenannte *claustri* (Sg. *claustro*), ›Sackgassen‹. In den für Altamura so typischen Innenhöfen, von denen es um die 200 gibt, spielt sich an warmen Tagen das Leben der Bewohner ab.

Cattedrale Santa Maria Assunta

Die Kathedrale bildet den Mittelpunkt der im Rund angelegten Altstadt. 1316 wurde der einzige von Friedrich II. in Altamura in Auftrag gegebene Kirchenbau durch ein Erdbeben zerstört. Der etwas größere Nachbau erhielt im 16. Jh. unter den Anjou eine barocke Ausgestaltung. Beeindruckend ist das von zwei prachtvollen Löwen flankierte Eingangsportal aus dem 14. Jh. Im Portalbogen ist die Geschichte Christi von seiner Geburt bis zur Auferstehung dargestellt. Ein Relief direkt über dem Eingang zeigt das letzte Abendmahl, allerdings sitzt Jesus nicht wie üblich in der Mitte, sondern am Rand. Die grün-weiße Streifung auf der Innenseite des Portals lässt byzantinische Einflüsse erkennen.

Museo Archeologico

Via Santeramo 88, Tel. 080 314 64 09, tgl. 8.30–19.30, Sa, So, Fei 8.30–13.30 Uhr, Eintritt 2 €, erm. 1 €

Hauptattraktion ist im zweiten Stock die Dokumentation über den Uomo di Altamura, ein etwa 200 000 Jahre altes männliches Skelett, das man 1993 per Zufall in der Grotta di Lamalunga entdeckte, wo es bis heute verwahrt wird. Für die Ausstellung hat man eine Replik angefertigt. In der ersten Etage sind archäologische Funde aus der Zeit zwischen dem 8. und 3. Jh. v. Chr. zu sehen, wie man sie aus Nekropolen und anderen Ausstellungen bereits kennt (Beschriftung leider nur auf Italienisch).

Übernachten

Angenehmes Ambiente – **Madonna dell'Assunta:** Strada Provinciale 35, km 17, Tel. 080 310 33 28, DZ 50 €. Dieser Agriturismo nördlich von Altamura ist in einem alten Kloster untergebracht und liegt fantastisch in der Landschaft der Murgia Alta. Die Zimmer sind angenehm eingerichtet, das Frühstück herzhaft und die 15 € pro Person für die Halbpension lohnen

Mein Tipp

Brot mit Qualitätssiegel

Wer in Altamura auf den (Brot-)Geschmack gekommen ist, sollte auch die Bäckerei **La Panetta** in der Via Degiosa 6 besuchen. Man erreicht sie, indem man vom Dom aus zur Via Vittorio Veneto spaziert, in diese nach links einbiegt und an der nächsten Ampel rechts in die Via Parisi abzweigt. Nach ca. 100 m geht die Via Degiosa links ab. In der Bäckerei werden diverse Brotsorten verkauft, hergestellt aus 100 % lokalem Hartweizen, aber auch *biscotti integrali* (Vollkornkekse), *frise* (eine Art haltbare Bruschetta) und frische Pasta. Für die Qualität bürgt das Siegel des Consorzio Agricoltori Mugnai Pastai Panificatori Organizzati (C.A.M.P.O.), eines Zusammenschlusses von 20 Landwirten (Via Degiosa 6, mobil 328 341 26 63, Mo–Sa 6–12.30, 17–20 Uhr).

sich. Außerdem werden sowohl Ausflüge mit dem Rad als auch Ausritte angeboten.

Essen & Trinken

Frische Pasta – **Antica Osteria Pein Assutt:** Corso Umberto I 56/58, Tel. 080 311 83 13, tgl. mittags u. abends, Menü 15 €. In dieser kleinen und rustikalen Trattoria geht es meist hoch her. Das gute Preis-Leistungs-Verhältnis wird auch von den Einheimischen geschätzt, ebenso wie die immer frische Pasta, dazu gibt's herrliche Saucen, Fleischrouladen, Gemüse …
Kaffeepause – **Caffè Romchi Striccoli:** Corso Federico II di Svevia 87, Tel. 080 311 70 01, tgl. ab 7 Uhr, Aug. geschl. Das Café gleich bei der Kathedrale hat nicht nur ein schönes Ambiente und ist ein beliebter Treff, sondern hier wird auch ein ausgezeichneter *Espressino freddo* serviert. Zuweilen sieht man auch den Priester am Tresen stehen, seinen Espressino sichtlich genießend.

Infos & Termine

Touristeninformation

Pro Loco: Piazza Republica 10, Tel. 080 314 39 30, tgl. 10–12, 17–19 Uhr, www.comune.altamura.ba.it.

Verkehr

Bahn: Verbindungen nach Gravina und Gioia del Colle mit Trenitalia sowie nach Bari und Matera mit der FAL. Der Bahnhof liegt am nördlichen Stadtrand.
Bus: Busse der STP, fahren nach Bari, von Marino (www.marinobus.it) nach Gravina und Matera.

Feste und Veranstaltungen

Festa di San Giuseppe: s. S. 33.

Gioia del Colle ▶ K 9

Auf der höchsten Erhebung (360 m) von Gioia del Colle liegt eines der am besten erhaltenen Stauferkastelle. Üblicherweise wurden solche Bauwerke außerhalb der Stadt errichtet, doch in diesem Fall ragt es mitten im Centro Storico zwischen den alten Häusern und engen Gassen auf und wirkt dadurch noch gewaltiger.

Castello del Colle

Piazza dei Martiri, Tel. 080 348 13 05, tgl. 8.30–19.30 Uhr, 2,50 €, erm. 1,50 €
Das Castello del Colle wurde 1230 auf Anweisung Friedrichs II. anstelle einer normannischen Burg errichtet. Zwei der einst vier gewaltigen Türme der quadratischen Anlage sind noch erhalten. Im südöstlichen **Torre dell'Imperatrice** (Turm der Kaiserin) soll der Stauferkaiser seine schwangere Geliebte Bianca Lancia eingekerkert haben, weil er sie der Untreue mit einem Pagen verdächtigte. Der Sohn, den sie im Kerker gebar, soll jedoch auf der Schulter das gleiche Mal wie Friedrich gehabt haben, wodurch ihre Unschuld bewiesen war. Neben einer kleinen Ausstellung zu Festungsbauten in Apulien (auch in Englisch), beherbergt das Kastell im Erdgeschoss das **Museo Nazionale Archeologico Castel Svevo** mit archäologischen Funden aus Gioia del Colle und vom Monte Sannace (s. u.). Dabei handelt es sich um Grabbeigaben aus dem 7.–6. Jh. v. Chr., zumeist Keramik mit geometrischen Formen.

Parco Archeologico Monte Sannace ▶ K 8

An der Straße nach Putignano, Mi–So 9–15 Uhr, Eintritt 2,50 €, Kombiticket mit Castello 4 €
Die besterhaltene Stadt der Peuketier wurde am Monte Sannace, 6 km nord-

östlich von Gioia del Colle, gefunden. Aus bisher unbekannten Gründen wurde der Ort, der von einem gut 8 km langen Mauerring umgeben war, im 4./3. Jh. v. Chr. aufgegeben. Auf angelegten Wegen kann der Besucher durch das Gelände mit den bisher freigelegten Überresten der Siedlung streifen und auf eine kleine Zeitreise gehen.

Übernachten

Urgemütlich – **Masseria del Gelso Rosso:** an der Straße von Gioia nach Laterza, Tel. 080 349 91 62, www.masseriadelgelsorosso.it, DZ 50–80 €. Das B & B in einer Masseria mit Trulli-Charakter bietet wunderschön restaurierte Zimmer mit separaten Eingängen, Holzmöbeln, altem Steinfußboden, Kaminen etc. Außerdem gibt es einen Pool und lauschige Ecken zum Verweilen.

Essen & Trinken

Inspiriert – **Osteria del Borgo Antico:** Via Cavour 89, Tel. 080 343 08 37, Do–Di mittags u. abends, Menü 25–30 €. In dem gemütlichen Altstadtlokal unweit des Castellos lassen sich Cosi Ottavio und seine Frau Miriam von den Jahreszeiten zu immer wieder überraschenden Gerichten inspirieren. Auch Vegetarier kommen hier auf ihre Kosten.

Infos

Touristeninformation

IAT: Corso Vittorio Emanuele 13, Tel. 080 344 14 78.

Verkehr

Bahn: mit der FSE nach Bari, Táranto, Altamura und Gravina.

Valle d'Itria! ► L/M 8/9

Das Valle d'Itria gehört zum festen Programm jedes Apulien-Besuchers. Das liebliche Tal liegt zwischen Bari, Bríndisi und Táranto und umfasst das Gebiet um Alberobello, Locorotondo und Martina Franca. Die hügelige Landschaft ist bedeckt von Mandel- und Olivenhainen sowie kleinen Eichenwäldern. Überall sieht man die aus den *chiancarelle* (flachen Kalkplatten) errichteten Trockenmauern. Um den Boden bewirtschaften zu können, lasen die Bauern die Steine auf und schichteten sie zu Mauern auf oder verwendeten sie für den Bau der Trulli (s. S. 70). Die weiß getünchten Häuschen mit ihren spitzen Dächern machen den Reiz des Tals aus, das sich auch mit dem Rad erkunden lässt.

Noci ► L 9

Wer kulinarische Genüsse schätzt, sollte Noci nicht auslassen, denn der Ort ist in ganz Apulien für seine guten Restaurants bekannt. Und auch die Masserie und Agriturismi in der Umgebung halten manche Gaumenfreude bereit. Außerdem finden in Noci regelmäßig Sagre statt, Feste rund ums Essen und den Wein. Dann bieten sich in den vielen kleinen gewundenen Gassen der Altstadt und den Straßen rund um die **Piazza del Plebiscito** Gelegenheiten zum Probieren. Sehr schön ist das Weinfest **Bacco nelle Gnostre** Anfang November, auf dem der junge Wein verkostet wird, begleitet von herzhaften Speisen und Snacks.

Übernachten

Trulli-Luxus – **Masseria Abate:** Via Massafra, wenige Kilometer südlich von Noci, Tel. 080 497 82 88, www.abatemasseria.it, DZ 100–200 €. Ein alter Bauernhof mit Trulli, umgeben von Nussbäumen, der in eine stilvolle und komfortable Oase der Erholung umgewandelt wurde. Den Gästen stehen ein Garten mit abgeschiedenen Ecken und ein Swimmingpool zur Verfügung. Angenehm für einen längeren Aufenthalt und gut geeignet als Ausgangsbasis für die Erkundung der Region.

Infos & Termine

Verkehr

Bahn/Bus: Verbindungen mit der FSE nach Bari, Táranto und Gioia del Colle sowie mit den Bussen der SITA u. a. zur Grotte di Castellana und nach Conversano. Der Bahnhof liegt westlich des Stadtzentrums in Fußentfernung.

Feste und Veranstaltungen

Europa Jazz Festival di Noci: Ende Juli, www.europajazzfestivalnoci.interfree.it.
Sagra del Fungo Cordoncello: Anf. Okt. Fest rund um den für die Murgia typischen Pilz, einen Kräuterseitling.
Bacco nelle Gnostre: Anf. Nov., s. S. 182.
Pettóle nelle Gnostre e Cioccolato in Sagra: Anf. Dez. Bei diesem Fest steht die Schokolade im Mittelpunkt. Von riesigen Tafeln kann man sich etwas abschneiden lassen oder man probiert heiße Schokolade mit Kastanien.

Alberobello ►L 9

Unverkennbar ist Alberobello die Trulli-Hauptstadt, denn auf engstem Raum stehen hier über 1400 dieser merkwürdigen Häuschen, weshalb der Ort 1996 von der UNESCO zum Weltkulturerbe erklärt wurde.

Mein Tipp

Zum Wiederkommen gut!
In Noci verwöhnt Pasquale seine Gäste in der **L'Antica Locanda,** einer Cantina aus dem 17. Jh., mit köstlichen regionalen Speisen, aber auch Fischgerichten. Schon die Antipasti überzeugen mit ihrer geschmacklichen Vielfalt. Dazu gibt es eine gute Auswahl an Weinen sowie köstliche Dolci und *spumone* (Eis). Wer will, nimmt zum Abschluss einen Lorbeer-Digestif (Via S. Santo 49, Tel. 080 497 24 60, www.pasqualefatalino.it, Mi–Mo mittags u. abends, So nur mittags, Menü 25–35 €).

Die Gründung des Ortes geht auf einen gewissen Grafen von Aquaviva zurück (s. S. 71), der im 15. Jh. als Dank für seine Unterstützung im Kampf gegen Piraten von König Ferdinand I. von Aragon ein Stück Land in Apulien geschenkt bekam. Da das Gebiet von einem riesigen Eichenwald bedeckt war, gab der Graf ihm den Namen Sylva Arboris Belli (Wald des Kriegsbaums), hieß seine Bauern ab 1600 den Wald roden und sich dort ansiedeln. Als der Ort Ende des 18. Jh. in Staatsbesitz überging, war aus Arboris Belli Alberobello geworden.

Der große **Largo Martellotta** im Zentrum trennt die beiden Trulli-Viertel voneinander. Nördlich liegt der beschauliche **Rione Aia Piccola,** in dem gewohnt, gelebt und gearbeitet wird. Südlich liegt der **Rione Monti** mit gut 1000 Trulli. Vom Largo führen Treppen und kleine Gassen in das Viertel, das ganz auf den Tourismus ausgerichtet ist. In den Geschäften werden u. a. Glücksbringer-Pfeifen ver- ▷ S. 186

Auf Entdeckungstour

Bizarre Welten – zu den Grotten von Castellana und Putignano

Wer wissen will, welch märchenhafte Welt das Wasser im Karstgestein der Murgia geschaffen hat, der sollte die Grotte di Castellana oder die Grotta di Putignano besuchen – am besten gleich beide.

Reisekarte: ▶ K/L 8

Dauer: Castellana 1 bzw. 2 Std., Putignano 20 Min.

Grotte di Castellana: Piazzale Anelli, Tel. 080 499 82 11, www.grottedicastellana.it, tgl. Führungen, kl. Runde von ca. 1 Std. Juni–Sept. jew. stdl. ab 9.30 (ital.), 13 u. 18.30 (engl.)., Okt.–April 9.30–12.30 Uhr; gr. Runde Juni–Sept. 9–12, 15–18 jew. stdl. (ital.), 11 u. 16 Uhr (engl.), Okt.–April 10 u. 12 Uhr, Eintritt kl. Runde 10 €, erm. 8 €, gr. Runde 15 €, erm. 12 €.

Grotta di Putignano (Grotta del Trullo): an der SS 172 in Richtung Turi, Tel. 080 491 21 13, www.grottadeltrullo.com, Okt.–Mai 10.30–12.30, 14.30–17, Juni–Sept. 9–12.30, 14.30–18.30 Uhr, Eintritt 5 €, erm. 2,50 €.

Die Grotta di Putignano und die Grotte di Castellana zählen zu den eindrucksvollsten Höhlen Süditaliens – letztere wird sogar als schönstes Höhlensystem ganz Italiens gehandelt. Beide liegen im Gebiet der Murge, wo unterirdische Wasserläufe in Millionen von Jahren Canyons ins Gestein gruben und immer wieder Wasser versickerte. So ist eine äußerst bizarre Welt entstanden.

Da in den Höhlen eine Durchschnittstemperatur von 15 °C und eine extrem hohe Luftfeuchtigkeit herrschen, sind rutschfeste Schuhe und warme Kleidung für den Besuch unbedingt zu empfehlen.

Eingang zur Hölle

Das weit verzweigte Gängesystem der **Grotte di Castellana** wurde erst 1938 von Franco Anelli erforscht. Den Einheimischen galt der Eingang bis dahin als ›Tor zur Hölle‹ und jahrzehntelang nutzten sie ihn zur Entsorgung von landwirtschaftlichem Müll und Tierkadavern. Nachdem die 10 m dicke Schicht zur Seite geräumt war, begann man mit der Erkundung. Heutige Besucher gelangen über eine Treppe in die große Höhle und können von unten durch die riesige Öffnung nach oben blicken. Das Licht fällt auf eine große Gruppe von Stalagmiten – Calcitablagerungen, die sich dort bilden, wo das Wasser regelmäßig auf den Boden tropft. Im Laufe der Zeit wachsen sie allmählich nach oben. Die Basis dieser Stalagmiten ist sehr breit, da das Wasser einst sehr unregelmäßig herabtropfte.

Durch Canyons ins Paradies

Ebenso spektakulär wie die **große Halle** gleich nach dem Eingang sind die zahlreichen kleinen Höhlen. In der **Halle der Monumente** sind viele gerade und schlanke Steinsäulen zu sehen, da das Wasser hier weitaus gleichmäßiger herabfällt. Hinzu kommen hier noch beeindruckende Stalaktiten wie die **›Wölfin‹**. Sie entstanden, weil das Wasser nicht herabgetropft, sondern an der Höhlendecke ›hängen geblieben‹ ist und sich das Calcit als Sinter abgelagert hat. Sobald die Ablagerungen größer wurden, lief das Wasser an den Außenseiten ab und der Stalaktit wuchs nach unten. Häufig bildet sich durch das nun abtropfende Wasser darunter wieder ein Stalagmit. Wachsen beide zusammen, so ist das Resultat ein Stalagnat, wofür die **›Säulen des Herkules‹** ein Beispiel sind. Berühren sollte man die Formationen nicht, denn das Fett der Haut verhindert, dass sich weiter Calcit anlagert. Durch eine unterirdische Klamm, die der Fluss einst ausgewaschen hat, gelangt man schließlich zur **Grotta Bianca** (Weiße Grotte), Höhepunkt der 3 km langen Tour. Aufgrund der alabasterfarbenen Formationen wird sie von vielen als die schönste Grotte der Welt bezeichnet.

Überraschende Märchenwelt

Die **Grotta di Putignano** (s. Abb. S. 184) liegt eher versteckt. Man vermutet kaum, dass sich in der Ebene eine Höhle verbergen könnte. Doch immerhin liegt der Ort Putignano 365 m über dem Meeresspiegel. Als man 1931 an dieser Stelle eine neue Zisterne bauen wollte, wurde die 20 m tiefe Höhle entdeckt und bereits 1935 für die Öffentlichkeit zugänglich gemacht. Der Zutritt erfolgt über einen eigens dafür errichteten Trullo, daher der zweite Name Grotta del Trullo. Man geht durch einen Tunnel und steigt dann über eine Wendeltreppe in eine Märchenwelt mit Stalagmiten und Stalaktiten hinab, die z. B. wie ein Hexenhut, ein Zwerg oder ein Schloss anmuten. Zwar ist diese Grotte weitaus kleiner als jene von Castellana, doch ist sie nicht minder spektakulär.

kauft, Tonpfeifen, die charakteristische Menschentypen bzw. Berufe darstellen, z. B. der dicke Mann, die dicke Frau, Mönch und Priester etc.

Museo del Territorio

Piazza XXVII Maggio, Tel. 080 432 12 00, Di–So 10–13, 15.30–19 Uhr, Eintritt 3 €

Wer mehr über die Trulli erfahren möchte, dem sei ein Besuch dieses Museums in der Casa Pezzolla empfohlen. Es handelt sich dabei um einen Komplex von 15 miteinander verbundenen Trulli und einem neueren Bau. Die Ausstellung, zu der es eine sehr gute Begleitbroschüre auf Deutsch gibt, vermittelt einen interessanten Einblick in die Geschichte der Region, die bäuerliche Lebensweise und natürlich in die Welt der Trulli.

Trullo Sovrano

Piazza Sacramento, Mai–Okt. tgl. 10–13.30, 15.30–20, sonst 10–13, 15.30–18 Uhr

Der Trullo Sovrano, Alberobellos größter Trullo, befindet sich hinter der Basilica dei SS. Medici Cosma e Damiano. Er wurde im 18. Jh. für eine offenbar recht wohlhabende Pfarrersfamilie errichtet. Interessant ist das Schlafzimmer gleich am Eingang mit Guck- und Schießscharte – damals bewahrte der Pastor die wichtigsten Utensilien für den Gottesdienst bei sich zu Hause auf.

Mit dem Fahrrad oder zu Fuß

Will man dem Trubel in Alberobello entfliehen, bietet sich eine beschauliche Tour per Fahrrad oder zu Fuß auf Nebenstraßen durchs Valle d'Itria an. Dabei kommt man auch an vielen Trulli vorbei. Schöne Routen führen auf Nebenstraßen nach **Noci, Locorotondo** und **Martina Franca.** Infos erhält man im Pro Loco, wo man aktuell auch Fahrräder leihen kann (s. S. 187).

Übernachten

Im Zentrum – **Trulli Holiday:** Piazza A. Curri 1, Tel. 080 432 59 70, www.trulliholiday.com, DZ 59–110 €. Liebevoll eingerichtete Trulli für ein bis mehrere Personen mitten in Alberobello.

Pilgerheim – **Casa Albergo Sant'Antonio:** Via Isonzo, 8, Tel. 080 432 35 60, www.santantonioalbergo.it, DZ 60–80 €. Schlicht eingerichtete Zimmer in einem ehemaligen Konvent mitten in Alberobello.

Im Pinienhain – **Camping dei Trulli:** an der Straße nach Monópoli, Tel. 080 432 36 99, www.campingdeitrulli.it, 2 Pers./1 Zelt 17–24 €. Schöner Platz für Zelte und Wohnwagen knapp 2 km nordöstlich von Alberobello. Pool, Supermarkt und Restaurants. Auch Bungalows.

Essen & Trinken

Zentral mit Tradition – **La Cantina:** Vico Lippolis 8, Tel. 080 432 34 73, Mi–Mo mittags u. abends, Menü 20–25 €. Urgemütliche kleine Familientrattoria, in der seit 1958 einfache, aber gekonnt zubereitete Gerichte serviert werden. Frische Zutaten und wechselnde Tagesgerichte.

Rustikal – **Il Guercio di Puglia:** Largo Martelotta 12, Tel. 080 432 18 16, Do–Di mittags u. abends, Menü 20 €, Pizza ab 4 €. In einem Wehrturm untergebrachtes Ristorante mit ausgezeichneter Küche. Bei schönem Wetter kann man auch auf der Terrasse sitzen und über die Trulli-Dächer schauen.

Köstliche Erfrischungen – **Arte Fredda:** Largo Martellotta 47, Tel. 080 432 42 34, www.artefredda.com, tgl. 9–13 u. 15–20, im Sommer bis 23 Uhr. In dieser kleinen Eisbar kommt jeder auf seine Kosten. Ob Eis, Früchte, Torten, Halbgefrorenes, *spumone* oder nur ein Espressino – alles schmeckt!

Trulli-Reihenhäuser in Alberobello – apulische ›Spitzenarchitektur‹

Einkaufen

Lebensmittel – **Markt:** Do, am Largo Martellotta und in den umliegenden Straßen. Großer Markt, auf dem vor allem Obst und Gemüse, Pilze, Nüsse, Wurst und Käse verkauft werden.

Tonpfeifen – **La Bottega dei Fischetti:** Via Monte Pertica 9, Tel. 080 432 14 13, www.trullo.net, tgl. 8–20 Uhr. Allein schon wegen der lebenslustigen, aufgeschlossenen Anna Maria Matarrese ist das Geschäft einen Besuch wert. Sie betreibt ihren Laden der Pfeifen nun schon seit gut 50 Jahren. Zur Auswahl stehen ca. 9000 verschiedene Modelle.

Infos & Termine

Touristenformation

Pro Loco: Via Monte Nero 1, Tel. 080 432 28 22, www.prolocoalberobello.it, tgl. 9.30–13, 15–19 Uhr, in der Nebensaison werden diese Zeiten etwas variabel gehandhabt.

Internet

www.tuttoalberobello.it (ital.)
www.comune.alberobello.ba.it (ital.)

Verkehr

Bahn: Verbindungen u.a. nach Bari, Martina Franca und Locorotondo mit der FSE. Der Bahnhof liegt nördlich des Zentrums in Gehdistanz.

Bus: Verbindungen nach Martina Franca mit SITA.

Feste und Veranstaltungen

Festa dei SS. Cosma e Damiano: 25.–28. Sept. Alberobello feiert seine Schutzpatrone mit Jahrmarkt, Umzug, Feuerwerk und kulinarischen Spezialitäten.

Festival Città dei Trulli: Ende Juli, Folklorefest, www.alberobellofolklore.it.

Locorotondo ► L/M 9

Das ruhige Locorotondo ist ein entzückender Ort und bietet sich als Ausgangsbasis für Erkundungen im Valle d'Itria an. Äußerst einladend wirkt das kreisrunde Centro Storico mit seinen weiß getünchten Häusern. Auf die Form des historischen Zentrums geht auch der Ortsname zurück: *locus rotundus* (lat. runder Ort). Typische Bauten sind in Locorotondo nicht die Trulli, sondern kleine Giebelhäuser mit schrägen Dächern aus grauen Ziegeln. Einen der schönsten Ausblicke über das Tal genießt man vom **Belvedere.** Unübersehbar sind die vielen Weinterrassen. Bereits 1930 wurde hier die erste Winzergenossenschaft Apuliens gegründet, die Cantina del Locorotondo. Ihr Gebiet umfasst Weingüter um Martina Franca, Locorotondo und Cisternino, wo vor allem die Trauben Faiano, Verdeca und Bianco d'Allessano angebaut werden. 1969 erhielt die Cooperativa für ihren Weißwein das DOC-Siegel (s. S. 27). Locorotondo wirbt daher auch gerne mit dem Etikett *Città del Vino Bianco* (Stadt des Weißweins).

Übernachten

Genial – **Albergo Diffuso:** Via Vittorio Veneto 138, Tel. 080 431 32 98, www.sottolecummerse.it, DZ 82–230 €. Das B & B vermietet Wohnungen im historischen Zentrum. Die liebevoll renovierten kleinen Appartements sind einfach und geschmackvoll eingerichtet. Man wohnt mitten im Geschehen.

Nobel – **Residence Villa Caramia:** C. da Grofoleo, Tel. 080 431 30 76, www.villacaramia.it, DZ 80–100 €. Die neue Anlage nordwestlich von Locorotondo verfügt über fünf hell und luftig eingerichtete Appartements; mit Pool und einer von Olivenhainen umgebene Sonnenterrasse.

Wie sollte es anders sein im Valle d'Itria: Auch der Blick auf Locorotondo wird von Trulli gerahmt

Essen & Trinken

Rustikal – **La Taverna del Duca:** Via Papadotero 3, Tel. 080 431 30 07, tgl. mittags u. abends, So nur mittags, Menü 20–25 €. In dem vielfach gelobten und beliebten Lokal mit herzhafter apulischer Küche kann man bei der Zubereitung der Speisen zusehen. Leckere Fleischgerichte mit Gemüse.

Alteingesessen – **Centro Storico:** Via Eroi di Dogali 6, Tel. 080 431 54 73, Do–Di mittags u. abends, Menü 15–20 €. Kleine, gemütliche Trattoria, in der leckere Hausmannskost auf den Tisch kommt, d. h. vor allem selbst gemachte Pasta, z. B. mit Zucchini, Tomaten und Fleisch.

Einkaufen, Aktiv

Wein – **Cantina Sociale Cooperativa di Locorotondo:** Via Madonna della Catena 99, Tel. 080 431 16 44, www.locorotondodoc.com, Mo–Sa 8–13, 14.30–19 Uhr, Eintritt 1 €, Führung in Engl./Dt. auf Vorbestellung, Degustation ab 2 € für zwei Weine und regionaltypisches Gebäck wie *taralli.* Natürlich kann man die Weine der Winzergenossenschaft auch kaufen, z. B. Talinajo und Biancaluce, beide mit DOC-Qualitätssiegel.

Infos

Touristeninformation

Pro Loco: Piazza V. Emanuele 27, Tel. 080 431 30 99, www.prolocolocoroton

Mein Tipp

Alte Früchte neu entdeckt

Nahe Cisternino liegt das **Conservatorio Botanico** (▶ M 9), ein einzigartiges botanisches Konservatorium. Dottore Paolo Belloni widmet sich hier seit rund 20 Jahren der Feigen- und Granatapfelzucht. Er sucht seltene alte Sorten – von manchen existieren weltweit nur noch zwei Bäume – und kultiviert sie wieder. Auf seinen 10 ha Land gedeihen aber auch Oliven, Kirschen, Pflaumen, Birnen sowie tropische Früchte und Kräuter. Ein Teil der Früchte wird vor Ort verkauft. Hier gibt es die besten *Fichi mariti* (›verheiratete Feigen‹), getrocknete Feigen, verfeinert mit apulischen Mandeln und wildem Fenchel (C. da Figazzano 114, an der Straße SP 134 Richtung Masseria Gianca, nach gut 200 m taucht rechts ein Schild auf »Vendita Frutta e Prodotti biologici« – der Eingang zum Conservatorio, Tel. 080 431 78 06, mobil 333 367 06 53, www.conservatoriobotanico.it, Führung ca. 1 Std., ab 4 Pers. 5 € p. P., nur auf Vorbestellung, auch auf Englisch oder Deutsch möglich).

do.it, Mo–Sa 10–13, 17–20 Uhr, im Sommer auch So und länger.

Verkehr

Bahn: Verbindungen mit der FSE nach Bari und Táranto. Der Bahnhof liegt in Gehdistanz nordwestlich des Zentrums.

Cisternino ▶ M 9

Cisternino ist eine einladende Stadt mit einem hübschen und gepflegten Centro Storico. Auf der zentralen Piazza Vittorio Emmanuele kann man wundervoll sitzen und dem bunten Treiben ringsum zuschauen. Lässt man sich selbst durch die Gassen treiben, wird man einige der *fornelli* (Sg. *fornello* = ›Ofen‹) entdecken, für die Cisternino bekannt ist – Metzgereien mit angeschlossener Trattoria. Hier wird das Fleisch, das sich der Gast ausgesucht hat, sofort auf dem Holzgrill zubereitet. Besonders am Abend kommen viele Auswärtige zum Essen in den Ort. Beliebt sind die *bombette,* Fleischröllchen entweder einfach oder mit Käse gefüllt oder pikant gewürzt. In Cisternino isst man aber nicht nur gut, sondern genießt auch eine tolle Aussicht über das Valle d'Itria und hinunter zum Meer.

Essen & Trinken

Urgemütlich – **Al Vecchio Fornello:** Via Basiliani 18, Tel. 080 444 64 31, Di–So abends, mittags nicht immer, im Sommer tgl. geöffnet. Der Besitzer kümmert sich höchstpersönlich um die Auswahl des Fleischs, auch Würste, Speck und Capocollo (s. S. 191). Und dazu gibt es Wein aus der Region. Kein Wunder, dass es hier immer hoch hergeht.

Köstlich – **Bar FOD:** Piazza Vittorio Emanuele 5, Tel. 080 444 85 46, www.barfod.it, tgl. ab 7 Uhr. Die Kombination aus Pasticceria, Gelateria, Cafeteria, Tabacchi und Bar existiert bereits seit 1921. Man sitzt sehr gemütlich mit Blick auf die zentrale Piazza und genießt Snacks, Eis und köstliche Granita.

Infos & Termine

Verkehr

Bahn: Verbindungen mit der FSE nach Táranto und Lecce. Bahnhof südlich des Stadtzentrums in Fußentfernung.
Bus: Busse der STP nach Ostuni.

Feste und Veranstaltungen

Festival Valle d'Itria Bande Musicali: Ende Juli spielen in Cisternino Blasorchester auf, www.bandacisternino.it.

Martina Franca ▶ M 9

Am Südrand des Valle d'Itria liegt auf einem Hügel das wohlhabende Martina Franca, das mit seinen barocken Bauwerken schon auf Lecce und den Salento einstimmt. Die Stadt wurde im 13. Jh. von Philipp von Anjou gegründet. Zu diesem Zeitpunkt gab es bereits eine kleine Ansiedlung auf dem Monte San Martino, gegründet von Bewohnern aus Táranto, die im 9. Jh. vor den Sarazenen in Richtung Norden geflohen waren. Großzügig gewährte der Anjou Steuerfreiheit für alle Neusiedler, daher der Ortsname Martina Franca (Freies Martina). 1507 wurde Martina Franca Wohnsitz der Herzöge Caracciolo, die der Stadt nicht nur prächtige Bauten hinterließen, sondern auch für einen wirtschaftlichen Aufschwung sorgten. Ab dem 18. Jh. entwickelte sich Martina Franca zu einem Wirtschafts- und Handelszentrum, was heute noch zu spüren ist.

Die Stadt ist nicht nur architektonisch, sondern auch kulinarisch reizvoll. So locken Metzgereien mit Fleischgerichten *arrosta alle brace* (auf dem Holzkohlegrill gebraten) und auch der Capocollo di Martina Franca wird im Ort hergestellt. Der Schinken aus dem Schulter- und Nackenfleisch vom Schwein, angereichert mit Kräutern und Weißwein aus der Region, ist DOP-zertifiziert.

Zum Palazzo Ducale

Am besten betritt man die Altstadt durch die **Porta di Santo Stefano** im Westen. Davor liegt die große **Piazza XX Settembre,** die ab dem späten Nachmittag der Treffpunkt von Jung und Alt ist. Man steht zusammen, sitzt auf Bänken und schwatzt bzw. begutachtet das Treiben rundherum. Ganz anders präsentiert sich die hinter der Porta liegende **Piazza Roma,** die mit ihren Bänken, Bäumen und Brunnen ein wenig wie die gute Stube der Stadt wirkt.

Palazzo Ducale

Markantes Gebäude am Platz ist der Palazzo Ducale, den die Caracciolo 1688 errichten ließen. An der imposanten Fassade fällt der umlaufende Balkon mit seiner schmiedeeisernen Brüstung auf. Im Gebäude residiert heute die Stadtverwaltung, während der Innenhof im Sommer für Konzerte im Rahmen des renommierten Festival della Valle d'Itria (s. S. 193) genutzt wird. Für die Öffentlichkeit ist der Bau nur begrenzt zugänglich. Mit etwas Glück erhält man vielleicht Zugang zur herrlich ausgemalten Sala del Mito (Saal des Mythos), Sala dell'Arcadia (Saal Arkadiens) und Sala della Bibbia (Bibelsaal). Abends kann man teilweise einen Blick durch die erleuchteten Fenster werfen.

Collegiata San Martino

Die Via V. Emanuele mit ihren vielen Geschäften führt weiter ins Innere der Altstadt und direkt zur Collegiata San Martino von 1775. An der barocken Fassade der Kollegiatskirche zieht die Figur des San Martino, der seinen Mantel teilt, die Blicke auf sich. Auch das Innere ist in der für Lecce und den Salento typischen Variante des Barock gestaltet. Am Altar selbst finden sich zwei fein gearbeitete Skulpturen von Giuseppe Sanmartino: Carità (›Almosen‹) und Maternità (›Mutterschaft‹).

Der Domplatz geht in die **Piazza del Immacolata** über, auf der früher der Markt abgehalten wurde – man wünschte sich, es wäre heute noch so.

Il Cordonello

Neben dem barock gestalteten Teil des Centro Storico mit seinen breiten Straßen gibt es noch das Viertel Cordonello mit verwinkelten schmalen Gassen, Treppchen und weiß getünchten Häusern, dazwischen Bögen. Es sieht aus, als würden sich die Häuser hier überlappen. Das Zentrum dieses Teils von Martina Franca liegt im Westen der Altstadt um die Via Macchiavelli herum. Ein Teil dieser Häuser beherbergt heute Hotels und B& B (s. u.).

Spaziergang nach Locorotondo

Ein Spaziergang entlang einer kaum befahrenen Straße führt ins schöne Nachbarstädtchen Locorotondo und ist eine gute Möglichkeit, das Trulliland noch einmal auf andere Weise zu erleben. Auf dem Weg passiert man herrliche Olivenhaine mit bizarr geformten Bäumen, Gärten und Trulli. Am besten folgt man der von der Via Locorotondo abgehenden Via Capuccini nordwestlich der Altstadt, dann durchquert man das kleine **Villaggio del Fanciullo** und hält sich dann immer nordwärts in Richtung Locorotondo. Zum Schluss geht es noch einmal aufwärts zum Belvedere am Eingang zur Altstadt. Stadtpläne erhält man in der Touristeninformation (s. S. 193), allerdings keine Wanderkarten.

Übernachten

Mit Atmosphäre – **Villaggio In:** Via Arco Grassi 8, Tel. 080 480 59 11, www.villaggioin.it, App. 2–6 Pers. 75–170 € (ohne Frühstück). Rund 60 Appartements in liebevoll restaurierten Häusern im Centro Storico. Ideal für einen kurzen oder längeren Aufenthalt.

Selbstversorger im Trulliland – **Labbruto:** Via Monti del Duca 52, Tel. 080 483 85 53, www.motolese.net, 2 Pers. 70–100 €. Die südlich von Martina Franca gelegene Masseria vermietet Appartements unterschiedlicher Größe mit allem Komfort. Alle haben einen kleinen Hof, sogar eine Waschmaschine und den Gästen stehen ein Pool, eine Cafeteria und Fahrräder zur Verfügung. Gut geeignet für einen längeren Aufenthalt, um die Region zu erkunden.

Essen & Trinken

Volkstümlich – **Il Saggitario:** Via Quarto 15, Tel. 080 485 89 82, tgl. mittags u. abends, Menü 20 €, Pizza ab 4 €. Das volkstümliche Lokal ist bei Gästen und Einheimischen gleichermaßen beliebt. Großer Speiseraum, bei warmem Wetter auch Tische draußen, flotter Service, tgl. wechselnde Gerichte und absolut faire Preise. Das köstliche Brot kommt aus dem eigenen Pizzaofen.

Frisch vom Grill – **Lisi:** Via Verdi 57, Tel. 080 480 15 47, Di–Sa, ab 6 €. In diesem kleinen Lokal werden Fleisch, Würste und Innereien zusammen mit unterschiedlichem Gemüse gegrillt *(arrosta alle brace)*.

Zwischendurch – **Caffè Tripoli:** Via Garibaldi 10, Tel. 080 480 52 60, tgl. 7–23 Uhr. Das einladende Café ist wunderbar für die kleine Einkehr oder Pause zwischendurch geeignet. An heißen Tagen sorgen Granita (zerstoßenes Eis in unterschiedlichen Geschmacksrichtungen) oder Eistee mit Zitronensorbet für die richtige Erfrischung.

Einkaufen

Süßes – **Confetti di Sulmona:** Piazza Plebiscito 6, Tel. 080 430 56 29, www.confetteriadisulmona.it, Juni–Sept. tgl. 9.30–14, 17–22, sonst Mo–Sa 9.30–13, 17–20 Uhr. Hier bekommt man Blumen und Sträuße der besonderen Art – nahezu alles ist aus Konfekt und Bonbons hergestellt. Fast täuschend echt!

Infos & Termine

Touristeninformation

IAT: Piazza Roma 37, Tel. 080 480 57 02, Mo–Sa 9–13, Di/Do 16–19 Uhr, www.martinafrancatour.it (u. a. Infos zu Veranstaltungen, Öffnungszeiten, Lokalen, Unterkünften, auch auf Englisch).

Verkehr

Bahn: Verbindungen nach Bari und Táranto, vor allem Letztere ist eine landschaftlich sehr schöne, nur 30-minütige Strecke. Bahnhof in Fußentfernung westlich der Altstadt.

Feste und Veranstaltungen

Festival della Valle d'Itria: Mitte Juli–Anf. Aug., www.festivaldellavalleditria.it. Internationales Musikfestival. Viele der Opern werden im Innenhof des Palazzo Ducale aufgeführt.

Architektonische Einladung zum Gespräch: Auf der Piazza XX Settembre in Martina Franca verweilt man gern länger – Barockelemente verleihen dem Platz besonderes Flair

Das Beste auf einen Blick

Táranto und die Murgia Tarantina

Highlight !

Táranto: Die Stadt der zwei Meere – das legendäre Taras der Griechen und die bedeutendste Stadt der Magna Graecia – ist heute reich an Kontrasten. Doch gerade die Mischung aus Historie und Gegenwart, aus Verfall und versuchter Modernität machen den Charme von Táranto aus. Das Archäologische Museum, eines der besten Italiens, entführt seine Besucher in versunkene Zeiten. S. 206

Auf Entdeckungstour

Höhlenstadt in neuem Glanz – ein Abstecher nach Matera: Die berühmteste Höhlenstadt der Welt – seit 1993 UNESCO-Welterbe – war noch in den 1950er-Jahren der Schandfleck Italiens. Nirgendwo sonst lässt sich die Struktur einer solchen Stadt so gut erkennen wie in Matera in der Basilikata. S. 200

Maestri in Primitivo – zu Besuch bei einer Winzergenossenschaft: Die Winzergenossenschaft von Mandúria hat maßgeblich zum Aufschwung der apulischen Weine in den letzten Jahrzehnten beigetragen. Diese Genuss- und Wissenstour führt u. a. zu dem interessanten Museum des Consorzio Produttori Vini. S. 214

Kultur & Sehenswertes

Die Höhlenkirchen von Móttola und Massafra: Mit ihren Ikonostasen, Säulen und Heiligen ist jede der in den Fels gehauenen Kirchen eine faszinierende Welt für sich. S. 198, 203

Osterprozessionen in Táranto: Pellegrinaggio dei Perdoni und Processione dei Misteri gehören zu den eindrucksvollsten Osterprozessionen in Apulien. S. 212

Fonte Pliniano in Mandúria: Treppen führen in eine Höhle hinab, aus der ein Rauschen hinaufdringt. Wie schon in vorgriechischen Zeiten sprudelt unten eine Quelle und man fragt sich, welche Rituale hier wohl einst vollzogen wurden. S. 217

Genießen & Atmosphäre

Il Grottino 1442: In dem urgemütlichen Lokal in Castellaneta gibt es selbst gemachte Pasta mit Gemüse, Wildschwein und Kaninchen – und das alles zu fairen Preisen. S. 198

Vecchia Móttola: Schlafen und wohnen in kleinen, liebevoll restaurierten und eingerichteten Appartements, die sich über das historische Zentrum von Móttola verteilen. S. 199

Trattoria Gesú Cristo und Trattoria da Ugo in Táranto: Hier kommen frischer Fisch und Meeresfrüchte auf den Tisch – mariniert oder gegrillt. Das Ambiente ist nebensächlich, Hauptsache, es schmeckt! Kein Wunder, dass hier viele Einheimische einkehren. S. 211

Aktiv & Kreativ

Wanderung in der Gravina von Laterza: Wer hier wandert, fühlt sich zeitweise in einen nordamerikanischen Canyon versetzt. S. 203

Abends & Nachts

Es gibt keine angesagten Clubs, doch wie überall in Italien kann man sich am abendlichen Flanieren auf der Piazza oder dem Corso beteiligen.

Höhlenstädte und das einst sagenhafte Tarent

Viele Touristen durcheilen diesen Teil Apuliens, denn die Schönheit Tárantos liegt hinter Ölraffinerien und einem gigantischen Stahlwerk verborgen und die langen Sandstrände am Ionischen Meer sind wenig spektakulär. Die meisten wissen gar nicht, dass man in der dahinterliegenden Murgia Tarantina die schönsten Schluchtenstädte Apuliens besuchen kann. Castellaneta, Móttola und Massafra liegen an beeindruckenden Gravine (s. S. 50). Frühere Bewohner haben in den Tuffstein Höhlenwohnungen und Kirchen gegraben und Letztere mit Fresken geschmückt. In der faszinierenden Landschaft kann man schöne Wanderungen unternehmen und auch kulinarisch hat die Region ihren Reiz, vor allem in puncto Fisch und Meeresfrüchte. Nicht zu übersehen sind die vielen Weinreben – von hier stammt der Primitivo, einer der ausgezeichneten Weine aus Apulien. An empfehlenswerten Unterkünften mangelt es dagegen derzeit leider noch.

Infobox

Internet

www.parcogravine.it: einige Informationen zu den Gravine im Gebiet des Ionischen Meeres (ital.).

Verkehr

Bahn: Züge von **Trenitalia** (www.trenitalia.it) verbinden Táranto und Massafra mit Bari. Außerdem kann man von Táranto über Francavilla Fontana nach Bríndisi fahren. **Ferrovie del Sud Est** (www.fseonline.it) bedient die Strecke Táranto–Lecce und Táranto–Martina Franca–Bari, wobei man durch das schöne Valle d'Itria fährt.

Bus: Die Busse der **Ferrovie del Sud Est** (s. o.) fahren von Táranto über Martina Franca nach Bari sowie über Móttola und Massafra nach Gioia del Colle. Die Busse der **CTP Táranto** (www.ctptaranto.com) verbinden nahezu alle Orte miteinander.

Castellaneta ►K 10

Bereits auf den Ortseingangsschildern heißt es »Terra di Mito« – ein erster Hinweis darauf, dass in Castellaneta Rodolfo Valentino (1895–1926) gehuldigt wird, auch »Il Mito« (›Der Mythos‹) genannt. Der berühmte Latin Lover der Stummfilmzeit wurde in Castellaneta geboren. Ihm zu Ehren hat man ein Museum eingerichtet und an der Hauptstraße eine große blaue Keramik-Statue aufgestellt. Sie zeigt ihn als Scheich, eine seiner bekanntesten Rollen.

Die Stadt beeindruckt außerdem durch ihre spektakuläre Lage oberhalb einer Schlucht. Auf einer Wanderung in die **Gravina di Castellaneta** lassen sich Höhlen und einige Kirchen entdecken. Bewohner der Schlucht gründeten später den heutigen Ort, der zwei Drittel des Schluchtrandes einnimmt. Folgt man dem Wasserlauf, kommt man zur **Chiesa Santa Maria della Luce o dell'Assunta** aus dem 13. Jh., die gerade ob ihrer schlichten Bauweise beeindruckt. Durch die Sakristei gelangt man in die **Chiesa rupestre di Santa**

Rodolfo Valentino for ever – in Castellaneta ganz sicher. Mit dem berühmtesten Sohn der Stadt wurde das Kino geboren und mit seinem Tod ging die Stummfilmzeit zu Ende

Maria del Pesco mit einigen gut erhaltenen Fresken. Es heißt, ein Kapitän habe sie aus Dank für seine Rettung aus ärgster Seenot errichten lassen.

Museo Rodolfo Valentino

Via Roma 112/114, Tel. 099 849 31 92, mobil 347 549 30 21, 338 63 22 98, www.fondazionevalentino.it, Mo–Fr 10–12.30, 17–20.30, Sa, So 17–20.30 Uhr, jeden Mi 17.30 u. 19 Uhr wird ein Valentino-Film gezeigt, Eintritt 2,50 €
Der Personenkult ist unverkennbar: In dem Museum hängen zahlreiche Fotografien von Rodolfo Alfonso Raffaello Piero Filiberto Guglielmi di Valentina d'Antonguolla, so der richtige Name in voller Länge. Neben Dokumenten aus dem Leben des Schauspielers ist sein Originalkinderbett zu bewundern sowie das nachgebaute Filmset von »Der Sohn des Scheichs«. Interessierte können sich einen eigens für das Museum produzierten Film (mehrsprachig) über das Leben des Stummfilmstars ansehen.

Castellaneta Marina

Südlich von Castellaneta liegt am Meer Castellaneta Marina, ein langer Sandstrand, der für Familien ideal ist. Bei klarem Wetter sieht man im Westen die Berge des Pollino-Gebirges und im Osten die Fabriktürme von Táranto. Im Hinterland erstrecken sich Pinienwälder, dazwischen trifft man auf Hotels, Villen und Ferienhäuser unterschiedlicher Kategorien. Außerhalb der Saison ist es hier ruhig und der Ort Castellaneta Marina so gut wie verlassen.

Übernachten

Licht und hell – **Donna Clementina:** C. da Carabella, Tel. 099 843 16 55, www.donnaclementina.it, DZ 60–100 €. Der Agriturismo liegt zwischen Castellaneta und Castellaneta Marina. Hier werden Zitrusfrüchte, Oliven, Kirschen und Tafeltrauben angebaut. Die Zimmer und Appartements in einem ge-

Mein Tipp

Einkaufen mal anders
In der Altstadt von Castellaneta gibt es zwar kaum Geschäfte, aber einkaufen kann man dennoch. Steht z. B. irgendwo ein Stuhl, auf dem eine Fenchelknolle liegt, daneben eine Pappe mit hingekritzeltem Preis plus Richtungspfeil, wissen Einheimische Bescheid: In der angegebenen Richtung wird frischer Fenchel aus dem eigenen Garten verkauft. Und dann gibt es da noch den Werkstattladen von Pasquale Viverito, seit über 30 Jahren am Ort und eine regelrechte Instanz. Er sammelt kleine und große Dinge, z. B. Türklinken oder Haken, um sie für Reparaturen zu verwenden, frischt Möbel auf und stellt die *troccola* (im Dialekt *tocca-tocca*) her, ein Brett mit Metallbeschlägen, wie man es bei den Osterprozessionen sehen kann (s. S. 32) – hier kann man es kaufen. Der Laden ist ein wahrer Hingucker (Via V. Emanuele 60, Mo–Sa 10–13, 17–19 Uhr).

schmackvollen Neubau sind freundlich und hell eingerichtet. Pool und Garten sorgen für Entspannung.

Essen & Trinken

Urgemütlich – **Il Grottino 1442:** Via Municipio 22/Largo Teatro 6/8, Tel. 099 849 24 55, Mi–Mo mittags u. abends, Juli/Aug. tgl., Menü 15 €, Pizza ab 3 €. Man sitzt entweder in einem der kleinen verwinkelten Gasträume des Ristorante (abends auch Pizzeria) oder draußen auf der Piazza. Neben selbst gemachter Pasta mit Gemüse der Saison kommen auch Wildschwein und Kaninchen auf den Tisch – alles zu moderaten Preisen. Benannt ist das Lokal nach einer Grotte von 1442, die heute als kleine Lounge genutzt wird.

Einkaufen

Wein – **Nico:** Via Roma 145, Tel. 099 844 21 53, www.nicocasavinicola.it, Mo–Sa 9–13, 17–20.30 Uhr, Do nur vorm. In der Cantina von Nico an der Straße nach Táranto wird seit 1935 Wein gekeltert. Bekannt sind vor allem die beiden Rotweine Aglianico und Primitivo sowie der weiße Falanghina. Seit 2007 gibt es in Anspielung auf den in Castellaneta geborenen Stummfilmstar Valentino auch die »Vini Rudy«, benannt nach Rodolfo Valentinos bekanntesten Filmen (um die 6 € pro Flasche). Den einfachen Wein kann man sich auch in Kanister abfüllen lassen (0,80 € der Liter), was die Einheimischen gerne machen.

Infos

Im Museo Rodolfo Valentino bekommt man **Stadtpläne** und **Infos zum Ort.**

Verkehr
Bus: CTP-Busse fahren nach Massafra und Táranto, Abfahrt am Krankenhaus.

Móttola ▸ K 9

Die auf einem knapp 390 m hohen Hügel liegende Stadt wurde schon in der Antike *Spia dello Ionio* (Ionischer Spion bzw. Ausguck) genannt. Tatsächlich hat man von hier einen herrlichen Ausblick auf das Ionische Meer und versteht sofort, warum die Griechen an dieser Stelle ihre Akropolis errichteten. Das alte Zentrum von Móttola wird La Schiavonia genannt und ist recht beschaulich. Dort ragt auch die **Kathedrale** auf, die mit ihrer geschwungenen Fassade an jene von Ostuni erinnert. Hauptanziehungspunkte sind jedoch die **Höhlensiedlungen und -kirchen** südlich der Stadt. Die beste Zeit für ihren Besuch sind die Nachmittagsstunden, wenn der Lichteinfall die Fresken besonders stark leuchten lässt.

Villaggio di Casalrotto und Chiesa Sant'Angelo

Zutritt zur Kirche nur mit Führung, s. Infos & Termine

Villaggio di Casalrotto ist eines der größten Höhlendörfer in Süditalien. Anders als die meisten Höhlensiedlungen liegt es nicht in einer *gravina,* sondern in einer *lame* (s. S. 50), deren Schluchtwände flacher sind. Gegenüber dem um 1400 aufgegebenen Dorf führt ein Pfad zur **Chiesa Sant'Angelo,** der einzigen zweistöckigen Grottenkirche in Apulien. Die obere Etage wurde als Kirche genutzt, die untere diente als Nekropole. Die Fresken sind nicht sehr gut erhalten, dennoch zählt die Höhlenkirche wegen ihrer besonderen Architektur zu den bedeutendsten Höhlenkirchen des 11./12. Jh.

Chiesa San Nicola

Nur mit Führung, s. Infos & Termine

Nicht ohne Grund wird die Chiesa San Nicola Sixtinische Kapelle der Höhlenkirchen genannt. Ihre umlaufenden Fresken wirken wie eine Galerie jener Heiligen, die im Mittelalter besonders verehrt wurden. Interessant ist die Darstellung des hl. Georg, der gleich zweimal in einer Reihe zu sehen ist – einmal trägt er normannische und einmal byzantinische Gewänder.

Chiesa San Gregorio

Nur mit Führung, s. Infos & Termine

Diese Grottenkirche beeindruckt vor allem durch ihre gewaltigen Säulen, die mitsamt ihren Sockeln und Kapitellen aus dem Stein herausgearbeitet wurden, ebenso wie die Kuppel und die Kreuze an der Decke. Der Christus über dem Altar erinnert stark an jenen in Monreale auf Sizilien.

Übernachten

In alten Häusern – **Vecchia Móttola:** Corso Umberto I, Tel. 099 886 45 14, mobil 669 41 25 66, www.vecchiamottola.com, DZ 70–100 €. Die Vereinigung Vecchia Móttola vermietet mehrere restaurierte und liebevoll eingerichtete kleine Appartements, die sich über das Centro Storico verteilen. Das Frühstück wird in einer Bar eingenommen. Die Gäste werden mit vielen guten Informationen versorgt; auf Wunsch auch Organisation geführter Touren durch Móttola bzw. zu den Grottenkirchen.

Essen & Trinken

Einfach und gut – **Pizzeria La Tavernetta:** Via Vanvitelli 1, mobil 347 586 99 83, Mi–Mo abends, Pizza ab 3 €. In der volkstümlichen Pizzeria gibt es neben einer großen Auswahl an Pizzen auch gute Antipasti und Pastagerichte. Viele Einheimische kehren hier auf eine schnelle Pizza ein, allein oder in großer Familienrunde.

Infos & Termine

Touristeninformation

Ufficcio Turistico: Viale Ionico (schräg gegenüber dem Penny-Supermarkt), Tel. 099 886 76 40, mobil 340 105 62 69 (Vita spricht auch Englisch), tgl. 9–13, 16–20 Uhr. Viel gutes Infomaterial und sehr hilfsbereite Mitarbeiter. Man kann eine **Führung** (3 €) durch ▷ S. 203

Auf Entdeckungstour

Höhlenstadt in neuem Glanz – ein Abstecher nach Matera

Die berühmteste Höhlenstadt der Welt – seit 1993 UNESCO-Welterbe – war noch in den 1950er-Jahren der Schandfleck Italiens. Nirgendwo sonst lässt sich die im Laufe von Jahrhunderten gewachsene Struktur einer solchen Stadt so gut erkennen wie in dem schon in der Basilikata liegenden Matera.

Reisekarte: ▶ H 9

Dauer: mind. ein halber Tag

Chiesa Madonna delle Virtù/Chiesa San Nicola dei Greci: Via Madonna delle Virtù, Tel. 0835 23 62 83, tgl. 9–18 Uhr, 3 €. **Casa Grotta di Vico Solitario:** s. S. 202. **Sassi-Führungen:** Raffaele Stifano, Tel. 0835 31 14 05 (ital./frz.); Monika und Katharina Michel (ital./dt.), mobil 348 606 63 86. Eine Tour (50–60 €) dauert 2–3 Std.

Die besondere Topografie des Ortes – ein Tuffsteinplateau und eine darunterliegende schattige Schlucht mit einem nie versiegenden Bach – zog bereits ab 8000 v. Chr. Siedler an. Doch zu einer dauerhaften Besiedlung kam es erst im 6./7. Jh. durch Basilianermönche aus Kleinasien. Nach und nach ließen sich auch Hirten, Handwerker und Bauern hier nieder. Als die Normannen den Ort im 11. Jh. übernahmen, begann sich die Siedlung in die unterhalb liegenden Schluchten auszubreiten – zwei Höhlensiedlungen (ital. *sassi,* Sg. *sasso*) entstanden, Sasso Barisano und Sasso Caveoso. Noch Mitte des 20. Jh. waren die Höhlen in den Felsen bewohnt. Gut zwei Drittel der Materani lebten dort in Armut, Elend und Krankheit. Nach dem Krieg setzte sich u. a. Carlo Levi (»Christus kam nur bis Eboli«) für die Verbesserung der Lebensverhältnisse in den Sassi ein. 1952 wurde ein Gesetz erlassen, das die Evakuierung der Sassi festschrieb – bis 1970 war sie abgeschlossen. Keiner der 15 000 Bewohner wollte jemals wieder in die Sassi zurück und so begannen die Höhlensiedlungen zu verfallen. Doch 1975 beschlossen einige Jugendliche, im Sasso Caveoso zu leben, und neu gegründete Initiativen begannen sich für den Erhalt der Höhlenkirchen und -behausungen zu engagieren, denn man hatte den historischen und baugeschichtlichen Wert und die Einzigartigkeit der Sassi erkannt.

Die Keimzelle der Stadt

Im 17. Jh. gelangte Matera in den Besitz des Königreichs Neapel und gewann nicht nur als Bischofssitz, sondern auch als Grenzland zu Apulien Bedeutung. Die durch diese Entwicklung zu Wohlstand gelangten Bürger verließen die Sassi und bauten auf der oberhalb liegenden Ebene, dem **Piano,** neue Häuser und Paläste. Heute bieten sich von hier, genauer gesagt von der **Piazza V. Veneto** und der **Piazza Pascoli,** spektakuläre Blicke auf das sich unterhalb ausbreitende Gewirr von Gassen, Treppen und Höhlen in den Sassi Barisano und Caveoso. Auf einem der beiden Plätze sollte man seinen Rundgang beginnen.

Zwischen Piazza V. Veneto und Piazza Pascoli schiebt sich ein Tuffsteinplateau wie eine Brücke ins Land. Auf seiner Spitze ragt der 1270 vollendete **Duomo** auf. Das direkt an ihn grenzende Gebiet mit seinen Häusern, Gassen und Plätzen nennt man **Civita** (lat. *civitas,* ›Staat, Gemeinde‹). Hier hatte Materas Geschichte im 6. Jh. ihren Anfang genommen.

Von der Civita ausgehend, wurden ab dem 11. Jh. Räume, Keller, Stallungen und Kirchen in den Tuffstein gegraben. Geschickt schuf man dabei Übergänge, baute Brunnen auf gemeinsam genutzten Innenhöfen, Zister-

nen innerhalb und außerhalb der Behausungen, legte Terrassen und Gärten an. Den bei den Ausschachtungen entstandenen Schutt verwendete man für die Fassaden oder den Bau der Mauern und unzähligen Treppenwege – oder man warf ihn in die Gravina hinunter.

Ungewöhnliche Gotteshäuser

Vom Dom führt eine Treppe hinunter in den Sasso Barisano, der nach Bari ausgerichtet ist – daher vermutlich sein Name. An der Via Madonna delle Virtù liegen die Chiesa Madonna delle Virtù und die Chiesa San Nicola dei Greci, ein auf das 10. Jh. zurückgehender Komplex und ein schönes Beispiel für eine nachträglich vorgenommene Verbindung zweier übereinanderliegender Höhlenkirchen. Die dreischiffige **Chiesa Madonna delle Virtù** besitzt vier Pfeiler, eine Empore, eine Apsis und Scheinkuppeln, d.h. die in den Tuff geschlagenen Kuppeln erscheinen nur nach innen als solche. Sie ist die einzige Kirche in Matera mit Kuppeln, alle anderen haben flache Decken. Doch hier hat man sogar noch Scheingalerien und eine winzige Rosette zur weiteren Verzierung aus dem Stein herausgearbeitet. Darüber wurde die zweischiffige, sehr einfache **Chiesa San Nicola dei Greci** in den Fels geschlagen. Sie ist vor allem wegen ihrer Fresken von Bedeutung. Im rechten Schiff findet sich eine Kreuzigungsszene aus dem 14. Jh. und in der rechten Apsis nach byzantinischem Vorbild eine Madonna mit Kind und einigen Heiligen, darunter San Nicola dei Greci in einer eher seltenen Darstellung mit Affodill, der typischen Friedhofsblume der Griechen.

Besuch einer Höhlenwohnung

Der ältere, südliche Teil der Höhlenstadt heißt **Sasso Caveoso.** Er liegt quasi unterhalb der Piazza Pascoli. Der Name leitet sich wahrscheinlich vom Ort Montescaglioso ab (ursprünglich Mons Caviosus), zu dem der Sasso ausgerichtet ist. Folgt man von der Chiesa Madonna delle Virtù der gleichnamigen, auf Anweisung von Mussolini Ende der 1920er-Jahre erbauten Panoramastraße nach Süden, so gelangt man zur **Casa Grotta di Vico Solitario** (Piazza S. Pietro Caveoso, www.casagrotta.it, tgl. 9–20.30 Uhr, 1,50 €, auch dt. Audioguide), die einen guten Einblick in das einstige Leben in den Höhlensiedlungen gibt. Sie stammt aus dem 18. Jh. und war bis 1956 bewohnt. Man hielt sich nur zum Schlafen und Essen in der Höhlenwohnung auf. Das restliche Leben spielte sich draußen ab, wo man dank der einzigartigen Anlage freie Sicht auf die gesamte Umgebung genoss und sich problemlos auch über viele Höhenmeter hinweg verständigen konnte. Die kleine Behausung wurde vom Ehebett dominiert, das sehr hoch gebaut war, damit die vom Felsboden aufsteigende Feuchtigkeit den Schlafenden nicht viel anhaben konnte. Den Platz unter dem Bett nutzte man, um Vorräte zu lagern und Hühner zu halten, was für weitere Wärme sorgte. Die Kinder und übrigen Familienmitglieder mussten auf den Truhen und Schränken schlafen, denn für weitere Betten war keine Platz.

Man sollte den Streifzug durch die Sassi noch eine Weile fortsetzen und sich dabei einfach treiben lassen. Bei der Orientierung helfen Informationstafeln, auf denen der jeweilige Standort eingezeichnet ist. Unterwegs entdeckt man u.a. stilvoll renovierte Wohnhöhlen mit allem Komfort, die heute als B & B oder Hotels genutzt werden, oder auch zu Läden und Lokalen umgestaltete ehemalige Felsbehausungen. Die Sassi werden wieder bewohnt – mittlerweile leben hier bereits wieder rund 3000 Menschen.

die Stadt und/oder die Grottenkirchen der Umgebung buchen. Ein eigenes Auto ist für Letzteres von Vorteil.

Internet

www.comune.mottola.ta.it (ital.)

Verkehr

Bus: mit CTP von/nach Táranto.

Feste und Veranstaltungen

San Giuseppe: s. S. 33.

Il Presepe vivente (Lebende Krippe): Jeweils am Sonntag vor Heiligabend und am Sonntag nach dem Fest der Hl. Drei Könige wird mit ca. 100 Menschen in Kostümen die Geschichte der Geburt Christi aufgeführt.

Massafra ►L 10

Das historische Zentrum der im 10. Jh. erstmals erwähnten Schluchtenstadt liegt auf einer Felsnase zwischen der **Gravina Madonna della Scala** und der **Gravina San Marco.** Letztere wird von drei Brücken überspannt, die in die Neustadt führen. Die Siedlungsspuren reichen bis in die Jungsteinzeit zurück, doch besonders präsent sind die Überreste aus byzantinischer Zeit, insbesondere die Grottenkirchen. Zwischen dem 9. und 12. Jh. suchten in den Höhlen viele Mönche aus Kleinasien Schutz, die gegen das Verbot der Ikonenmalerei verstoßen hatten. Bemerkenswert sind die **Chiese rupestri** vor allem wegen ihrer zahlreichen Fresken. Einige der noch rund 30 existierenden Grottenkirchen können im Rahmen von Führungen besichtigt werden (s. S. 206).

Cripta di San Antonio Abate

Nur im Rahmen einer Führung zu besichtigen, s. S. 206

Die Chiese rupestri sind nicht nur in den Schluchten zu finden, sondern auch mitten in der Stadt. Ein Beispiel dafür ist die Cripta di San Antonio Abate. Man spaziert durch die Gassen der Altstadt, öffnet eine unscheinbare Tür, geht ein paar Stufen hinab und steht plötzlich mitten in einer um 1000 n. Chr. entstandenen Höhlenkirche. Die Fresken aus dem 13. Jh. wurden bislang noch nicht restauriert, umso mehr erstaunt ihr Erhaltungszustand, zumal die Luftfeuchtigkeit in dem Gewölbe nicht gerade gering ist. Im 18. Jh. wurde ein Hospital über der Krypta errichtet und diese zum Baderaum umfunktioniert, was die in die Wand eingelassenen Becken und die Sitzbadewannen erklärt.

Mein Tipp

In der Gravina di Laterza wandern

Die **Gravina di Laterza** (► J 10) ist nicht nur die schönste, sondern auch die größte Schlucht Apuliens – von Matera aus zieht sie sich 10 km durchs Land. An der breitesten Stelle misst sie 500 m, an der tiefsten 200 m. Ein reizvoller, von der LIPU (Italienischer Bund für Vogelschutz) markierter Weg beginnt am LIPU-Besucherzentrum (von Laterza ausgeschildert) und verläuft auf dem Schluchtrand. Unterwegs sieht man Höhlenwohnungen, Grotten und Kirchen und es bieten sich grandiose Blicke in die Schlucht, über das Plateau hinweg und zum Ionischen Meer. Im Frühjahr ist das Terrain ein blühender Garten und bis zum Herbst kann man hier viele Vögel, z. B. Rötelfalken, sehen (hin und zurück etwa 5 Std.; LIPU-Besucherzentrum, mobil 339 331 19 47, www.rapacigravine.it, Do–So 9–13, 14–18 Uhr, Fei geschl.).

Santuario Madonna della Scala

Etwa 1,5 km außerhalb des Zentrums, ausgeschildert, Mai–Sept. 10–18, sonst Mo–Fr 10–12, Sa auch 15–18 Uhr

Die auf der anderen Seite des Centro Storico liegende Gravina Madonna della Scala ist gut 4 km lang, 40 m tief und 30–50 m breit. Einen schönen Blick in diese von Höhlen durchsetzte Schlucht mit ihrer reichen Vegetation hat man vom Santuario Madonna della Scala. Zu der 1731 direkt an einen Felsen gebauten Wallfahrtskirche führen 150 Stufen hinab. Bereits im 12. Jh. gab es in der Schlucht eine Höhlenkirche. Sie barg ein Fresko der hl. Maria, das sehr verehrt wurde. Bei einem Erdbeben stürzte die Kirche jedoch ein – ein Teil wurde in den Abgrund gerissen, ein anderer von einer Gesteinslawine verschüttet. Zwar errichtete man im Fels eine neue Kirche, die Chiesa della Buona Nuova, das Madonnenbildnis blieb aber verschollen. Jahre später verfolgten in der Gegend Jäger zwei Hirsche, um sie zu erlegen. Plötzlich knieten die Tiere vor einem großen Stein nieder. Als die Jäger darunter nachschauten, entdeckten sie das vollkommen intakte Bildnis der hl. Maria. Jetzt steht es, von zwei Hirschen bewacht, im Sanktuarium hinter Glas. Zum 100. Jahrestag der Einweihung des Heiligtums stiftete die Gemeinde der Madonna und dem Jesuskind Kronen, die aber etwas deplatziert wirken. Wer die z. T. noch erhaltene, heute als Cripta bezeichnete **Chiesa della Buona Nuova** aus dem 13. Jh. besichtigen möchte, muss sich die Eisentür links von der Treppe zum Parkplatz vom Kustoden aufschließen lassen.

Übernachtung

Gediegen – **Masseria La Brunetta:** Via per Chiatona, Tel. 099 880 09 42, www.masserialabrunetta.it, DZ 150–170 €. Die an der Straße von Massafra nach Castellaneta Marina gelegene Masseria wurde edel restauriert und bietet Erholung unter Zitronen- und Olivenbäumen. Stilvolle Zimmer, Pool, Garten.

Einladend – **B & B Casa Camilla:** Via Messapia 84, mobil 328 696 83 12, www.casacamilla.eu, DZ 60–80 €. Das erste B & B in Massafra befindet sich in einem Gebäude aus dem 19. Jh. Es wurde über einer ehemaligen Grottenwohnung erbaut, die heute noch

Sie erzählen Natur- ebenso wie Kulturgeschichte: die Höhlen bei Massafra

zu besichtigen ist. Die Zimmer mit Steinfußboden sind gemütlich eingerichtet, das Frühstück wird auf der Terrasse serviert.

Essen & Trinken

Apulien trifft Basilikata – **Falsopepe:** Via II SS. Medici 42, Tel. 099 880 46 87, www.falsopepe.it, Do–Di abends, So, Fei auch mittags, Menü 25–35 €. Die Nähe zur Basilikata macht sich in der Küche dieses gemütlichen Restaurants bemerkbar. Würste, Fleisch und Gemüse werden ausgesprochen schmackhaft zubereitet, dazu gibt es einen guten Wein.

Rustikal – **Zia Riri:** Piazza Risorgimento 14, mobil 329 646 39 53, Di–Sa mittags u. abends, So nur mittags, Menü 15–20 €. Apulische Küche in nettem Ambiente – selbst das Geschirr ist aus Terrakotta. Ein typisches Sommergericht sind *orecchiette al cacioricotta* (Nudeln mit Käse).

Infos & Termine

Touristeninformation

Ufficio Turistico Comunale: Via Caduti della Nave Roma/Piazza Garibaldi, Tel. 099 880 46 95, Info-Tel. 338 565 96 01, Mo–Sa 9.30–12.30, 17.18.30, So 9.30–12.30 Uhr. Infos und **Führungen** (Dauer ca. 90 Min.), auch auf Englisch. Wer Italienisch spricht, sollte unbedingt nach Mina fragen.

Internet

www.comunedimassafra.it (ital.)

Verkehr

Bahn: Verbindungen mit Trenitalia nach Bari und Táranto. Der Bahnhof liegt südlich außerhalb der Stadt.
Bus: Busse der CTP, FSE und SITA nach Bari, Táranto und Lecce.

Feste und Veranstaltungen

San Giuseppe: s. S. 33.
Madonna della Scala: 1. So im Mai. Die Schutzpatronin des Ortes wird mit Prozession und Feuerwerk gefeiert.

Táranto ! ▶ L 10/11

Táranto – die Stadt der zwei Meere, das legendäre Taras der Griechen, die bedeutendste Stadt der Magna Graecia – liegt zwar immer noch idyllisch zwischen dem **Mare Piccolo** und dem **Mare Grande,** doch ansonsten hat es sich sehr gewandelt. Die Altstadt ist kaum noch bewohnt und Renovierungen werden nur schleppend in Angriff genommen – hier ist noch ein Süditalien lebendig, wie man es bald nur noch aus historischen Beschreibungen kennen wird. Die Neustadt im Osten mit ihren hellen und breiten Straßen macht einen weitaus freundlicheren Eindruck.

Laut einer Legende wurde die Stadt von Taras (auch Trias) gegründet, dem Sohn des Poseidon. Zu Ehren seines Vaters hielt er an dieser Stelle eine Zeremonie ab, als plötzlich ein Delfin aus dem Wasser sprang. Er deutete dies als Zeichen und gründete hier – 1200 Jahre vor Rom – die Stadt Taras. Auf einem Delfin reitend schmückt Taras noch heute das Wappen von Táranto.

Relativ gesichert ist, dass Spartaner 706 v. Chr. den Ort für ihre einzige Niederlassung in Süditalien wählten. Die geschützte Lage war ideal und schnell wurde Taras nicht nur zum wichtigsten Handelshafen am Ionischen Meer, sondern auch zur wichtigsten Stadt der Magna Graecia. In der Blütezeit lebten hier ca. 300 000 Einwohner. 272 v. Chr. fiel Tarent an die Römer, gegen die sich die Stadt mit Hannibal zu verbünden versuchte, doch der Plan misslang und Tarent wurde zur Plünderung freigegeben. Das Weströmische Reich ging unter. Goten, Langobarden, Sarazenen, Byzantiner kamen und gingen – auf Letztere lässt sich die verwinkelte Altstadt zurückführen. Es folgten Normannen, Staufer und Anjou. Nach der Gründung der Republik Italien baute man Táranto zu einem Marinehafen aus und in den 1960er-Jahren siedelte man Schwerindustrie an. Doch der Aufschwung wurde durch die Stahlkrise ausgebremst. Heute liegen im Westen der Provinzhauptstadt Stahl- und Zementfabriken sowie Erdölraffinerien, deren Zukunft derzeit in Frage steht.

Neustadt

Eine schöne Flaniermeile ist der mit Bäumen bestandene **Lungomare Vittorio Emanuele III** am Mare Grande entlang. Von hier aus kann man jederzeit in die schachbrettartig angelegte Neustadt eintauchen. Nördlich verläuft die Shoppingmeile von Táranto, die **Via Tommaso d'Aquino.** Am westlichen

Táranto

Sehenswert
1 Museo Nazionale Archeologico
2 Castello Aragonese
3 Poseidon-Tempel
4 Duomo di San Cataldo
5 San Domenico Maggiore
6 Fischmarkt

Übernachten
1 Hotel Europa
2 Isola Blu
3 La Locanda

Essen & Trinken
1 Al Gatto Rosso
2 Trattoria Gesú Cristo
3 Trattoria da Ugo
4 La Gelateria del Ponte

Ende des Lungomare liegt der künstlich angelegte, 400 m lange und 73 m breite **Canale Navigabile,** der das Mare Grande mit dem Mare Piccolo verbindet und 1887 zusammen mit dem **Ponte Girevole** eingeweiht wurde. Die heutige ›Drehbrücke‹ ist ein Nachbau von 1958 und wird geöffnet, wenn Handels- und Militärschiffe aus dem Mare Piccolo aus- bzw. einlaufen wollen.

Museo Nazionale Archeologico 1

Piazza Garibaldi, Eingang über Via Cavour 10, Tel. 099 453 21 12, www.museotaranto.org, tgl. 8.30–19.30, im Sommer auch bis 22 Uhr, Kassenschluss 1 Std. vorher, Eintritt 5 €, erm. 2,50 €

Hier bekommt man die Schätze des alten Tarent zu sehen, darunter den Goldschatz in der Sala degli Ori (s. Lieblingsort S. 209) sowie Sarkophage, Münzen, Terrakottafiguren, Grabstelen, Mosaike. Interessant ist auch die Ausstellung zum Thema Wein. In den einzelnen Museumsbereichen gibt es Touchscreens mit vielen weiterführenden Informationen (auch auf Englisch) zu Táranto, aber auch zu Themen wie Kulte, Handwerk, Frauenwelten etc.

Altstadt

Castello Aragonese 2

Piazza Castello, Tel. 099 775 34 38, tgl. 9.30, 11.30, 16, 18, 20 Uhr, Dauer 1,5 Std., Führungen auf Englisch nur für Gruppen und nach Voranmeldung, Eintritt frei

Schon bevor man die Brücke überquert, sieht man am Altstadtrand das dominierende Kastell, das nach einem seiner fünf mächtigen Türme auch **Castel Sant'Angelo** heißt. Das heutige Aussehen geht auf die erste Befestigung des Kastells zurück, die 1482 von Ferdinando d'Aragóna angeordnet wurde. Seit 1887 hat die Marine hier ihren Sitz. Dennoch ist das Kastell für die Öffentlichkeit zugänglich. Angehörige der Marine in weißer Uniform führen Besucher durch den Bau und erzählen allerhand Wissenswertes, z. B. warum runde Türme vorteilhafter sind als eckige.

Poseidon-Tempel 3

Gegenüber dem Castello stehen die letzten architektonischen Überreste des sagenhaften Taras, zwei gewaltige dorische Säulen aus dem 6. Jh. v. Chr., die mit großer Wahrscheinlichkeit zu einem Poseidon-Tempel gehörten. Die Größe der Säulen lassen einen sehr beeindruckenden Tempel vermuten.

Duomo di San Cataldo 4

Via Duomo 33, Tel. 099 470 75 45, www.cattedraletaranto.it, tgl. 8–19 Uhr

Folgt man der bei den Säulen abgehenden Via del Duomo, so gelangt man nach etwa 10 Min. zum Duomo di San Cataldo. Die Fassade der im 11. Jh. über einem frühchristlichen Vorgängerbau errichteten Kathedrale wurde im 18. Jh. im Stil des Barock umgestaltet. Die Vierungskuppel lässt byzantinische Einflüsse erkennen, was sich im Inneren fortsetzt. Besonders bemerkenswert sind dort die 16 Marmorsäulen mit romanischen und byzantinischen Kapitellen sowie die mächtige Holzkassettendecke. Die in prachtvollem Barock ausgestaltete Kapelle rechts vom Hauptaltar birgt die Gebeine des hl. Cataldo. In der Krypta sind noch einige Fresken erhalten geblieben sowie auf dem Fußboden der Kirche Teile von Mosaiken, die an jene in Ótranto (s. S. 274) erinnern.

San Domenico Maggiore 5

Via Duomo 1, Tel. 099 70 77 33, keine festen Öffnungszeiten

Aus dem engen Gassengewirr der Altstadt erhebt sich majestätisch die Kirche San Domenico Maggiore empor. Sie besitzt zwar eine barocke Freitreppe, stammt aber aus dem 14. Jh., wovon noch einige Bauelemente zeugen. Besonders beeindruckend sind das gotische Portal und die darüberliegende Fensterrosette sowie der Kreuzgang. San Domenico Maggiore ist der Ausgangspunkt für die Gründonnerstagsprozession (s. S. 212).

Fischmarkt 6 und Lungomare

Am nördlichen Ende der Altstadt führt eine Brücke zum Bahnhof hinüber und weiter ins Industriegebiet. Davor liegt der **Fischmarkt** von Táranto, auf dem früher vor allem Muscheln und Austern verkauft wurden. Miesmuscheln (ital. *cozze)* werden fast ganzjährig geerntet. Schon Plinius schwärmte von den hiesigen Muschelbänken und lobte die Austern aus Táranto. Im Jahr 1784 ließ der Bourbone Ferdinand IV., der spätere König beider Sizilien, die verwahrlosten Zuchtanlagen für seine Hofküche wieder instand setzen.

Bei einem Spaziergang auf dem **Lungomare** am Mare Piccolo (kleines Meer) entlang sieht man auf dem Wasser die Zuchtstationen und am Pier Männer, die von Frühjahr bis Herbst die geernteten Muscheln anlanden und für den Verkauf vorbereiten. Mit geschickten Handgriffen lösen die Männer die Muscheln aus den Netzen, säubern sie und reichen den Vorbeiflanierenden auch gern mal eine zum Probieren.

Lieblingsort

Reise in eine versunkene Welt – Museo Archeologico 1

Die Faszination dieses Museums (s. a. S. 207) mit Funden aus der Zeit des sagenumwobenen Tarent bleibt auch bei einem wiederholten Besuch ungebrochen. Eine wahre Schatzkammer ist die **Sala d'Oro,** wo die Kunstwerke der antiken Goldschmiede erstrahlen. Unglaublich fein gearbeitete Diademe und Ringe sind hier zu bewundern!

Marinedenkmal (1974) am Lungomare Vittorio Emanuele III in Tárantos Neustadt

Übernachten

Am Mare Piccolo – **Europa** 1: Via Roma 2, Tel. 099 452 59 92, www.hoteleuropaonline.it, DZ 105–150 €. Nach einer umfassenden Generalüberholung erstrahlt das alte Grandhotel heute wieder in neuem Glanz. Einige der unterschiedlich eingerichteten Zimmer verfügen über eine eingezogene Galerie. Schöner Blick aufs Mare Piccolo, die Altstadt, den Kanal und das Castello.

Liebenswert – **Isola Blu** 2: Via Duca di Genova 24, mobil 329 104 45 33, www.tarantoisolablu.it, DZ 80 €. Das kleine B & B in einem Wohnhaus mit drei liebevoll eingerichteten Zimmern liegt in der Neustadt in Gehdistanz zu allen Sehenswürdigkeiten. Die freundliche Wirtin hilft gerne mit Tipps zu Táranto weiter.

Preiswert – **La Locanda** 3: Vico Civitanova, Tel. 099 476 00 33, www.ostellolalocanda.it, Bett im Schlafsaal 20 €, EZ 30 €. Die Jugendherberge im Centro Storico liegt in Fußentfernung zu allen Sehenswürdigkeiten. Schlichte Zimmer, freundlicher Service und internationales Publikum.

Essen & Trinken

Meeresküche – **Al Gatto Rosso** 1: Via Cavour 2, mobil 340 533 78 00, Di–So mittags u. abends, Menü 20–30 €. Das alteingesessene Lokal nur 50 m vom Archäologischen Museum entfernt ist bekannt für seine gute Meeresküche, z. B. diverse Fische in Salzkruste oder gegrillte Tintenfische.

»Nicht denken, sondern essen« – **Trattoria Gesú Cristo** 2: Via Cesare Battisti 10, Di–So mittags u. abends, So nur mittags, Tel. 099 47 77 253, Menü 25 €. Das Lokal in der quirligen Neustadt hat hohe, einfache Gasträume und ist vor allem im Eingangsbereich mit schönen historischen Fotos dekoriert. Am Abend isst man à la carte, vor allem die Fischgerichte sind zu empfehlen. In der Woche gibt es ein festes Menü für die Einheimischen, die hier Mittagspause machen. Das Motto des Lokals lautet: Nicht denken, sondern essen.

Herrlich einfach – **Trattoria da Ugo** 3: Piazza Fontana – Largo San Nicola 5, Tel. 099 460 87 36, Mo–Fr mittags u. abends, Sa nur mittags, Menü 12 €. Urgemütliche, einfache Trattoria am Eingang zum Centro Storico vom Bahnhof aus. Viele Einheimische kommen hierher, um z. B. *fave e verdure* (grünes Gemüse) oder Muscheln zu essen.

Eis – **La Gelateria del Ponte** 4: Via Matteotti 1, tgl. 9–3 Uhr. Superleckeres Eis und Blick auf Kanal und Castello.

Infos & Termine

Touristeninformation

Informazione Turistiche: Piazza Garibaldi, Mo–Fr 9–12, 15–18, Sa, So 9–12 Uhr.

Internet

www.comune.taranto.it (ital.)

Verkehr

Bahn: Mit Trenitalia über Francavilla Fontana nach Bríndisi und über Massafra nach Bari. Die FSE verbindet Táranto mit Lecce sowie mit Bari via Valle d'Itria. Der Bahnhof liegt in Fußentfernung westlich der Altstadt.

Bus: Die Busse der FSE fahren über Massafra und Móttola nach Gioia del Colle sowie über Martina Franca nach Bari. Die meisten Busse fahren in der Nähe des Bahnhofs ab. In der Stadt verkehren Busse der AMAT, www.amat.ta.it, Tel. 099 779 55 27.

Mietwagen: Táranto Car Hire, Corso Umberto 61, Tel. 099 453 22 78.

Feste und Veranstaltungen

Pellegrinaggio dei Perdoni und Processione dei Misteri: Die Osterprozessionen in Táranto gehören zu den eindruckvollsten in Apulien. Barfuß und in weiße Kapuzenmäntel gehüllt, ziehen die *perdoni* (Büßer) in der Nacht auf Karfreitag von Kirche zu Kirche. Am Tag findet dann eine der eindrucksvollsten Karfreitagsprozessionen in Apulien statt, bei der die Teilnehmer Kutten mit Kapuzen tragen.

Festa di San Cataldo: 8.–10. Mai. Bei der Prozession zu Ehren des Stadtheiligen wird seine Statue auf einem Schiff durch den Kanal gefahren, begleitet von Fischerbooten und Illuminationen.

Grottáglie ▶ M 10

Für Freunde der Keramik ist Grottáglie vermutlich eine Offenbarung. In dem aus einer Höhlenstadt hervorgegangenen Ort gab es bereits im 15. Jh. die ersten Keramikwerkstätten. Heute ist Grottáglie mit weit über 100 Manufakturen das Keramikzentrum Apuliens. Bei einem Spaziergang durch die Altstadt, deren Zentrum die belebte **Piazza Regina Margherita** ist, fallen dem Besucher sofort die *pumi* auf – glasierte Vasen in Eiform, die von Akanthusblättern gehalten werden. Sie stehen meist paarweise auf den Balkonbrüstungen und gelten in Grottáglie als Glücksbringer. Typisch sind auch die meist honiggelben Weinamphoren, die es in unterschiedlichen Größen gibt.

Castello Episcopio und Museo della Ceramica

Largo Maria Immacolata, Tel. 099 562 02 22, www.museogrottaglie.it, Juni–Sept. 9.30–12.30, 18–20, Okt.–Mai 9.30–12.30, 16–19, Dez./Jan. 9.30–12.30, 17–21 Uhr, Eintritt frei

Am höchsten Punkt des Ortes (133 m) erhebt sich das **Castello Episcopio,** das zur Abwechslung mal nicht von Normannen oder Staufern, sondern Mitte des 14. Jh. vom damaligen Erzbischof in Auftrag gegeben wurde. Heute beherbergt es das **Museo della Ceramica,** das die Geschichte der lokalen Töpferkunst erzählt. Die Ausstellung gliedert sich in die Themenbereiche Archäologie, Majoliken, traditionelle Gebrauchsgegenstände, zeitgenössische Keramik und Krippen. Anhand der Ausstellungsobjekte lässt sich die Herausbildung des Grottáglie-Stils nachvollziehen, der vor allem durch den Gebrauch der Farben Mangan, Ocker, Kobaltblau und Dunkelgrün gekennzeichnet ist.

Via Crispi

In der unterhalb der Burg verlaufenden Via Crispi reiht sich eine Keramikwerkstatt an die andere und auf den Dächern und den Plätzen davor lagern Vasen, Amphoren, Töpfe etc. Hier findet man neben einer großen Auswahl an *pumi* auch die typischen Teller mit einem Hahn in der Mitte und kleinen gepunkteten Blumen in Blau oder Grün am Rand. Viele Töpfereien existieren schon sehr lange, denn das Handwerk wurde von Generation zu Generation weitergegeben. Die Keramikwerkstätten gaben dem Viertel rund um die Via Crispi auch seinen Namen, *cammenn'ri* (Dialekt für ›Schornsteine der alten Brennöfen‹).

Eigentlich handelt es sich bei der Via Crispi um eine asphaltierte Gravina. Wie andernorts gruben die Menschen in Grottáglie Höhlen in den weichen Tuffstein der Schluchtenwände und richteten darin Behausungen und Werkstätten ein. Später kamen Vorbauten hinzu. Schließlich legte man die heutige Straße an, die in den Ort hinaufführt.

Einkaufen

Üppig dekorierte Keramik – **Domenico Caretta:** Via Crispi 20, Tel. 099 566 10 23. Eine der ältesten Werkstätten im Töpferviertel; vor allem bunte, barocke Keramik.
Zeitlose Töpferwaren – **Antonio Monteforte:** Via Leone XIII 7, Tel. 099 566 17 41, www.ceramichemonteforte.it. Harmonisch kombinierte Formen und Farben, viele florale Motive.

Infos & Termine

Touristeninformation

IAT: Largo Maria Immacolata (im Kastell), Tel. 099 562 38 66, tgl. 10–12.30, 16–19 Uhr.

Internet

www.grottaglieturismo.it (ital.)

Verkehr

Bahn: Verbindungen mit der FSE nach Táranto und Bríndisi. Der Bahnhof liegt südlich außerhalb der Stadt.
Bus: mit der CTP nach Táranto.

Feste und Veranstaltungen

Agosto della Ceramica: Aug. Großer Keramikmarkt, an dem auch Hersteller aus anderen italienischen Regionen teilnehmen, z. B. Vietri sul Mare.

Mandúria ▸ N 11

Die einstige messapische Stadt Mandurion ist heute das Zentrum einer landwirtschaftlich geprägten Region, in der vor allem Oliven und Wein angebaut werden. Der bekannte und prämierte Primitivo di Mandúria hat hier seine Heimat (s. Entdeckungstour S. 214). Weitere Gründe, Mandúria einen Besuch abzustatten, sind die Fonte Pliniano, eine schon seit Urzeiten sprudelnde Quelle, sowie die gewaltigen messapischen Mauern, die zwischen dem 5. und 3. Jh. v. Chr. in drei Ringen um die Hauptstadt des messapischen Zwölfstädtebundes vor allem zum Schutz gegen das griechische Taras errichtet wurden. Letztlich waren es die Römer, die es 209 v. Chr. eroberten. Sarazenen zerstörten die Stadt 977, erst die Normannen bauten sie 1070 wieder auf und nannten sie Casalnuovo. 500 Jahre später gelangte sie in den Besitz der Familie Imperiali (s. S. 224). Unter den Bourbonen erhielt sie ihren alten Namen Mandúria zurück.

Centro Storico und Ghetto degli Ebrei

Die zentrale **Piazza Garibaldi** ist ein guter Ausgangspunkt für einen Bummel durch die Altstadt mit ihrem etwas verwitterten Charme. An der Piazza zieht der herrschaftliche **Palazzo Imperiali** mit seiner spätbarocken Fassade und dem umlaufenden Balkon die Aufmerksamkeit auf sich. In der Nähe präsentiert das kleine Museum **Mostra Archeologica oltre le Mura** (ausgeschildert, Di–So 9–13, 16–19 Uhr) vor allem Funde aus Nekropolen (s. S. 217), u. a. messapische Helme und Keramik.

Aus dem Gassengewirr ragt der **Duomo San Gregorio Magno** heraus, dessen Portal von zwei eher verspielt als furchteinflößend wirkenden Löwen flankiert wird. Gegenüber fallen mit Torbögen überdachte Gassen auf. Hier beginnt das **Ghetto degli Ebrei,** in dem es sogar noch eine kleine Synagoge gibt. Das Viertel wirkt sehr geschlossen, ein Hinweis darauf, dass die jüdische Gemeinde von Mandúria recht bedeutend war.

Parco Archeologico di Mandúria

www.parcoarcheologico-manduria.it, Di–So 10–13, 15.30–19.30 ▷ S. 217

Auf Entdeckungstour

Maestri di Primitivo – zu Besuch bei einer Winzergenossenschaft

Lange diente Wein aus Apulien ausschließlich als Tafel- und Verschnittwein für Keltereien in anderen Regionen und Ländern. Doch inzwischen hat man das Potenzial der einheimischen Reben erkannt und stellt eigene Weine her. Maßgeblich zu dieser Entwicklung beigetragen hat die Winzergenossenschaft in Mandúria. Diese Genuss- und Wissenstour macht mit einem besonderen Wein bekannt, dem Primitivo.

Dauer: 1 Std.

Consorzio Produttori Vini in Mandúria und Museo della Cività del Vino Primitivo: Via Fabio Massimo 19 (am Ortseingang), Tel. 099 973 53 32, www.cpvini.com bzw. www.museodelprimitivo.it, Mo–Sa 8.30–13, 16.30–19.30 Uhr, So nur vorm., *degustazione* 12–14 € (vier Weine), Führungen auch in Englisch, telefonische Vorbestellung erbeten.

Einige Weinbauern in der Region Mandúria waren es in den 1930er-Jahren leid, immer mit ansehen zu müssen, wie ihr mühsam angebauter und geernteter Wein von auswärtigen Händlern aufgekauft wurde, die noch dazu die Preise diktierten. Sie beschlossen, ihren Wein fortan selbst zu vermarkten, und gründeten deshalb 1932 das Consorzio Produttori Vini in Mandúria. Diese Winzergenossenschaft, eine der ältesten Apuliens, zählt heute 400 Mitglieder und verfügt über 900 ha Anbaufläche. Ein Winzer, der Mitglied in der Kooperative werden möchte, muss sich zertifizieren lassen, d. h. bestimmte Qualitäts- und Anbaukriterien erfüllen, die regelmäßig vom Weinmeister kontrolliert werden. Dieser legt auch fest, welche Traube von welchem Weinberg für welchen Wein verwendet wird. Wichtigster Wein der Region um Mandúria ist der Primitivo, der 1974 das DOC-Prädikat (s. S. 27) erhielt und wesentlich zum Aufschwung der apulischen Weine beigetragen hat.

Weinkultur genießen

Wer Mandúria besucht, sollte unbedingt an einer *degustazione* in der **Cantina des Consorzio Produttori Vini in Mandúria** teilnehmen und den Primitivo und auch andere Weine probieren. Auf Anfrage können außerdem Weinberge einzelner Winzer besichtigt werden.

Nicht zu Unrecht tragen die in der Genossenschaft zusammengeschlossenen Winzer den Beinamen *Maestri in Primitivo* (Meister des Primitivo): Ihre Weine werden zu 100 % aus der Primitivo-Traube gekeltert oder allenfalls mit geringen Mengen der Trauben Negroamaro, Malvasia Nera, Fiano und Verdeca kombiniert. Der eisenhaltige Boden, das milde Klima und die durch die Meeresnähe bedingte hohe Luftfeuchtigkeit sind ideale Voraussetzungen für den Anbau des Primitivo del Mandúria.

Vermutlich gelangte die Rebe durch die Illyrer nach Apulien, wo sie seit jeher in der Provinz Táranto besonders gut gedeiht. Der aus den Trauben gekelterte Wein hat einen hohen Alkoholgehalt, ist würzig und zeichnet sich durch ein an Waldfrüchte erinnerndes Aroma aus. Die Weine werden heute ausnahmslos in Fässern aus französischer Eiche gelagert und tragen so poetische Namen wie Memoria (ein traditioneller Wein), Lirica (ein Wein mit ausgeprägter Holznote), Madrigale (ein Wein mit natürlicher Süße) oder Elegia (ein 13 Monate im Barriquefass gereifter Wein). Letzterer hat bisher die meisten Preise gewonnen. Zu einer Degustation in der Cantina des Consorzio werden regionaler Käse und Salami sowie herzhafte *taralli* (s. S. 26) und köstliches Mandelgebäck gereicht.

Eine kleine Zeitreise

Höchst interessant ist auch das **Museo della Cività del Vino Primitivo.** Es befindet sich in den unteren Räumen der Cantina, in denen bis in die 1980er-Jahre der Wein gekeltert wurde. Die Räume wurden dabei wie Zisternen genutzt – erst später führte man die Lagerung in Fässern ein. An den Wänden sieht man noch die alte Patina und die für das Museum vorgenommenen Durchbrüche lassen erkennen, wie mächtig die Trennwände zwischen den ›Zisternen‹ waren.

Der erste Teil der Ausstellung widmet sich dem bäuerlichen Leben und zeigt eine beachtliche Sammlung von landwirtschaftlichen Geräten. Einrichtungs- und Gebrauchsgegenstände dokumentieren darüber hinaus den traditionellen Winzeralltag und den technischen und sozialen Wandel.

Wie kommt der Wein in die Flasche? Auf diese Frage gibt das Museo della Cività del Vino Primitivo fundiert und unterhaltsam Antwort

Die Funktion vieler Geräte erschließt sich sofort, andere bedürfen einer näheren Betrachtung, wie der *bhàncu*, eine Art hölzerner ›Schirmständer‹ mit aufgesetzter Rückenlehne, in den Mütter ihre Kinder steckten, um die Hände für die Hausarbeit frei zu haben.

Ein zweiter Bereich des Museums thematisiert den Weinanbau selbst sowie den Übergang von manuellen zu technischen Methoden der Weinherstellung. Neben verschiedenen Pressen, Fässern für die Fermentation, einer Flaschenabfüllanlage etc. sind z. B. auch Amphoren zu sehen, wie sie schon die Griechen und Römer benutzten und wie sie jetzt offenbar wieder in Mode kommen. Bei einem Rundgang kommt man auch in Räume, in denen Barriquefässer mit neuem Wein zu sehen sind. An der Verfärbung des Holzes kann man erkennen, ob der Wein erst seit Kurzem oder schon ein Jahr bzw. länger im jeweiligen Fass lagert.

Die Ausstellungsobjekte im Museum sind nicht beschriftet, doch Besucher bekommen eine fachkundige Begleitung, sodass ein Rundgang zu einer interessanten kleinen Zeitreise wird.

Lebendige Winzerkultur

Das Consorzio hält das traditionelle Leben der Winzer und die Geschichte des Primitivo nicht nur mit seinem Museum lebendig, sondern auch mit verschiedenen Veranstaltungen. Seine hallenförmige Cantina ist dafür ideal. Große Fässer, alte Kutschen und andere Gefährte, Wein in Flaschen oder in direkter Abfüllung schaffen ein schönes Ambiente nicht nur für Degustationen, sondern auch für Theateraufführungen, Lesungen etc. Das Veranstaltungsprogramm findet sich im Internet, wird aber auch am Eingang und in der hauseigenen Zeitschrift bekannt gegeben. Stets stehen die Themen Wein, Essen und Genießen im Mittelpunkt.

Uhr, falls geschl., Kustos Giuseppe Barbaro kontaktieren, mobil 333 905 19 21, Eintritt 5 €, erm. 3 €
2001 wurde das lange brachliegende Ausgrabungsgelände der alten messapischen Stadt Mandurion mit EU-Geldern aufwendig restauriert. Zwar fehlt inzwischen manche Infotafel, doch die steinernen Zeugen der Vergangenheit sind nach wie vor imposant. Gleich am Eingang liegt die **Fonte Pliniano,** eine Grotte mit einer Quelle. Der römische Geschichtsschreiber, Feldherr und Naturhistoriker Plinius war so beeindruckt von Letzterer, dass er sie in seinen Schriften erwähnte, daher der Name. Schon beim Hinabsteigen hört man das Rauschen des Wassers. Steht man in der 18 m breiten und 8 m hohen Felsenhalle, kann man sich gut vorstellen, dass hier einst religiöse Rituale vollzogen wurden. Die Quelle ist seit 1572 Bestandteil des Wappens von Mandúria.

In den **Mauern,** die zwischen dem 5. und 3. Jh. v. Chr. zur Verteidigung gegen das griechische Tarent errichtet wurden, sind Wachtürme und Stadttore gut erkennbar. In der Nähe hat man über 1000 in den Stein gehauene Gräber entdeckt. Funde aus den **Nekropolen** sind in der Mostra Archeologica oltre le Mura (s. S. 213) zu sehen.

Am anderen Ende des Parco Archeologico steht die kleine **Chiesa San Pietro Mandurino** aus dem 10.–12. Jh. Wer die im 18. Jh. restaurierten Fresken in der Krypta sehen möchte, muss den Kustos bitten, sie aufzuschließen. Der Besuch lohnt sich, auch weil man unter einer so kleinen Kirche keine so große Krypta erwartet.

Übernachten

Angenehm – **Strada Longa:** Via Cardinal Ferrara 18, mobil 333 988 63 24, www.bbstradalonga.com, DZ 60–75 €. Das B & B in einem restaurierten Altbau liegt gleich beim Centro Storico. Die großen Zimmer sind freundlich eingerichtet und verfügen größtenteils über Kochmöglichkeiten.

Essen & Trinken

Gemütlich – **Trattoria Messapica:** Via Cadorna 9, Tel. 099 971 13 08, Mi–Mo mittags u. abends, Sa nur abends, Menü 15–20 €, abends auch Pizza ab 3,50 €. Lokal über zwei Etagen – unten rustikaleres Ambiente mit Pizzeria und Pub (auch Guinness) –, das auch von den Einheimischen gern aufgesucht wird. Gute Hausmannskost und stimmiges Preis-Leistungs-Verhältnis.
Urig – **Osteria dei Mercanti:** Via Senatore Giacomo Lacaita 7, Tel. 099 971 36 73, Di–So mittags u. abends, Menü 20 €, abends auch Pizza ab 3,50 €. Kleines Lokal in der Altstadt. Gegessen wird in den urigen Gasträumen oder an Tischen in der Gasse. Gute lokale Gerichte und Weine in schöner Atmosphäre.

Infos

Touristeninformation

Pro Loco: Via P. Maggi 7, Tel. 099 979 66 00, mobil 340 527 22 19 (deutsch), www.prolocomanduria.it, keine regelmäßigen Öffnungszeiten. Telefonisch kann man jedoch Führungen (auch auf Deutsch) bestellen für die Archäologische Zone, die Altstadt oder die Umgebung, 10 € pro Tour bzw. 25 € p. P. für alle drei Touren.

Verkehr

Bahn: mit der FSE nach Martina Franca, Francavilla Fontana und Lecce. Der Bahnhof liegt nördlich zwischen Centro Storico und Archäologischer Zone.
Bus: mit der FSE nach Táranto.

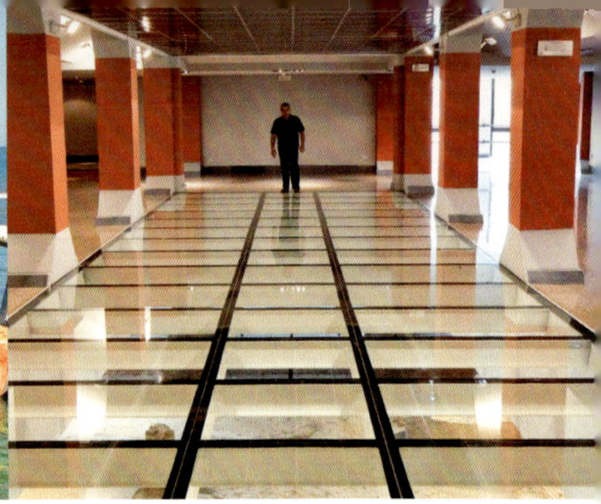

Das Beste auf einen Blick

Provincia di Bríndisi

Kultur & Sehenswertes

Ostuni: Das Centro Storico der ›weißen Stadt‹ ist aus der Ferne wie auch von Nahem eine Augenweide. S. 220

Settimana Santa in Francavilla Fontana: Die Prozession der Büßer, deren Gesichter von Kapuzen verhüllt sind, geht unter die Haut. S. 224

Archäologisches Museum in Bríndisi: Besonders spannend sind die Einblicke in die Unterwasserarchäologie. S. 228

Aktiv & Kreativ

Radtour zur Specchia Miano: Auf kleinen Straßen radelt man von Francavilla Fontana durch alte Olivenhaine zu einem steinzeitlichen Monument von beachtlicher Größe. S. 224

Küstenwanderung: Durch Sand und über Stein, durch Macchia und über Felsen geht es zum Wachturm Torre Guaceto – Badepause inklusive. S. 233

Genießen & Atmosphäre

Céglie Messápica: In dieser Hochburg der Gastronomie hat man sich insbesondere der Pflege der traditionellen Küche verschrieben. S. 221

Unterkunft Borgo di Ória: Im alten Zentrum von Ória wohnen die Gäste in liebevoll restaurierten und geschmackvoll eingerichteten Appartements – da fällt die Abreise nicht leicht. S. 226

Abends & Nachts

Piazza Manfredi in Ória: Ein Treffpunkt vor fantastischer Kulisse. Hier geht es auch nachts hoch her, zuweilen mit Pizzica-Vorführungen. S. 224

Betty: Eis, Snacks, Cocktails, Musik und coole Atmosphäre am Lungomare von Bríndisi. S. 232

Torre Regina Giovanna: In dem angesagten Lokal bei Bríndisi finden neben Konzerten und Disco-Abenden u. a. Full Moon Partys statt. S. 232

Olivenhaine, bezaubernde Städte und ein Tor zum Orient

Apuliens kleinste Provinz ist von Olivenhainen und Weinbergen geprägt, dazwischen erstrecken sich kleinere Wälder, Macchiagebiete, Gemüsegärten und einige Trulli bzw. Trulli-Anwesen. Hier kann man wunderschöne Radtouren unternehmen und dabei immer wieder in die kleineren Straßen zwischen den Hainen abbiegen. Im Hinterland liegen mittelalterliche Städte wie Ória und Céglie Messápica, die noch heute ihren Charme entfalten, sowie zahlreiche Masserie. Gekrönt wird die Landschaft von dem auf drei Hügeln liegenden Ostuni, der ›weißen Stadt‹ über dem Meer.

Infobox

Internet
www.viaggiareinpuglia.it: s. S. 14.

Verkehr
Mit den Zügen von **Trenitalia** (www.trenitalia.it) sowie den Zügen und Bussen von **Ferrovie del Sud Est** (www.fseonline.it) erreicht man alle Orte der Provinz. Zwischen allen Orten verkehren auch Busse der **STP** (www.stpbrindisi.it).
Fahrradkarte: Die Provinz Bríndisi hat die sehr schöne Karte »Le Vie Verdi« (›Die grünen Wege‹; mehrsprachig) herausgebracht. Darin sind acht Routen beschrieben und eingezeichnet (inkl. Angaben zu Schwierigkeitsgrad, Kilometerzahl, Haltepunkten unterwegs etc.). Erhältlich ist die Karte bei der Touristeninformation in Bríndisi.

Bríndisi war schon in der Antike ein wichtiges Tor zum Orient und ist nach wie vor einer der wichtigsten Häfen an der Adria. Von den Raffinerien an der Peripherie sollte man sich nicht von einem Besuch abhalten lassen, denn das alte Bríndisi hat einiges zu erzählen. Die Küste nördlich der Provinzhauptstadt zwischen Torre Guaceto und Torre Canne ist das Lieblingsrevier der Bewohner von Bríndisi und Bari. Viele Strände haben in den letzten Jahren die Blaue Flagge für hervorragende Wasserqualität erhalten.

Ostuni ▶ N 9

Den schönsten Anblick bietet Ostuni den von Norden kommenden Besuchern. Hinter Olivenhainen taucht plötzlich das weiße, sich auf drei Hügel verteilende Häusermeer der *Città Bianca* auf. In der Mitte erhebt sich die etwas dunklere Kathedrale mit ihrer goldglänzenden Kuppel – das Morgenland lässt grüßen. Seit dem 14. Jh. werden die Hausfassaden regelmäßig weiß getüncht, sodass einem die Stadt schon von Weitem entgegenleuchtet. Aus der Nähe betrachtet merkt man zwar, dass der Putz teilweise ordentlich abblättert, doch das tut dem Charme des Städtchens keinen Abbruch.

Centro Storico
Der älteste Teil der Stadt liegt auf dem höchsten der drei Hügel. Von der großzügig angelegten **Piazza della Libertà** mit der Statue des Ortsheiligen Sant'Oronzo begibt man sich ins Centro Storico. Meist geht es aufwärts,

vorbei an Geschäften mit Früchten, Gemüse und vor allem Souvenirs. Spätestens jetzt fällt auf, dass nicht nur die Häuser weiß getüncht sind, sondern auch die Treppen und zum Teil sogar die Straßen. Irgendwann gelangt man zur **Cattedrale Santa Maria Assunta** aus dem 15. Jh. Die schön geschwungene Fassade wird von zwei zierlichen Türmchen gekrönt. Blickfang aber ist die grandiose Fensterrose mit den Aposteln und Christus im Zentrum.

Radtour zum Dolmen di Montalbano ▶ M 8/9

Zu dem Dolmen, einem der schönsten in Apulien, kann man mit dem Fahrrad fahren (auch mit dem Auto). Er liegt meerseitig an der Straße von Ostuni nach Fasano und ist gut ausgeschildert. Die ganze Strecke verläuft durch Olivenhaine. Auch der 2 x 1,5 m große Dolmen selbst ist von Olivenbäumen umgeben. Kleine Bänke laden zum Verweilen und einem Picknick ein.

Mein Tipp

Mekka für Gourmets

Die alten Mauern der messapischen Stadt **Céglie Messápica** (▶ M 9) muss man mühsam suchen – selbst viele Einheimische sind da überfragt. Dennoch sollte man dem Städtchen einen Besuch abstatten, denn es besitzt nicht nur eine bezaubernde Altstadt mit einem restaurierten Kastell sowie die gewaltige Chiesa Madre, sondern zählt auch zu den Hochburgen der Gastronomie in Apulien – hier wird die traditionelle Küche gepflegt. Schon ein Schild am Ortseingang lässt einen wissen, dass man sich nun in der *Terra cucina d'arte* befindet. Ist gerade Mittag- oder Abendessenszeit, steigen einem verführerische Düfte in die Nase. Rings um die große Piazza Plebiscito steht eine Vielzahl von Lokalen zur Auswahl, z. B. Cibus, Antimo – Casino Terramora oder die Osteria dei Santi.

Übernachten

Zwischen Oliven – **Masseria Morrone:** C. da Morrone, an der SS 16 km 875, mobil 340 264 81 12, www.masseriamorrone.it, DZ 50–130 €. Dieser auf Olivenöl spezialisierte Agriturismo liegt südwestlich von Ostuni idyllisch auf einem Hügel und vermietet schön eingerichtete Zimmer und kleine Appartements. Von der Terrasse hat man einen herrlichen Ausblick und im angrenzenden Wald kann man entspannte Wanderungen unternehmen.

Angenehme Atmosphäre – **La Terra:** Via G. Petrarolo 20, Tel. 0831 33 66 51, www.laterrahotel.it, DZ 80–105 €, Garage 5 €/Tag. Die 16 Zimmer in dem jüngst restaurierten Palazzo aus dem 13. Jh. sind unterschiedlich, aber allesamt sehr geschmackvoll gestaltet. Teilweise ist der Originalfußboden noch erhalten, die alte Küche hat man ins Treppenhaus integriert. Zwei kleine Terrassen laden zum Verweilen ein, von der oberen genießt man einen herrlichen Blick über die Dächer von Ostuni.

Essen & Trinken

Stimmig – **Lamiola Piccola:** C. da Lamiola Piccola, Tel. 0831 35 99 72, mobil 339 236 07 91, www.lamiolapiccola.com, Di–So mittags u. abends, im Sommer tgl., Menü 30 €. In der Masseria aus dem 17. Jh. kann man hervorragend speisen. Fast alle Zutaten kommen aus eigener Produktion. Schon die

Die weiße Stadt Ostuni im Abendgewand – kein Grund, den Tag schon zu beschließen

Antipasti sind ein Gedicht. Überhaupt verbreitet die Anlage Wohlbehagen. Auch **Vermietung von Zimmern** und Appartements (DZ 100–150 €).

Beliebt – **Spessite:** Via Brancasi 43, Tel. 0831 30 28 66, Do–Di mittags u. abends, Menü 15–20 €. Das Lokal in einer alten Ölmühle serviert traditionelle Gerichte, vor allem mit viel Gemüse. Auch die Einheimischen wissen das zu schätzen.

Einkaufen

Bunte Mischung – **Markt:** jeden Sa in der Via Sansone (am südlichen Stadtrand). Viele Bauern aus dem Umland verkaufen hier ihr Obst und Gemüse, auch Stände mit Haushaltswaren und Kleidung.

Abends & Nachts

Urig – **Sax Music Bar:** Via Cattedrale 17, mobil 393 571 38 68, Mi–Mo 20–2 Uhr, im Sommer tgl. Urige Altstadtkneipe; Snacks und regelmäßig Livemusik.

Infos & Termine

Touristeninformation

IAT: Corso Giuseppe Mazzini 8, Tel. 0831 30 12 68, www.comune.ostuni.

br.it, Mo–Fr 9–12.30, 15–19 Uhr (variiert), im Sommer auch Sa, So und länger.

Verkehr

Bahn: Verbindungen mit der FSE nach Bari und Bríndisi. Vom ca. 3 km außerhalb gelegenen Bahnhof fahren Busse in die Stadt.
Bus: mit der STP Verbindungen nach Bríndisi.

Feste und Veranstaltungen

La Terra dei Buskers: Ende Juli. Internationales Straßenkunstfestival mit Feuerspuckern, Gauklern, Clowns etc.
Sant'Oronzo: Am 24. und 25. August feiert Ostuni seinen Stadtpatron mit einem prachtvollen Reiterumzug.

Francavilla Fontana

► N 10

Palazzi und Kirchen prägen das Stadtbild von Francavilla Fontana, das auch für seine *Riti della Settimana Santa* (s. S. 224), seine vorösterlichen Prozessionen, berühmt ist. 1310 wurde die heutige Agrarstadt von Philipp I. von Anjou gegründet, der ihr wegen einer hier entdeckten Marienikone viele Privilegien verlieh, u. a. bedachte er sie mit Steuerfreiheit. Mit seinen barocken Fassaden erinnert Francavilla Fontana an Lecce und Martina Franca, allerdings geht es hier viel ruhiger zu.

Duomo

Piazza Chiesa Matrice
Wo sich heute der Dom, die Chiesa Matrice, erhebt, stand einst ein Dorfkirchlein. Dort soll die Marienikone (s. o.) gefunden worden sein, die zur Stadtgründung führte. Unter Philipp I. wurde die Kirche durch eine Kathedrale ersetzt, die jedoch beim Erdbeben von 1743 zerstört wurde. Statt für einen Wiederaufbau entschied man sich für einen Neubau und es entstand der jetzige Barockbau mit seinem separat stehenden Glockenturm. Beeindruckend ist vor allem die Majolikakuppel mit ihrer aufgesetzten Laterne. Die Ikone ist rechts vom Altar zu bewundern.

Chiesa Santa Chiara

Piazza Chiesa Matrice
Besondere Aufmerksamkeit verdient auch die Chiesa Santa Chiara – zum einen, weil über dem Altar nicht der gekreuzigte Jesus, sondern eine Madonna hängt, zum anderen weil man rechts in der Sakristei die lebensgroßen Cartapesta-Figuren (s. S. 248) sehen kann, die während der Osterprozession durch die Stadt getragen werden.

Palazzo Imperiali

Nicht wenige Adlige ließen sich in Francavilla Fontana nieder. Da der Ort immer wieder von Piraten heimgesucht wurde, verliehen sie ihren Wohnsitzen Festungscharakter. Als die Gefahr von Überfällen gebannt war, wandelten sie die Bauten jedoch in elegante Palazzi um. Schönstes Beispiel dafür ist der Palazzo Imperiali. Die Genueser Familie gleichen Namens hatte 1572 die Stadt, den Fürstentitel und auch das bereits existierende Kastell gekauft. Im Zuge seiner Umwandlung in ein repräsentatives Schloss ab 1730 ließ sie sogar ein Theater errichten. 2012 wurde die Restaurierung des Palazzos abgeschlossen, die weitere Nutzung ist noch offen. Derzeit ist nur eine Außenbesichtigung des imposanten Baus möglich.

Radtour zur Specchia Miano ► N 10

Wer sich für prähistorische ›Bauten‹ interessiert, dem sei eine Radtour durch Oliven- und Mandelhaine zur Specchia Miano empfohlen, Apuliens größtem steinzeitlichem Hügel (s. S. 52). Er ist ca. 11 m hoch und hat einen Durchmesser von 20 m. In Francavilla nimmt man die Landstraße nach Céglie Messápica, fährt nach ca. 4 km bei einer Kirche nach rechts, folgt der Straße bis zum Bahnübergang, hält sich dann links, passiert Strompfeiler und hält sich bei einem Platz weiterhin links. Die Specchia liegt rechts hinter einem kleinen Trullo-Anwesen. Von oben blickt man über die Olivenhaine weit ins Land.

Infos & Termine

Verkehr

Bahn: Verbindungen mit Trenitalia nach Bríndisi und Táranto bzw. mit FSE nach Martina Franca und Lecce. Bahnhof in Gehdistanz südlich der Altstadt.

Feste und Veranstaltungen

Settimana Santa: Barfuß und mit von Kapuzen verdeckten Gesichtern gehen die *pappamusci* genannten Büßer von Gründonnerstagnachmittag bis zum Sonnenuntergang am Karfreitag von Kirche zu Kirche und besuchen dort die Gräber.

Ória ► N 10

Ória, die alte Königsstadt der Messapier, liegt auf einem Hügel und kündigt sich mit seinem Kastell und seiner Kathedrale schon aus der Ferne an. Für die kleine, doch sehr lebendige Agrarstadt sollte man sich ruhig etwas Zeit nehmen, vielleicht sogar einen längeren Aufenthalt einplanen, denn zum einen herrscht in Ória eine angenehme Atmosphäre, zum anderen lassen sich von hier auch andere Orte gut erreichen.

Spuren erster menschlicher Siedlungen datieren aus dem 2. Jt. v. Chr. Herodot berichtet von den Japygern aus Kreta, die sich, nachdem sie Schiffbruch erlitten hatten, mit den hier ansässigen Messapiern vermischten – Hyra wurde ihre Hauptstadt. Später gerieten sie in Konflikt mit Tarent und kamen unter römische Herrschaft. Langobarden und Byzantiner stritten um die Stadt und Sarazenen suchten sie mehrfach heim. 1062 nahmen die Normannen die Stadt ein und befestigten sie. Auch Friedrich II. hinterließ Spuren, weilte hier 1225 sogar für längere Zeit, denn in Ória erwartete er Johann von Brienne, um über die Hochzeit mit dessen Tochter Isabella, Königin von Jerusalem, zu verhandeln. Auch unter den Spaniern und Franzosen blieb Ória aufgrund seiner exponierten Lage bedeutend.

Piazza Manfredi

Von den ursprünglich drei Stadttoren sind zwei noch erhalten. Betritt man den alten Borgo durch die große **Porta Manfredi** im Süden, gelangt man zur Piazza Manfredi, dem belebten Zentrum der Altstadt. Hier trinkt man am Morgen seinen Kaffee, am Abend den Aperitif und hier finden auch alle großen Veranstaltungen statt, u. a. Pizzica-Vorführungen. Schmale, von kleinen Geschäften und Restaurants gesäumte Gassen führen von der Piazza zur Kathedrale und zum Castello hinauf.

Centro di Documentazione Messapica

Piazza Albanese, Mo–Sa 8.30–13.30 Uhr, Eintritt frei

Die im Palazzo Martini untergebrachte kleine Ausstellung beschäftigt sich mit Órias messapischer Vergangenheit. Gezeigt werden Keramik und Schmuckstücke, die vor allem als Grabbeigaben in Nekropolen gefunden wurden. Hilfreich sind die Karten, in denen die Fundplätze verzeichnet sind. Doch generell wirkt alles etwas angestaubt.

Basilica di Santa Maria Assunta in Cielo

Krypta: So 9.30–13, Juni–Sept. tgl. 16–30–19.30 Uhr bzw. Kontakt über Coop. Hyria (s. S. 227), Eintritt 1,50 €

Die Kathedrale mit ihrer bunten Kuppel erhebt sich auf dem südlichen Teil der einstigen messapischen Akropolis, dort wo vermutlich einst eine Kultstätte lag. Der Vorgängerbau aus dem 13. Jh. musste nach dem Erdbeben von 1743 abgerissen werden und wurde durch einen Bau im Barockstil ersetzt. Doch auch diesem setzten die Naturgewalten zu: 1897 riss ein heftiger Sturm einen Teil der oberen Mauerabschlüsse ab. Über eine Treppe kann man zur **Crypta delle Mumie** der ›Bruderschaft des Todes‹ hinabsteigen, wo mumifizierte Mönche und auf Regalen aufgereihte Totenschädel zu sehen sind. Die Bruderschaft verehrt die Madonna Addolorata (Schmerzensmutter) und sieht ihre vorrangige Aufgabe darin, Armen zu helfen und Verstorbenen ein christliches Begräbnis zu ermöglichen.

Castello

www.castellodioria.org, Zutritt nur mit Führung, s. S. 227

Nachdem die Byzantiner im 9. Jh. das alte Hyra erobert hatten, errichteten sie an dessen höchstem Punkt ihre Kathedrale. Die Normannen wählten diesen Platz im 11. Jh. für ihre Befestigungsanlage, die später von den Staufern, Anjou u. a. weiter ausgebaut und verändert wurde. Der Innenhof, in dem 5000 Soldaten Platz gefunden haben sollen, hat eine dreieckige Grundfläche, da er an die Form des Hügels angepasst wurde. Heute finden hier im Sommer Veranstaltungen und Konzerte statt. Von den drei Türmen im Süden stammt der eckige, **Torre Quadrata,** noch aus der Zeit Friedrichs II. Besonders eindrucksvoll sind die bei-

Mein Tipp

Süße Verführung in Ória

Sie liegt etwas versteckt, die **Pasticceria Carone.** Man steigt eine Treppe hinauf, klingelt und wird in einen Verkaufsraum geführt, der eher wie ein Zimmer in einer Wohnung denn wie ein Laden wirkt. Doch schon seit 1938 werden hier Leckereien u. a. aus den viel gepriesenen Mandeln der Region hergestellt, z. B. *bocconotti*, mit Pudding, Marmelade oder Schokolade gefüllte Teilchen, und zu Ostern das *agnellino di pasta di mandorla*, ›Lamm‹ in Mandelteig (Via Roma 10, Tel. 0831 84 53 72, Mo–Fr 9–13, 17–18 Uhr, So nur vormittags).

Mein Tipp

Im alten Borgo wohnen
In Ória hat eine Privatinitiative sechs Appartements im alten Borgo gekauft, liebevoll restauriert und geschmackvoll eingerichtet. Jedes zeichnet sich durch ein besonderes Detail aus, z.B. einen Kamin oder eine Terrasse. Die Ausstattung ist bestens und wenn man auf die Gasse tritt, kommt man schnell mit den Nachbarn ins Gespräch. Am Morgen ist es nicht weit in die Bar für ein echt italienisches Frühstück und am Abend kann man noch mal die Atmosphäre in den lebendigen Altstadtgassen schnuppern (**Borgo di Ória,** mobil 329 714 50 93, www.borgodioria.it, App. 60–75 €).

den runden Türme, **Torre del Cavaliere** und **Torre del Salto,** auch wegen der außen herumführenden Treppen. Von allen Türmen, auch dem einzeln stehenden **Torre dello Sperone** gegenüber, hat man einen weiten Blick über das Land und bis zum Meer. Im Burginneren sieht man über dem Eingang drei zugemauerte Bögen – ein Hinweis darauf, dass dies eine der Wände der byzantinischen Kathedrale ist. Links davon führt eine Treppe hinunter in die einstige **Krypta.** 1933 geriet das Castello in Privatbesitz der Familie Martini-Carissimo, die es 2008 an die Familie Romanin-Caliando verkaufte.

Rione Giudeca

Das hinter der **Porta Ebreica** liegende ehemalige jüdische Viertel ist heute kaum mehr als solches erkennbar. Im 9. Jh. war die jüdische Gemeinde von Ória so groß und bedeutend, dass es sogar eine jüdische Akademie gab. Einige Bekanntheit erlangte der in Ória geborene Donnolo Shabetay, der das erste medizinische Buch in Hebräisch im Westen schrieb (nach ihm ist der Platz vor der Porta Ebreica benannt), sowie Shefatyah und dessen Sohn Amittay, die poetische Werke hinterließen. Die jüdische Gemeinde bestand auch in normannischer und staufischer Zeit, wurde unter den Anjou ab Mitte des 13. Jh. aber kleiner und nach und nach unbedeutender.

Essen & Trinken

Gemütlich – **Intro Moenia:** Via Castiglione 3, Tel. 0831 81 74 70, Di–Sa mittags u. abends, So nur mittags, Menü 20 €. Im schönen Ambiente der kleinen Trattoria genießt man die typischen Gerichte der Region – von der Mutter der Familie zubereitet. Schneller und guter Service sowie optimales Preis-Leistungs-Verhältnis.

Leckereien – **Bar Kenya:** Piazza Manfredi 12, Tel. 0831 84 85 91, tgl. ab 7 Uhr, Do nachmittags geschl. Die beste Bar am Platz für ein italienisches Frühstück mit einem frischen Cornetto oder für einen Imbiss, ein selbst gemachtes Tiramisu oder eine kleine Erfrischung wie Eis oder *spumone.* Alessia zaubert im ›Laboratorium‹ all die süßen Leckereien, Maria und ihr Team kümmern sich mit viel Esprit um alles andere.

Einkaufen

Regionale Produkte – **Caseificio Pipino:** Via G. de Marzo 78, Tel. 0831 84 55 50, Mo–Sa 8–13, 17–20 Uhr. Hier werden vor allem Bioprodukte der Region verkauft, insbesondere Käse. Viele Einheimische kaufen hier ein. Am Vormittag kann man die Käserei sogar besichtigen.

Infos & Termine

Informationen

Visitoria: Piazza Manfredi (im Palazzo Sedile), mobil 329 324 31 18, www.visitoria.com, www.carpediemoria.it, Mo, Mi, Fr 17–19, Di, Do, Sa, So 10–12.30 Uhr. Stadtpläne, Infomaterial und Hilfe bei der Unterkunftssuche.
Cooperativa Nuova Hyria: Via Lattiano 64, Tel. 0831 84 00 09, mobil 335 726 16 16, 338 265 53 60, www.visiteguidateoria.com. Infos zu Ória und zuweilen Führungen im Castello.

Feste und Veranstaltungen

Corteo Storico di Federico II e Torneo dei Rioni: 2. Aug.-Wochenende. Historienspektakel, s. S. 33.

Verkehr

Bahn: mit Trenitalia nach Táranto und Bríndisi. Busse vom außerhalb liegenden Bahnhof ins Zentrum.
Bus: Busse der STP nach Bríndisi.

Bríndisi ▸ O 9

Bríndisi ist der größte Fährhafen Süditaliens und der größte Hafen an der Adria. Bedeutung erlangte der Ort als Transithafen, was er noch heute ist und seinen mangelnden Charme erklärt. Nur wenige Besucher bleiben hier länger als nötig.

Schon den Messapiern, den ersten Siedlern im Stiefelabsatz, gefiel die geschützte Lage des Hafens, der mit seinen zwei geweihartig ins Land ragenden Wasserarmen vermutlich auch Namensgeber der Siedlung war: *brunda* bedeutet Hirschkopf. Die Römer machten daraus Brundisium und bauten die Stadt zu ihrem wichtigsten Handels- und Militärhafen an der Adria aus.

Infolge der Kämpfe zwischen Langobarden, Sarazenen und Byzantinern entvölkerte sich Bríndisi allmählich, erlebte jedoch in normannischer und staufischer Zeit einen neuerlichen Aufschwung als wichtigster Kreuzfahrerhafen. Das Erdbeben von 1456 richtete große Schäden an und sowohl die damals herrschenden Anjou als auch die nachfolgenden Spanier und Franzosen unternahmen keine großen Anstrengungen, um Bríndisi als Hafenstadt zu erhalten. Das änderte sich mit der Eröffnung des Suezkanals 1869 schlagartig. Bríndisi avancierte zum Transithafen auf der Route von London nach Bombay. Etwas Flair aus dieser Epoche hat sich hier und da erhalten.

Im Ersten und im Zweiten Weltkrieg war Bríndisi ein wichtiger Kriegshafen und entsprechenden Bombardements ausgesetzt. Im Laufe des 20. Jh. baute man die Provinzhauptstadt zu einem Industriestandort aus. Lange blieben die geschichtsträchtigen Bauten im Centro Storico sich selbst überlassen oder wurden gar für Neubauten geopfert. Doch in den letzten Jahren hat man einige alte Gebäude restauriert.

Colonne Romane 1

Die beiden Wasserarme **Seno di Ponente** und **Seno di Levante** umschließen das Centro Storico. Am nördlichen Ende des Lungomare erhebt sich eine der beiden Colonne Romane, die einst das Ende der Via Appia markierten. Diese verband ab 191 v. Chr. Bríndisi mit Rom. Die andere stürzte bei dem Erdbeben 1528 um und wurde im 17. Jh. nach Lecce verschenkt (s. S. 242). Eine breite Treppe führt zu der 19 m hohen weißen Marmorsäule hinauf. Die Gottheiten Minerva, Mars, Jupiter und Neptun schmücken das Kapitell.

Monumento al Marinaio 2

Juni–Sept. Di–So 9–13, 15–20,
Okt.–Mai 9–13, 14.30–16.30 Uhr

Bríndisi

Sehenswert
1 Colonne Romane
2 Monumento al Marinaio
3 Duomo
4 Museo Archeologico Provinciale F. Ribezzo
5 Portico dei Templari
6 Chiesa San Giovanni al Sepolcro
7 Chiesa di San Benedetto
8 Castello Svevo
9 Area Archeologica di San Pietro degli Schiavoni
10 Chiesa di Santa Maria del Casale

Übernachten
1 Grande Albergo Internazionale
2 Manzoni Ressort
3 Carpe Diem

Essen & Trinken
1 Pantagruele
2 Il Boccone
3 Vecchia Bríndisi

Einkaufen
1 Markt

Abends & Nachts
1 Betty
2 Torre Regina Giovanna

Jenseits des Seno di Ponente ragt das 60 m hohe Monumento al Marinaio auf, das man mit der kleinen Hafenfähre erreicht. Das unter Mussolini 1932/33 errichtete Marinedenkmal in Form eines Steuerruders bietet einen schönen Blick über Bríndisi, den Hafen und das Umland. Ein Fahrstuhl bringt Besucher hinauf – nur die letzten 96 Stufen zur Aussichtsterrasse muss man zu Fuß zurücklegen. Wer die gesamte Strecke zu Fuß geht, erhält im Treppenhaus Informationen zur Baugeschichte und kann zahlreiche Fotografien von Marineschiffen, Paraden und Geschwadern studieren.

Duomo 3

Der Duomo aus dem 11. Jh., in dem Friedrich II. seine zweite Frau ehelichte – Johanna von Brienne, Erbin des Königreichs Jerusalem und erst 14 Jahre alt –, wurde im 18. Jh. fast vollständig zerstört und danach im Barockstil neu errichtet. An den alten Bau erinnert nur noch wenig, z. B. die Reste eines Fußbodenmosaiks nahe dem Altar.

Museo Archeologico Provinciale Francesco Ribezzo 4

Piazza Duomo, Tel. 0831 56 55 01, www.provincia.brindisi.it, Mai–Sept. Di–So 9–13, Di 15.30–18.30, Okt.–April Di–So 9–13, Di 15–16.30 Uhr, Eintritt frei

In den fünf didaktisch gut aufgebauten Abteilungen des Museums werden u. a. Statuen und Sarkophage sowie Funde aus prähistorischer, messapischer, griechischer und römischer Zeit gezeigt. Besonders spannend ist die Abteilung zur Unterwasserarchäologie mit Funden von der Punta del Serrone. Eine auf die Mitte des 2. Jh. v. Chr. datierte Bronzestatue, die einen gewissen Lucius Emilius Paulus abbildet, wurde aus über 200 Fragmenten zusammengesetzt, die verstreut auf dem Meeresgrund lagen.

Bei der Vorhalle mit den beiden gotischen Bögen links neben dem Museum handelt es sich um den **Portico dei Templari** 5, der einst den fahrenden Rittern als Treffpunkt diente.

Chiesa San Giovanni al Sepolcro 6

Piazzetta S. Giacomo al Sepolcro, Tel. 0831 22 96 47, Di–So 9–13, 17–20 Uhr, Führungen auf Italienisch sind immer möglich, auf Deutsch nur für Gruppen und auf Vorbestellung

Die Maße der Chiesa San Giovanni al Sepolcro sollen jenen der Grabeskirche in Jerusalem entsprechen. Deshalb wird vermutet, dass die Normannen das Gotteshaus für jene Pilger errichteten, die nicht selbst ins Heilige Land fahren konnten. Sicher ist, dass die Kirche ab Mitte des 13. Jh. zum Templer-

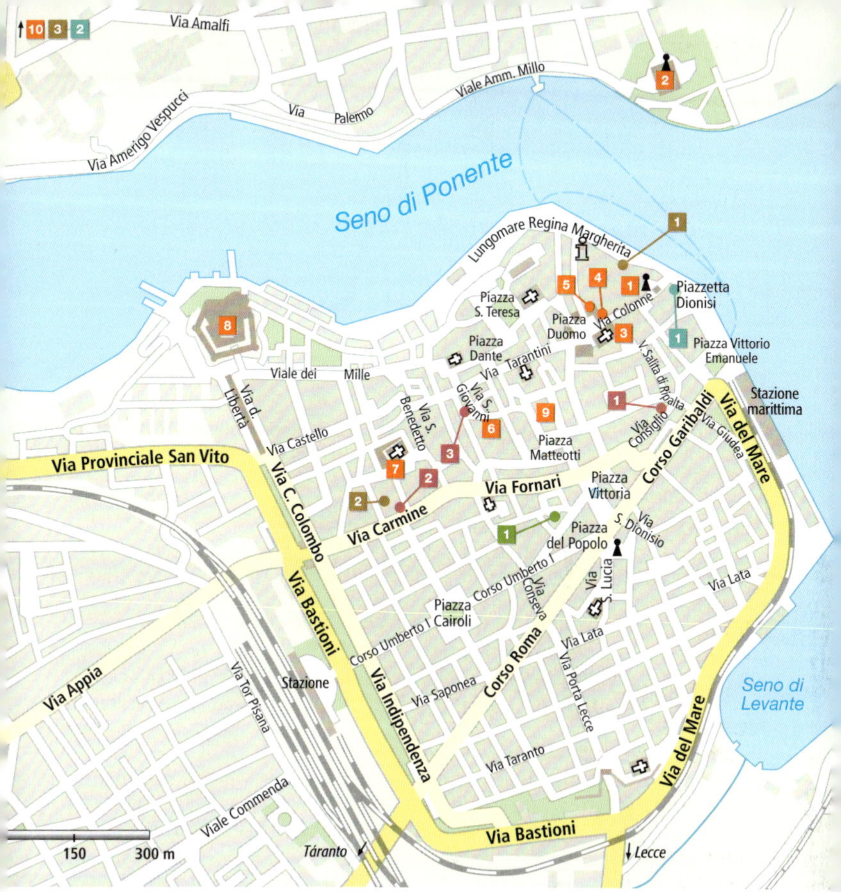

orden gehörte. Nach jahrelangen Restaurierungsarbeiten ist die Rundkirche nun wieder zu besichtigen. Durch ein von Löwen eingefasstes (Seiten-)Portal betritt man das Innere, in dem die Säulen und einige Fresken aus dem 14. Jh. sehenswert sind. Rechts kann man zum Hauptportal heraustreten, das mit seinen orientalisch anmutenden Mustern, Adlern, geflügelten Pferden etc. schon manchen verzaubert hat.

Chiesa di San Benedetto 7

Via San Benedetto, Tel. 0831 59 74 74, tgl. 8–12, 17–19 Uhr

Seit ihrer Restaurierung Ende der 1990er-Jahre kann man die Chiesa di San Benedetto wieder in ihrer ursprünglichen romanischen Pracht bewundern. Früher gehörte das Gotteshaus zu einem Konvent der Benediktinerinnen, der allerdings schon 1866 geschlossen wurde und nun im Besitz der Stadt ist. Auffallend ist die starke Präsenz weiblicher Heiligenfiguren. Man sollte sich unbedingt die kleine Sakristei und den von dort abgehenden Kreuzgang anschauen, wo schwere, mit Löwenköpfen versehene Kapitelle auf zierlichen Säulen ruhen.

Castello Svevo 8

Via dei Mille, am Seno di Ponente, nur Mo 9–13 Uhr, ansonsten Führungen für Gruppen auf Vorbestellung, Tel. 0832 24 83 11, Eintritt frei
Die imposante, im Auftrag von Friedrich II. errichtete Anlage wird von der Marine genutzt und ist daher für die Öffentlichkeit nur beschränkt zugänglich. Unter den Anjou und den Aragonesen wurde das Kastell ausgebaut und zur Zeit der Herrschaft von Joachim Murat diente es als Gefängnis.

Area Archeologica di San Pietro degli Schiavoni 9

An der Via Duomo, Tel. 099 471 35 11, Mo–Sa 8.30–13.30, Mi, Do, Fr auch 14.30–19.30 Uhr, Eintritt frei
Das Erste, was man sieht, ist ein moderner Bau aus Glas, Stahl und Beton. Es ist das **Teatro Verdi** (www.fondazionenuovoteatroverdi.it), das einzige Theater weltweit, das über einer archäologischen Zone errichtet wurde. Als man in den 1970er-Jahren mit den Bauarbeiten für das Theater begann, stieß man auf eine römische Straße und musste die Pläne mehrfach ändern, sodass das Theater erst 2006 eröffnet werden konnte – nun auf Stahlträgern über einem Teil des römischen Brundisium schwebend. Auf einem Rundgang (Erklärungen auch in Deutsch) durch diese sehenswerte archäologische Zone kann man eine Therme erkennen, Mosaiken, Sockel für Säulen sowie Wasserleitungen und Abflussrohre, diverse Mauerreste und die schon erwähnte breite Straße. Wer weiß, vielleicht wandelte einst der in Bríndisi verstorbene Vergil auf dieser Straße – oder Octavian, der hier wenig später Marcus Antonius traf, um das römische Weltreich aufzuteilen.

Spektakuläre Doppelbödigkeit: Area Archeologica di San Pietro degli Schiavoni

Chiesa di Santa Maria del Casale 10

Casale, Via Ruggero de Simone, Tel. 0831 41 85 45, tgl. 8–12, 16–19 Uhr, Ausschilderung nach Casale bzw. Aerostazione oder mit Stadtbus A
Einer der schönsten Schätze von Bríndisi liegt außerhalb in einer eher trostlosen Gegend in Flughafennähe. Schon die hoch aufstrebende, zweifarbig gestaltete Fassade der Chiesa di Santa Maria del Casale mit ihrem überhängenden Portikus und den umlaufenden, byzantinisch geprägten Mustern verspricht Besonderes. Die Weite des einschiffigen Innenraums wird durch die vielen Fresken verstärkt, von denen vor allem die Darstellung einer Begegnung zwischen Maria und Kreuzrittern sowie des gekreuzigten Jesus im Granatapfelbaum ins Auge fallen (14. Jh.).

Übernachten

Mondän – **Grande Albergo Internazionale 1**: Viale Regina Margherita 23, Tel. 0831 52 34 73, www.albergointernazionale.it, DZ 150–250 €. Das am Lungomare nahe der Colonne Romane gelegene Hotel verströmt noch den Charme aus der Zeit der Indienreisenden. Viel Luxus und Komfort.

In der Altstadt – **Manzoni Ressort 2**: Via Manzoni 13/15/17, Tel. 0831 52 96 82, mobil 335 578 91 36, www.bbmanzoniresort.it, DZ 50–75 €. Das B & B befindet sich in einem komplett restaurierten Altbau im historischen Zentrum und bietet allen Komfort sowie ein gutes Preis-Leistungs-Verhältnis, auch für einen längeren Aufenthalt geeignet.

Hostel – **Carpe Diem 3**: Via N. Brandi 2, mobil 338 323 55 45, www.hostelicarpediem.it, im Schlafsaal ab 15 €, DZ 50 €. Jugendherberge in einem schlichten Neubau zwischen Zentrum und Flughafen, internationales Publikum.

Essen & Trinken

Ausgezeichnet – **Pantagruele** 1: Via Salita di Ripalta 1–3, Tel. 0831 56 06 05, Mo–Fr mittags u. abends, Sa, So nur abends, Menü 25–30 €. Das vielfach gepriesene und ausgezeichnete Lokal in der Altstadt bietet raffinierte Gerichte sowohl aus der Region als auch mit orientalischem Einfluss. Zu empfehlen sind u. a. die frische Pasta mit Muscheln oder der gegrillte Fisch.
Genau richtig – **Il Boccone** 2: Via Carmine 74/76, mobil 338 907 75 98, www.ilboccone.it, Mo–Sa mittags u. abends, Menü 20–25 €, Pizza ab 4 €. Das im Stil einer Trattoria eingerichtete Ristorante ist bei den Bewohnern Bríndisis besonders beliebt, denn hier gibt es schmackhafte Fleisch- und Fischgerichte, selbst gebackenes Brot, köstliche Antipasti u. a. – alles zu einem guten Preis.
Rustikal – **Vecchia Bríndisi** 3: Via S. Giovanni al Sepolcro 5, Tel. 081 52 84 00, Di–So abends, Menü ab 15 €, Pizza ab 3 €. Großes, dennoch gemütliches Lokal mit Gewölbe in rustikalem Stil im Herzen von Bríndisi. Hier bekommt man zu moderaten Preisen regionale Gerichte *al mare* und *a terra*.

Einkaufen

Vitamine – **Markt** 1: Piazza Mercato, Mo–Sa vormittags. Vor allem Bauern aus dem Umland verkaufen hier Obst und Gemüse, frisch und eingelegt.

Abends & Nachts

Treffpunkt – **Betty** 1: Viale Regina Margherita 6, Tel. 0831 52 15 28. Beliebter Treff am Hafen mit Eis, Snacks, Cocktails, Musik und cooler Atmosphäre.
Musik – **Torre Regina Giovanna** 2: mobil 339 307 13 14, www.torrereginagiovanna.com. In der angesagten Location an der Küste in Richtung Norden bei Torre Guaceto werden Konzerte, Disco-Abende und spezielle Events wie Full Moon Partys organisiert.

Infos & Termine

Touristeninformation

Casa del Turisto: Viale Regina Margherita 44, Tel. 0831 56 21 26, www.viaggiareinpuglia.it, tgl. 9–12.30, 15–20 Uhr.

Verkehr

Fähren: Kleine Hafenfähre zwischen Centro Storico und der anderen Seite des Seno di Ponente, Tel. 800 23 20 42, www.stpbrindisi.it. Tgl. mehrere Fähren nach Griechenland, www.ferries.gr.
Bahn: Verbindungen nach Lecce, Bari und Táranto mit Trenitalia. Der Bahnhof liegt am westlichen Altstadtrand.
Bus: Die Busse der STP Bríndisi (Tel. 800 23 20 42, www.stpbrindisi.it) fahren in alle Orte der Provinz und auch innerhalb der Stadt.
Mietwagen: Bríndisi Car Hire, Piazza Cairoli 25, Tel 0831 52 64 07. Eine weitere AVIS-Station befindet sich am Flughafen, Tel. 0831 41 88 26.

Feste und Veranstaltungen

Processione del Cavallo Parato: Mai/Juni (variabel), s. S. 33.

Küste nördlich von Bríndisi ▶ M–O 8/9

Die Küste der Provinz Bríndisi misst gut 80 km. Südlich der Provinzhauptstadt beginnt schon bald der Salento (s. S. 236), nördlich kommt man zunächst durch eine zersiedelte, nicht sehr einladende Region. Erreicht man jedoch den

Torre Guaceto und das gleichnamige Naturschutzgebiet, zeigt sich die Landschaft von einer anderen Seite – mit schönen Küstenabschnitten und Stränden, der **Marina di Ostuni.** Auffallend sind die vielen Wachtürme, einige von ihnen sind normannischen Ursprungs, die meisten wurden jedoch während der Herrschaft der Aragonesen zum Schutz vor Türkeneinfällen errichtet.

Riserva Naturale Torre Guaceto

► N/O 9

An der SS 379, 15 km nördlich von Bríndisi, Besucherzentrum (Centro Visitate Borgata) in Serranova, Tel. 0831 98 98 85, www.riservadi torreguaceto.it, Juni–Mitte Sept. tgl. 9.30–13, 16–20, sonst Mo–Fr 9–13 Uhr

Die Küste des seit 2000 bestehenden Naturschutzgebiets gilt als schönste der Provinz Bríndisi und erhielt schon mehrmals die Blaue Flagge für ihre gute Wasser- und Strandqualität. Der Naturpark umfasst ca. 1000 ha Land, 2000 ha Wasser und eine Küstenlinie von ca. 7 km. Infos und eine Wanderkarte erhält man im **Besucherzentrum von Serranova,** wo es auch einen gut sortierten Buchladen und einen kleinen Laden gibt, in dem Bioprodukte aus der Region verkauft werden, zuweilen auch frischer Fisch, denn die lokalen Fischer sind in das Naturschutzprojekt mit eingebunden. Seit 2010 gibt es im Informationszentrum auch das **Museo del Mare,** wo man nicht nur Fische in Aquarien beobachten kann, sondern auch Wissenswertes zur Wasserarchäologie und den Stränden im Naturpark erfährt. Hauptattraktion sind jedoch die Schildkröten, die am Strand ihre Eier legen, was man über eine Kamera mitverfolgen kann. Man kann sich im Besucherzentrum einer Führung anschließen oder das Gebiet auf eigene Faust zu Fuß oder per Rad (Fahrradverleih im Besucherzentrum) entdecken.

Mein Tipp

Immer an der Küste entlang

Schön ist eine Wanderung zur **Torre Guaceto** (► O 9), einem Wachturm aus spanischer Zeit. Vom Besucherzentrum (s. links) fährt man in Richtung Adria und lässt das Auto auf dem Parkplatz an der SS 379 stehen. Von dort geht man zum Meer und erreicht nach rund 500 m die **Punta Penna Grossa,** die sich für eine Badepause anbietet. Im Süden ist in der Ferne bereits die Torre Guaceto zu erkennen. Der weitere Weg führt am Strand entlang bis zu einigen großen Felsen. Dort zweigt ein Weg landeinwärts ab, der später wieder parallel zur Küste verläuft. Nach ca. 10 Min. kann man an einer Gabelung sowohl links als auch rechts weitergehen und erreicht die auf einer Landzunge stehende Torre Guaceto. Der Strand ist zwar steinig, doch die Unterwasserwelt begeistert Schnorchler (hin und zurück 2 Std.).

Torre S. Sabina und Torre Canne

In dem schönen Küstenabschnitt zwischen beiden Wachtürmen, der noch zur **Marina di Ostuni** zählt, machen vor allem Italiener Ferien. In der kühlen Jahreszeit wirkt die Gegend mit ihren vielen Sommerhäusern wie ausgestorben. Der Ort **Torre S. Sabina** (► N 9) ist aber ganzjährig bewohnt, ebenso wie **Torre Canne** (► M 8), wo es u. a. eine Therme gibt (www.termeditorrecan ne.it), weshalb in der Umgebung viele Hotels und Lokale liegen. Auch den Lungomare von Torre Canne hat man neu hergerichtet. An der Küste wechseln sich Sand- und Klippenstrand ab – es gibt immer wieder Möglichkeiten für einen Stopp.

Lieblingsort

Mekka für Seeigelliebhaber – Marina di Ostuni ► M/N 8/9

Zwischen **Torre S. Sabina** und den zauberhaften Orten **La Forcatella** und **Savelletri** reiht sich ein Lido an den anderen. Doch es sind vor allem die auf flachen Felsen am Meer, meist aus Holz erbauten Fischlokale, die mein Interesse wecken. Der Küstenstreifen ist das Mekka für Liebhaber von Seeigeln *(ricci),* die hier gefangen und auch gleich gegessen werden, am besten roh, mit etwas Zitrone und frischem Brot – köstlich! Aber auch wenn es um andere Meeresfrüchte oder Fisch geht, komme ich immer voll auf meine Kosten, so wie in diesem Lokal, dem Ristorante Miramare da Michele in Torre S. Sabina (Via della Torre, Tel. 338 243 00 01, www.miramaredamichele.it).

Das Beste auf einen Blick

Lecce und der Salento

Highlights !

Lecce: Das gesamte Centro Storico der apulischen ›Hauptstadt des Barock‹ ist ein beeindruckendes architektonisches Ensemble mit prächtigen Fassaden. Auf den Plätzen, in den Straßen und Gassen herrscht geschäftiges Treiben. S. 239

Galatina: Den Reiz der Agrarmetropole machen die bezaubernde Altstadt mit hübschen Palazzi und zwei besonderen Gotteshäusern aus – das eine spielte eine wichtige Rolle für den Tarantismus im Salento, das andere birgt den größten Freskenzyklus Apuliens. S. 253

Ótranto: Die Perle unter den Städten südlich von Bríndisi ist eingebettet in eine berauschend schöne Küstenlandschaft und seit alters her ein Tor zum Orient. S. 273

Auf Entdeckungstour

Nicht von Pappe – Lecce und die Kunst der Cartapesta: Bei einem Spaziergang durch Lecce fallen die vielen Läden mit Krippenfiguren ins Auge. Diese bestehen aus Pappmaschee, *cartapesta*. Die Cartapesta-Kunst wird in Lecce seit Jahrhunderten gepflegt. S. 248

Aus Oliven wurde flüssiges Gold – ›auf Ölspuren‹ in Gallípoli: Gallípoli profitierte im 17. Jh. von Steuererleichterungen für Lampenöl. Die Tour führt in die Zeit des Ölbooms zurück. S. 262

Das Fußbodenmosaik von Ótranto – ein Augenspaziergang: Auf 800 m² sind in der Cattedrale S. Maria Annunziata Szenen aus dem Alten Testament mit Darstellungen von Fabelwesen und Motiven aus antiken Mythen verwoben – da kann man nur staunen. S. 274

Kultur & Sehenswertes

Abbazia di Santa Maria di Cerrate: Die byzantinisch inspirierte kleine Abteikirche mit Überresten von Fresken und einem wunderschönen Arkadengang steht inmitten einer verlassenen, idyllisch gelegenen Masseria. S. 247

Die Villen von Santa Maria di Léuca: Verspielte und ausgefallene Architektur am Ende der Welt. S. 265

Aktiv & Kreativ

Stadtführung in Lecce: Signore Gianni Binucci, durch und durch Lecceser, führt im September zu unterschiedlichen Themen durch die Stadt. S. 239

Zwischen Capo Sant'Andrea und Torre dell'Orso: Bizarr geformte Felsen lassen sich unter Wasser auf Schnorchel- und Tauchgängen entdecken oder über Wasser auf einer reizvollen Wanderung entlang der Küste. S. 277

Genießen & Atmosphäre

Weingut De Castris in Salice Salentino: Von dem traditionsreichen Weingut stammt der berühmte Roséwein Five Roses. S. 250

Bar Caty in Galatina: Erst genießt man hier herzhafte Snacks und köstliche Dolci, dann besucht man die Kirche gegenüber – oder umgekehrt. S. 255

A Casa Mia: Kochen ist Andrea D'Amicos Passion. Durch eine verglaste Küche schaut man ihm in seinem Lokal in Spécchia beim Zaubern zu. S. 270

Altes Schwimmbad von Santa Cesárea Terme: Ein Schwimmbad am Meer vor bizarrer Felskulisse. S. 272

Abends & Nachts

Gibò: Von überall her reisen die Tanzwütigen zu der Disco oberhalb der Baia di Ciolo bei Santa Maria di Léuca an. S. 269

Opulenter Barock und eine Küste voller Superlative

Im Salento zeigt sich Apulien noch einmal von einer seiner schönsten Seiten. Mit der opulenten Barockarchitektur von Lecce besitzt es eine äußerst attraktive und lebendige Provinzhauptstadt, die nicht so recht in das Bild vom armen Süden passen will. Auch die Hafenstädte Gallípoli und Ótranto haben ganz eigene Facetten: Das alte Gallípoli, das einst einen Ölboom erlebte, prangt festungsartig auf einer der quirligen Neustadt vorgelagerten Inseln. Ótranto wirkt mit seiner schmucken Altstadt wie extra herausgeputzt und besitzt eines der faszinierendsten Fußbodenmosaike Europas. Im Mittelalter war es die wichtigste Hafenstadt der Region. Hier war der Austausch zwischen den Kulturen besonders rege, denn nur 80 km trennen Orient und Okzident voneinander. Von Ótranto aus wurden die Halbinsel sowie die Gebiete bis hinauf nach Bríndisi, Táranto und sogar Matera in der Basilikata verwaltet. Darum wird die Region noch heute als Terra d'Ótranto bezeichnet. Im Landesinneren werden vor allem Oliven und Wein angebaut, die große Zeit des Tabakanbaus im Salento ist dagegen Geschichte.

Die Küstenlinie misst insgesamt gut 600 km^2. Am Ionischen Meer wie auch an der Adria wechseln sich lange Sandstrände mit Felsküsten und kleinen Buchten ab. Besonders schön sind die

Infobox

Reiseplanung

Magazin »quiSalento«: Das an Kiosken erhältliche Magazin (2 €) informiert über alle Termine im Salento – Konzerte, Ausstellungen, Musikfestivals etc.
www.salentonline.it: viele brauchbare und aktuelle Infos zum Salento, u. a. Veranstaltungen, einige Unterkünfte, Transport, Geschichte etc. (ital.).
www.salentovacanze.it: gutes Portal für die Unterkunftsbuchung. Ausgesuchte Herbergen inkl. Foto, Preisangabe und Verlinkung (ital.).

Verkehr

Bahn: Züge der **Trenitalia** (www.trenitalia.it) verbinden Lecce mit den größeren Städten im Norden. Zudem fahren zwischen Lecce und vielen anderen Orten des Salento die Züge der **Ferrovie del Sud Est** (www.fseonline.it).
Bus: Verkehrsknotenpunkte im Salento sind Lecce, Máglie, Ótranto und Galatina. Von hier fahren Busse der **Autolinee Ferrovie del Sud Est** (www.fseonline.it), der **STP** (www.stplecce.it) sowie der **SITA** (www.sitabus.it) in nahezu alle Orte der Provinz. Im Sommer verkehren die Busse auch zwischen den kleinen Küstenorten sowie zwischen diesen und den größeren Städten.
Radfahren: Eine sehr gute Broschüre mit acht Radwegen im Salento inklusive Beschreibung, Höhenprofil, Dauer etc. kann unter www.viaggiareinpuglia.it/allegati/Eventi/le_vie_verdi_del_salento_1315555375633.pdf heruntergeladen werden.

Gebiete um Porto Selvaggio und Porto Badisco, die für ihre Wasserqualität regelmäßig Bestnoten bekommen. Reizvoll ist auch die Südspitze des Salento: zerklüftete Felsen über lauschigen Buchten, dazwischen bildhübsche Steinhäuser und eine Panoramastraße, die vor allem Radfahrer begeistert. Überhaupt eignet sich der Salento gut zum Radfahren. An den Küsten gibt es ebenfalls schöne Wandermöglichkeiten – immer wieder sind Dolmen und Menhire ausgeschildert.

Lecce ! ▶ P/Q 11

Lecce ist die Hauptstadt der gleichnamigen Provinz sowie Süditaliens Hauptstadt des Barock – nicht nur Architekturbegeisterte kommen hier ins Schwelgen. Der Ort war vermutlich schon vor den Römern besiedelt, doch erst aus deren Zeit existieren Zeugnisse, u. a. das Amphitheater und das Teatro Romano (s. S. 242). Die Römer nannten die Siedlung Lupiae und unter Kaiser Hadrian (76–138) wurde die Via Appia von Bríndisi hierher verlängert.

Lange war Ótranto die wichtigste Stadt in diesem Teil Italiens, doch als Karl V. im gesamten Mittelmeerraum zum Kampf gegen Türken und Sarazenen rüstete, wurde Lecce zu einem strategisch bedeutenden Ort, den er befestigen ließ und zum Verwaltungszentrum erklärte. Der dadurch einsetzende Zuzug von Aristokraten, Staatsdienern und Militär bescherte Lecce einen wirtschaftlichen Aufschwung, der seine schönste Ausprägung im Lecceser Barock des 17. und 18. Jh. fand (s. S. 61).

Beim Bummel durch die verkehrsberuhigten Gassen und Straßen des Zentrums kann man immer wieder prächtige Fassaden und Portale bewundern oder Figuren, die Balkone stützen, sowie verwunschene Innenhöfe. Je nach Tageszeit zeigt sich die *pietra leccese* in einem anderen Licht. Am besten lässt man sich einfach treiben und genießt die Atmosphäre dieser lebendigen und schönen Stadt, die auch kulinarisch manch Interessantes bereithält.

Mein Tipp

Stadtführung einmal anders
Wer Italienisch kann, dem seien die Stadtführungen von Signore Gianni Binucci ans Herz gelegt: Der Historiker mit Leidenschaft für seine Stadt, der eigentlich Tuchhändler ist, führt stets im September (Mo, Do 21–23 Uhr) zu einem speziellen Thema oder Aspekt der Geschichte durch Lecce – selbst viele Lecceser lassen sich diese Gelegenheit nicht entgehen. Den Treffpunkt erfährt man im Touristenbüro. Signore Binucci kann man sonst in seinem Geschäft in der Via Vito Fazzi 18 antreffen.

Vom Kastell nach Westen

Castello di Carlo V 1

Via XXV Luglio 32, Tel. 0832 24 28 45, www.comune.lecce.it, tgl. 9–13, 16.30–20 Uhr, Eintritt frei

Das gewaltige Kastell am Altstadtrand ließ Karl V. im 16. Jh. auf den Resten eines normannisch-angiovinischen Vorgängerbaus errichten. Die Zugbrücken sind inzwischen verschwunden und die Gräben zugeschüttet – heute wird das Kastell von der Komune genutzt. Es beherbergt das **Museo della Cartapesta** (s. Entdeckungstour S. 248), das einen Einblick in die Geschichte dieser für Lecce typischen Kunstform gibt.

Lieblingsort

Genuss hoch drei – Gelateria und Pasticceria Natale 5

Schon die Auslagen im Schaufenster lassen einem das Wasser im Munde zusammenlaufen. Die Pasticceria Natale bietet eine Vielzahl leckerer Teilchen und die Gelateria köstliches Eis – cremig-sahnig und in vielen verschiedenen Geschmacksrichtungen, angefangen von der einfachen Stracciatella über Feige und Pistazie bis hin zu Erdbeere mit Minze. Will man alle Sorten probieren, muss man sehr oft wiederkommen. Auch die berühmte *cotognate leccese*, Quittenmus bzw. -brot, wird hier im Glas bzw. am Stück verkauft. Letztgenannte Variante genießt man am besten in Kombination mit gutem Käse und Brot (Via Trinchese 7, tgl. 7–22 Uhr).

Lecce

Sehenswert
- 1 Castello di Carlo V mit Museo della Cartapesta
- 2 Colonna di Sant'Oronzo
- 3 Anfiteatro
- 4 Basilica di Santa Croce
- 5 Teatro Romano
- 6 Palazzo del Seminario
- 7 Palazzo del Vescovo
- 8 Duomo
- 9 Chiesa del Rosario
- 10 Porta Napoli
- 11 Chiesa Santi Niccolò e Cataldo
- 12 Chiesa di Santa Chiara

Übernachten
- 1 Suite 68
- 2 Palazzo Rollo
- 3 La Terrazza

Essen & Trinken
- 1 Alle due Corti
- 2 Da Angiulino
- 3 All'Ombra del Barocco
- 4 Alvino
- 5 Natale

Einkaufen
- 1 Laboratorio della Cartapesta di Marco Epicochi
- 2 Artefare
- 3 Star Magic
- 4 Il Fornaio

Abends & Nachts
- 1 I Merlí
- 2 Club Cabiria

Piazza Sant'Oronzo

Der zentrale Platz im Centro Storico ist die Piazza Sant'Oronzo. Architektonisch trifft hier Antike auf Neuzeit und kulinarisch traditionelles Backwerk auf Fastfood. In der Mitte der Piazza ragt die antike Säule **Colonna di Sant'Oronzo** 2 auf, gekrönt vom Stadtheiligen Sant'Oronzo, der Lecce 1656 vor der Pest bewahrt haben soll. Ursprünglich markierte die Colonna das Ende der Via Appia in Bríndisi (s. S. 227), sie stürzte dort jedoch um und gelangte im 17. Jh. als Geschenk nach Lecce. Quasi ihr zu Füßen liegt das römische **Anfiteatro** 3 aus dem 2. Jh., das in den 1930er-Jahren zu einem Viertel freigelegt wurde und heute im Sommer für Konzerte und Theateraufführungen genutzt wird. Die Größe des Amphitheaters – es nahm um die 20 000 Besucher auf – lässt erkennen, welch große Bedeutung Lupiae im römischen Imperium hatte.

Basilica di Santa Croce 4

Via Umberto I, tgl. 8–13, 17–18/19 Uhr, s. a. S. 61

Eines der Barockjuwele von Lecce ist die Basilica di Santa Croce. Mit dem Bau der Kirche der Zölestiner, eines Unterordens der Benediktiner, wurde Mitte des 16. Jh. begonnen. Bis zu seiner Vollendung vergingen allerdings über 150 Jahre. Architekten waren nacheinander Gabriele Riccardi, Cesare Penna und Francesco Antonio Zimbalo.

Der obere Teil der Fassade zeigt eine barock gestaltete Krone als Symbol für den Sieg über die Türken. Dieser Bereich sowie die Fensterrosette darunter sind so reich verziert, dass sie den unteren Teil fast zu erdrücken scheinen. Barock geht es auch im Inneren der Basilika weiter. Links neben dem Hauptaltar erblickt man ein Meisterwerk in Lecceser Stein von Francesco Antonio Zimbalo. In zwölf Basrelief-Bildern hat er Szenen aus dem Leben von San Francesco di Paola dargestellt.

Teatro Romano 5

Via degli Ammirati, Tel. 0832 24 61 09, Mo–Sa 9–13 Uhr, Eintritt 2,50 €

Etwas versteckt liegen die Reste dieses römischen Theaters aus der Zeit von Kaiser Augustus, in dem vermutlich um die 5000 Zuschauer Platz fanden und heute gelegentlich Veranstaltungen stattfinden. Von den ursprünglich 26 Reihen sind nur zwölf erhalten, der 13 m hohe Chorraum ist dagegen als Ganzes zu bewundern. In dem angegliederten kleinen **Museum** sind Masken und Statuen zu sehen, außerdem Wechselausstellungen.

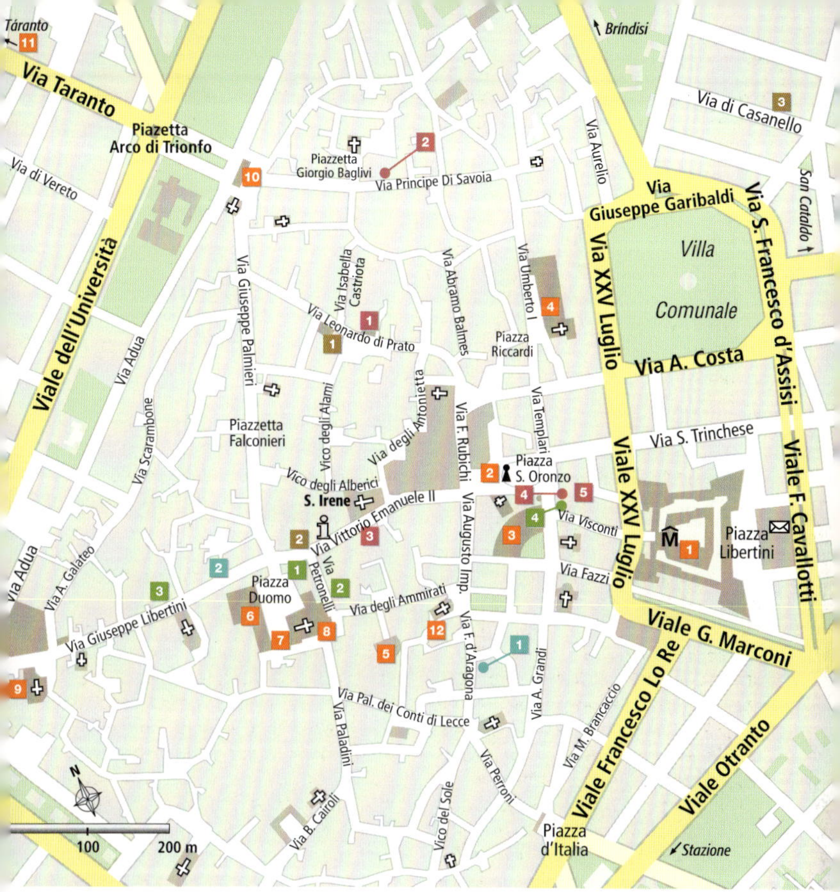

Piazza Duomo

Von der Via Vittorio Emanuele gelangt man über einen Durchgang auf die Piazza del Duomo. Das aus Kathedrale, Glockenturm, **Palazzo del Seminario** 6 (Priesterseminar) und **Palazzo del Vescovo** 7 (bis heute Sitz des Bischofs) bestehende Barockensemble gruppiert sich harmonisch um den Platz.

Duomo 8

Tgl. 8.30–12, 17–19.30 Uhr

Bischof Pappacoda ließ im 17. Jh. die alte Kathedrale aus dem 12. Jh. durch eine neue im Stil des Barock ersetzen und damit auch gleich die bisherige, aus dem Orient stammende Stadtpatronin Sant'Irene durch den neuen Heiligen, Sant'Oronzo. In der imposanten Seitenfassade des Doms, die einem Triumphtor ähnelt, wacht der hl. Oronzo über das Geschehen auf der Piazza. Abends ist sie Treffpunkt für junge Leute und regelmäßig finden hier Konzerte statt. Neben dem Dom erhebt sich der 68 m hohe **Glockenturm,** dessen fünf Stockwerke mit umlaufenden Balkonen versehen sind und von einer reich verzierten Kuppel gekrönt werden. Üppiger

Barock offenbart sich auch im Inneren, wo die Marmor- und Silberarbeiten aus Neapel sowie die Kassettendecke besondere Beachtung verdienen.

Am Stadtrand

Chiesa del Rosario 9

Via Libertini

Die Johannes dem Täufer gewidmete Kirche ist das letzte Werk des Zimbalo (s. S. 242), der sich damit ein weiteres Denkmal gesetzt hat. Die zweigeteilte Fassade zeigt im unteren Teil noch eine zurückhaltende Gestaltung. Im oberen Teil fällt neben der zwischen riesigen floralen Verzierungen stehenden Jungfrau auch das Fries mit den Engelmotiven auf, wie sie ähnlich bei Santa Croce zu finden sind. Im Inneren in Form eines griechischen Kreuzes zieht der Raum unter der Vierung die Aufmerksamkeit auf sich, wo mehrere Altäre in puncto Prachtentfaltung miteinander wetteifern.

Porta Napoli 10

Wie der Name erkennen lässt, befindet sich die Porta Napoli an der alten Straße nach Neapel. Sie steht etwas versetzt zur alten Stadtmauer und ist in schönstem Barock wie ein Triumphtor gestaltet. Als solches war sie auch zu Ehren von Karl V. errichtet worden, der jedoch nie nach Lecce kam.

Chiesa Santi Niccolò e Cataldo 11

Meist 8–12 Uhr

Von der Porta Napoli führt eine Allee zum Friedhof mit der Chiesa Santi Niccolò e Cataldo. Im 18. Jh. wurde der ursprünglich 1180 im Auftrag von Tankred von Hauteville errichtete Bau barockisiert, sodass sich die Fassade heute als Mix aus Barock und apulischer Romanik präsentiert. Die Fresken stammen fast alle aus dem 16. Jh. Man sollte nicht versäumen, einen Blick in den Kreuzgang zu werfen, dessen gewaltige Doppelsäulen einen reizvollen Kontrast zu dem in der Mitte stehenden Brunnen bilden. Dieser wird von einem Baldachin in üppigem Barock überdacht, der auf vier spiralförmigen, komplett verzierten Säulen ruht.

Opulenter Barock in den Farbtönen der *pietra leccese* – Seiteneingang des Doms

Übernachten

Chic, Charme und Design – **Suite 68 1**: Via Leonardo Prato 7, Tel. 0832 30 35 06, www.kalekora.it, DZ 70–110 €. Wahrhaft schönes B & B in einem Palazzo 200 m von Santa Croce entfernt. Der helle Stein und die alte Baustruktur harmonieren bestens mit den modernen, farbigen Gestaltungselementen. Auf der Dachterrasse kann man wunderbar entspannen und fürs Sightseeing stehen Fahrräder zur Verfügung.

Gemütlich – **Palazzo Rollo 2**: Via Vittorio Emanuele II 14, mobil 32 89 54 05 85, www.palazzorollo.it, www.residencepalazzorollo.it, DZ 70–90 €, App. 100–120 €. B & B mit sechs Zimmern und drei Appartements in einem Palazzo aus dem 18. Jh. im Zentrum. Von Weinranken eingerahmter Innenhof und antik eingerichtete Zimmer. Ein besonderes Plus ist der üppig begrünte Dachgarten mit Plätzen zum Verweilen und zum Grillen.

Zum Wohlfühlen – **La Terrazza 3**: Via di Casanello 39, Tel. 0832 30 17 41, www.laterrazza-beb.com, DZ 60–70 €. Das B & B in einem Palazzo (19. Jh.) in Fußentfernung zum Zentrum bietet mit seinen vier Zimmern, dem gemütlichen Salon und der großen Terrasse viel Raum zum Entspannen. Anna und Raffaela Polito halten wertvolle Tipps für ihre Gäste bereit.

Mein Tipp

Lecceser Kaffeespezialität
Das Café **Alvino** 4 ist ideal, um das Treiben auf der Piazza Sant'Oronzo zu beobachten. Bei warmem Wetter sollte man dabei unbedingt den für Lecce typischen *Caffè in ghiaccio con latte di mandorle* trinken, geeisten Espresso mit Mandelmilch. Außerdem kann man Gebäck aus der hauseigenen Pasticceria genießen (Piazza Sant'Oronzo 30, Tel. 0832 24 74 36, www.caffealvino.it, Mi–So ab 7 Uhr).

Essen & Trinken

Cucina Salentina – **Alle due Corti** 1: Corte dei Giugno 1, Tel. 0832 24 22 23, www.alleduecorti.com, Mo–Sa mittags u. abends, Menü 20–25 €. Atmosphärisch sehr schönes Lokal in der Altstadt. Umgeben von Barockbauten sitzt man gemütlich und lässt sich von dem überraschen, was die Mama in der Küche gezaubert hat. Für die Qualität spricht u. a. die hohe Zahl einheimischer Gäste.
Einfach und gut – **Da Angiulino** 2: Via Principe di Savoia 24, Tel. 0832 24 51 46, Fr–Mi mittags u. abends, Menü 15 €. In einer der ältesten Trattorien der Stadt kommt schmackhafte Hausmannskost auf den Tisch. Allein schon die Antipasti und vor allem die frische Pasta mit Sugo nach Wahl sind einen Besuch wert. Absolut faire Preise.
Snacks & Schmökern – **All'Ombra del Barocco** 3: Corte dei Cicala 9, Tel. 0832 24 55 24, www.liberrima.it, tgl. 8–24 Uhr. Das Caffè wird von der Buchhandlung Liberrima betrieben, daher wundert es nicht, dass im weitläufigen Lokal (u. a. Snacks und warme Gerichte) Bücherregale zum Schmökern einladen.
Tipp – **Alvino** 4: s. links »Mein Tipp«.
Lieblingsort – **Natale** 5: s. S. 240.

Einkaufen

Cartapesta – **Laboratorio della Cartapesta di Marco Epicochi** 1: s. S. 249.
Pappmaschee – **Artefare** 2: s. S. 249.
Salento-Sound – **Star Magic** 3: Via Giuseppe Libertini 46, mobil 32 94 13 39 13, www.starmagicmusica.it, tgl. 10–13, 17–20 Uhr. Wer sich für Tarantella-Musik (s. S. 66) interessiert bzw. den neuen, darauf basierenden Sound, sollte hier reinschauen bzw. reinhören. Auch Infos zu Konzerten in der Region.
Brot & Gebäck – **Il Fornaio** 4: Piazza Sant'Oronzo, Tel. 0832 30 00 64, Mo–Sa 7.30–13.30, 17.30–20, So 8–13.30 Uhr. Leckeres Brot und Gebäck, auch Dolci, z. B. Feigen mit Mandeln. Köstlich auch die *taralli* mit Fenchel oder nur mit Salz und Olivenöl (s. S. 26).

Abends & Nachts

Ein Zentrum des Nachtlebens ist die **Via dei Perroni.**
Treff – **I Merli** 1: Via Federico d'Aragona, Tel. 0832 24 18 74, www.imerli.it, Mai–Sept. Mo–Sa, sonst Di–So. Hier treffen sich vor allem jüngere Leute; Bier, Wein, Cocktails und Snacks.
Live – **Club Cabiria** 2: Via Giuseppe Libertini 64. In dem Pub im kleinen Innenhof herrscht eine anregende Atmosphäre. Manchmal Livekonzerte.

Infos & Termine

Touristeninformation
IAT: Via Vittorio Emanuele 24, Tel. 0832 24 80 92, www.pugliaturismo.com,

Mai–Sept. tgl. 8.30–13, 16–20 (So nur im Aug. garantiert), Okt.–April Mo–Sa 8–14, 15–18 Uhr.

Verkehr

Bahn: mit Trenitalia nach Bríndisi, Bari und Foggia, mit der Ferrovie del Sud Est in den Salento. Der Hauptbahnhof liegt südlich der Altstadt.
Bus: Busse der Autolinee Ferrovie del Sud Est und der STP fahren in nahezu alle Orte des Salento. Von der Porta Napoli gibt es eine kostenlose Busverbindung (Nr. 29) am Castello vorbei bis zum Bahnhof und zurück zur Porta Napoli über die Via Cavalotti.
Mietwagen: Lecce Car Hire (Avis), Viale Grassi 158, Tel. 0832 22 85 85.

Feste und Veranstaltungen

Festa di Sant'Oronzo: Ende Aug. Mehrtägiges Fest zu Ehren des Stadtheiligen, bei dem sich die nach ihm benannte Piazza in einen Markt verwandelt und das Stadtzentrum illuminiert wird. Höhepunkt ist die Prozession am 24. Aug., bei der die Silberstatue des Heiligen durch das Zentrum getragen wird.
Fiera dei Persepi e dei Pupi: Weihnachtsmarkt mit ›Puppenmesse‹, auf der Krippen und Weihnachtsfiguren gezeigt und verkauft werden.

Tavoliere di Lecce

► O–Q 10–11

Der sich nordwestlich von Lecce erstreckende Tavoliere di Lecce ist eine große Ebene, die sich bis in die Provinzen Bríndisi und Táranto ausdehnt. Sie ist sehr fruchtbar und wurde ursprünglich für den Anbau von Tabak und Wein genutzt. Bis 2011 gab es in Lecce eine Tabakfabrik, doch die Produktion lohnt sich nicht mehr. Nach wie vor wird jedoch Wein angebaut.

Abbazia di Santa Maria di Cerrate ► P 10

Di–So 9–13.30, 14.30–19.30 Uhr, Tel. 0832 36 11 76
In der ca. 15 km nördlich von Lecce gelegenen Abtei lebten bereits ab dem 5. Jh. Basilianermönche (s. S. 54). Die Klosterkirche wurde jedoch erst in der ersten Hälfte des 12. Jh. errichtet – im Auftrag von Tankred von Hauteville, Graf von Lecce. Sie weist Merkmale der apulischen Romanik auf, z. B. sind in den Portalbögen typische Ornamente und Ranken zu sehen sowie Szenen aus dem Leben Christi. Links vom Portal wurde im 13. Jh. ein schöner Bogengang angebaut, dessen Arkaden sich auf 24 Säulen mit unterschiedlich gestalteten Kapitellen stützen. Im vorderen Bereich lassen sich Bestien und menschliche Gesichter erkennen. Betritt man die dreischiffige Kirche, fällt der Blick sofort auf das Fenster über dem Altar, das wie ein Auge anmutet. Wände, Bögen und Apsiden sind mit wunderschönen Fresken aus dem 13. und 15. Jh. geschmückt. Auf der rechten Kirchenwand herrscht ein gewisses ›Bild-Durcheinander‹, denn nach dem Einsturz des Glockenturms wurde diese Wand wieder aufgebaut, ohne dass man auf die Fresken achtete.

Nach Auflösung der Klostergemeinschaft vergab Papst Clemens VII. die Abtei Anfang des 16. Jh. an das Ospedale degli Incurabili in Neapel. Aus dieser Zeit stammt der Brunnen im Hof. 1711 wurde die Abbazia von Piraten überfallen und stark beschädigt. 1965 kaufte die Provinzverwaltung von Lecce das Kleinod, das zuvor lange in Privatbesitz gewesen war, restaurierte es und richtete das **Museo delle Tradizioni Popolari** ein. Hier sind die wertvollsten Fresken ausgestellt, die bei der Restaurierung der Kirche abgelöst wur- ▷ S. 250

Auf Entdeckungstour

Nicht von Pappe – Lecce und die Kunst der Cartapesta

Bei einem Spaziergang durch das Zentrum von Lecce fallen die vielen Läden ins Auge, in denen Krippenfiguren aus *cartapesta* – Pappmaschee – hergestellt und verkauft werden. Die Cartapesta-Kunst wird in Lecce seit Jahrhunderten gepflegt, wie man u. a. im Museo della Cartapesta erfährt.

Dauer: mind. 2 Std.

Museo della Cartapesta: Via XXV Luglio 32 (im Castello di Carlo V), Tel. 0832 24 28 45, mobil 329 611 59 33, www.comune.lecce.it, tgl. 9–13, 16.30–20 Uhr, Eintritt frei.

Pappmaschee ist billig herzustellen, gut formbar, leicht und widerstandsfähig. Dank dieser Vorzüge und des durch die Gegenreformation neu erwachten Interesses an Heiligenfiguren erlebte die Cartapesta-Kunst in Lecce im 17. Jh., inspiriert durch Meister in Neapel, einen wahren Boom. Auch einfache Leute konnten nun preiswert Krippenfiguren erwerben, um sich zu Hause ihre eigene *presepe* (Krippe) zu bauen. Das geringe Gewicht der Cartapesta-Figuren war auch während der langen Prozessionen von Vorteil – zuvor hatten die Teilnehmer an der Last der Holzfiguren ganz schön schwer zu tragen. In den 1930er-Jahren drohte die Cartapesta-Kunst auszusterben, doch seit einiger Zeit erlebt sie eine Renaissance.

Kunst aus einfachsten Zutaten

Auch wenn jede Handwerker-Familie ihre Geheimnisse hat, die von Generation zu Generation weitergegeben werden, gibt es doch ein Grundrezept für die Herstellung von Pappmaschee-Figuren, an dem sich bis heute nichts geändert hat. Sehr schön lässt sich das an der Pappmaschee-Figur nachvollziehen, die meist vor dem kleinen Laden **Laboratorio della Cartapesta di Marco Epicochi** 1 (s. Abb. S. 248) an der Piazza del Duomo steht: Auf ein mit Stroh umwickeltes Eisen- oder Drahtgestell werden nacheinander sieben bis neun Lagen einer aus Wasser und Mehl hergestellten Masse aufgetragen, der man zum Schutz gegen Mehlwürmer Sulfat beigegeben hat. Ist die Figur trocken, werden mit einem heißen Eisen Unebenheiten geglättet und die Körperformen und Gesichtszüge herausgearbeitet. Oftmals wird auch die Kleidung aus Pappmaschee hergestellt. Danach erfolgt der Anstrich, für den die Lecceser Künstler berühmt sind, weil sie durch eine Art Brenntechnik eine besonders realistische Wirkung erzielen. Die Technik ist so perfekt, dass Laien nur am Gewicht erkennen können, ob eine Figur aus Holz oder Pappmaschee gefertigt wurde.

Von klassisch bis modern

Geht man von der Piazza Sant'Oronzo die Via A. Imperatore nach Süden, gelangt man zur **Chiesa di Santa Chiara** 12, einer alten Franziskanerkirche aus dem 15. Jh. Im Inneren ist eine ungewöhnliche Decke zu bewundern. Sie wurde im 18. Jh. erneuert und dabei – vermutlich aus Kostengründen – komplett aus Pappmaschee gestaltet. Wer das nicht weiß, hält die Decke für eine Holzkonstruktion.

Wem die überall in Lecce angebotenen klassischen Produkte aus Pappmaschee nicht gefallen, der sollte einmal bei **Artefare** 2 (Via Petronelli 14/16, Tel. 0832 24 06 29, www.artefare.it, tgl. 9–13, 17–20 Uhr) vorbeischauen, wo man u. a. von Gianni de Carlo und Pinuccia Petruzelli gefertigte edle Pappmaschee-Objekte, z. B. Schmuck, Bilderrahmen und Vasen, bewundern und zu angemessenen Preisen erwerben kann.

Pappmaschee-Kunst en détail

Im **Castello di Carlo V** 1 eröffnete 2009 das **Museo della Cartapesta,** das Besuchern die Entwicklung der Cartapesta-Kunst in Lecce vor Augen führt – auch mittels englischsprachiger Begleittexte. Man erfährt Interessantes über die alten und neuen, z. T. international bekannten Meister, kann ihre unterschiedlichen Stile anhand der ausgestellten Figuren genauer unter die Lupe nehmen und Unterschiede bei der Gestaltung z. B. des Faltenwurfs der Gewänder oder der Hände feststellen. Ein Film (30 Min., nur ital.) rundet das Museumserlebnis ab.

den. Ein Besuch der Abbazia lohnt sich für alle, die Gefallen an idyllisch gelegenen Orten haben, denn die kleine Klosteranlage liegt auf dem Gelände einer alten Masseria und hält lauschige Plätze bereit.

Infos

Anfahrt nur mit dem **Auto** möglich. Die Gegend eignet sich auch gut für **Radtouren** auf ausgewiesenen Radwegen.

Salice Salentino ►O 11

Der Ort selbst ist unspektakulär, doch Weinliebhaber sollten in Salice Salentino unbedingt einen Stopp einlegen, denn hier liegt der Stammsitz des traditionsreichen **Weinguts Leone de Castris** (Via Sen. de Castris, Tel. 0832 73 11 12, www.leonedecastris.com, Mo–Fr 9–12, 15–17 Uhr, nur für Gruppen mit Anmeldung, mit Degustation von zwei Weinen ca. 10 €). Bereits 1665 hatte Herzog Oronzo Arcangelo de Castris das Familienunternehmen gegründet und um das kleine Dorf herum große Weingärten anlegen lassen. 1923 begann man mit der Flaschenabfüllung und läutete damit eine neue Ära ein. 1943 füllte das Weingut als erstes in Italien einen Roséwein ab, den berühmten Five Roses. Elf Jahre später folgte der Rotwein Salice Salentino, den man heute in jeder guten Weinhandlung bekommt. In den 1970er-Jahren erhielten die Weine die ersten DOC-Prädikate. Vorrangig werden die heimischen Trauben Negroamaro, Malvasia und Negro di Lecce angebaut. Ein 2008 eröffnetes, modern gestaltetes **Museum** dokumentiert die Geschichte des Weinguts. Weinreisende können in der nahe gelegenen **Villa Donna Lisa** speisen (20–25 €) und übernachten (s. Website des Weinguts).

Infos

Die Anreise ist nur **mit dem eigenen Fahrzeug** möglich.

Copertino ►P 11

Die kleine Stadt wenige Kilometer südwestlich von Lecce ist vor allem für ihr imposantes Castello und als Geburtsstadt von San Giuseppe da Copertino (eigentlich Giuseppe Desa, 1603–63) bekannt. Der Heilige soll über besondere Gaben verfügt haben: die Bilokation, d. h. die gleichzeitige Präsenz an zwei Orten, und vor allem die Levitation, die Fähigkeit, frei im Raum herumschweben zu können. Einmal soll er in Assisi einen spanischen Edelmann an den Haaren gepackt haben und eine kurze Zeit mit ihm geflogen sein, wodurch der Edelmann angeblich von seinem Nervenleiden geheilt wurde. Giuseppe da Copertino, der 1767 von Papst Clemens XIII. heilig gesprochen wurde, ist der Schutzpatron der Flieger.

Castello di Copertino

Piazza Castello, Tel. 0832 93 16 12, www.castellodicopertino.beniculturali.it, Di–So 8.30–13.30 Uhr, Eintritt 3 €, erm. 1,50 €

Das Castello am Eingang zur Altstadt wurde im 16. Jh. unter Federführung des Militärarchitekten Evangelista Menga auf einem Vorgängerbau errichtet. Wie beim Castello in Barletta (s. S. 133), für das Menga ebenfalls verantwortlich zeichnet, laufen die Bastionen spitz aus. Auftraggeber war in Copertino Alfonso Castriota, ein Nachfahre des legendären Albaners Georg Castriota Skanderbeg, der zum Dank für seine militärische Unterstützung von den Aragonesen die Grafschaft Copertino erhielt. Über dem Renaissanceportal sind die Wappen der einstigen Herren von Copertino zu sehen, unter ihnen Gottfried von Hauteville, Karl I. von Anjou und Karl V. Bei einem Rundgang kann man die bis zu 5 m dicken Mauern, die einstigen Ställe und Gemächer sowie den Hof mit seinen Treppenaufgängen und dem Brunnen besichtigen. Unter Letzterem liegt eine Zisterne, die noch heute über ein ausgeklügeltes System mit Wasser versorgt wird. Geht man bei Regenwetter durch das Kastell, hört man an einigen Stellen das Wasser hinter der Mauer herabrauschen. Vom Innenhof aus kann man die **Kapelle San Marco** betreten, in der, von Löwen bzw. Sphinxen getragen, zwei Sarkophage stehen. Die Fresken an der Decke (17./18. Jh.) zeigen die vier Evangelisten. Eine weitere Kapelle – der hl. Magdalena geweiht und mit Fresken aus dem 14./15. Jh. verziert – liegt auf der anderen Seite des Hofes und wird auf Wunsch gerne geöffnet.

Chiesa und Santuario di San Giuseppe

Piazzetta di San Giuseppe
Über die nach dem hl. Josef von Copertino benannte Straße erreicht man vom Kastell aus die barocke **Chiesa di San Giuseppe,** wo der Heilige im Altarraum neben Jesus und Maria abgebildet ist. Am Eingang gleich links liegt La Stalletta, der kleine Stall, in dem San Giuseppe am 17.06.1603 zur Welt kam und über dem später die Kirche errichtet wurde. Sein eigentliches Elternhaus liegt gegenüber der Kirche, doch zur Zeit seiner Geburt hatte sein Vater gerade Probleme mit dem Fiskus, weshalb sich die Familie im Stall gegenüber versteckt hielt. Mönche haben das Wohnhaus erworben und in das **Santuario di San Giuseppe** verwandelt, wo heute Bilder mit Szenen aus dem Leben des Heiligen zu sehen sind.

Infos & Termine

Verkehr

Bahn: Copertino ist von Lecce aus mit der FSE zu erreichen. Der Bahnhof liegt in Fußentfernung zum Centro Storico.

Feste und Veranstaltungen

Corteo Storico: 4.–6. Aug. Historischer Umzug, mit dem an die Stauferzeit erinnert wird.
Festa di San Giuseppe: s. S. 33.

In der Murgia Salentina ► P–Q 12–14

Südlich von Lecce und bis ans Capo Santa Maria di Léuca breitet sich die Murgia Salentina aus, ein bis zu 200 m hoher Ausläufer des apulischen Hochplateaus. Wie andere Gebiete der Murgia ist sie sehr steinig. Wo man die Steine aufgelesen hat, ist rote Erde zutage getreten. Das Land wird vor allem für den Oliven- und Weinanbau genutzt. In den Olivenhainen trifft man auf viele *caselle* (s. S. 72) sowie einige *masserie* (s. S. 72). Bei einer Fahrt durch die innere Murgia Salentina fallen die riesigen Kalksteinbrüche auf. Hier wird die *pietra leccese* abgebaut (s. S. 63).

Grecìa Salentina ► Q 12

Südlich von Lecce, diesseits und jenseits der SS 16, liegt die Grecìa Salentina, wo eine der beiden Griko sprechenden Gemeinschaften Italiens lebt – die andere lebt im Aspromonte (Kalabrien). Vor allem die älteren Bewohner der Region sprechen noch den altgriechischen Dialekt. Sprachwissenschaftler sind sich nicht einig, ob er auf die Besiedlung der Region durch Griechen im 8. Jh. v. Chr. oder auf Byzantiner zurückgeht, die ab

Infos zur Grècia Salentina
www.greciasalentina.org: Die offizielle Website der Griko-Gemeinde informiert u.a. über Geschichte, Sprache, Musik sowie Restaurants, Unterkünfte und Veranstaltungen in der Region.

dem frühen Mittelalter einwanderten. In den neun Orten der Grecìa Salentina – Calimera, Castrignano de'Greci, Corigliano d'Ótranto, Martano, Martignano, Melpignano, Soleto, Sternatia und Zollino – leben rund 40 000 Menschen. Bekannt sind vor allem **Melpignano** für die Notte della Taranta (s. S. 67) und **Corigliano d'Ótranto** für sein Schloss.

Castello di Corigliano d'Ótranto

Piazza Castello, Tel. 0836 32 90 40, Innenbesichtigung nur auf Anfrage
Die spätmittelalterliche, trutzige Festung wurde in friedlicheren Zeiten mit einer barocken Fassade versehen, die eher an ein Schloss erinnert und damit einen seltsamen Kontrast zum Rest der Anlage bildet. In den weichen Stein wurden Heilige wie der Erzengel Michael und berühmte Persönlichkeiten wie Christoph Kolumbus gemeißelt.

Übernachten

Blick ins Grüne – **Masseria Sant'Angelo:** Via Sant'Angelo 10, Tel. 0836 32 05 75, www.masseriasantangelo.it, DZ 55–90 €, Haus 2–4 Pers. 55–115 €. Der östlich von Corigliano (einige 100 m vor der SS 664) gelegene, von Olivenhainen umgebene Agriturismo ist für Einzelreisende wie auch Familien ideal. Die Bungalows mit eigener Terrasse sind rustikal eingerichtet und man kann Räder leihen. Zum Abendessen gibt es herzhafte salentinische Küche auf Basis eigener Produkte, mit Wildfrüchten und Kräutern. Zum Agriturismo gehören Pferde, Esel, Ziegen, Hühner, Hunde und Katzen.

Individuell – **Borgoterra:** Martano, Via Chiesa 13, Tel. 0836 57 18 01, www.borgoterra.com, DZ 50–70 €. Die Initiative von Tomasa Leonarda hat im Borgo von Martano einige Appartements (2–4 Pers.) hergerichtet und liebevoll gestaltet. Das Frühstück wird in einer Bar in der Nähe eingenommen.

Essen & Trinken

Herzhaft – **Borgo Convento:** Melpignano, Via Salento 14, Tel. 0836 33 11 78, Di–So mittags u. abends, Menü 15–20 €, Pizza ab 3 €. Das große, gemütliche Lokal liegt in Melpignano nahe dem alten Augustinerkloster. Gute salentinische Küche, die auch das Auge erfreut, am Abend außerdem schmackhafte Pizza aus dem Holzofen. An warmen Tagen kann man draußen auf einer schönen Terrasse sitzen.

Infos

Touristeninformationen

Consorzio Comuni della Grecìa Salentina: Im Sommer öffnen in den einzelnen Orten kleine Infobüros (meist Mo–Sa 9–13, 15.30–19.30 Uhr). Hier erhält man u.a. die Adressen/Öffnungszeiten der **Museen zur Geschichte und Kultur der Griko-Gemeinschaft,** die es in fast jedem der neun Orte der Region gibt.

Verkehr

Bus: Die Busse der FSE fahren von Lecce in alle Orte der Grecìa Salentina.

Feste und Veranstaltungen

La Notte della Taranta: Aug. Festival rund um Pizzica und Tarantella in Melpignano, s. S. 67.

Galatina! ▸ P/Q 12

Die Agrarstadt südwestlich von Lecce hat ein überschaubares Centro Storico mit einer Vielzahl hübscher Palazzi und zwei Gotteshäusern, die äußerst gegensätzlich sind. Das eine spielte für den Tarantismus im Salento eine wichtige Rolle, das andere beheimatet den größten Freskenzyklus Apuliens und drittgrößten Italiens. Auch kulinarisch hat Galatina einiges zu bieten.

Chiesa dei SS. Pietro e Paolo

Piazza San Pietro, tgl. 8–12, 17–19 Uhr

An der großen, belebten Piazza San Pietro erhebt sich die Chiesa dei SS. Pietro e Paolo, die im 17. Jh. in üppigem Barock errichtet wurde. Vor der Kirche spielte sich bis weit ins 20. Jh. hinein alljährlich am 29. Juni ein besonderes Schauspiel ab. Am Festtag der beiden Heiligen suchten die angeblich vom Tarantismus befallenen Menschen das Gotteshaus auf, um eine Linderung ihres Leiden zu erbitten (s. S. 66). Im Kircheninneren zieht der von den beiden Heiligen flankierte Strahlenkranz an der Decke den Blick auf sich. Wenige Schritte von der Kirche entfernt informiert die Casa Museo del Tarantismo über den Tarantismus.

Casa Museo del Tarantismo

Corso Porta Luce 2, mobil 380 531 08 14, Di–Sa 10–12, 17–19, So 10–12.30 Uhr, Eintritt frei

Das kleine, privat betriebene Museum zeigt beeindruckende Fotos und Filmausschnitte von Tarantismo-Zeremonien. In Augenzeugenberichten (nur auf Italienisch) kommen *tarantellati* selbst zu Wort.

Chiesa Santa Catarina d'Alessandria

Piazza Orsini, tgl. 8–12, 17–20 Uhr, Museum: 2,50 €

Folgt man der Via V. Emanuele und der Via Umberto I in westliche Richtung, erreicht man die Chiesa Santa Catarina d'Alessandria. Die Zahl 1391 im Steintor zeigt das Jahr ihrer Fertigstellung nach nur sieben Jahren Bauzeit an. 1383 hatten sich Franziskaner in Galatina niedergelassen, um den byzantinischen Einfluss in der Region zurückzudrängen. Raimondello del Balzo Orsini, einer der einflussreichsten Adeligen des Königreichs Neapel, unterstützte das Unterfangen, indem er den Bau der Kirche anordnete, die er auch als Grablege für seine Familie vorsah. Benannt ist die Kirche nach der hl. Katharina von Alexandria, denn laut Überlieferung soll Raimondello an einem Kreuzzug teilgenommen und am Grab der Heiligen am Berg Sinai gebetet haben. Als er sich verabschiedete, raubte er als Reliquie einen Finger Katharinas, indem er ihn abbiss (!). Er soll sich in einem Reliquiar befinden, das im **Museum des Franziskanerordens** (s. S. 255) ausgestellt ist.

Die **Fassade** wurde im apulisch-romanischen Stil gestaltet mit ornamentalen Verzierungen und spitzbogigem Portal, darüber ein Abendmahl-Relief. Flankiert wird das Portal von Löwen, die von Greifen gekrönte Säulen tragen. Letzteren wurden die Köpfe abgeschlagen – vermutlich in der Zeit nach der Republikgründung, als Kirche und Kloster als Polizeistation und Gefängnis dienten. Diese Phase endete erst in den 60er-Jahren des 20. Jh.

Das **Kircheninnere** ist im gotischen Stil gehalten mit Kreuzgewölben und Bündelpfeilern. Die eigentliche Überraschung ist die nahezu komplette Ausmalung mit Fresken. Maria von Enghien gab sie nach dem Tod ihres Gemahls Raimondello (1406) bei Künstlern aus Norditalien in Auftrag. Im ersten Teil des Mittelschiffs ist die Apokalypse dargestellt, gefolgt von der Genesis und dem Leben Christi. Besonders

große Bewunderung löst bei den meisten Besuchern der Chor der Engel in der Kuppel aus. Im Altarraum sieht man Szenen aus dem Leben der hl. Katharina von Alexandria.

Im einstigen Refektorium haben die Franziskanermönche ein kleines **Museum** eingerichtet, wo u. a. das Reliquiar mit dem vermeintlichen Finger der hl. Katharina zu sehen ist. Die im 17. Jh. geschaffenen Fresken im **Kreuzgang** erzählen Episoden aus dem Leben des Franz von Assisi.

Übernachten

Fürstlich mal vier – **Palazzo Baldi:** Corte Baldi 2, Tel. 0836 56 83 45, www.hotelpalazzobaldi.it, DZ 80–200 €. Der 4-Sterne-Palazzo mit sehr geschmackvoll eingerichteten Zimmern besteht eigentlich aus vier miteinander verbundenen Palazzi aus den letzten vier Jahrhunderten. Bei der Restaurierung hat man die alten Baustrukturen erhalten.
Herrschaftlich – **Palazzo Baffa:** Corso d'Enghen 103, Tel. 0836 56 32 16, www.palazzobaffa.it, DZ 60–130 €. Das B & B bietet modernen Komfort in einem Palazzo aus dem 19. Jh. Innenhof mit Garten und viele extra Angebote wie Fahrradverleih, Exkursionen etc.

Essen & Trinken

Familiäre Atmosphäre – **Borgo Antico:** Via P. Siciliani 80, Tel 0836 56 65 21, www.borgoantico.org, Do–Di mittags u. abends, Nov.–Mai nur abends, Menü 15–25 €. Gemütliche Trattoria an der Chiesa SS. Pietro e Paolo, in der liebevoll zubereitete regionale Speisen serviert werden. Auch die Einheimischen kehren hier gern ein. Gutes Preis-Leistungs-Verhältnis.
Jazz, Wein, gutes Essen – **Le Tre Grazie:** Via del Balzo 34, Tel. 0836 52 20 31, 328 927 81 83, Do–Di mittags u. abends, Menü 20 €. In der lauschigen Weinbar hat man nicht nur eine großartige Auswahl an Weinen, sondern auch an kulinarischen Kreationen, die natürlich von regionalen Traditionen beeinflusst sind. Gut ausgesuchte Jazzmusik trägt zum angenehmen Ambiente bei.
Für zwischendurch – **Bar Caty:** Piazzetta Orsini 1, Tel. 0836 56 15 92, Do–Di 7–13.30, 16–19 Uhr, So nur vormittags. In der Bar und Pasticceria gleich gegenüber der Chiesa Santa Catarina bekommt man köstliche Cornetti sowie kleine herzhafte Snacks.

Nackenstarre nicht ausgeschlossen: Decken- und Wandmalereien in der Chiesa Santa Catarina d'Alessandria

Infos & Termine

Touristeninformation

IAT: Via V. Emanuele II 35, Tel. 0836 56 99 84, Mo–Sa 9–13, 16–19 Uhr, Juli/Aug. auch So. U. a. Buchung von italienischsprachigen Führungen.

Verkehr

Bahn: mit der FSE nach Lecce und Gallípoli (Bahnhof nördlich des Zentrums).
Bus: Die Busse der FSE verbinden Galatina mit Lecce, Máglie und Ótranto, die der STP mit Bríndisi und Lecce.

Feste und Veranstaltungen

SS. Pietro e Paolo: 29. Juni. Beim Patronatsfest wird an alte Bräuche und den Tarantismus (s. S. 66) erinnert.

Nardò ▶ P 12

Nardò ist die zweitgrößte Stadt des Salento und nach Lecce die bedeutendste Barockstadt Apuliens. In dem charmanten Ort mit dem hübschen Borgo sind viele prächtige Barockfassaden zu entdecken.

Piazza Antonio Salandra

Die dreieckige Piazza, Mittelpunkt der Stadt, beeindruckt mit ihrem besonders harmonischen Barockensemble. Blickfang ist die 19 m hohe, von einer Marienfigur gekrönte **Guglia dell'Immacolata.** Die sich nach oben verjüngende Säule auf achteckigem Grundriss wurde 1769 zum Dank dafür errichtet, dass Nardò vom Erdbeben im Jahr 1743 verschont geblieben war. Eines der ältesten Gebäude an der Piazza ist der **Sedile,** die ehemalige Handelsbörse, auf deren Dach eine Statue von San Gregorio Armeno steht, dem Schutzheiligen von Nardò. An die Piazza grenzt auch die barocke **Chiesa San Domenico** (16. Jh.). Die **Fontana del Toro** (1930) davor, zum Dank für Nárdos Anschluss an den Acquedotto Pugliese (s. S. 51) geschaffen, erinnert an die Gründungslegende, nach der ein Stier auf den Boden stampfte, woraufhin eine Quelle entsprang und Nardò entstand.

Cattedrale Santa Maria Assunta

Über die Via Duomo gelangt man zur Kathedrale aus dem 11. Jh. Sie wurde mehrfach durch Erdbeben beschädigt und musste erneuert werden. Dennoch kann man im Inneren noch die romanischen Ursprünge erkennen. Außerdem existieren noch Fresken aus dem 13. bis 15. Jh. Die größte Aufmerksamkeit verdient jedoch der **Crocefisso Nero** aus dem 13. Jh. Laut einer Legende wollten Sarazenen das schwarze Holzkreuz einst rauben. Dabei zersplitterte ein Finger der Christusfigur und Blut strömte aus der ›Wunde‹, woraufhin die Räuber die Flucht ergriffen. Tatsächlich ist einer der Finger versehrt.

Übernachten

Hinreißendes B & B – **Corte San Giuseppe:** Piazza San Giuseppe 3 – Fratelli Bandiera 4/6/8, Tel. 0833 57 81 29, mobil 340 795 79 41, www.bbcortesangiuseppe.it, DZ 40–80 €. Das B & B nahe der Piazza Salandra macht schon von außen einen einladenden Eindruck. Die fünf kleinen Appartements in einem restaurierten Altbau mit jeweils separatem Eingang und Terrasse sind mit viel Gefühl für Details eingerichtet; man kann Fahrräder ausleihen. Wer ruhige Orte mag, ist hier richtig.

Essen & Trinken

Urig – **Antica Trattoria Salandra:** Via G. B. di Michele 4, Di–So mittags u. abends, Menü 15–20 €. In der Familientrattoria in einer Seitenstraße der Piazza Salandra wird seit Jahrzehnten gute Hausmannskost serviert (Gemüse- und Fleischgerichte, u. a. vom Pferd).

Infos

Bahn: mit der FSE von/nach Lecce und Gallípoli. Der Bahnhof liegt am westlichen Stadtrand (zu Fuß ca. 15 Min.).
Bus: Die Busse der FSE verbinden Nardò mit Lecce und Galatina.

Máglie ▸ Q 12

Máglie ist einer der Verkehrsknotenpunkte des Salento und als Einkaufsparadies sowie für seine traditionell hergestellten Spitzen bekannt. Es besitzt einen charmanten Stadtkern mit einigen bemerkenswerten Barockbauten und ein spannendes paläontologisches Museum. Ein Denkmal erinnert an den in Máglie geborenen Poli-

Steinernes Zeichen der Dankbarkeit: Weil Nardò 1743 vom Erdbeben verschont blieb, errichtete man auf der Piazza Antonio Salandra die Guglia dell'Immacolata

tiker Aldo Moro, der 1978 von den Roten Brigaden entführt und ermordet wurde.

Museo Civico di Paleontologia e Paletnologia Decio De Lorentiis

Via V. Emanuele 117, Tel. 0836 48 58 20, www.maglie.cchnet.it, Mo–Fr 9–13, Mo, Do 16–18.30, Mitte Juni–Mitte Sept. Mo–Fr 9–13, 18–23, Sa 10–13 Uhr, Eintritt 2,50 €, erm. 1,50 €
Das Museum zeigt überraschend interessante Funde von verschiedenen Orten des Salento, insbesondere aus Höhlen. Die bekannteste Grotte, in der Spuren prähistorischen Lebens gefunden wurden, ist die im Jahr 1970 entdeckte Grotta dei Cervi (Hirschgrotte) bei Porto Badisco (s. S. 273). Hier fand man auch zahlreiche Höhlenzeichnungen, von denen die berühmteste die Darstellung einer Hirschjagd ist. Auf der ersten Etage des Museums sind Kopien dieser Höhlenzeichnungen ausgestellt (viersprachige Museumsbroschüre 5 €).

Infos

Bahn: mit der FSE nach Gallípoli. Der Bahnhof liegt am nordwestlichen Stadtrand und ist zu Fuß erreichbar.
Bus: Verbindungen mit der FSE in nahezu alle Orte des Salento.

Muro Leccese ► Q 12

Der Name des Ortes geht auf die gut erhaltene messapische Mauer zurück, die den Ort noch immer auf einigen Kilometern umschließt. Im Gegensatz zu jener in Mandúria steht sie frei zugänglich in der Landschaft. Im Umland lassen sich außerdem einige mehr oder weniger gut ausgeschilderte Menhire entdecken. Liebhabern des Barock wird die zentrale Piazza del Popolo wegen ihrer harmonischen Gestaltung gefallen. An den Stirnseiten stehen sich die Barockkirchen **Chiesa dell'Immacolata** (1778) und **Chiesa dell'Annunziata** (1693) gegenüber. Dazwischen liegt der herrschaftliche **Palazzo del Principe** aus dem 16. Jh.

Ausflug nach Casarano ► P 13

Lohnend ist eine Fahrt ins rund 23 km südwestlich von Muro Leccese gelegene Casarano. Hier steht im südlich gelegenen Stadtteil Casaranello die **Basilica Santa Maria della Croce,** von vielen einfach nur Chiesa di Casaranello genannt. Von außen wirkt die kleine dreischiffige Kirche in Form eines lateinischen Kreuzes eher unscheinbar, doch innen birgt sie die ältesten frühchristlichen Mosaiken Apuliens. Sie stammen aus dem 5. Jh., der Entstehungszeit der Kirche. In der Apsis und über dem Altarraum sind ein schöner Sternenhimmel und geometrische Muster sowie Vögel und Flechtwerk zu entdecken. Fresken aus dem 14. Jh., darunter unterschiedliche Darstellungen der Mutter Gottes, schmücken die Wände der Basilika.

Infos & Termine

Verkehr

Bahn: mit der FSE nach Gallípoli bzw. Lecce und Casarano. Von Muro Leccese Verbindungen nach Máglie. Bahnhof in Gehdistanz am südlichen Stadtrand.
Bus: Verbindungen mit der FSE zwischen Casarano und Gallípoli, Lecce sowie Galatina. Von Muro Leccese u. a. Busse nach Galatina, Lecce, Máglie, Ótranto und Santa Cesárea Terme.

Feste und Veranstaltungen

Mercantino del Gusto: Anf. Aug. Von Slow Food organisiertes Event, www.mercatinodelgusto.it, s. S. 33.

Entlang der ionischen Küste

Auf der Fahrt entlang der ionischen Küste erhascht man immer wieder Blicke auf Buchten, Klippen und Inseln. Zwischendurch kann man in eine der vielen Stichstraßen einbiegen, die meist mit ›Spiaggia di ...‹ bzw. ›Torre di ...‹ ausgeschildert sind und zu Stränden bzw. Wachtürmen am Meer führen. Lange Sandstrände ziehen sich bis an die Südspitze Apuliens, unterbrochen von einigen felsigen Abschnitten, z. B. bei Porto Selvaggio. Neben den Küstenlandschaften ist die alte Hafenstadt Gallípoli natürlich ein Anziehungspunkt.

Porto Cesareo ► O 11

Der kleine beschauliche Fischerborgo Porto Cesareo hat sich zu einer der Hochburgen des Tourismus in Apulien entwickelt, inklusive Sportboothafen. Dennoch konnte er sich das Flair eines lebendigen Ortes bewahren, der nicht in den Winterschlaf fällt, wenn die letzten Gäste abgereist sind. Dafür sorgt auch sein bedeutender Fischereihafen. Das Ortszentrum liegt auf einer Landzunge, flankiert von zwei weiten Buchten mit vorgelagerten kleinen Inseln, die man schwimmend bzw. watend erreichen kann. Vom alten **Wachturm** auf der Landspitze geht eine Straße mit vielerlei Geschäften ab, Hauptflaniermeile ist aber am Tag wie am Abend der **Lungomare.**

Angesichts des klaren, türkisfarbenen Wassers und weißen Sandes fühlen sich manche Urlauber in Porto Cesareo in die Südsee versetzt. Seit 1997 ist die Küste als **Area Marina Protetta Porto Cesareo** geschützt.

Parco Naturale Portoselvaggio ▶ O/P 12

Einer der schönsten Küstenabschnitte am Ionischen Meer liegt auf halber Strecke zwischen Porto Cesareo und Gallípoli und gehört zum Parco Naturale Portoselvaggio. Dieser umfasst eine Fläche von 424 ha und besteht bereits seit 1980. Seine Existenz ist einheimischen Naturschützern zu verdanken, die sich erfolgreich gegen Pläne für eine Bebauung der Küste wehrten. Der Naturpark erstreckt sich entlang des felsigen Abschnitts zwischen **Torre Uluzzo** und **Torre dell'Alto.** In den Felsen hat man 40 000 Jahre alte Höhlen entdeckt, z. B. die **Grotta del Cavollo,** in die man aber nur durch Gitter spähen kann. Zahlreiche Wanderwege und zum Meer führende Pfade durchziehen den Park, für die man zum Teil festes Schuhwerk benötigt. Das Meer selbst ist ein Paradies für Schnorchler und Taucher.

Naturschutzgebiete im Web

www.ampportocesareo.it: die Website zum Meeresschutzgebiet von Porto Cesareo; Infos zu Veranstaltungen, Adressen etc. sowie eine Liste mit Unterkünften inkl. Verlinkung (ital.).
www.portoselvaggio.net: Infos zu Exkursionen, Veranstaltungen, Wetter etc., die im Zusammenhang mit dem Naturpark Portoselvaggio stehen (ital.).

Südlich des Parco Naturale liegen die beiden reizenden Orte **Santa Catarina** (▶ P 12) und **Santa Maria al Bagno** (▶ P 12), die durch eine herrliche Küstenstraße miteinander verbunden sind. Beide besitzen schöne Promenaden mit angesagten Bars und Restaurants sowie geschützte kleine Badebuchten und sind im Sommer beliebte Treffs von Jung und Alt.

Übernachten

Tolle Lage – **Lo Scoglio:** Isola Lo Scoglio, Tel. 0833 56 90 79, www.isolaloscoglio.it, DZ 80–140 €. Das im mediterranen Stil gehaltene Hotel liegt idyllisch auf der kleinen Insel, die über einen Damm mit Porto Cesareo verbunden ist. Einfache und freundliche Zimmer, Strand, Sonnenterrasse und ein toller Blick.
Idyllisch – **Villa li 4 fumari:** Santa Catarina, Via Cantù, Tel. 0833 57 43 78, mobil 348 936 25 28, www.li4fumari.it, DZ 80–130 €. Das bezaubernde B & B liegt in einer Villa am Lungomare von Santa Caterina. Die Zimmer sind einladend eingerichtet, einige haben einen Balkon. Den Gästen steht außerdem der idyllische Garten zur Verfügung. Von hier aus ist es nicht weit zur Torre dell'Alto.
Im Grünen – **Villa Chiara:** C. da Cucchiara 24, Tel. 0833 57 30 82, mobil 335

Mein Tipp

Kleine Wanderung mit Badestopp
Die malerische **Baia di Portoselvaggio** (▶ O/P 12) ist ein schönes Ziel für einen Badestopp auf einer Wanderung entlang der Küste – man kann hier mühelos einen ganzen Tag verbringen. Von **Santa Catarina** (▶ P 12) aus nimmt man am besten die kleine Straße, die unterhalb des **Torre dell'Alto** endet. Kurz vorher weist ein Schild den Weg zu dem alten Wachturm, von dem man eine herrliche Aussicht genießt. Anschließend läuft man an der Abbruchkante entlang oder, besser noch, durch den Wald, bis man zu einer Aussichtsplattform kommt. Von dort führt ein Treppenweg in die traumhafte Badebucht hinab (hin und zurück von Santa Catarina ca. 2 Std., vom Torre 40 Min.).

671 11 58, www.villachiarasalento.appspot.com, DZ 60–90 €. Das B & B in einer neoklassizistischen Villa liegt beim Parco Naturale Portoselvaggio. In nur 10 Min. ist man am Wasser oder kann Wanderungen unternehmen.

Essen & Trinken

In **Porto Cesareo** gibt es eine Vielzahl von Restaurants, die meisten sind auf Fisch spezialisiert. Vor allem im Sommer sind manche Lokale leider mit dem Andrang überfordert, sodass Qualität und Service leiden.
Verlässlich gut – **Al Gambero:** Piazza Nazario Sauro 19, Tel. 0833 56 91 23, Di–So mittags u. abends, Menü 20–25 €. In der Trattoria wird seit Jahren gute Meeresküche serviert. Insbesondere die Meeresfrüchte werden hier sowohl auf traditionelle als auch raffinierte Art zubereitet.

Einkaufen

Für Selbstversorger – **Pescheria:** Um den Hafen von Porto Cesareo verkaufen eine Reihe von Läden frischen Fisch und Meeresfrüchte.

Aktiv & Kreativ

Tauchen – In Porto Cesareo gibt es mehrere Tauchzentren. **Vie del Mediterraneo,** mobil 338 247 73 12, www.viedelmediterraneo.net, bietet an der gesamten Küste nördlich von Gallípoli Kurse und Tauchgänge an, auch Ausrüstungsverleih (außerdem eigenes **B & B,** DZ 60–120 €).

Infos & Termine

Touristeninformationen
Pro Loco: Via S. Pellico, Tel. 0833 56 90 86, www.comune.portocesareo.le.it, keine festen Öffnungszeiten.
Centro Visite: im Torre Lapillo, Tel. 0833 56 52 43, Juni–Sept. tgl. 9–13, 16–20 Uhr. Infomaterial und Vermittlung von Unterkünften, Tauchgängen und Schnorchelkursen.

Verkehr
Bus: Verbindungen mit STP über Copertino nach Lecce. Nach Portoselvaggio gelangt man nur mit dem **eigenen Fahrzeug** – überhaupt empfiehlt sich die Fahrt mit dem Auto.

Feste und Veranstaltungen
Sagra del Pesce: Mitte Juli in Porto Cesareo. Großer Jahrmarkt, auf dem man u. a. Fischgerichte kosten kann.

Gallípoli ▶ P 13

Schon von Weitem ist die schwimmende Stadt im Meer zu sehen, das alte Gallípoli. Bereits die Griechen aus Taras (s. S. 206) erkannten, dass die nur durch einen Kanal vom Festland getrennte Insel ideale Voraussetzungen für einen Hafen bot, und so gründeten sie *kalé polis,* die ›schöne Stadt‹.

Mit dem Anschluss an die Via Traiana unter römischer Herrschaft entwickelte sich Gallípoli zu einem bedeutenden Handelshafen. Nach dem Zusammenbruch des römischen Reichs folgten im Wechsel Goten, Langobarden, Byzantiner, Normannen, Staufer und Anjou. Einen enormen wirtschaftlichen Aufschwung erlebte der Ort ab dem 17. Jh. durch den Handel mit Lampenöl (s. Entdeckungstour S. 262).

Die Stadt wuchs so stark, dass sie ab 1785 auf das Festland ausgedehnt wurde – die Neustadt entstand. Verlässt man diese heute und begibt sich ins Centro Storico auf der Insel, kommt es einem so vor, als würde man in eine andere Zeit eintauchen. In der Altstadt ist es ruhiger und das Leben scheint einem langsameren Takt zu folgen. Man kann sich durch die Gassen treiben lassen, um den Borgo herumspazieren (rund 1,5 km) oder ein erfrischendes Bad an der **Spiaggia della Purità** nehmen.

Kirchen in der Neustadt

Noch in der Neustadt, an der Piazza Aldo Moro, steht das recht unscheinbare, vermutlich aus dem 13. Jh. stammende **Santuario di Santa Maria di Canneto** mit einem Madonnenbild, das die Fischer genauso verehren wie ihre eigentliche Schutzpatronin Sant'Irene. Dieser ist die gegenüberliegende **Chiesa di Sant'Irene** mit schlichter Fassade und quadratischem Grundriss gewidmet.

Castello Angioino

Schon von Weitem sieht man das wehrhaft wirkende Castello Angioino in der Altstadt. Errichtet wurde es Anfang des 16. Jh. auf einem byzantinisch-staufischen Vorgängerbau, der beinahe allen Kämpfen standhielt. Lange diente es im Sommer als Freilichtkino, doch seit 2010 wird es restauriert. Seine künftige Nutzung ist noch völlig offen.

Cattedrale Sant'Agata

Piazza del Duomo, Juli–Sept. 10–12, 17.30–21.30 Uhr und während Messen

Vermutlich stand an dieser höchsten Stelle des Ortes einmal ein romanischer Bau, doch 1630 wurde von den Spaniern ein neuer, der Märtyrerin Sant'Agata geweihter Dom begonnen. Ganz dem Lecceser Barock verpflichtet, quillt die Fassade über von Ornamenten, Figuren, Blumen etc. Die Gestaltung im Stil des Barock setzt sich im Inneren in den Marmorarbeiten und Bildern fort. Mit über 100 Gemälden des 17. und 18. Jh. ähnelt es einer Galerie.

Gleich um die Ecke, quasi wieder auf der Hauptstraße Via Antoinetta di Pace, lohnt sich ein Blick in die **Antica Farmacia** (Nr. 59) mit ihrer antiken Apothekeneinrichtung.

Chiesa di San Francesco d'Assisi

Riviera Nazario Sauro/Via Saponere, keine festen Öffnungszeiten

Die älteste Kirche der Stadt steht an der Spitze des alten Gallípoli und ist Heimat des »Malladrone«, einer im 17. Jh. von dem apulischen Bildhauer Vespasiano Genuino geschaffenen Figur des gekreuzigten Christus. Ihr Gesichtsausdruck – mal gutherzig, mal höhnisch erscheinend – soll auf die beiden Diebe anspielen, die mit Jesus gekreuzigt wurden, den guten *(buon ladrone)* sowie den schlechten *(mal ladrone)* und wird als Sinnbild für das Böse im Menschen inter- ▷ S. 264

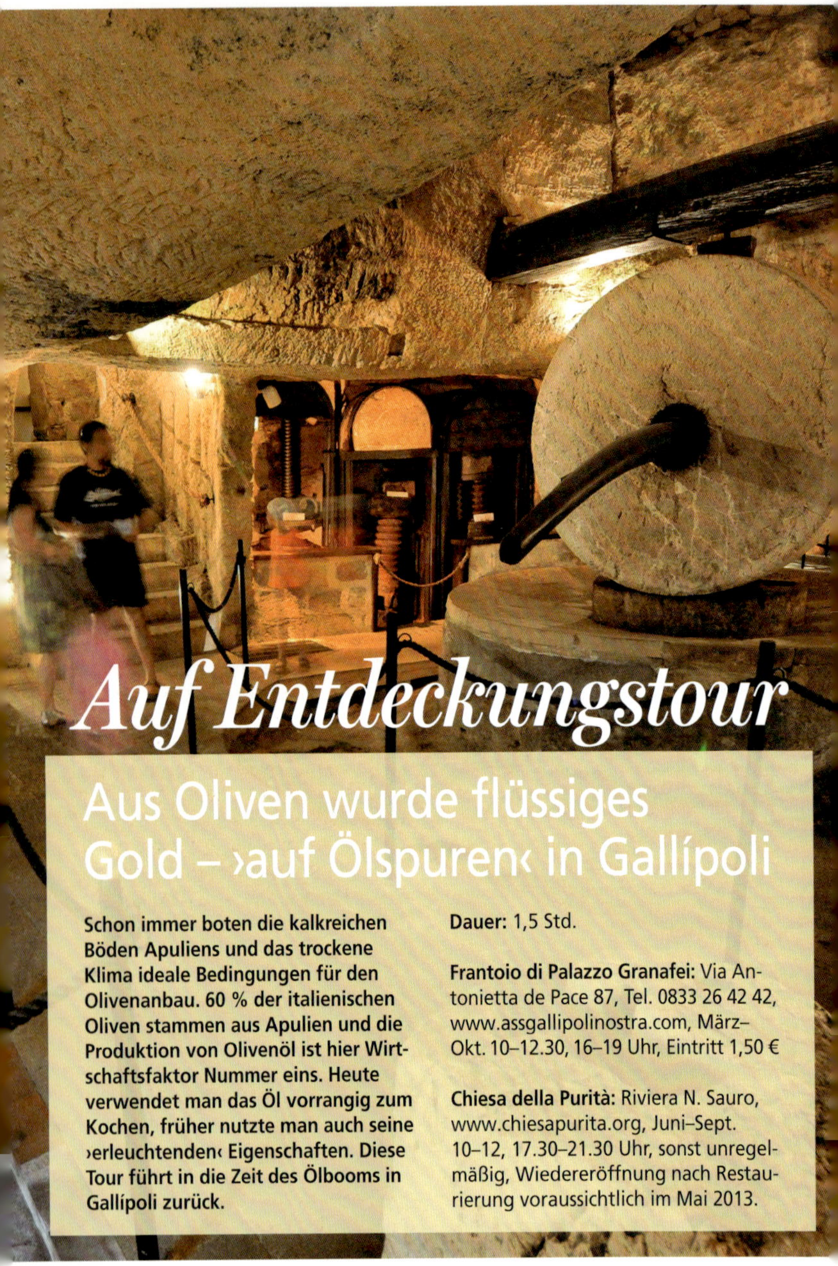

Auf Entdeckungstour

Aus Oliven wurde flüssiges Gold – ›auf Ölspuren‹ in Gallípoli

Schon immer boten die kalkreichen Böden Apuliens und das trockene Klima ideale Bedingungen für den Olivenanbau. 60 % der italienischen Oliven stammen aus Apulien und die Produktion von Olivenöl ist hier Wirtschaftsfaktor Nummer eins. Heute verwendet man das Öl vorrangig zum Kochen, früher nutzte man auch seine ›erleuchtenden‹ Eigenschaften. Diese Tour führt in die Zeit des Ölbooms in Gallípoli zurück.

Dauer: 1,5 Std.

Frantoio di Palazzo Granafei: Via Antonietta de Pace 87, Tel. 0833 26 42 42, www.assgallipolinostra.com, März–Okt. 10–12.30, 16–19 Uhr, Eintritt 1,50 €

Chiesa della Purità: Riviera N. Sauro, www.chiesapurita.org, Juni–Sept. 10–12, 17.30–21.30 Uhr, sonst unregelmäßig, Wiedereröffnung nach Restaurierung voraussichtlich im Mai 2013.

Bevor es Petroleum gab, dienten Kerzen und Öllampen als Lichtquellen. Apulien war im 17./18. Jh. für sein hochwertiges Lampenöl bekannt. Es wurde aus Oliven gewonnen, die man vor der Pressung lange gelagert hatte. Der daraus resultierende hohe Säuregehalt sorgte für eine gute Brennbarkeit. Boomtown der Ölproduktion war Gallípoli, das von einem durch die Spanier gewährten Privileg profitierte: Diese erhoben hier auf die Herstellung und den Vertrieb von *olio lampante* nur geringe Steuern. Dadurch war Lampenöl aus Gallípoli preiswerter als Öl aus anderen Orten und die Stadt schon bald der wichtigste Lampenöllieferant für das Baltikum, Russland, England, die Niederlande und das Osmanische Reich. Ständig liefen im Hafen Schiffe ein und aus, Ölfässer wurden von hier verschifft, andere Güter angelandet. In der Folge errichteten Handelshäuser, ja sogar Konsulate Dependancen in Gallípoli.

Mühlen im Fels

Verarbeitet wurden die Oliven nicht in den herkömmlichen und allseits bekannten, sondern in unterirdischen Ölmühlen, den *frantoi ipogei,* z. B. jener im **Palazzo Granafei.** Die Mühle besteht aus zwei hallenartigen Räumen mit einer Gesamtfläche von rund 200 m^2 und wurde einst von Hand aus dem Felsen geschlagen – ein Aufwand, der sich lohnte, denn das harte Gestein hatte den Vorteil, dass es ausreichenden Gegendruck für die schweren Ölpressen bot. Darüber hinaus garantierten die unterirdischen Räume eine konstante Temperatur, was für die Lagerung des Öls wichtig war. Noch heute kann man im Frantoio di Palazzo Granafei die Schächte sehen, durch die man die Oliven in die Mühle schüttete. Das fertige Lampenöl wurde in Zisternen aufbewahrt und vor der Verschiffung in Holzfässer umgefüllt. Die Produktion des Olivenöls begann immer im November und dauerte sechs bis neun Monate.

Viele arme Landarbeiter kamen nach Gallípoli, um sich in den Ölmühlen anstellen zu lassen, wo sie schlechter behandelt wurden als Lasttiere. Der Arbeitsrhythmus ließ es nicht zu, dass sie die Mühlen verließen, d. h. monatelang bekamen sie kein Tageslicht zu sehen.

Einst gab es in Gallípoli rund 35 unterirdische Mühlen und über 2000 Zisternen. Doch der Ölboom sollte nicht ewig währen. Als in der zweiten Hälfte des 19. Jh. Petroleum, das ›schwarze Gold‹, als Leuchtöl entdeckt wurde, mussten die Ölmühlen schließen.

Die Kirche der Hafenarbeiter

In der Zeit des wirtschaftlichen Aufschwungs entstanden in Gallípoli etwa 20 Bruderschaften unterschiedlicher Berufsgruppen, z. B. der Ölmüller und der Fassmacher. Zum Teil ließen sie sich eigene Kirchen bauen, die als Treffpunkte dienten und zugleich Prestigeobjekte waren. Eine der größten und wohlhabendsten Bruderschaften war die der *scaricatori di porto* (Hafenarbeiter), deren **Chiesa della Purità** als eine der schönsten Bruderschaftskirchen gilt. Der Fußboden ist mit prächtigen Majolikafliesen ausgelegt. Bei Versammlungen nahmen die wichtigsten Mitglieder auf den Bänken an den Seiten Platz, die anderen saßen in der Mitte. In der Loge zwischen den beiden Eingängen saßen Rektor und Prior. Darüber befindet sich ein Gemälde, unter dem in den 1970er-Jahren bei Restaurierungsarbeiten ein Fresko aus dem 15.–17. Jh. gefunden wurde. Es stellt die vier Evangelisten dar. Mittels einer Hebevorrichtung (es kostet 5 €, sie in Gang zu setzen) wird das Gemälde angehoben und die darunterliegenden restaurierten Fresken werden sichtbar.

pretiert. Manche kommen nur wegen des Malladrone nach Gallípoli, so wie 1895 Gabriele d'Annunzio, der den Malladrone als das »schönste hässliche Kunstwerk Italiens« bezeichnete.

Übernachten

Ausblicke – **Palazzo Senape de Pace:** Via Monacelle 27/39, Tel. 0833 26 61 79, www.palazzosenapedepace.it, DZ 80–160 €. Der komplett renovierte Palazzo aus dem 16./17. Jh. mit zehn elegant eingerichteten Zimmern gehört der Familie de Pace, einer der angesehensten Familien in Gallípoli (die Hauptstraße ist nach Antonietta de Pace benannt, die sich für die Einigung Italiens einsetzte). Von der Dachterrasse, wo das Frühstück gereicht wird, bieten sich atemberaubende Ausblicke.

Originell – **Palazzo Flora:** Via d'Osprina 19, mobil 333 474 57 54, www.palazzoflora.com, DZ 60–110 €. B & B mit sechs unterschiedlich eingerichteten Zimmern und einer Suite in einem Altstadtpalazzo nahe der Spiaggia della Purità. Bemalte Decken und Möbel aus verschiedenen Epochen. Zimmer mit Galerie, Sonnenterrasse, lauschiger Garten mit Brunnen.

Essen & Trinken

Frischer geht's nicht – **Marechiaro:** Lungomare Marconi, Tel. 0833 26 61 43, tgl. mittags u. abends, Menü 30–35 €. Das alteingesessene Lokal am Meer, kurz vor der Brücke zum alten Gallípoli, bringt den Fisch vom Kutter direkt auf den Tisch. Tolles Ambiente und eine große Weinauswahl – nicht ganz billig.

Einladend – **Scoglio delle Sirene:** Riviera Nazario Sauro 83, Tel. 0833 26 10 91, www.scogliodellesirene.com, Okt.–April Mi–Mo, Mai–Sept. tgl. mittags u. abends, Menü 20–25 €. Die Trattoria, die es schon seit 1983 gibt, serviert lokale Klassiker, u. a. Krabben, gegrillten Fisch oder Muscheln. Man sitzt im einstigen Lagerraum für Oliven und Getreide oder auf einer Terrasse oberhalb der Spiaggia della Purità.

Pizza – **Le tre Sorelle:** Via A. de Pace 40, Tel. 0833 26 26 93, Di–So abends, Pizza ab 5 €. Von drei Schwestern betriebene Pizzeria mit uriger Atmosphäre, leckerer Pizza und Bier vom Fass.

Abends & Nachts

Flanieren & Einkehren – Vor allem entlang der **Riviera Nazario Sauro** gibt es Cafés, Bars und Lounges, wo man einkehrt und anschließend weiter flaniert, um dann erneut einzukehren ...

Infos & Termine

Touristeninformation

IAT: Piazza Imbriani 9, Tel. 0833 26 25 29, www.gallipolinelsalento.it, Juni–Sept. 9–13, 15–20, Okt.–Mai 9–13, Di, Do auch 15–18 Uhr.

Verkehr

Bahn: mit der FSE in alle größeren Orte des Salento. Der Bahnhof liegt in Gehdistanz in der Neustadt.

Bus: Mit FSE-Bussen von/nach Nardò, Lecce und S. Maria di Léuca.

Feste und Veranstaltungen

Festa di Santa Cristina: Der Schutzpatronin zu Ehren findet um den 26. Juli ein großes Spektakel mit fantastischen Illuminationen, Jahrmarkt, Feuerwerk und einer Prozession auf dem Wasser statt. Ganz Mutige nehmen an einem Wettbewerb teil, bei dem sie sich an einem über dem Wasser aufgehängten Mast entlanghangeln müssen.

Zwischen Gallípoli und Südkap ▶ P/Q 13/14

Entlang der Sandstrände zwischen Gallípoli und Apuliens Südkap, dem Capo Santa Maria di Léuca, ist eine Reihe von Feriensiedlungen und Urlaubsorten entstanden. Die große **Baia Verde** (▶ P 13) südlich von Gallípoli ist ein eher schmaler Dünenstrand, während zwischen **Marina di Mancaversa** (▶ P 13) und **Marina di Ugento** (▶ P 14) felsige Küste überwiegt. In der warmen Jahreszeit werden hier jedoch Holzplattformen mit Liegen auf den Felsen platziert, von denen aus man über Treppen zum Wasser gelangt. An vielen Straßenabschnitten steht ein Sommerhaus neben dem anderen und an den langen Promenaden reihen sich Bars, Trattorien, Pizzerien, Eisdielen etc. aneinander.

Einige Gemeinden haben Küstenpfade angelegt, die bei Joggern, Radfahrern und Spaziergängern beliebt sind, so beispielsweise der Weg zwischen **Capilungo** (▶ P 13) und **Posto Rosso** (▶ P 13). Ein ewig langer, schöner Dünenstrand erstreckt sich von **Pescoluse** (▶ Q 14) bis zum **Torre Vado** (▶ Q 14), einem imposanten Wachturm. Die Wasserqualität ist hier ausgezeichnet. Die letzten Kilometer bis zum Capo Santa Maria di Léuca sind felsig und lassen sich am besten vom Meer aus erkunden (Bootstouren s. S. 268).

Capo Santa Maria di Léuca ▶ Q/R 14

Am südlichsten Punkt Apuliens, dem Capo Santa Maria di Léuca, treffen Adriatisches und Ionisches Meer aufeinander. Rund um das Südkap liegen wunderschöne **Meeresgrotten,** die man auf einer Bootstour entdecken kann.

Santuario Santa Maria di Léuca

Tgl. 7.30–12.30, 15–18 Uhr

Auf der Spitze des Kaps erhebt sich das Santuario Santa Maria di Léuca, eine Wallfahrtskirche, die viele Pilger anzieht, denn es heißt, nur wer eine Wallfahrt zum *finibus terrae* (Ende der Welt) gemacht hat, findet Eingang ins Paradies. Schon in vorchristlicher Zeit soll an dieser Stelle ein Tempel der Minerva gestanden haben. Seitdem zierten mehrere Kirchen die Landspitze – die jetzige stammt aus dem 18. Jh. 1926 wurde die Fassade neu gestaltet, das Innere ist eher unspektakulär. Gleich am Eingang fällt auf der rechten Seite eine Art hölzerner Thron auf. Er wurde extra für den Besuch des Papstes im Jahr 2008 angefertigt. An dieses Ereignis erinnert auch eine Statue von Benedikt XVI. auf dem weiten Platz vor der Kirche, wo es auch diverse Souvenirläden und eine Bar gibt. Von hier oben hat man eine tolle Aussicht auf die Küste sowie Santa Maria di Léuca.

Über eine lange Treppe, seitlich eines **Wasserfalls,** der in einen **Brunnen** fällt, gelangt man hinunter in den Ort. Der Brunnen markiert das Ende des Acquedotto Pugliese (s. S. 51). Brunnen und Wasserfall sind meist trocken, denn Wasser ist kostbar und nur zu besonderen Anlässen werden die Schleusen für das ›Wasserspiel‹ geöffnet.

Santa Maria di Léuca

Um die Wende zum 20. Jh. kam es in Mode, eine Ferienvilla am Meer zu besitzen. Wegen seiner Lage am ›Ende der Welt‹ war Santa Maria di Léuca besonders begehrt. Bei einem Spaziergang durch den Ort fallen verspielte Villen mit Türmchen, Sonnenuhr, Säulengängen etc. auf. Sie sind ganz unterschiedlich gestaltet – manche im maurischen Stil, andere im Jugendstil, wieder andere weisen Elemente des Renaissance- oder Kolonialstils auf. Um

F.lli
Quintana

Lieblingsort

Austern, Muscheln, frischer Fisch – Fischmarkt in Gallípoli
▶ P 13
Der kleine Fischmarkt unterhalb des Kastells hat es mir angetan – gerne schaue ich dem Treiben dort zu. In ihren Verkaufstheken oder an Ständen präsentieren die Händler die frisch eingetroffene Ware, manche auf traditionellen Keramiktellern. Man kann sich mit Fisch eindecken, Austern schlürfen oder Muscheln probieren. Dazu wird auf Wunsch ein frischer, einfacher Weißwein gereicht – köstlich und ursprünglich. Marktatmosphäre herrscht auch wenige Meter entfernt am alten Hafen des Seno del Canneto. Dort landen am Vormittag und am Spätnachmittag Fischkutter ihren Fang an und die Fischer bieten ihn marktschreierisch feil – ein beeindruckendes Schauspiel, zu dem sich viele Einheimische einfinden.

die Villen, die nur in den warmen Monaten bewohnt waren, vor Einbrüchen zu schützen, engagierten die wohlhabenden Besitzer Wächter. Diese ließen sich schließlich dauerhaft am Kap nieder. So entstand der heutige Ort Santa Maria di Léuca, der im Sommer das Ziel vieler bade- und tauchbegeisterter Urlauber ist.

Die Küste lädt nicht nur zu Bootstouren, sondern auch zu Schnorchel- und Tauchgängen ein. Inzwischen gibt es für Segler außerdem einen sehr schön angelegten Sporthafen und über die Klippen, die abends angeleuchtet werden, verlaufen Bohlenwege.

Abstecher nach Patù ▶ Q 14

In dem kleinen Ort Patù ca. 8 km nördlich von Santa Maria di Léuca liegt die Kultstätte **Centopietre** (keine festen Öffnungszeiten). Errichtet wurde sie aus 100 Tuffsteinblöcken, die aus messapischer Zeit stammen. Daher nahm man zunächst an, es handle sich um ein Heiligtum der Messapier. Später legte man im Inneren jedoch byzantinische Fresken frei, was zu der Vermutung Anlass gab, Basilianermönche könnten den Bau als Kirche errichtet haben.

Übernachten

Wie zur Jahrhundertwende – **La Meridiana:** Lungomare Colombo 61, Santa Maria di Léuca, Tel. 0833 75 82 42, www.attiliocaroli.it/lameridiana, ab 200 €. Wer einmal in einer der prächtigen Villen von Santa Maria di Léuca logieren möchte, hat in dieser Villa aus dem späten 19. Jh. Gelegenheit dazu – ein wahrlich mondänes Vergnügen. Zwölf Personen finden Platz in der Suite und den vier Doppelzimmern, die mit Stil und sehr komfortabel eingerichtet sind. Großer Wohnbereich, Terrasse, Garten, Pool.

Tolle Lage – **Masseria Alcorico:** C. da Cucuruzzi, Tel. 0833 54 73 91, mobil 338 945 08 33, www.agriturismoalcorico.com, DZ 80–180 €. Der Agriturismo nördlich vom Capo Santa Maria di Léuca liegt sehr schön über dem Meer, ist von einem Garten umgeben und verfügt über geschmackvoll eingerichtete Zimmer, diverse Terrassen und viel Raum zum Erholen.

Feriendorf – **Camping S. Maria di Léuca:** an der Straße nach Gagliano, Tel. 0833 54 81 57, www.campingsmleuca.com, 2 Pers./1 Zelt 18–35 €, Bungalow 65–170 €. Rund 3 km nördlich vom Capo, schattige Stellplätze unter Oliven- und Eukalyptusbäumen sowie Pinien. Pool, Sportanlagen, Restaurant, Supermarkt, auch Bungalows.

Essen & Trinken

Einfach – **Fedele:** Via Doppia Croce 55, Tel. 0833 75 87 32, Di–So mittags u. abends, Menü 25 €. Herrlich einfache Trattoria, die sehr schmackhafte Gerichte ohne jeden Schnickschnack zubereitet. Zu empfehlen ist immer der frische Fisch.

Traditionell – **Rizieri:** Via Lungomare C. Colombo 16, Tel. 0833 75 80 07, tgl. mittags u. abends, Menü 15–20 €. Seit den 1950er-Jahren wird in der Familienosteria neben dem gleichnamigen Hotel mit saisonalen Zutaten gekocht. Gemütliche Atmosphäre, wohlschmeckende Gerichte und faire Preise.

Aktiv & Kreativ

Bootstour – **Piccola Nautica:** am Hafen von Santa Maria di Léuca, Tel. 0833 75 81 85, mobil 338 300 35 29, www.piccolanautica.it, 13–15 €, auch Motorbootverleih ab 120 €/Tag. Dem Sonnenstand entsprechend werden Bootstouren (je Boot um die 10 Pers.) mit Badestopp ostwärts (vormittags) oder westwärts (nachmittags) angeboten (im Frühjahr abhängig vom Wetter, sicher Juni–Sept., Dauer 1,5–2 Std.).

Abends & Nachts

Disco – **Gibò:** Tel. 0833 54 84 79, www.gibo.it, nur im Sommer. Angesagte Disco oberhalb der Baia di Ciolo (s. »Mein Tipp«), zu der die Jugend von überall her aus dem Salento anreist.

Infos

Touristeninformation

IAT: Corso C. Colombo 61 (in der Villa La Meridiana), Tel 0833 75 81 61, www.prolocoleuca.it, Mai–Sept. tgl. 9–12, 17–20, Okt.–April Mo–Sa 9–12 Uhr.

Verkehr

Bus: Verbindungen mit der STP nach Lecce und Gallípoli mit Umstieg in Gagliano. Generell ist man hier besser mit dem **eigenen Fahrzeug** unterwegs.

Entlang der adriatischen Küste

Die Küstenstraße vom Kap bis hinauf nach Ótranto zählt zu den spektakulärsten in Apulien. In vielen Kurven windet sie sich oberhalb des azurblauen Meeres dahin – manchmal ganz nah an einer der kleinen, paradiesischen Buchten vorbei. Die Region ist ›steinreich‹ – und das nicht nur wegen der zum Meer hin abfallenden Felsen. Auch der Boden im Hinterland ist mit Steinen gespickt, die man für den Bau von Häusern und Mauern rundum verwendet, früher auch für den Bau der *caselle* (s. S. 72), die hier und dort in der Landschaft zu sehen sind und noch heute als Geräteschuppen oder Unterstand genutzt werden.

Mein Tipp

Ein schönes Fleckchen Erde
Zwischen dem Capo und Tricase Porto liegt der 15–20 m tiefe Fjord der **Baia di Ciolo** (► R 14), ein Highlight an der ohnehin spektakulären Küste. Das Auto kann man oben an der Straße parken, um in die idyllische Sandbucht hinabzusteigen. Man kann sich in den Felsen ein Plätzchen für ein Sonnenbad suchen oder wandern: Bei den oberhalb liegenden Bars sieht man eine Treppe, die in einen Pfad übergeht, auf dem man in gut 1 Std. **Gagliano** (► Q 14) erreicht.

Tricase Porto ► R 13

Die Straße schlängelt sich an der Küste entlang und erreicht Tricase Porto, den Hafen der weiter oben liegenden gleichnamigen Ortschaft. Die geschützte, entzückende kleine Sandbucht lädt an warmen Tagen zu einem Badestopp ein. Entlang der Straße liegen einige Lokale.

Abstecher nach Spécchia ► Q 13

Der bezaubernde, rund 10 km westlich von Tricase Porto gelegene Ort wurde 2004 in die Liste der »Borghi più belli d'Italia« (www.borghitalia.it) aufgenommen. Hübsche Gassen und Straßen winden sich um die zentrale Piazza del Popolo und der Corso Umberto lockt mit einigen Geschäften. Bei einem Kaffee oder Eis kann man ein wenig von der Atmosphäre schnuppern. Man sieht ältere Männer in Gruppen beieinander stehen und Frauen, die mit ihren Kindern unterwegs sind, um Einkäufe zu erledigen. Rund um Spécchia gibt es einige **Radwege** *(Percorso Cicliturističo)*.

Übernachten

Gastfreundlich – **Borgo Pescatori:** Tricase Porto, Via Borgo Pescatori 26, Tel. 0833 77 51 21, www.borgopescatori.eu, DZ mit Bad 50–60 €, ohne 40–50 €. Das B & B oberhalb des nur 100 m entfernten Meeres besitzt einen schönen Garten mit herrlicher Aussicht. Die Schweizer Betreiberin vermietet fünf gemütliche Zimmer und bringt zum Frühstück gesunde Kost auf den Tisch.

Essen & Trinken

Exzellent – **A Casa Mia:** Tricase Porto, Lungomare C. Colombo, mobil 347 380 87 32, tgl. mittags u. abends, Menü 20–30 €. Chef Andrea D'Amico hat sich der gesunden Küche verschrieben. In seinem Restaurant kommt vor allem frischer Fisch auf den Tisch. Hervorragend ist der *Pesce Azzuro,* gegrillt oder gekocht, mit wildem Meerfenchel, aber auch das Carpaccio. Die Küche ist verglast, so kann man D'Amico beim Zaubern zuschauen. Am besten fragt man nach dem Angebot des Tages.

Aktiv & Kreativ

Tauchen – **Onda Blu:** Sitz in Ótranto, Via Giovanni Paolo II 52, Tel. 0836 80 62 22, www.ondablusrl.net. Das Unternehmen betreibt mehrere Basen an der Küste südlich von Ótranto. Tauchkurse, Verleih von Ausrüstung sowie Booten.

Infos

Bus: Verbindungen entlang der Küste mit den Bussen der STP. Ein **eigenes Fahrzeug** ist jedoch von Vorteil.

Castro Marina und Castro ► R 13

Castro Marina ist ein beliebter Badeort, dessen Mauern am Hafenbecken vor allem an warmen Wochenenden dicht mit Sonnenanbetern bevölkert sind. Wer sich abkühlen will, gelangt über Treppen zum Meer hinab. Die

Die Villa Maria verleiht dem kleinen Badeort Tricase Porto Noblesse

felsige Küste rund um Castro Marina zeichnet sich durch eine Vielzahl an Grotten aus.

Links vom Hafen führt ein Weg in 20 Min. zum **Pizzo Mucurune.** Von dort aus kann man weiter in den alten Borgo von Castro aufsteigen, ein Kleinod mit Piazza und einer ehemaligen Kathedrale (1171), denn **Castro** war vom 6. bis ins 19. Jh. Bischofssitz.

Grotta Zinzulusa ▶ R 13
Okt.–März 10–16.30, April/Mai 10–17.30, Juni–Sept. 9.30–19 Uhr, Tel. 0836 94 38 12, www.comune.castro.le.it, Eintritt 4 €

Wenige Kilometer hinter Castro Marina liegt der Zugang zur Grotta Zinzulusa, einer durch Meereserosion entstandenen Höhle mit Stalagmiten und Stalaktiten, in die man ca. 150 m hineingehen kann. Die nahe **Grotta Romanelli** ist nur für Wissenschaftler zugänglich.

Essen & Trinken

Lokalkolorit – **Vecchie Maniere:** Castro, Via Roma 13, Tel. 0836 94 34 59, www.ristorantevecchiamaniere.com, Mi–Mo mittags u. abends, Menü 20–25 €. In der gemütlichen Trattoria stehen Gerichte *a terra* wie auch *al mare* auf der Speisekarte. Köstlich sind auch die Antipasti. Man sitzt in gewölbeartigen Gasträumen oder draußen im Garten.

Aktiv & Kreativ

Tauchen – **Onda Blu:** s. S. 270.
Bootstouren – **Durlindana:** Marina di Castro, Tel. 0836 94 39 16, mobil 338 897 99 96, Touren entlang der Küste mit Besuch einiger Grotten und Badestopp, bis zu 10 Pers., 1 Std. 10 €/Pers., 2 Std. 20 €, außerdem begleitete Touren per Motor- oder Segelboot.

Infos

Bus: s. S. 270.

Santa Cesárea Terme

► R 13

Im Sommer tummeln sich in Santa Cesárea Terme die Stammgäste. Prächtige Villen und imposante Flaniermeilen zeugen von seiner großen Vergangenheit als Kurort. Die Terme wird heute noch genutzt, doch die mondänen Zeiten sind vorbei. Ein Blickfang aus jener Ära ist die **Villa Sticchi** mit ihrem arabischen Flair, die schon einige Male als Filmkulisse diente. In der Nähe von Santa Cesárea Terme gibt es schöne Buchten sowie herrliche Tauch- und Schnorchelmöglichkeiten.

Lohnend ist ein Besuch der **Cala di Porto Miggiano** mit ihrem aus dem Tuffstein geschlagenen Hafen. Zwischen **Torre di Miggiano** und Santa Cesárea kann man an der bizarren Küste entlanglaufen, wo u. a ein im Sommer geöffnetes **altes Schwimmbad** zu sehen ist – das Becken ist in die spektakuläre Felslandschaft eingelassen.

Übernachten

Jugendstil – **Villa Raffaela:** Via Umberto I. 22, Tel. 0836 94 42 35, www.villaraffaella.it, DZ 70–140 €, App. 70–150 €. Das herrschaftliche Hotel in einer alten Jugendstilvilla liegt in der Nähe des Lungomare von Santa Cesárea Terme. Gediegene Zimmer und Appartements mit Wohlfühlfaktor.
Camping – **Porto Miggiano:** Tel. 0836 94 43 03, www.campingportomiggiano.it, 2 Pers./1 Zelt 15–22 €, Bungalow 60–130 €. Der Zeltplatz liegt 2 km südlich von Santa Cesárea Terme oberhalb einer Bucht. Freundliche, gut ausgestattete Anlage mit genügend Schattenplätzen. Es werden auch Bungalows vermietet.

Essen & Trinken

Einfach – **La Torre:** Via Roma 147, Tel. 0836 94 40 27, Do–Di mittags u. abends, Menü 15 €, Pizza ab 4 €. In dem gemütlichen Ristorante in Santa Cesárea Terme gibt es herzhafte und einfache Gerichte zu annehmbaren Preisen.

Aktiv & Kreativ

Tauchen – **Onda Blu:** s. S. 270.
Wellness – **Terme di Santa Cesárea:** Via Roma 40, Tel. 0836 94 43 14, www.termesantacesarea.it, Mo–Fr 8.30–13, Juni–Aug. auch 17–19.30, Sept.–Okt. 16–18 Uhr (nur auf Anfrage). Es werden u. a. Bäder und Massagen angeboten.

Abends & Nachts

Disco – **Malè:** Via Belvedere, www.livinggarden.it. Die Disco nahe dem Belvedere von Santa Cesárea Terme bietet verschiedene Dancefloors, wechselnde

DJs sowie Live-Acts, oft im Freien mit Ausblick aufs Meer.

Infos

Bus: s. S. 270.

Porto Badisco und Capo d'Ótranto ►R 12

Die an einem winzigen Fjord gelegene kleine Ortschaft **Porto Badisco** ist wunderschön. Ihre wenigen Häuser reihen sich an der Straße auf, Fischerboote liegen an Land und eine Bar versorgt Einheimische und Urlauber mit Kaffee etc. Auch der Strand, wo im Sommer ein Ristorante öffnet, ist einladend. Von den vielen schönen Felsen kann man ins klare Wasser springen und Schnorchler kommen ebenfalls voll auf ihre Kosten.

Nördlich der Bucht erstreckt sich ein Pinienhain, der zum Spazierengehen einlädt. Hier befindet sich auch der Eingang zur **Grotta dei Cervi,** die einen der imposantesten Bilderzyklen der Steinzeit birgt, für die Öffentlichkeit jedoch nicht zugänglich ist. Eine Ausstellung zu den Felsmalereien ist in Máglie zu sehen (s. S. 257).

Nur wenige Kilometer weiter liegt das **Capo d'Ótranto** mit seinem weißen Leuchtturm. Das Kap markiert den östlichsten Punkt Italiens. Ein beliebtes Tauchrevier ist die etwas weiter nördlich gelegene **Baia dell'Orte.**

Infos & Termine

Verkehr
Bus: s. S. 270.

Feste und Veranstaltungen
Sagra del Riccio di Mare: Ende Juli wird in Porto Badisco der Seeigel gefeiert.

Ótranto! ►R 12

Auch Ótranto wird gern als ›Tor zum Orient‹ bezeichnet, denn nur 80 km liegen zwischen der Stadt und Albanien. Seine geschützte Lage und Nähe zu Griechenland veranlasste Siedler aus dem griechischen Taras (Táranto), später die Römer, hier eine Hafenstadt zu errichten: Hydruntum, benannt nach dem hier mündenden Flüsschen. Dank der Verlängerung der Via Appia bis hierher avancierte der Hafen bald zu einem der wichtigsten an der Adria. Für Byzanz war Hydruntum der Brückenkopf nach Süditalien. Auch ab dem 11. Jh. unter den Normannen behielt Ótranto seine Bedeutung für die gesamte Region. Aus dieser Zeit stammt die Bezeichnung Terra d'Ótranto, die sowohl den Salento als auch Lecce, Bríndisi, Táranto und sogar Matera (Basilikata) umfasste und heute noch in historischem Kontext gebräuchlich ist.

Mit dem Aufschwung war es 1480 jäh vorbei, als die Türken unter Admiral Ahmed Pascha Ótranto überfielen. Es heißt, 800 Einwohner seien enthauptet worden, weil sie sich weigerten, ihrem christlichen Glauben abzuschwören. Nach diesem Ereignis wurde die Stadt durch die damals in Süditalien herrschenden Aragonesen mit einem Kastell sowie einer Stadtmauer befestigt und nie wieder eingenommen.

Wer noch tiefer in die Vergangenheit eintauchen will, kann von Ótranto aus **Giurdignano** im nördlichen Hinterland besuchen, wo sich viele Menhire entdecken lassen (s. S. 53).

Stadtrundgang

Ótrantos Altstadt präsentiert sich heutigen Besuchern als wahres Juwel. Das liegt nicht zuletzt an wohl- ▷ S. 276

Auf Entdeckungstour

Das Fußbodenmosaik von Ótranto – ein Augenspaziergang

In dem nahezu komplett erhaltenen, 800 m² großen Fußbodenmosaik der Kathedrale von Ótranto vermischen sich Szenen aus dem Alten Testament mit Motiven aus antiken Mythen und Darstellungen von Fabelwesen. Das besterhaltene Mosaik Apuliens spiegelt eindrucksvoll das Gedanken- und Ideengut seiner Entstehungszeit wider. Besucher der Kathedrale können darin lesen wie in einem Bilderbuch.

Dauer: 30–60 Min.

Cattedrale Santa Maria Annunziata: Piazza Basilica, tgl. 8–12, 15–17, Juli/Aug. bis 19 Uhr.

Lange war Ótranto ein wichtiges politisches, wirtschaftliches und kulturelles Zentrum im Mittelmeerraum. Diesem Status und ihrer Macht wollten die Normannen mit dem Bau des Doms Ausdruck verleihen. Die Hauptattraktion der größten romanischen Kirche Apuliens befindet sich im Inneren: ein aus 600 000 Kalksteinchen zusammengesetztes Mosaik, das Mittelschiff, Querhaus und Apsis fast komplett ausfüllt.

Schöpfer eines ›Bilderbuchs‹

Nur wenige Kilometer südlich von Ótranto lag eines der wichtigsten Klöster der Terra d'Ótranto (s. S. 273), San Nicola di Casole, heute eine Masseria. Es war bekannt für seine Bibliothek und seine Mönche, die zu den besten Kopisten ihrer Zeit zählten. Vermutlich gehörte auch Pantaleone, der Schöpfer des Fußbodenmosaiks von Ótranto, zu ihnen, zumindest muss er viele der dort kopierten Schriften gekannt haben, anders ist die Vielfalt der von ihm im Mosaik verwendeten Zitate und Bezüge nicht zu erklären. Den Auftrag für das gigantische Werk erhielt er vom damaligen Bischof Jonathan, wie die drei **Schriftbänder im Mittelschiff** gleich mehrfach verkünden. In nur zwei Jahren – von 1163 bis 1165 – schuf Pantaleone ein aus drei Teilen zusammengesetztes ›Bilderbuch‹, dessen Symbole, Motive und Verweise heute nicht mehr alle eindeutig zu erklären sind.

Allerlei Tiere und die Hand Gottes

Ein wiederkehrendes Motiv ist der Welten- bzw. Lebensbaum. Betritt man den Dom, erblickt man sofort den größten dieser drei Bäume, der sich aus den Rücken zweier Elefanten ›erhebt‹ und das **Mittelschiff** ausfüllt. Die riesigen Tiere symbolisieren Kraft und Potenz. Zu ihren Füßen sind kleinere Tiere zu sehen, darüber eine Katze mit Schuhen und eine Diana, die auf einen Hirsch zielt, Symbol des Christentums. Auf der rechten Seite des Baumstamms ist die Geschichte von König Alexander zu sehen, der auf zwei Greifen sitzt und diese mit Fleischspießen dazu verlockt, ihn in die Höhe zu tragen – ein Gleichnis für Hochmut und den Fall danach. Links vom Stamm sind der Turmbau zu Babel und darüber der Bau der Arche dargestellt, gegenüber der Einzug der Tiere. Vom linken Rand ragt die Hand Gottes ins Bild, der Noah Weisung erteilt. Sie findet sich auch weiter oben in der Geschichte von Kain und Abel wieder. Davor hat Pantaleone in drei Reihen Medaillons mit jeweils einer für den Monat typischen Tätigkeit eingefügt. Im **Altarraum** selbst sind Medaillons mit Adam und Eva, König Salomon und der Königin von Saba sowie Fabeltiere zu sehen. Links ist ein Einhorn abgebildet, vor dem ein Mönch kniet – hier hat sich Pantaleone wahrscheinlich selbst verewigt.

Paradies oder Hölle

Im **linken Seitenschiff** ruht der Baum dieses Mal auf einem Stierrücken. Links vom Stamm wägen Abraham, Isaak und Jakob die Seelen, darunter ist vermutlich das Paradies dargestellt. Gewaltvoll geht es auf der anderen, von Satan und Infernus dominierten Seite zu. Zur ewigen Verdammnis verurteilte nackte Menschen werden gebissen, gewürgt, geschlagen und herabgestoßen. Rätsel gibt der Lebensbaum im **rechten Seitenschiff** auf, bei dem das Hauptthema vermutlich die Erlösung ist – symbolisiert durch den nackten Jüngling an der Spitze des Baumes, der eine bunte Scheibe, eventuell ein Atlant, in die Höhe hält. Die Figur Samuels deutet darauf hin, dass Erlösung nur zu erlangen ist, wenn man die gottgewollte Ordnung akzeptiert.

habenden Bürgern aus der Region und aus dem Norden, die sich hier Häuser gekauft und als Feriendomizile hergerichtet haben, denn die Küste um Ótranto zählt zu den schönsten des Salento.

Man betritt das Centro Storico am besten durch die **Porta di Terra** beim **Torre Alfonsino.** Beide stammen aus aragonesischer Zeit. Über die Via A. d'Aragóna und die Via Basilicata gelangt man hinauf zur Piazza Basilica mit der Kathedrale.

Cattedrale Santa Maria Annunziata

Piazza Basilica, tgl. 8–12, 15–17, Juli/Aug. bis 19 Uhr

Hauptattraktion der im 11. Jh. errichteten Kathedrale mit einer Fensterrosette im gotischen und einem Portal im Barockstil ist Süditaliens größter und nahezu komplett erhaltener **Mosaikfußboden** (s. Entdeckungstour S. 274) aus dem Mittelalter. In der Apsis des rechten Seitenschiffs befindet sich die **Cappella dei Martiri,** die Ferdinand I. zum Gedenken an die Märtyrer von 1480 einrichten ließ. In großen Glasschränken werden hier ihre sterblichen Überreste verwahrt und unter dem Altar der Richtblock, auf dem sie enthauptet wurden.

Eine Treppe führt in die **Krypta** hinab, die eine sehr niedrige Decke hat, was die Wirkung des Säulenwaldes noch verstärkt. Die Kapitelle der 42 Säulen sind unterschiedlich gestaltet, teils korinthisch, teils dorisch oder romanisch.

Basilica San Pietro

Via San Pietro, tgl. 11–12.30, 16–18 Uhr (variabel)

Nahe der Piazza del Popolo erhebt sich die im 9./10. Jh. errichtete Basilica San Pietro, die vermutlich ursprünglich die Hauptkirche von Ótranto war. Der hl. Petrus soll auf seinem Weg nach Rom hier Station gemacht und eine Predigt gehalten haben. Neben ihrer interessanten Dachgestaltung birgt die einzige Kreuzkuppelkirche Apuliens gut erhaltene Fresken im byzantinischen Stil. Zu erkennen sind u. a. das letzte Abendmahl und die Fußwaschung der Apostel.

Castello Aragonese

www.castelloaragoneseotranto.it, Juli/Aug. 10–24, April/Mai, Sept./Okt., 10–13, 15–18, Nov.–März 10–13, 15–17 Uhr, Eintritt 2 €, erm. 1 €

Nach dem verheerenden Überfall durch die Türken im Jahr 1480 ließ Alfonso d'Aragona anstelle des normannisch-staufischen Vorgängerbaus ein neues Kastell errichten. Der mächtige Festungsbau, der seinen drohenden Charakter bis heute bewahrt hat, erhebt sich am Südrand des Centro Storico. Die drei erhaltenen Rundtürme mit ihren Schießscharten gehen auf die spanische Zeit zurück, ebenso wie das Wappen von Karl V. über dem Eingangsportal. Im Sommer finden im Kastell Konzerte und andere Veranstaltungen statt. Von oben hat man eine grandiose Aussicht auf den Hafen. Hier lagen früher vor allem Fischerboote vor Anker, heute sind es größtenteils Sportboote.

Übernachten

Abgelegen – **Hotel Masseria Bandino:** Tel. 0836 80 46 47, www.masseriabandino.it, DZ 80–160 €. Ca. 2 km südlich von Ótranto liegt dieses kleine, in viel Grün eingebettete Landhotel mit freundlichen Zimmern. Alles ist sehr auf Ruhe und Erholung ausgelegt. Den Gästen steht ein Pool zur Verfügung. Außerdem werden Ausritte sowie Trekking- und Mountainbiketouren angeboten.

Hafenblick – **Palazzo de Mori:** Via Leonardi, Tel. 0836 80 10 88, www.palazzodemori.it, DZ 80–100 €. Das B&B oberhalb des Hafens mit schöner Aussichts-, Frühstücks- und Abendterrasse verfügt über acht stilvoll eingerichtete Zimmer und einen freundlichen Service.

Essen & Trinken

Am Meer – **Da Baffo:** Lungomare, Tel. 0836 80 16 36, Di–So mittags u. abends, Menü 20–30 €. Die Trattoria am Lungomare nördlich der Altstadt lohnt vor allem an warmen Tagen einen Besuch. Mit Blick aufs Meer genießt man frische Pasta oder leckeren Fisch. Vor allem die frittierten Gerichte sind zu empfehlen.
Alteingesessen – **La Pignata:** Corso Garibaldi, Tel. 0836 80 12 84, Di–So mittags u. abends, Menü 20–25 €. In der gemütlichen Familientrattoria wird gute salentinische Küche serviert, sowohl *a terra* als auch *al mare*. Neben den Antipasti ist *pignata* (im Tontopf geköcheltes Fleisch) zu empfehlen.

Abends & Nachts

Lounge – **Spinnaker Lounge:** Bastione dei Pelasgi 12, Tel. 0836 80 29 02. Die Lounge mit schickem Flair ist vor allem abends ein beliebter Treffpunkt – Cocktails, Musik und Urlaubsstimmung.

Infos & Termine

Touristeninformation

IAT: Piazza Castello, Tel. 0836 80 14 36, Mo–Sa 9–13, 16–19, im Aug. bis 21 Uhr.

Verkehr

Bahn: Züge der FSE verkehren mehrmals tgl. zwischen Ótranto und Máglie, von dort weiter nach Lecce. Der Bahnhof liegt ca. 10 Min. zu Fuß vom Centro Storico entfernt.
Bus: Verbindungen mit STP u. a. nach Lecce und Máglie.
Fähren: Verbindungen nach Griechenland und Albanien, Tickets bei Ellade Viaggi, Via Guglielmotto d'Ótranto 33, www.elladeviaggi.it.

Feste und Veranstaltungen

Festa dei SS. Martiri Idruntini: Mitte Aug. Großes Fest zum Gedenken an die Märtyrer von 1480.

Die Küste nördlich von Ótranto

Laghi Alimini ▶ R 12

Die beiden Seen in Küstennähe sind ein beliebtes Naherholungsgebiet. Der kleinere wird durch eine Süßwasserquelle gespeist, der größere ist durch einen Kanal mit dem Meer verbunden, sodass sich in seinem Wasser u. a. Meeräschen, Goldbrassen und Seebarsche

Mein Tipp

Fantastische Kulissen
Capo Sant'Andrea (▶ R 11) ist eine kleine Bucht mit einem Mini-Sandstrand und bizarr geformten Felsen, die auch bei Schnorchlern und Tauchern sehr beliebt ist, denn unter Wasser gibt es herrliche Steinformationen. Von der Bucht läuft man in 2 Std. zum Ort **Torre dell'Orso** (▶ R 11), vor dem sich ein wunderbarer Sandstrand mit ausgewaschenen Felsen erstreckt.

tummeln. Umgeben sind die Seen von einem Schilfgürtel und Pinienwäldern, Brutgebiet zahlreicher Vögel. Meerseitig zieht sich ein 25 km langer Sandstrand an der Küste entlang, der besonders bei Surfern beliebt ist. Ein weiterer beliebter Treffpunkt für Surfer jeder Art ist die **Spiaggia di Frassanito** weiter nördlich.

San Cataldo ▶ Q 11

In römischen Zeiten war San Cataldo der Hafen von Lecce, heute ist es der Hausstrand der Lecceser. Schnurgerade führt die Straße von Lecce ans Meer, an dem ein nicht enden wollender Lungomare den ebenso langen Sandstrand säumt. An warmen Wochenenden und im Sommer ist er sehr belebt. Auf der anderen Seite der wahrlich breit angelegten Promenade bieten Restaurants, Bars und Eisdielen Erfrischungen an. In den kühleren Monaten ist die kleine Ortschaft San Cataldo nahezu ausgestorben. Nur einige wenige Städter kommen dann auf einen Strandspaziergang hierher.

Übernachten

B & B im Grünen – **Malapezza:** Loc. Borgagne, Tel. 0832 81 14 02, mobil 333 252 52 19, www.agriturismomalapezza.it, DZ 50–100 €. In dem B & B in einem Agriturismo nur 2 km von den tollen Küsten bei Sant'Andrea und Torre dell'Orso (s. S. 277) entfernt ist man gut aufgehoben. Vermietung nicht nur von Zimmern, sondern auch kleinen Appartements sowie Stellplätzen für Camper und Zelte. Das angeschlossene Restaurant bietet herzhafte ländliche Küche (Menü ca. 20 €).

Preiswert – **Ostello del Sole:** San Cataldo, Via A. Vespucci, Tel. 0832 65 08 90, www.ostellodelsole.it, DZ 28–42 €, Zelt inkl. 2 Pers. 19,50–23,50 €. Die Jugendherberge (keine Altersbeschränkung) mit schlichten Zimmern liegt in einem Pinienhain direkt am Lungomare. In der weitläufigen Anlage kann man auch zelten.

Essen & Trinken

Außerhalb der Saison schließen bis auf ein paar Bars quasi alle Lokale. In jedem Jahr tauchen neue auf, andere

Naturbetrachtung vom Tribünenplatz: Küste zwischen Sant'Andrea und Torre dell'Orso

dagegen verschwinden. Daher kehrt man am besten nach Lust und Laune ein oder sucht einen der ausgeschilderten Agriturismi auf.

Aktiv & Kreativ

Surfen – **Buriana Surf Center:** am Strand von Frassanito, mobil 393 857 57 60, Büro: Lecce, Via Cesare Battisti 7, Tel. 0832 27 76 47. Surfkurse, Ausrüstungsverleih; weitere ›Filialen‹ an der Adria. **Frassanito Surfpoint** auf dem gleichnamigen Campingplatz südlich von Sant'Andrea bietet neben Windsurfen auch Kitesurfen an, www.frassanitosurfpoint.com.

Infos

Bus: Zwischen Lecce und San Cataldo verkehrt die Businie Nr. 32 der städtischen SGM (www.sgmlecce.it).
Die Laghi Alimini, Sant'Andrea und Torre dell'Orso erreicht man mit dem **eigenen Fahrzeug.**

Sprachführer

Aussprachregeln

In der Regel wird Italienisch so ausgesprochen wie geschrieben. Treffen zwei **Vokale** aufeinander, so werden beide einzeln gesprochen (z. B. E-uropa). Die **Betonung** liegt bei den meisten Wörtern auf der vorletzten Silbe. Liegt sie auf der letzten Silbe, wird ein Akzent verwendet (z. B. città, caffè). Die weiteren Akzente, die hier verwendet werden, sollen lediglich die Aussprache erleichtern, finden sich aber nicht im geschriebenen Italienisch.

Konsonanten

c	vor a, o, u wie k, z. B. conto; vor e, i wie tsch, z. B. cinque
ch	wie k, z. B. chiuso
ci	vor a, o, u wie tsch, z. B. doccia
g	vor e, i wie dsch, z. B. Germania
gi	vor a, o, u wie dsch, z. B. spiaggia
gl	wie ll in Brillant, z. B. taglia
gn	wie gn in Kognak, z. B. bagno
h	wird nicht gesprochen
s	teils stimmhaft wie in Saal, z. B. museo; teils stimmlos wie in Haus, z. B. sinistra
sc	vor a, o, u wie sk, z. B. scusi; vor e, i wie sch, z. B. scelta
sch	wie sk, z. B. schiena
sci	vor a, o, u wie sch, z. B. scienza
v	wie w, z. B. venerdì
z	teils wie ds, z. B. zero; teils wie ts, z. B. zitto

Allgemeines

guten Morgen/Tag	buon giorno
guten Abend	buona sera
gute Nacht	buona notte
auf Wiedersehen	arrivederci
entschuldige(n Sie)	scusa (scusi)
hallo/grüß dich	ciao
bitte	prego/per favore
danke	grazie
ja/nein	sì/no
Wie bitte?	come?/prego?

Unterwegs

Haltestelle	fermata
Bus/Auto	autobus/màcchina
Ausfahrt/-gang	uscita
Tankstelle	stazione di servizio
rechts/links	a destra/a sinistra
geradeaus	diritto
Auskunft	informazione
Bahnhof/Flughafen	stazione/aeroporto
alle Richtungen	tutte le direzioni
Einbahnstraße	senso ùnico
Eingang	entrata
geöffnet	aperto/-a
geschlossen	chiuso/-a
Kirche/Museum	chiesa/museo
Strand	spiaggia
Brücke	ponte
Platz	piazza/posto

Zeit

Stunde/Tag	ora/giorno
Woche	settimana
Monat	mese
Jahr	anno
heute/gestern	oggi/ieri
morgen	domani
morgens/abends	di mattina/di sera
mittags	a mezzogiorno
früh/spät	presto/tardi
Montag	lunedì
Dienstag	martedì
Mittwoch	mercoledì
Donnerstag	giovedì
Freitag	venerdì
Samstag	sàbato
Sonntag	doménica

Notfall

Hilfe!	Soccorso!/Aiuto!
Polizei	polizìa
Arzt	mèdico
Zahnarzt	dentista
Apotheke	farmacìa
Krankenhaus	ospedale
Unfall	incidente

Schmerzen	dolori
Panne	guasto

Übernachten

Hotel	albergo
Pension	pensione
Einzelzimmer	camera singola
Doppelzimmer	camera doppia
mit/ohne Bad	con/senza bagno
Toilette	bagno, gabinetto
Dusche	doccia
mit Frühstück	con prima colazione
Halbpension	mezza pensione
Gepäck	bagagli
Rechnung	conto

Einkaufen

Geschäft/Markt	negozio/mercato
Kreditkarte	carta di crédito
Geld	soldi
Geldautomat	bancomat
Lebensmittel	alimentari
teuer	caro/-a
billig	a buon mercato
Größe	taglia
bezahlen	pagare

Zahlen

1	uno	17	diciassette
2	due	18	diciotto
3	tre	19	diciannove
4	quattro	20	venti
5	cinque	21	ventuno
6	sei	30	trenta
7	sette	40	quaranta
8	otto	50	cinquanta
9	nove	60	sessanta
10	dieci	70	settanta
11	ùndici	80	ottanta
12	dòdici	90	novanta
13	trédici	100	cento
14	quattordici	150	centocinquanta
15	quìndici	200	duecento
16	sédici	1000	mille

Die wichtigsten Sätze

Allgemeines

Sprechen Sie ... Deutsch/Englisch?	Parla ... tedesco/inglese?
Ich verstehe nicht.	Non capisco.
Ich spreche kein Italienisch.	Non parlo italiano.
Ich heiße ...	Mi chiamo ...
Wie heißt du/ heißen Sie?	Come ti chiami/ si chiama?
Wie geht es dir/Ihnen?	Come stai/sta?
Danke, gut.	Grazie, bene.
Wie viel Uhr ist es?	Che ora è?

Unterwegs

Wie komme ich zu/nach ...?	Come faccio ad arrivare a ...?
Wo ist bitte ...?	Scusi, dov'è ...?
Könnten Sie mir bitte ... zeigen?	Mi potrebbe indicare ..., per favore?

Notfall

Können Sie mir bitte helfen?	Mi può aiutare, per favore?
Ich brauche einen Arzt.	Ho bisogno di un mèdico.
Hier tut es weh.	Mi fa male qui.

Übernachten

Haben Sie ein freies Zimmer?	C'è una càmera lìbera?
Wie viel kostet das Zimmer pro Nacht?	Quanto costa la càmera per notte?
Ich habe ein Zimmer bestellt.	Ho prenotato una càmera.

Einkaufen

Wie viel kostet ...?	Quanto costa ...?
Ich brauche ...	Ho bisogno di ...
Wann öffnet/ schließt ...?	Quando apre/ chiude ...?

Kulinarisches Lexikon

Zubereitung/Spezialitäten

affogato	gedünstet
alla griglia	gegrillt
amabile/dolce	süß
arrosto/-a	gebraten
arrostato/-a	geröstet
bollito/-a	gekocht
caldo/-a	warm
formaggio	Käse
freddo/-a	kalt
fritto/-a	gebacken
al forno	aus dem Backofen
gratinato/-a	überbacken
stufato/-a	geschmort
con/senza	mit/ohne

Vorspeisen und Suppen

alici	sauer eingelegte Sardinen
antipasti misti	gemischte Vorspeisen
antipasti del mare	Vorspeisenplatte mit Fisch/Meeresfrüchten
bruschetta	geröstetes Weißbrot mit Knoblauch und Öl
cannellini	weiße längliche Bohnen, ungewürzt
carciofi	Artischocken
cozze ripiene	gefüllte Muscheln
fagiolini bianchi	weiße Bohnen
insalata di polpo	Tintenfischsalat
melanzane alla griglia	gegrillte Auberginen
minestrone	Gemüsesuppe
peperonata	gemischtes geschmortes Gemüse
prosciutto	Schinken
salame di cinghiale	Wildschweinsalami
vitello tonnato	Kalbsbraten mit Thunfischpaste
zucchine alla griglia	gegrillte Zucchini
zuppa di pesce	Fischsuppe

Pasta und Co

cannelloni	gefüllte Nudelröhren
fettuccine/tagliatelle	Bandnudeln
gnocchi	Kartoffelklößchen
lasagne	Nudelauflauf mit Hackfleisch, Tomaten, Bechamelsoße
paglia e fieno	gelbe und grüne Bandnudeln
pasta fresca (fatta in casa)	frische (hausgemachte) Pasta
pasta ripiena	gefüllte Pasta, meist mit Spinat und Ricotta
polenta	Maisbrei
risotto ai funghi	Pilzrisotto
risotto alla marinara	Risotto mit Meeresfrüchten

Fisch und Meeresfrüchte

anguilla	Aal
aragosta	Languste
cozza	Miesmuschel
gamberetto	Garnele
gambero	Hummer
orata	Dorade/Goldbrasse
ostrica	Auster
pesce persico	Barsch
salmone	Lachs
seppia	Tintenfisch
sogliola	Seezunge
trota	Forelle

Fleisch und Geflügel

agnello	Lamm
anatra	Ente
arrosto	Braten
brasato	Rinderschmorbraten
capra	Ziege
carne	Fleisch
cinghiale	Wildschwein
coniglio	Kaninchen
coscia/cosciotto	Keule
faraona	Perlhuhn
lepre	Hase
maiale/porco	Schwein
manzo	Rind
oca	Gans
pernice	Rebhuhn

pollo	Hähnchen
quaglia	Wachtel
salumi	Wurstwaren
spezzatino	Gulasch
tacchino	Pute
vitello	Kalb

Gemüse und Beilagen

bietola	Mangold
carota	Mohrrübe
cavolfiore	Blumenkohl
cavolo	Kohl
cipolla	Zwiebel
fagioli/fave	Bohnen
finocchio	Fenchel
fungo porcino	Steinpilz
insalata mista	gemischter Salat
melanzana	Aubergine
pane	Brot
patata	Kartoffel
pisello	Erbse
polenta	Maisbrei
pomodoro	Tomate
porro	Lauch
riso	Reis
sedano	Sellerie
spinaci	Spinat
zucca	Kürbis

Nachspeisen und Obst

albicocca	Aprikose
cantuccino	Mandelgebäck
cassata	Eisschnitte mit kandierten Früchten
anguria	Wassermelone
fico	Feige
fragola	Erdbeere
frutta	Obst
gelato	Eiscreme
lampone	Himbeere
macedonia	frischer Obstsalat
mela	Apfel
melone	Honigmelone
panna cotta	gekochte Sahnecreme
tiramisù	Löffelbiskuit mit Mascarponecreme
torta (di frutta)	(Obst-)Torte
zabaione	Eierschaumcreme

Getränke

acqua (minerale)	(Mineral-)Wasser
... con gas/gassata	... mit Kohlensäure
... senza gas/liscia	... ohne Kohlensäure
birra (alla spina)	(Fass-)Bier
caffè (corretto)	Kaffee (mit Grappa)
ghiaccio	Eis
granita di caffè	Eiskaffee
grappa	Branntwein
latte	Milch
liquore	Likör
spumante	Sekt
succo	Saft
tè	Tee
vino rosso/bianco	Rotwein/Weißwein

Im Restaurant

Ich möchte einen Tisch reservieren.	Vorrei prenotare un távolo.
Die Speisekarte, bitte.	Il menù, per favore.
Weinkarte	lista dei vini
Die Rechnung, bitte.	Il conto, per favore.
Vorspeise	antipasto/ primo piatto
Suppe	minestra/zuppa
Hauptgericht	piatto principale
Nachspeise	dessert/dolce
Beilagen	contorno
Tagesgericht	menù del giorno
Gedeck	coperto
Messer	coltello
Gabel	forchetta
Löffel	cucchiaio
Glas	bicchiere
Flasche	bottiglia
Salz/Pfeffer	sale/pepe
Zucker/Süßstoff	zùcchero/saccarina
Kellner/Kellnerin	cameriere/cameriera

Abbildungsnachweis
Bildbroker, Michael Leonhard, Köln: S. 48/49
Jacqueline Christoph, Berlin: S. 8, 119
Corbis, Düsseldorf: S. 12/13 (Grand Tour); 11 u. re., 266/267 (JAI, Iacobelli)
Bildagentur Huber, Garmisch-Partenkirchen: S. 23, 166 li. (Amantini); 257 (Borchi); 134 (Capone); 194 li., 214 (Gerolimetto); 78 re., 94/95 (Huber); 74 (Pavan); 51, 70, 218 re., 230 (Ripani); 73, 188 (Simeone)
iStockphoto, Calgary (Kanada): S. 166 re., 187 (Bulck); 167 li., 169 (Cotar); 130 re., 145, Umschlagrückseite (de Leo); 130 li., 131 li., 164 (Elefante); 43 (Gjerpen); 9, 61, 236 li., 237 li., 254 (Masci); 52 (Milanese)
laif, Köln: S. 62, 236 re. (Madej); 244 (Stukhard)
Look, München: Titelbild (Wothe)
Mauritius Images, Mittenwald: S. 55 (CuboImages)
picture-alliance, Frankfurt a. M.: S. 58 (akg-images)
A.T. Schaefer, Stuttgart: S. 56
Schapowalow, Hamburg: S. 193, 197 (Atlantide, Amantini); 66 (SIME/Mellone); 278/279 (SIME/Olimpio)
Thomas Stankiewicz, München: Umschlagklappe vorn, S. 10 (4x), 11 o. (2x), 11 u. li., 30, 38/39, 46, 76/77, 78 li., 79 li., 82, 86, 88/89, 90/91, 100, 106/107, 108 (2x), 109 li., 114/115, 122/123, 124, 128, 138/139, 150, 154/155, 158, 172/173, 175, 178/179, 184, 194 re., 195 li., 200, 204/205, 209, 210/211, 216, 218 li., 219 li., 222/223, 234/235, 240/241, 248, 262, 270/271, 274
Visum, Hamburg: S. 65 (Sintesi)

Kartografie
DuMont Reisekartografie, Fürstenfeldbruck

Umschlagfotos
Titelbild: Trulli in Alberobello im Valle d'Itria
Umschlagklappe vorn: Café in der ›weißen Stadt‹ Ostuni

Danksagung: Einen großen Dank an PugliaPromozione für die Unterstützung bei den Recherchen, vor allem an Dott. Giuseppe Cazzolla und Anna Sansipersico. Ein besonderer Dank gilt auch Mirella Tempone, der ich wundervolle Begegnungen verdanke, sowie an Padre Gerardo, der mir die Türen zu seinem Archiv öffnete, und an Francesco Innamorato, den ersten zertifizierten Nikolaus von Bari.

Hinweis: Autorin und Verlag haben alle Informationen mit größtmöglicher Sorgfalt geprüft. Gleichwohl sind Fehler nicht vollständig auszuschließen. Alle Angaben erfolgen ohne Gewähr. Bitte schreiben Sie uns! Über Ihre Rückmeldung zum Buch und über Verbesserungsvorschläge freuen sich Autorin und Verlag:
DuMont Reiseverlag, Postfach 3151, 73751 Ostfildern,
info@dumontreise.de, www.dumontreise.de

1. Auflage 2013

Grafisches Konzept: Groschwitz/Blachnierek, Hamburg
Printed in Germany